新 일 본 어 능 력 시 험

JLPT
실전모의고사
N1

JLPT 실전모의고사 N1

지은이 이종권
펴낸이 정규도
펴낸곳 (주)다락원

초판 1쇄 발행 2012년 11월 16일
초판 6쇄 발행 2021년 12월 29일

책임편집 송화록, 한누리, 임혜련, 손명숙
디자인 구수정, 오연주

다락원 경기도 파주시 문발로 211
내용문의: (02)736-2031 내선 460~465
구입문의: (02)736-2031 내선 250~252
Fax: (02)732-2037
출판등록 1977년 9월 16일 제406-2008-000007호

값 15,000원

ISBN 978-89-277-1084-4 18730
      978-89-277-1081-3 (set)

---

http://www.darakwon.co.kr

- 다락원 홈페이지를 방문하시면 상세한 출판정보와 함께 동영상강좌, MP3 자료 등 다양한 어학 정보를 얻으실 수 있습니다.
- 다락원 **Cyber 어학원** 내 〈일본어 공부방〉에서는 다양한 일본어 학습 코너가 제공되고 있습니다.
- 다락원 홈페이지 **학습자료실**에서 **MP3 파일(무료)**을 다운로드 받으실 수 있습니다.

머리말

新일본어 능력시험을 준비하시는 분들에게

"지피지기(知彼知己)면 백전백승(百戰百勝)이라……."

나를 알고 적을 알면 승리한다는 이순신 장군의 명언입니다.
저는 이것이 시험에서도 무척 중요한 것이라고 생각합니다. 시험도 어떤 유형인지 무엇을 요구하는지를 알면 어떻게 대비해야 하는지가 나옵니다. 新일본어 능력시험에는 과락 제도가 있고, 과락 발생의 위험성이 대단히 큰 시험입니다. 총점이 합격점을 넘어도, 한 개 영역에서라도 과락이 발생하면 불합격 처리되는 것이지요. 그래서 수험생 여러분은 모든 영역에서 일단 과락을 면하고 총점에서 합격점을 넘어야 과락으로 억울하게 불합격하는 상황을 면할 수 있습니다. 그래서 모의고사를 통해서 어느 영역이 약한지 진단을 하고 대비해야 합니다.

많은 문제만을 풀어 보는 것이 좋은 방법은 아닐 수도 있습니다. 풀어 본 문제에 대한 이해와 왜 틀렸는지를 파악하고 보충하는 것이 그 무엇보다 중요합니다. 혹자는 문제를 많이 풀어 보고 경험을 많이 쌓아야만 한다고 합니다. 그러나 그것은 골프에서 공의 방향이 어디로 날아가는지를 모르고 계속해서 스윙 연습만 하는 것과 같습니다. 공의 방향을 확인하고 방향과 힘을 조절하는 훈련을 계속해야만 합니다. 모의고사도 이와 마찬가지입니다. 문제를 계속 풀어 보고 채점만 하는 것보다 더 중요한 것은 틀린 문제를 얼마나 피드백(오답풀이)하느냐 입니다. 틀린 유형을 복습하고 해설을 통해서 자기 것으로 만들어 놓지 않으면, 많은 문제를 풀어도 실력 향상에는 도움이 되지 않습니다. 이것이 오답풀이의 중요성입니다.

혹시 공부하다가 모르는 것이나 궁금한 사항이 있으면 언제든지 제가 운영하는 다음카페(http://cafe.daum.net/jlpt)나 이종권 일본어학원 홈페이지(http://www.ejujlpt.com)로 문의 주세요. 일본어 능력시험뿐만 아니라 일본유학시험(EJU)과 일본 대학의 진학 자료들도 있습니다.

시험 문제의 출제와 자료 정리에 온 힘을 써준 이종권 일본어학원 Japanese R&D Center 연구원들에게 감사 드립니다. 또한 명쾌한 해설을 위해 힘을 써 주신 안혜원 선생님과 멋진 교재가 나올 수 있도록 모든 노력과 성원을 다해 주신 다락원 관계자 여러분께 감사 드립니다.

모의고사 3회분을 통해서 실전적인 감각을 키우고, 해설을 통해 실력을 향상시켜 新일본어 능력시험 N1 수험생들이 고득점 합격하기를 기원합니다.

저자 **이종권**

1 목적 및 주최

新일본어 능력시험은 일본 국내외에서 일본어를 모국어로 하지 않는 사람을 대상으로 한다. 일본어를 공부하거나 사용하는 사람들의 일본어 능력을 측정하고 인정하는 것이 목적이다. 일본 정부가 세계적으로 공인하는 유일한 일본어 시험이며 국제교류기금과 재단법인 일본국제교육지원협회가 주최한다.

2 실시 횟수

매년 7월 첫 번째 일요일과 12월 첫 번째 일요일 2회 실시한다. 하지만 주관 부서의 사정에 따라 변경될 여지도 있으므로 http://www.jlpt.or.kr/에서 확인하는 것이 좋다.

3 득점 방식 및 합격 여부

2010년 개정된 新일본어 능력시험에서는 '등화(等化)'라는 상대평가 방식을 채택했다. 다른 시기에 실시된 시험에서는 출제되는 문제가 달라서 아무리 신중하게 작성해도 매회 시험의 난이도가 변동되기 쉬운 탓이다. 그런 까닭에 다른 시기에 실시된 시험의 득점을 상호 비교 가능한 공통적인 척도상에서 나타내도록 하였다. 그 결과 같은 레벨의 시험이라면 언제 시험을 보든 득점을 비교할 수 있다.

또한 新일본어 능력시험에서는 총점과 각 득점 구분의 기준점, 두 가지로 합격 여부를 판정한다. 즉 합격을 위해서는 총점과 각 과목의 기준점 모두 필요하다. 특히 이번 시험부터는 과락제도를 도입하여 과목 중 하나라도 기준점에 미달되는 경우에는 종합득점이 아무리 높아도 불합격이다.

레벨	합격점	기준점		
		언어지식 (문자 · 어휘 · 문법)	독해	청해
N1	100점 / 180점	19점 / 60점	19점 / 60점	19점 / 60점

4 시험 내용 ┃ 각 레벨의 인정 기준을 【읽기】, 【듣기】라는 언어행동으로 나타낸다. 각 레벨에는 이 언어행동을 실현하기 위한 언어지식이 필요하다.

레벨	과목별 시간		총점	인정 기준
	유형별	시간		
N1	언어지식 (문자 · 어휘 · 문법) 독해	110분	60점 60점	기존 시험 1급보다 다소 높은 레벨까지 측정 : 폭넓은 장면에서 사용되는 일본어를 이해할 수 있다. 【읽기】 ● 논리적으로 약간 복잡하고 추상도가 높은 문장 등을 읽고, 문장의 구성과 내용을 이해할 수 있다. ● 다양한 화재의 글을 읽고, 이야기의 흐름이나 상세한 표현의 도를 이해할 수 있다 【듣기】 ● 폭넓은 장면에 있어 자연스러운 속도의 정리된 회화나 뉴스, 강의를 듣고 이야기의 흐름이나 내용, 등장인물의 관계나 내용의 논리 구성 등을 상세하게 이해하거나 요지를 파악할 수 있다.
	청해	60분	60점	
	계	170분	180점	
N2	언어지식 (문자 · 어휘 · 문법) 독해	105분	60점 60점	기존 시험의 2급과 거의 같은 레벨 : 일상적인 장면에서 사용되는 일본어의 이해에 더해, 더욱 폭넓은 장면에서 사용되는 일본어를 어느 정도 이해할 수 있다. 【읽기】 ● 신문이나 잡지의 기사나 해설 평이한 평론 등 논지가 명쾌한 문장을 읽고 문장의 내용을 이해할 수 있다. ● 일반적인 화제에 관한 글을 읽고, 이야기의 흐름이나 표현의 도를 이해할 수 있다. 【듣기】 ● 자연스러운 속도의 체계적 내용의 대화나 뉴스를 듣고, 내용의 흐름 및 등장인물의 관계를 이해하거나, 요지를 파악할 수 있다.
	청해	50분	60점	
	계	155분	180점	
N3	언어지식(문자 · 어휘)	105분	60점	기존 시험의 2급과 3급 사이에 해당하는 레벨(신설) : 일상적인 장면에서 사용되는 일본어를 어느 정도 이해할 수 있다. 【읽기】 ● 일상적인 화제에 구체적인 내용을 나타내는 문장을 읽고 이해할 수 있다. ● 신문의 기사제목 등에서 정보의 개요를 파악할 수 있다. ● 일상적인 장면에서 눈으로 보는 범위의 난이도가 약간 높은 문장은 대체표현이 주어지면 요지를 이해할 수 있다. 【듣기】 ● 자연스러운 속도의 정리된 대화를 듣고, 이야기의 구체적인 내용을 등장인물의 관계 등과 맞춰서 거의 이해할 수 있다.
	언어지식(문법) · 독해		60점	
	청해	40분	60점	
	계	145분	180점	
N4	언어지식(문자 · 어휘)	95분	120점	기존 시험 3급과 거의 같은 레벨 : 기본적인 일본어를 이해할 수 있다. 【읽기】 ● 기본적인 어휘나 한자로 쓰여진, 일상생활에서 흔하게 일어나는 화제의 문장을 읽고 이해할 수 있다. 【듣기】 ● 일상적인 장면에서 다소 느린 속도로 나누는 대화라면 거의 내용을 이해할 수 있다.
	언어지식(문법) · 독해			
	청해	35분	60점	
	계	130분	180점	
N5	언어지식(문자 · 어휘)	80분	120점	기존 시험 4급과 거의 같은 레벨 : 기본적인 일본어를 어느 정도 이해할 수 있다. 【읽기】 ● 히라가나나 가타카나, 일상생활에서 사용되는 기본적인 한자로 쓰여진 정형화된 어구나, 문장을 읽고 이해할 수 있다. 【듣기】 ● 일상생활에서 자주 접하는 장면에서 천천히 나누는 대화라면 필요한 정보를 얻어낼 수 있다.
	언어지식(문법) · 독해			
	청해	30분	60점	
	계	105분	180점	

5. 新일본어 능력시험 N1 문제 유형과 적정 예상 풀이 시간

시험 과목			문제 유형	소문항	적정 예상 풀이 시간	TIP!
언어지식 · 독해 (110분)	문자 · 어휘	1	한자 읽기	6	약 2분	문자 · 어휘는 전반부가 한자이고, 후반부가 어휘의 쓰임을 묻는 문제다. 한자는 오래 들여다 보고 있다고 알 수 있는 문제가 아니므로 재빨리 풀고 어휘의 쓰임을 파악하는 문제에 집중하는 편이 좋다. 문자 · 어휘와 문법을 빨리 풀수록 독해를 푸는 시간이 늘어나므로, 되도록 빨리 문자 · 어휘와 문법을 해결하고 독해에 집중해야 한다. 새로운 문제 유형은 모의고사를 풀어보고 오답 체크를 통해 확실하게 이해한다면 쉬이 적응할 수 있을 것이다.
		2	문맥 규정	7	약 3분	
		3	교체 유의어	6	약 3분	
		4	용법	6	약 6분	
	문법	5	문법 형식	10	약 5분	
		6	문맥 배열	5	약 6분	
		7	문장 흐름	5	약 6분	
	독해	8	내용 이해 - 단문	4	약 10분	
		9	내용 이해 - 중문	9	약 15분	
		10	내용 이해 - 장문	4	약 10분	
		11	종합 이해	3	약 10분	
		12	주장 이해 - 장문	4	약 10분	
		13	정보 검색	2	약 10분	
청해 (60분)		1	과제 이해	6	약 9분	문제가 다 끝나면 마킹할 시간이 따로 주어지지 않는다. 이 점을 염두에 두고 문제를 푸는 즉시, 혹은 질문을 읽는 시간이나 문제를 설명하는 시간을 이용하여 마킹해야 한다. 난이도는 그다지 높지 않을 것으로 보인다.
		2	포인트 이해	7	약 14분	
		3	개요 이해	6	약 12분	
		4	즉시 응답	14	약 8분	
		5	종합 이해	4	약 9분	

※ 적정 예상 풀이 시간은 실제 문제를 푸는 시간입니다. 남은 시간 동안에는 답안지에 마킹을 하고 제대로 풀었는지, 혹은 밀려 쓰지 않았는지 점검하시기 바랍니다.

이 책은 2010년부터 새로 시행되는 新일본어 능력시험 N1에 완벽하게 대응할 수 있도록 마련한 실전 모의고사 문제집입니다. 출제 경향 및 문제 유형을 철저히 분석·반영하였고, 新일본어 능력시험을 공부하는 학습자가 시험을 앞두고 실제 시험과 같은 형태로 구성한 문제를 직접 풀어 보며 시험에 익숙해질 수 있도록 하였습니다. 전체 구성은 〈실전모의고사 3회분〉과 〈해설〉, 〈ANSWER SHEET〉로 이루어져 있습니다.

실전모의고사

실제 시험과 같은 형태의 실전모의고사를 총 3회분 수록하였습니다. 각 모의고사마다 임의적으로 만든 채점표를 실어 자신의 실력을 파악할 수 있게 하였습니다.

정답 및 해설

정확한 해석과 자세한 해설을 실었으며 따로 사전을 찾아보지 않아도 학습이 가능하도록 많은 단어를 정리하였습니다.

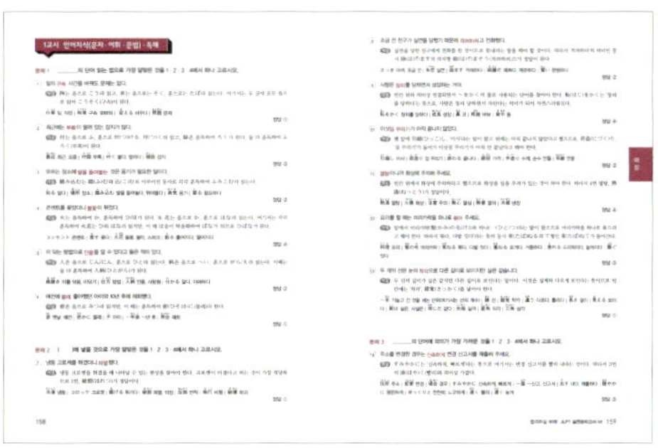

ANSWER SHEET

실전모의고사를 풀 때 필요한 답안용지입니다. 실제 시험처럼 활용하여 실전에 대비합시다.

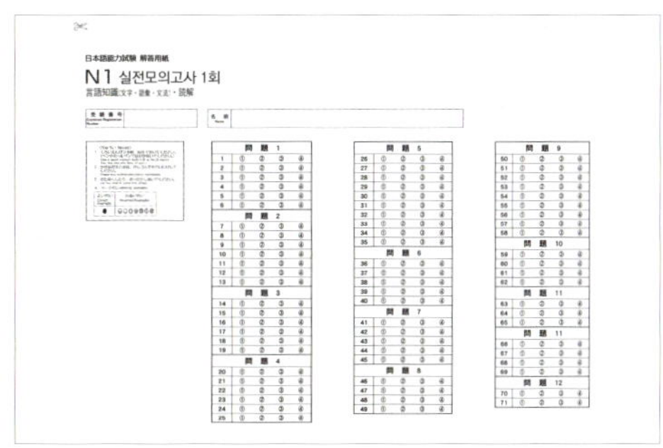

목차

자신의 실력이 어느 정도인지 확인할 수 있도록 임의적으로 만든 채점표입니다. 실제 시험은 상대 평가 방식이므로 약간의 오차가 발생할 수 있습니다.

언어지식 (문자·어휘·문법)

		배점	만점	1회	
				정답 문항 수	점수
문자·어휘·문법	문제 1	1점×6문항	6		
	문제 2	1점×7문항	7		
	문제 3	1점×6문항	6		
	문제 4	2점×6문항	12		
	문제 5	1점×10문항	10		
	문제 6	1점×5문항	5		
	문제 7	2점×5문항	10		
합계			56점		

* 점수 계산법 : 언어지식(문자·어휘·문법) [   ]점÷56×60 = [   ]점

독해

		배점	만점	1회	
				정답 문항 수	점수
독해	문제 8	2점×4문항	8		
	문제 9	2점×9문항	18		
	문제 10	3점×4문항	12		
	문제 11	2점×3문항	6		
	문제 12	3점×4문항	12		
	문제 13	2점×2문항	4		
합계			60점		

청해

		배점	만점	1회	
				정답 문항 수	점수
청해	문제 1	2점×6문항	12		
	문제 2	2점×7문항	14		
	문제 3	2점×6문항	12		
	문제 4	1점×14문항	14		
	문제 5	2점×4문항	8		
합계			60점		

N1

言語知識（文字・語彙・文法）・読解

（110分）

注　意
Notes

1. 試験が始まるまで、この問題用紙を開けないでください。
   Do not open this question booklet until the test begins.

2. この問題用紙を持って帰ることはできません。
   Do not take this question booklet with you after the test.

3. 受験番号と名前を下の欄に、受験票と同じように書いてください。
   Write your examinee registration number and name clearly in each box below as written on your test voucher.

4. この問題用紙は、全部で32ページあります。
   This question booklet has 32 pages.

5. 問題には解答番号の 1 、 2 、 3 … が付いています。
   解答は、解答用紙にある同じ番号のところにマークしてください。
   One of the row numbers 1 , 2 , 3 … is given for each question. Mark your answer in the same row of the answer sheet.

受験番号　Examinee Registration Number	

名前　Name	

問題1 　＿＿＿＿＿の言葉の読み方として最もよいものを、1・2・3・4から一つ選びなさい。

1 仕事の<u>拘束</u>時間を変えても問題はない。

1 こうそく　　　　2 こうごく　　　　3 くそく　　　　4 はんそく

2 最近は<u>付録</u>が付いている雑誌が多い。

1 ふそく　　　　2 ついろく　　　　3 ふろく　　　　4 ふえん

3 知らない場所に<u>踏み込む</u>のは勇気が要ることだ。

1 あゆみこむ　　　2 ふみこむ　　　　3 はさみこむ　　　4 ふみはさむ

4 コンセントを差すと<u>火花</u>が散った。

1 かやく　　　　2 はなび　　　　3 ひか　　　　4 ひばな

5 歯磨きの仕方で<u>人柄</u>が分かると言われたことがある。

1 ぬけがら　　　2 ひとがら　　　　3 ひとえ　　　　4 にんそう

6 昔、<u>密か</u>に好きだった子と10年後に再会した。

1 ひそかに　　　2 あきらかに　　　3 ひそやかに　　　4 しずかに

問題2　（　　　）に入れるのに最もよいものを、１・２・３・４から一つ選び
　　　なさい。

7　冷凍のコロッケを揚げたら（　　　）した。

　　1　破裂　　　　　　2　反則　　　　　　3　飛行　　　　　　4　破壊

8　さっき友達が失恋したので（　　　）と電話した。

　　1　綺麗そう　　　　2　励まそう　　　　3　走らそう　　　　4　賢そう

9　人は（　　　）をかきながら成長するもんだ。

　　1　鼻　　　　　　　2　馬鹿　　　　　　3　背中　　　　　　4　恥

10　引越しの（　　　）がまだ終わっていない。

　　1　値段　　　　　　2　荷造り　　　　　3　手造り　　　　　4　年齢

11　（　　　）なので火傷に注意してください。

　　1　熱心　　　　　　2　熱意　　　　　　3　冷蔵　　　　　　4　熱湯

12　料理をするときは髪の毛を一つに（　　　）ください。

　　1　重ねて　　　　　2　垂れて　　　　　3　束ねて　　　　　4　繋いで

13　二本の線は目の（　　　）で違う長さに見えますが、実は同じです。

　　1　錯覚　　　　　　2　失格　　　　　　3　直角　　　　　　4　三角

問題3　＿＿＿＿＿の言葉に意味が最も近いものを、1・2・3・4から一つ選び
なさい。

14 住所を変更した場合はすみやかに変更届を出してください。

1 穏やかに　　　　2 ゆっくりと　　　　3 速く　　　　4 遅くに

15 会社の５０周年記念には、盛大なパーティーが開かれた。

1 精密　　　　2 豪華　　　　3 華奢（きゃしゃ）　　　　4 正確

16 先月、妹に待望の赤ちゃんができた。

1 素直な　　　　2 たくましい　　　　3 たいした　　　　4 期待の

17 彼女は時折悲しそうな目をする。

1 時々　　　　2 いつも　　　　3 全く　　　　4 たびたび

18 彼女に付き合っている人がいるかどうか、何気なく聞いてみた。

1 心置きなく　　　　2 悔いなく　　　　3 さりげなく　　　　4 心配もなく

19 私は時間にルーズな人は嫌いだ。

1 余裕　　　　2 わがまま　　　　3 いい加減　　　　4 さじ加減

問題4　次の言葉の使い方として最もよいものを、１・２・３・４から一つ選び
なさい。

20　寛容

1　美術館の寛容時間は午後6時までだ。

2　プライベートも仕事も寛容な人は成功する。

3　この映画は観た人全員が寛容すると言われている。

4　宗教や訪問販売の寛容はお断りします。

21　柔軟

1　彼女のその柔軟な考え方は見習うべきだ。

2　この資料に柔軟する部分がありますので修正してください。

3　試験の当日は時間に柔軟を持って来てください。

4　明日の朝8時にここに柔軟してください。

22　頑固

1　姉を頑固しているうちに自分も熱を出して寝込んだ。

2　明日から頑固へ出張に行くことになりました。

3　頑固な父親を持つと、説得するのに苦労する。

4　「ありがとう」という頑固の気持ちが大切だ。

23　疲労

1　疲労回復には栄養ドリンクがよく効く。

2　会社で「若いうちの疲労は買ってでもしろ」とよく言われたもんだ。

3　月に一回ぐらい疲労を入れると花が元気になるんだって。

4　会議の前にその疲労に目を通しておいて。

24　弁償

1　休日を<u>弁償</u>して提案書を作成したが採用されなかった。

2　私は英語の<u>弁償</u>が一番苦手だ。

3　この公園には公衆<u>弁償</u>は１つしかない上に汚い。

4　借りてた服を汚してしまったので<u>弁償</u>した。

25　極めて

1　<u>極めて</u>遊んでいたら足が滑って川に落ちた。

2　この作品は<u>極めて</u>完成度の高い作品だ。

3　お菓子は一つずつ全員に<u>極めて</u>ください。

4　医者を<u>極めて</u>医学部に入学した。

1 回

問題5　次の文の（　　　　）に入れるのに最もよいものを、１・２・３・４から一つ
　　　選びなさい。

26　子ども（　　　）人のものを勝手に食べてはいけません。

　　1　といい　　　　　　2　とばかりに　　　　3　ときたら　　　4　といえども

27　本日は午後5時を（　　　）閉館させていただきます。

　　1　もって　　　　　　2　ものともせず　　　3　おいて　　　　4　よそに

28　夏は冷房しているので、戸を（　　　）にしてはいけません。

　　1　閉めっぱなし　　　2　開けっぱなし　　　3　見っぱなし　　　4　つけっぱなし

29　話した（　　　）忘れるなんて、何と物覚えの悪い子なんだ。

　　1　が早いか　　　　　2　そばから　　　　　3　ことなしに　　　4　とあって

30　上司（　　　）、先輩（　　　）、上の人の話すことはきちんと聞くものだ。

　　1　であれ　　　　　　2　とばかりに　　　　3　通して　　　　4　おいて

31　彼を（　　　）先生にふさわしい人はいない。

　　1　よそに　　　　　　2　おろか　　　　　　3　おいて　　　　4　限りに

32　仕事で忙しくて（　　　）たまには連絡してほしい。

　　1　遊べないながらに　　　　　　　　　　2　遊べないまでも

　　3　遊べないなり　　　　　　　　　　　　4　遊べないにして

33　帰宅（　　　）近所のコンビニで新商品のプリンを買った。

　　1　あっての　　　　　2　したところで　　　3　がてら　　　　4　とは

34 上司の許可（　　　　）仕事を進めてはいけない。

1 なしに　　　　　2 なりに　　　　　3 ないまでも　　　4 はおろか

35 彼は、仕事が終わる（　　　　）いつもまっすぐ家に帰る。

1 ところを　　　　2 ものを　　　　　3 まじき　　　　　4 や否や

言語知識（文字・語彙・文法）・読解 − 7

34 上司の許可（　　　　）仕事を進めてはいけない。

1 なしに　　　　　2 なりに　　　　　3 ないまでも　　　4 はおろか

問題6　次の文の ___★___ に入る最もよいものを、1・2・3・4から一つ選び
なさい。

（問題例）

あそこで ______ ______ ___★___ ______ は山田さんです。

1　テレビ　　　　　2　見ている　　　3　を　　　　　　4　人

（解答のしかた）

1．正しい文はこうです。

あそこで ________ ________ ___★___ ________ は山田さんです。

1　テレビ　　3　を　　2　見ている　　4　人

2．___★___ に入る番号を解答用紙にマークします。

（解答用紙）　　（例）　① ● ③ ④

---

[36]　　彼は仕事で ______ ___★___ ______ ______ 乗ってくれた。

1　相談に　　　　　2　私の　　　　　　3　忙しい　　　　4　にもかかわらず

[37]　　共同生活するには、最低限の ______ ___★___ ______ ______ 。

1　ルールを　　　　2　マナーや　　　　3　守らないと　　4　いけない

[38]　　海でバーベキューが人気を ______ ______ ___★___ ______ 目立つようになっ
た。

1　集めるように　　2　放置された　　　3　ごみが　　　　4　なってから

39 このアイデアは、若くして ＿＿＿＿ ＿＿＿＿ ＿★＿ ＿＿＿＿ である。

　　1 彼ならではの　　　2 知り尽くしていた　3 発想　　　　　4 自分を

40 彼の家は両親が共働きで昼間は家に ＿＿＿＿ ＿＿＿＿ ＿＿＿＿ ＿★＿ 。

　　1 誰も　　　　　　2 想像に　　　　　3 かたくない　　4 いないことは

問題7 次の文章を読んで、文章全体の趣旨を踏まえて、 41 から 45 の中に入る最もよいものを、 1・2・3・4から一つ選びなさい。

　先日、仕事で京都に行ったときの話である。宿泊は、いつもはビジネスホテルだが、一緒に行く編集者から「精進料理のおいしい宿があります」と寺に誘われた。そこは野菜料理が評判で、和尚さんは料理本を何冊も出すほど有名だという。食べることが大好きな私は喜んで同意した。ところが、その日の仕事は予想外に長くかかってしまったのだ。取材先は魅力的な人が多く、いろいろな話をしてくれた。宿泊先は寺 41 夕食は6時から、 10時には就寝し、朝7時の起床が基本である。しかし、今の状態では 42 、チェックインの時間に 43 間に合いそうもない。 44 、隣にいた編集者がそっと席を外し「仕事でチェックインが遅くなりそうです」と寺に電話をしに行ったのだ。電話を終えて帰ってきた彼女は浮かない顔をしている。「怒られた？」と聞くと、「はい、朝から料理の準備をしていたそうです」。 45 彼女は「おいしいんだけどなあ。あぁ、残念」と悔やんでいた。結局、その辺の店で15分でお茶漬けを食べ、寺の門にたどり着いたのが8時半。私たちのあわただしい足音が、静かな空気をかき乱しているように思えた。急いで風呂に入り、布団を敷く。 10時の消灯まで息つく間もなかった。宿坊には宿の時間の流れがある。自分の時間のものさしをあてはめてはならない。要するに、私たちは招かれざる客なのだ。それをわきまえずにいた自分が恥ずかしくなった。

（注1）精進料理：魚介類や肉類を用いず、穀物・野菜を中心とした料理
（注2）和尚：寺の住職、僧侶
（注3）お茶漬け：ご飯に熱い茶をかけたもの
（注4）宿坊：寺にお参りに来る人のための宿舎

41

1 がてら　　　　2 とあって　　　　3 ながらに　　　4 にもまして

42

1 夕食をしたところで　　　　2 夕食ともなると
3 夕食とはいえ　　　　4 夕食もさることながら

43

1 がてら　　　　2 ごとき　　　　3 すら　　　　4 とあって

44

1 どうしようかと相まって　　　　2 どうしようかとはいえ
3 どうしようかと思いきや　　　　4 どうしようかとしたって

45

1 キャンセルを余儀なくされた　　　　2 キャンセルをおいて
3 キャンセルをものともせず　　　　4 キャンセルを限りに

1回

問題8　　次の（1）から（4）の文章を読んで、後の問いに対する答えとして最も
　　　　　よいものを、1・2・3・4から一つ選びなさい。

（1）

　自然は人間を支配するものだろうか。それとも、人間が支配するものだろうか。日本には人間と自然の支配・被支配の関係が成り立たない場所がある。それは里山だ。人々にとって里山は食料や木材を提供してくれる場であり、農業と農民の生活を支えてくれる大切な場所である。しかし、人間が自然を一方的に利用しているというわけではない。人間が手を加えることで、山は風通しがよくなり、動植物の種数が豊富になるのだ。里山では自然と人間の間には上下関係はなく、人間と自然との合意があった。人間は自然の中に入り込み、時には豊かな恵みを、時には痛いしっぺ返しを受けながら、どこからが自然破壊になるかを学んできた。残念なことに、里山はどんどん姿を消し続けている。しかし、里山での人間と自然との関係こそが自然保護の鍵となるのではないだろうか。

（注1）風通し：風が吹きぬけること
（注2）しっぺ返し：自分がされたことを相手にもやり返すこと

46　筆者は自然保護の鍵は何だと言っているか。

　　1　自然を人間が支配すること

　　2　人間と自然の間の支配・被支配の関係をはっきりさせること

　　3　人間が自然に手を加えて管理すること

　　4　人間と自然が平等な関係であること

（2）

　４００年以上の伝統を引き継ぐ寿司職人。一人前の寿司職人になるまでには最低１０年間の地道な修行が必要だという。初めは皿洗いから始まり、魚市場での荷物運びなどをこなし、経験と知識を積んでいく。数年後にやっと卵焼きなどの簡単な料理を任されるようになる。寿司屋での修行は想像以上に厳しく、どんな職人さんも一度は辞めたいと思うことがあるという。

　魚介類の仕入れから、シャリの炊き方、寿司のネタの下ごしらえ、実際にお客さんの前で握るまでが一連の仕事である。おいしい寿司を握るのはもちろんのこと、寿司職人には手際のよさやお客さんとの会話のセンスも求められる。また、立ち仕事のため、体力が必要だ。このことが女性の寿司職人がほとんどいない理由の一つでもある。

（注１）　地道：地味だが確かに物事をすること
（注２）　シャリ：酢を加えたご飯
（注３）　ネタ：寿司を作るときに必要な食材

47　本文の内容と合っているものはどれか。

　　1　１０年修行すれば、寿司職人と呼ばれるようになる。

　　2　厳しさのために修行を途中で辞めてしまう人が多い。

　　3　寿司職人にとって接客の技術も重要だ。

　　4　伝統的な理由で女性の寿司職人は少ない。

（３）

　大企業を中心に、社員のボランティア活動支援を行う企業が増えている。社員が平日にボランティア活動に参加する場合は有給休暇が取れるようにするなど、制度面で支援したり、社員向けにボランティアイベントを企画・開催しているところもある。ボランティアというのは、本来、自主的に行うものであり、会社が社員に活動を勧めることに疑問を投げかける人もいるのだが、これは決して社員に対して社会貢献を強制するものではない。ボランティアを通じて、社員一人一人が社会とつながり、ボランティアに関わるたくさんの人とのコミュニケーションを通して、メディアなどの第三者の情報ではなく、自分の肌で社会の動きを感じることに意味があると考え、社員が積極的にボランティア活動に参加できる環境を作ろうとするものである。

（注１）ボランティア：お金をもらわずに行う奉仕活動
（注２）有給休暇：休んでも給料が支払われる休暇
（注３）第三者：その事柄に直接関係のない人

48　企業が社員のボランティア活動の支援を行う理由はどれか。

　　1 ボランティア活動を社会に定着させるため

　　2 社員に社会とのつながりを持たせるため

　　3 社員の発言能力を高めるため

　　4 会社のイメージアップのため

（4）

　誰もがいつまでも若々しくいたいと思うことでしょう。人々のこの願いは新しいビジネスとなりました。街に出れば、アンチエイジングと書かれた商品をよく目にするようになりました。ところで、アンチエイジングを若返りや老化を止めることだと考える人がいますが、誰にも老化を完全に止めることはできません。ですから、正しくは老化を少しでも遅らせて、若さをキープすることだと言えます。時計に例えて、時計の針を止めるのではなく、針の進みを遅らせることだと考えるとわかりやすいかもしれません。年齢に関係なく人々が人生を楽しむ現代において、年齢も実年齢に従うのではなく、身体年齢や精神年齢も自分自身で作り上げることができるのではないでしょうか。現代は自分の年齢は自分で決める時代なのです。

（注1）老化：年を取って衰えること
（注2）実年齢：実際の年齢

49　筆者はアンチエイジングとは何だと言っているか。

1　いつまでも美しくすること
2　老化しないようにすること
3　年を取るスピードを遅くすること
4　実年齢に関係なく、自分で年齢を決めること

問題9　次の（1）から（3）の文章を読んで、後の問に対する答えとして最もよい
　　　　　ものを、1・2・3・4から一つ選びなさい。

（1）

　言葉には魂があり、言葉の響きは物事を動かすことができます。昔から<u>言葉には</u>①
<u>霊力</u>があると言われています。よくお年寄りが「<u>縁起</u>の良い言葉、悪い言葉」と言う
（注1）　　　　　　　　　　　　　　　　　　　　　　　（注2）
ように、もともと良い響きを持つ言葉と悪い響きを持つ言葉が存在します。これら
の言葉は、現在の日本語で考えると意味の分からない言葉の羅列であったりするこ
ともありますが、その言葉の持つ「音」に意味があるのです。「明るい言葉を言えば気
分が明るくなる」。そのように言うと、当たり前だと感じるかもしれませんが、明
るく楽しい言葉を発すれば、心が明るくなり、自然とプラスのパワーが増えていく
のです。良い結果を繰り返せばその通りに流れていくし、悪い結果を言えば同じよ
うに現実化するということです。だから、良い結果を口にするのと同時に、自分に
とって好ましくない結果は口にしないように注意しなければなりません。日常生活
で、<u>あまり意識せずにマイナスの言葉を使っていることは意外と多いものです</u>。謙
②　　　　　　　　　　　　　　　　　　　　　　　　　　（注3）
遜で言う場合もあれば、自分に対してマイナスのことを心底思っている場合もありま
　　　　　　　　　　　　　　　　　　　　　　　（注4）
すが、それは大きな間違いです。言葉の威力を知らないからそのように気軽に言え
てしまうのです。本来、言葉や人の心は、人に影響を与えることができるぐらいの
影響力を持っているのです。

（注1）霊力：不思議な力
（注2）縁起：良いこと悪いことの兆し
（注3）意外：考えていた状態と違っていること
（注4）心底：心の底

50 ①言葉には霊力_{れいりょく}があるとあるが、どのようなものか。

1 意識せずに言っているとマイナスの言葉に変わっていく。

2 いい言葉を言えば幸せになるし、悪い言葉を言えば不幸がやってくる。

3 日本語で考えると意味のない言葉の羅列である。

4 縁起_{えんぎ}の良い言葉や悪い言葉は相手によって受け方が違う。

51 ②あまり意識せずにマイナスの言葉を使っていることは意外_{いがい}と多いものですとあるが、次の中で筆者の考えと違うものはどれか。

1 自分に自信がなくマイナスの考えを持って使っている。

2 自分をへりくだって言う時に使っている。

3 言葉の持つ音には意味があると思って使っている。

4 言葉の威力を知らずに使っている。

52 筆者の考えと合っているものはどれか。

1 お年寄りだけが縁起_{えんぎ}の良い言葉、悪い言葉と区別して使っている。

2 言葉を発すれば悪い言葉だけが現実化する。

3 良い響きを持つ言葉も悪い響きを持つ言葉もどちらも意識せずに使っていることが多い。

4 言葉の威力を知れば謙遜で言う場合もマイナスの言葉は口にしてはいけない。

1回

（2）

　バラエティー豊かなおかずが魅力で定番のお弁当として人気が高い「幕の内弁当」。
この「幕の内弁当」の由来は、江戸時代にさかのぼりますが、芝居で舞台の幕が下が
り、次の幕が上がるまでのことを幕の内や幕間といい、この芝居の幕と幕の間に食
べられたお弁当からこのように名付けられています。短時間で食べなければいけな
いため、食べやすい小さな俵型のおむすびなどが好んで使われていました。しか
し、この幕の内弁当は入れるおかずなどに決まりはなく、現在では玉子焼きや焼き
魚、煮物など、バラエティー豊かなおかずが入った豪華なお弁当を幕の内と呼んで
います。

　ところで、このような作ってから直ぐに食べないお弁当にはいろいろな保存の工
夫がされています。例えば、昔からの知恵としてよく知られているのが梅干です。
幕の内弁当にも梅干が入っているものが多いですが、梅干にはクエン酸を含み、腐
敗菌の繁殖を抑える効果があり、食材が傷みやすい夏にはとくにおすすめです。ま
た、食材選びで気をつけたいのが、ご飯やおかずを詰める時はしっかりと冷まして
から入れなければいけません。それも腐敗を抑える一つの方法です。さらに、水分
が多いと汁が漏れたり、野菜などの食材の傷みを早めるため、水気を切ってから入
れることがおすすめです。

（注１）定番：流行に左右されない基本的な商品
（注２）俵型：お寿司のご飯のような大きさや形
（注３）焼き魚：焼いた魚
（注４）煮物：材料に汁を加えて煮たもの

53　①「幕の内弁当」の説明と合っているものはどれか。

1　芝居の幕と幕の間に食べられたお弁当

2　芝居の幕の前に食べられたお弁当

3　焼（や）き魚（ざかな）や梅干が入ったボリューム豊かなお弁当

4　焼（や）き魚（ざかな）と煮物（にもの）に大きな俵型（たわらがた）のおにぎりが入った豪華なお弁当

54　②いろいろな保存の工夫とあるが、それは何か。

1　ご飯やおかずを詰めるときは一度冷蔵庫に入れて冷ましてから入れる。

2　汁が漏れると雑菌が増えるため、水気を切ってから入れる。

3　夏は食べ物が傷みやすいので、梅干を入れて菌の繁殖を抑える。

4　水分が多いと食材が傷むので、水分のないものを入れる。

55　筆者の考えと合っているものはどれか。

1　幕の内弁当は江戸（えど）時代からあるもので、現在はおかずなどのバラエティー豊かなお弁当を指す。

2　江戸（えど）時代の幕の内弁当は俵型（たわらがた）のご飯だったため梅干は必要なかった。

3　お弁当は腐らないように梅干を入れたり、ご飯とおかずを分けたりする工夫が必要だ。

4　芝居を見る人のためのシンプルなお弁当だったが、現在はバラエティー豊かで豪華なお弁当に変わった。

（3）

　およそ、２億年前の姿を残したウナギを日本の研究チームが発見した。発見されたのはウナギの仲間の中で最も原始的な種類で、今後「生きた化石」として注目されるであろう。

　①このウナギは去年２００９年の３月パラオ在住の日本人海洋生物研究家によって発見された。ウナギが捕獲されたのは水深数十メートルと深い海の底である。９匹を捕獲し、全長は最大２０センチほどで、背中の骨が一般的なウナギに比べて少ないため太めの体つきをしている。尾びれが特殊な形をしており、最も古いウナギの化石よりも原始的な特徴をとどめていた。日本の海洋生物研究所でＤＮＡを調べたところ、１９科あるウナギの種類にはどれにもあてはまらず、一般のウナギとは進化の段階で枝分かれした最も原始的なウナギと言える。ウナギ類は２億数千年前に普通の魚から分かれ、海の底を泳ぐのに適した細く長い体になった。今回発見されたウナギは②この進化の最もはじめの時期に位置するという。

　このウナギを発見した日本の生物研究家は次のように言っている。「このウナギは他との生存競争を避けるために海の底、岩と岩との間に隠れながら今まで生きてきたのだろう。このウナギはウナギの誕生を知る上でこれからとても重要となる生きた化石である。」

　パラオの海の底にはたくさんの岩があるが、現在このウナギが発見された場所は一ヶ所だけである。これからもこのウナギが現在の形で生き残っていくためには、そのウナギが生きる環境を保護していかなくてはならないであろう。

（注１）　ウナギ：細く長い体をした魚の種類

（注２）　在住：住んでいること

（注３）　枝分かれ：一つのものからいくつかの物が生まれること

56　①このウナギはどのような特徴があると筆者は言っているか。

1　最も古くに発見されたウナギの化石と似ている。

2　海の底を泳ぐために細く長い体になっている。

3　尾びれが特殊な形で、最も原始的な形をしている。

4　進化の段階で枝分かれしていない。

57　②この進化とあるが、それは何を指すか。

1　原始的な特徴をとどめたとき

2　海洋生物研究所でDNAを調べたとき

3　ウナギが他の魚と形が変ったとき

4　最も古いウナギの化石が発見されたとき

58　筆者の意見と合っているものはどれか。

1　今回発見されたウナギは一般のウナギから新しく枝分かれして生まれたウナギである。

2　今回発見されたウナギは一般のウナギと比べると異なる形をしている。

3　今回発見されたウナギは昔発見されたウナギと同じ形をしている。

4　今回発見されたウナギは進化の途中で長い体にはならなかった。

**問題10　次の文章を読んで、後の問いに対する答えとして最もよいものを、１・
　　　　　２・３・４から一つ選びなさい。**

　居間の書棚へ置き忘れてきたという父の眼鏡拭きを取りに、久美子が廊下を小走
りすると、電話のベルがけたたましく鳴り、受話機を手にした。すると、麻布の姉
の声で、昼前にこちらへ来るというのであった。お父様が今お出かけされるところ
だから、と早々に電話を切り、それを持って玄関へ行った。すると玄関で逆向きに
　　　　　　　　　　　　　①
ステッキを突いて立っていた父は、履物か何かのことで家政婦の平田さんに小言を
言っていたが、久美子が来た気配を感じとり、「何をぐずぐずしとる。早くせんか」と
怒鳴った。

　いつものように門のところまで平田さんと二人で見送ると、ドアを開けて待って
いた運転手へ父は会釈のつもりか、ちょっと頷くようにして乗った。そして久美子
が、「行ってらっしゃいませ」と挨拶すると、父はそれに対し返事もせず、心もち前
屈みになりながら奥側の窓へ顔をそむけたまま行ってしまった。

　父の気難しい性格は今はじまったことではない。もっとも、母がいた頃は気難し
いと言っても口に出して家政婦を叱りつけるようなことはなかった。いつも何かの
不満を眉間の縦しわへたたみこんでいるという風であった。それが、母の亡くなっ
たこの頃は、気難しい上に神経がたかぶっていて、妙にイライラした素振りさえ見
える。「お父様もお年を召したせいか気が短かくなりまして……」などと家のものた
ちは陰でひそひそ話し合うのだが、それも、最近の父は年のせいばかりとは言え
ず、他に何か理由がありそうだと誰もが思っている様子だった。父の脱ぎすてた上
着を久美子が畳んでいると玄関から姉の声がした。「今日は子どもを置いてきたから
長居が出来ないの」と前おきをして戸棚をのぞき込み、羊羹のはいった器を自分で出
しながら、「飯尾さんは？」と聞いた。亡くなった母の幼友達でこの家に長いこと住
んでいる老婦人のことである。

　「母様のお墓参りに朝早くから出かけられました。」

　「そうですか。」

　姉は何故かうすら笑いをした。姉にとっては、口数の多い飯尾さんは苦手らしかった。飯尾さんが留守だと聞いて姉の声が弾んでいた。

「お父様はこの頃どんな感じ？」

　久美子が黙って苦笑いをすると、「早くご機嫌を直して頂きたいものね」と、姉はちょっと真顔になった。

「お父様のご機嫌が直らないと周りの人が迷惑するじゃない。それに、平田さんが、この頃叱られっぱなしなのが気になって、夜もぐっすり眠れないわ。」

　そこへちょうど平田さんが「お昼のお仕度は何にいたしましょう」と聞きに来たので姉は途中で話を止めた。そして羊羹をひと切れ取って平田さんへ「どうぞ」と言って差し出した。

59　①それとあるが、それは何か。

1　眼鏡

2　眼鏡拭き

3　電話の受話器

4　ステッキ

60 ②うすら笑いをしたとあるが、それはなぜか。

1 口数の多い飯尾さんが家にいないから

2 飯尾さんが姉のことを嫌っているから

3 母の墓参りに行ってくれて嬉しかったから

4 子どもを家に置いてきてゆっくりできるから

61 ③ちょっと真顔になったとあるが、それはなぜか。

1 自分が苦手としている老婦人が急に現れたから

2 父親が自分に挨拶もせずに出かけたから

3 母が亡くなった時以後、父親が気難しくなったから

4 子どもを家に置いてきたため心配になったから

62 本文の内容と合っているものを選びなさい。

1 父は年のせいで気が難しくなったというより何か隠し事をしているようだ。

2 父は母が生きている頃から気難しかったが、家政婦に怒鳴ったりはしなかった。

3 平田さんが叱られっぱなしなのは口数の多い飯尾さんが原因だ。

4 飯尾さんの話をしている所に平田さんが来たのでごまかすために羊羹を差し出した。

問題11　次のＡとＢはそれぞれ別の文章である。ＡとＢの両方を読んで、後の問い
　　　　　に対する答えとして最もよいものを、１・２・３・４から一つ選びなさい。

Ａ

　　野菜も工場で作る時代だ。野菜を閉鎖された空間で光や温度、湿度を人工的
に調節し、野菜を計画的に生産する野菜工場は日本全国に５０ヶ所ほどある。
季節や天候に関係なく安定した収穫が見込めるので、デンマークやオランダで
は古くから野菜工場が利用されてきた。従来の農業に比べ、工場で野菜を栽培
することで、野菜の価格が安定するだけでなく、外部の畑で栽培するよりも菌
や害虫による被害が少なく、農薬を使わずに見た目もきれいな野菜を育てるこ
とが可能だ。しかし、現段階では工場野菜は価格が通常の野菜よりも1.5～2
倍も高い。これは、工場の建設や維持費といった生産コストが大きいためで、
今後工場野菜を普及させるためには生産コストを下げることが課題となるだろ
う。野菜工場を開発している化学メーカーは、工場での栽培技術を経済成長と
共に人口が増加している中東地域に積極的に売り込む予定だ。工場での野菜栽
培は、屋外での栽培よりも水の使用量を減らすことができるため、真水の少な
い中東地域での新しい農業形態として期待されている。

Ｂ

　農業をしてみたいという若者が増えている。一度や二度、農業を体験するだけでは農業の大変さはわからないだろうし、農業体験をした人が全員農家になるわけでもない。とはいえ、田植えや農作業の経験どころか、土に触ったこともなかった都会の若者が農業に興味を持つようになったというのは大きな変化である。

　先日、若者向けの農業雑誌が創刊された。この雑誌が対象とするのは、２０歳から３５歳の若者で、農業に情熱を注ぐ若者の姿を紹介し、若者の「農業は時

代遅れだ」という印象を変えて、農業のかっこよさを伝えるのが狙いだ。自分と同世代の人たちが熱い思いを持って農業にはげむ姿を見ることは都会の若者にとって貴重なことだろう。

　また、農業をするギャル、通称ノギャルの増加も、日本の農業へ大きな影響を与えるだろう。たった一人の若者が、若者が農業に興味を持つきっかけを作ろうと始めたノギャルプロジェクトが、日本の若い女の子が持っていた農業への印象を変え、若者が農業や食の大切さを見直すきっかけとなった。

　このような取り組みが後継者（注6）不足に悩む農家と若者をつなぐことができればと期待されると共に、若者の頑張りによって日本の農業が大きく変わることを願いたい。

（注１）害虫：人間の生活に害を与える虫

（注２）見た目：外から見たようす

（注３）生産コスト：製品を生産するのに必要な費用

（注４）中東地域：アラブ半島諸国

（注５）真水：混じり物のない水

（注６）後継者<ruby>後継者<rt>こうけいしゃ</rt></ruby>：事業や財産を受け継ぐ人

63 ＡとＢどちらの記事にも触れられている内容はどれか。

　１　世界中の農家で後継者<ruby>後継者<rt>こうけいしゃ</rt></ruby>が不足している。

　２　若者の農業への関心が高まっている。

　３　農業の分野で変化が起きている。

　４　新技術を農業に活かそうとしている。

64 農業の将来について、Ａの筆者とＢの筆者はどのように考えているか。

　１　ＡもＢも、ともに将来を心配している。

　２　ＡもＢも、ともに将来への希望を見出している。

　３　Ａは将来を心配し、Ｂは将来に希望を持っている。

　４　Ａは将来に希望を持っているが、Ｂは将来を心配している。

65 ＡおよびＢの内容と合っているものはどれか。

　１　現在、世界中に約５０ヶ所の野菜工場がある。

　２　最近、中東<ruby>中東<rt>ちゅうとう</rt></ruby>で農業をする若者が増えている。

　３　最近、創刊された雑誌の狙いは農業に対するイメージを変えることだ。

　４　ある農家の始めた企画によって、若者が農業に興味を持つようになった。

問題12　次の文章を読んで、後の問いに対する答えとして最もよいものを、１・２・３・４から一つ選びなさい。

　草への親しみは、どこから来るものでしょう。

　私にとっては、たとえそれがどんなに小さい、はかないものであっても、それは地にある、感触のある、温度のある、生命であります。「生命」①というものは、それがどんなに気まぐれな表現をとっても、そこに美しさがあり、力があり、光があります。全ての物の中で草の生命ほど、謙虚で、素朴で、正直で、そして辛抱強い（注1）ものは多くないでしょう。

　しかし、草への私の愛情はそれだけではありません。私は子どものころ草の中で大きくなりました。もっと適切にいうのであれば、草と一緒に大きくなりました。田舎の寂しい村に生まれて、友達が少ししかいなかった私は、その少ししかいない友達と遊ぶ時には、いつも草の中で遊びました。友達がいない時は一人でウサギのように草の上を転げ回っていました。草には花が咲き、実がなっていましたから、私はそれと一緒に遊ぶことができました。指に吸い付く花や、ちょっと触るとコオロギのように鳴いて実が飛び出す草などは、子どもの私にはとても興味深く、どれ②だけ長い時間それと遊んだのか、思い出すこともできないほどです。

　いつだったか、京都の有名な公園を友人と散歩していた時のことです。公園の芝生には、出たばかりの新しい芽が、美しく日に輝いていました。フランス好きの友人は、それを見ると突然あちらのことを思い出したと言いました。③

　「日本の草は、感じも、手触りも、硬いものが多いようですが、フランスの原っぱ（注2）に生えている草は、みんな柔らかくて、虫なんかほとんどいないので、気持ちがいいんですよ。」

　私はそれを聞いて、都会で育ったこの友人と、田舎で生まれた私との間に、草や虫への感じ方に大きな違いがあるのに気が付かないわけにはいきませんでした。虫は時々私の指を噛み、肌を腫らしました。しかし、彼らはいつも私の遊び友達でした。

　虫だけではなく、草も時々人間に向かって笑ってみせることがあります。鋭い葉は、何度か私の指を切りました。しかし、私は、いつどんな時でも、彼ら草を見ると、「おい、兄弟……」といきなり呼びかけたいほどの親しみを失うことはありません。それがどれだけ汚れていようと、それは小さな事です。

（注１）辛抱強い：がまん強いこと
（注２）手触り：手でものを触った時のそのものの感触

66 ①「生命」とはどんなものか。

  1 便利なもの

  2 温かいもの

  3 都合のいいもの

  4 見えないもの

67 ②どれだけ長い時間それと遊んだのか、思い出すことも出来ないほどですとあるが、それはなぜか。

  1 時計をするのを忘れたから

  2 覚えることが苦手だから

  3 夢中になって遊んでいたから

  4 思い出したくないから

68 ③それとあるが、それとしてあてはまるものはどれか。

1 子どもの時一緒に遊んだ草花

2 京都の芝生にあった新しい芽

3 フランスの原っぱに生えていた草

4 草の中に隠れている虫

69 筆者の意見と合っているものはどれか。

1 友人にも自分と同じように草に親しみを感じてほしい。

2 日本の草よりフランスの草のほうが柔らかくて好きだ。

3 虫や草達と遊んでいた子どものころに戻りたい。

4 どんなことがあっても、自分にとって草への思いが変わることはない。

問題13　右のページは、ＪＪケータイの商品カタログと携帯機能表である。下の
　　　　問いに対する答えとして最も良いものを、１・２・３・４から一つ選びな
　　　　さい。

[70]　先週トイレに携帯電話を落としてしまい、携帯電話が壊れてしまったカナさん
　　　は、携帯電話を買い換えることにした。カナさんは、次は水に強く、白色の携
　　　帯電話が欲しい。カナさんの希望に合った携帯電話はどれか。

　　　１　「使い方簡単携帯」

　　　２　「着せ替え携帯」

　　　３　「デジカメ携帯」

　　　４　「頑丈携帯」

[71]　Ｂ－３１２「頑丈携帯」の説明として合っていないものはどれか。

　　　１　丈夫に作られている。

　　　２　白色の機種がない。

　　　３　世界通話機能がついている。

　　　４　連続通話時間が一番短い。

商品カタログ

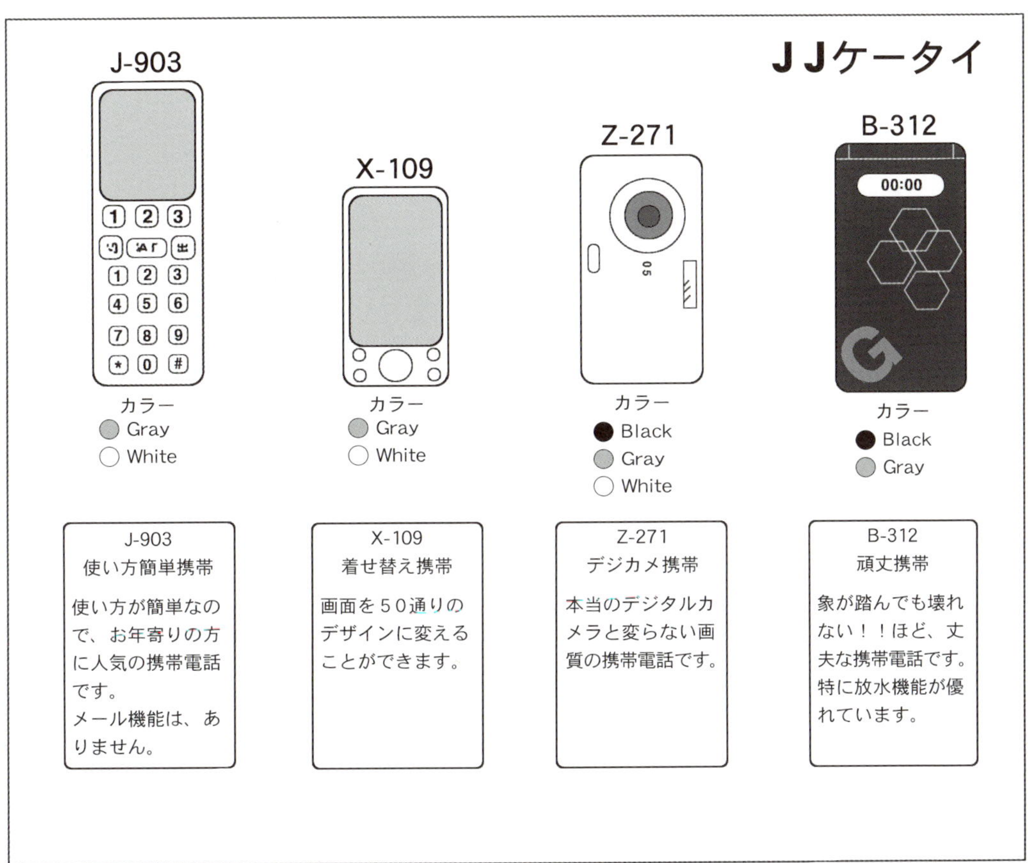

携帯機能表

	Ｊ−９０３	Ｘ−１０９	Ｚ−２７１	Ｂ−３１２
アドレス登録件数	５００件	１，０００件	２，０００件	１，５００件
連続通話時間	約３００分	約２００分	約２５０分	約３５０分
受信メール保存件数	×	１，０００件	１，０００件	１，０００件
送信メール保存件数	×	５００件	５００件	５００件
カメラ機能	○	○	◎	○
防水（注）機能	×	○	×	◎
世界通話機能	×	○	×	○

（注）防水：水がしみ込んだり、入ったりすることを防ぐこと

N1

聴解

（60分）

注　意
Notes

1. 試験が始まるまで、この問題用紙を開けないでください。
   Do not open this question booklet until the test begins.

2. この問題用紙を持って帰ることはできません。
   Do not take this question booklet with you after the test.

3. 受験番号と名前を下の欄に、受験票と同じように書いてください。
   Write your examinee registration number and name clearly in each box below as written on your test voucher.

4. この問題用紙は、全部で13ページあります。
   This question booklet has 13 pages.

5. この問題用紙にメモをとってもかまいません。
   You may make notes in this question booklet.

受験番号　Examinee Registration Number	

名　前　Name	

<ruby>問題<rt>もん だい</rt></ruby> 1

<ruby>問題<rt>もんだい</rt></ruby> 1 では、まず<ruby>質問<rt>しつもん</rt></ruby>を<ruby>聞<rt>き</rt></ruby>いてください。それから<ruby>話<rt>はなし</rt></ruby>を<ruby>聞<rt>き</rt></ruby>いて、<ruby>問題用紙<rt>もんだいようし</rt></ruby>の 1 から 4 の<ruby>中<rt>なか</rt></ruby>から、<ruby>最<rt>もっと</rt></ruby>もよいものを<ruby>一<rt>ひと</rt></ruby>つ<ruby>選<rt>えら</rt></ruby>んでください。

<ruby>例<rt>れい</rt></ruby>

1　アルバイトに<ruby>行<rt>い</rt></ruby>きます

2　アルバイトの<ruby>後<rt>あと</rt></ruby>、ピアノの<ruby>先生<rt>せんせい</rt></ruby>のところに<ruby>行<rt>い</rt></ruby>きます

3　アルバイトの<ruby>前<rt>まえ</rt></ruby>にピアノの<ruby>先生<rt>せんせい</rt></ruby>のところに<ruby>行<rt>い</rt></ruby>きます

4　アルバイトの<ruby>後<rt>あと</rt></ruby>、<ruby>飲<rt>の</rt></ruby>みに<ruby>行<rt>い</rt></ruby>きます

1番

1　文章構成を直す

2　アンケート回収に行く

3　論文下書きを提出する

4　グラフを作り直す

2番

1　歯医者に行く

2　薬局に行く

3　映画を見に行く

4　家に帰る

3番

1 百貨店に行く

2 金券ショップに行く

3 会社に行く

4 買い物に行く

4番

1 窓口で学生割引証を申請する

2 窓口へ学生証を持っていく

3 学務課で学生割引証を申請する

4 学務課へ学生証を持っていく

5番

1 クリーニング店の名刺

2 店の領収書

3 店の店長の名刺

4 汚れたかばん

6番

1 お中元の資料をまとめる

2 お中元の商品を送る

3 お中元の写真を撮る

4 お中元の資料を探す

<ruby>問<rt>もん</rt>題<rt>だい</rt></ruby> **問題 2**

　問題2では、まず質問を聞いてください。そのあと、問題用紙のせんたくしを読んでください。読む時間があります。それから話を聞いて、問題用紙の1から4の中から、最もよいものを一つ選んでください。

例

1　出版社に勤めています

2　英語の先生をしています

3　モデルをしています

4　テレビのコマーシャルに出ています

1番

1　卒論のレジュメを出し忘れたから

2　バイトに遅刻してしまったから

3　友達に代わりに提出してもらったから

4　研究室の箱に入れなかったから

2番

1　海外の職場で働くこと

2　英語ができないこと

3　海外で生活すること

4　語学勉強すること

3番

1 お店で商品が販売されること

2 多くの人に食べてもらうこと

3 商品がたくさん売れること

4 商品でお客が笑顔になること

4番

1 試食を行う

2 配送サービスを行う

3 商品広告を出す

4 割引をする

5番

1　共感しやすい物語の背景

2　言葉づかいの美しさ

3　想像しやすい人物描写

4　ストーリー構成の面白さ

6番

1　営業は積極性、販売は自主性があること

2　海外進出に向け、語学力に優れていること

3　協調性を持ち、周囲とうまくやれること

4　営業も販売も、積極性があること

7番<ruby>ばん</ruby>

1 増税についての採決をとりやめること

2 増税をして赤字を減らすこと

3 国民の消費を促すこと

4 景気回復の策を立てること

問題 3

問題 3 では、問題用紙に何も印刷されていません。この問題は、全体としてどんな内容かを聞く問題です。話の前に質問はありません。まず話を聞いてください。それから、質問とせんたくしを聞いて、1 から 4 の中から、最もよいものを一つ選んでください。

－メモ－

問題4

問題4では、問題用紙に何も印刷されていません。まず文を聞いてください。それから、それに対する返事を聞いて、1から3の中から、最もよいものを一つ選んでください。

－メモ－

もんだい
問題 5

問題 5 では長めの話を聞きます。この問題には練習はありません。メモをとって もかまいません。

ばん　　ばん
1 番、 2 番

問題用紙に何も印刷されていません。まず話を聞いてください。それから、質問 とせんたくしを聞いて、 1 から 4 の中から、最もよいものを一つ選んでください。

ーメモー

3番

　まず話を聞いてください。それから、二つの質問を聞いて、それぞれ問題用紙の1から4の中から、最もよいものを一つ選んでください。

質問1

1　『竜馬が行く』

2　『秘密 』

3　『きらきらひかる』

4　『9割がバイトでも最高のスタッフに育つディズニーの教え方』

質問2

1　『竜馬が行く』

2　『秘密』

3　『きらきらひかる』

4　『9割がバイトでも最高のスタッフに育つディズニーの教え方』

JLPT 실전모의고사 N1

합격하길 바래! 신

2회

실전모의고사 채점표

자신의 실력이 어느 정도인지 확인할 수 있도록 임의적으로 만든 채점표입니다. 실제 시험은 상대 평가 방식이므로 약간의 오차가 발생할 수 있습니다.

언어지식 (문자 · 어휘 · 문법)

		배점	만점	2회	
				정답 문항 수	점수
문자 · 어휘 · 문법	문제 1	1점×6문항	6		
	문제 2	1점×7문항	7		
	문제 3	1점×6문항	6		
	문제 4	2점×6문항	12		
	문제 5	1점×10문항	10		
	문제 6	1점×5문항	5		
	문제 7	2점×5문항	10		
합계			56점		

* 점수 계산법 : 언어지식(문자 · 어휘 · 문법) [　　　]점÷56×60 = [　　　]점

독해

		배점	만점	2회	
				정답 문항 수	점수
독해	문제 8	2점×4문항	8		
	문제 9	2점×9문항	18		
	문제 10	3점×4문항	12		
	문제 11	2점×3문항	6		
	문제 12	3점×4문항	12		
	문제 13	2점×2문항	4		
합계			60점		

청해

		배점	만점	2회	
				정답 문항 수	점수
청해	문제 1	2점×6문항	12		
	문제 2	2점×7문항	14		
	문제 3	2점×6문항	12		
	문제 4	1점×14문항	14		
	문제 5	2점×4문항	8		
합계			60점		

N1

言語知識（文字・語彙・文法）・読解

（110分）

注　意
Notes

1. 試験が始まるまで、この問題用紙を開けないでください。
   Do not open this question booklet until the test begins.

2. この問題用紙を持って帰ることはできません。
   Do not take this question booklet with you after the test.

3. 受験番号と名前を下の欄に、受験票と同じように書いてください。
   Write your examinee registration number and name clearly in each box below as written on your test voucher.

4. この問題用紙は、全部で31ページあります。
   This question booklet has 31 pages.

5. 問題には解答番号の 1 、 2 、 3 … が付いています。
   解答は、解答用紙にある同じ番号のところにマークしてください。
   One of the row numbers 1 , 2 , 3 … is given for each question. Mark your answer in the same row of the answer sheet.

受験番号　Examinee Registration Number	

名前　Name	

問題1 　　　　　　　の言葉の読み方として最もよいものを、1・2・3・4から
一つ選びなさい。

1　このバスは揺れる場合がございますので、お立ちのお客様は吊革にお捕まり
ください。

1 つりがわ　　　　2 つりかわ　　　　3 つるかく　　　　4 つるがく

2　今日からこちらに派遣された田中です。

1 はかく　　　　2 はたん　　　　3 はけん　　　　4 はいち

3　地震のときは素早い行動が大切だ。

1 もとはやい　　　2 すっぱやい　　　3 すばやい　　　4 そばやい

4　姉と口論になるといつも私が負ける。

1 こうろん　　　2 ごくろん　　　3 くちげんか　　　4 こうわ

5　何卒これからもよろしくお願いします。

1 なにそつ　　　2 どうぞ　　　3 どうか　　　4 なにとぞ

6　男のくせに女々しいことを言う人は女性から嫌われる。

1 めめしい　　　　　　　　　　2 にょにょしい

3 おんなおんなしい　　　　　　4 じょじょしい

問題2　（　　　）に入れるのに最もよいものを、1・2・3・4から一つ選びなさい。

7　（　　　）からの景色は街の全体を一目で見渡せる。

1 海辺　　　　　　2 山頂　　　　　　3 登山　　　　　　4 河口

8　ずっと片思いをしていた人が結婚してとても（　　　）気持ちになった。

1 嬉しい　　　　　2 苦しい　　　　　3 卑しい　　　　　4 切ない

9　このケーキには新鮮な生クリームとチーズが（　　　）に使われています。

1 ぼうだい　　　　2 おおまか　　　　3 ふんだん　　　　4 なめらか

10　明日の試験のことを考えると（　　　）だ。

1 憂鬱（ゆううつ）　2 敏感　　　　　3 本気　　　　　4 臆病（おくびょう）

11　お腹が（　　　）で力が出ない。

1 ぷかぷか　　　　2 ぺこぺこ　　　　3 すかすか　　　　4 ぐるぐる

12　これを修理するには分解するのに（　　　）が必要です。

1 レギュラー　　　2 ドライバー　　　3 ライター　　　　4 バッテリー

13　私がこの服でパーティーに出席するのは（　　　）違いだ。

1 美　　　　　　　2 着　　　　　　　3 場　　　　　　　4 異

問題3 ________の言葉に意味が最も近いものを、1・2・3・4から一つ選びなさい。

14 一生懸命練習したのに試合に負けて<u>落ち込んだ</u>。

　　1 へこんだ　　　　2 きずついた　　　3 よわった　　　4 なやんだ

15 毎日の点検を<u>怠って</u>いたのでこのような事故に繋がった。

　　1 早まって　　　　2 ふざけて　　　　3 注意して　　　4 油断して

16 いきなりの質問に<u>盲点</u>を突かれた。

　　1 見落としているところ　　　　　　2 驚いているところ

　　3 緊張しているところ　　　　　　　4 気にしているところ

17 予想して勉強したところが試験で<u>ことごとく</u>外れた。

　　1 大体　　　　　　2 ほとんど　　　　3 ほんの少し　　4 全て

18 彼女と<u>本気</u>で付き合いたいと思っています。

　　1 元気に　　　　　2 親密に　　　　　3 真剣に　　　　4 正直に

19 私の性格は母に似て<u>せっかち</u>だ。

　　1 頑固　　　　　　2 厳格　　　　　　3 短気　　　　　4 勇敢

問題4　次の言葉の使い方として最もよいものを、１・２・３・４から一つ選び
なさい。

20　根強い

1　新婚旅行と言えばやはりハワイが根強い人気である。

2　スポーツ選手には根強く動ける能力が必要だ。

3　根強く勉強したのでいい点が取れた。

4　最近は根強い物が多く売られている。

21　密か

1　ここでは密かにして話をしないでください。

2　彼には他の誰にも言っていない密かな夢がある。

3　健康には密かな栄養ドリンクがおすすめです。

4　明日の天気は密かに晴れるでしょう。

22　つじつま

1　昨日の雷で大きなつじつまの跡が残っている。

2　彼の証言は全てつじつま通りです。

3　あそこにあるつじつままで歩いて行こう。

4　二人の話がつじつましている。

23　愚痴（ぐち）

1　愚痴（ぐち）があればこの問題も解決できるはずだ。

2　準備もしないで挑戦するなんて愚痴（ぐち）だった。

3　会社のために愚痴（ぐち）をするのは止めたほうがいい。

4　さっきから仕事の愚痴（ぐち）ばかり言っている。

24　持ち切り

1　今月でこの雑誌の掲載は持ち切りです。

2　余った分だけ持ち切りしました。

3　教室では先生のうわさ話で持ち切りです。

4　会計は持ち切りで払うことにしましょう。

25　舗装（ほそう）

1　道路の舗装（ほそう）工事で車が渋滞している。

2　デパートで買った商品を舗装（ほそう）してもらった。

3　この携帯は舗装（ほそう）機能が付いている。

4　大事なものを壊してしまったので舗装（ほそう）する。

問題 5　次の文の（　　　）に入れるのに最もよいものを、１・２・３・４から一つ
　　　　選びなさい。

26　天気がいいので、散歩し（　　　）スーパーで買い物をしてきます。

　　1　てから　　　　　　2　ながら　　　　　　3　てまで　　　　　4　がてら

27　不景気でボーナスは無くなり給料も減ったが、仕事がある（　　　）だ。

　　1　だけまし　　　　　2　ほうがまし　　　　3　けどまし　　　　4　からまし

28　あの後輩（　　　　）、遅刻はするし挨拶もしないで全く礼儀がない。

　　1　としたら　　　　　2　ときたら　　　　　3　となると　　　　4　とだけは

29　これを（　　　）お祝いの言葉とさせていただきます。

　　1　おきまして　　　　2　つきまして　　　　3　もちまして　　　4　あけまして

30　先日は大変お世話になり、お礼を（　　　）お電話させていただきました。

　　1　差し上げたく　　　2　いたしたく　　　　3　おっしゃりたく　4　申し上げたく

31　今日は大好きな歌手の握手会があるので、仕事を休ん（　　　）行きたい。

　　1　だが　　　　　　　2　ででも　　　　　　3　だら　　　　　　4　でたら

32　（結婚式で）
　　A　「田中さん、結婚おめでとう。」
　　B　「あ、来てくれたんだね。どうもありがとう。」
　　A　「いや〜こんな綺麗な奥さんをもらって、うらやましい（　　　）よ。」

　　1　かぎりだ　　　　　2　ばかりだ　　　　　3　はずだ　　　　　4　に違いない

33 地球温暖化が進み、たくさんの植物や動物が絶滅の危機に直面しているのは言う（　　　）。

1 べくもない　　　　2 までもない　　　　3 までだ　　　　4 に極まりない

34 海外に行くなら英語が（　　　）が、大切なのは言葉がわからなくてもお互いを理解しようとする気持ちである。

1 話せずにはすまない　　　　　　2 話すまではいかない

3 話せるにこしたことはない　　　4 話さないではおかない

35 こちらの商品は少しの間なら水に触れ（　　　）ですが、長い間水の中だったり、自ら水につけるようなことは避けてください。

1 たらさしつかえない　　　　　　2 ないではおかない

3 ないではすまない　　　　　　　4 てもさしつかえない

問題6　　次の文の ＿＿★＿＿ に入る最もよいものを、１・２・３・４から一つ選びな
さい。

（問題例）

あそこで ＿＿＿＿ ＿＿＿＿ ＿★＿ ＿＿＿＿ は山田さんです。

1　テレビ　　　　　2　見ている　　　　3　を　　　　　　4　人

（解答のしかた）

1．正しい文はこうです。

> あそこで ＿＿＿＿＿＿ ＿＿＿＿＿ ＿★＿＿ ＿＿＿＿ は山田さんです。
>
> 　　　　　1　テレビ　　3　を　　2　見ている　　4　人

2．＿★＿ に入る番号を解答用紙にマークします。

（解答用紙）　　　　（例）　①　●　③　④

36　このレストランのコース料理を ＿＿＿＿ ＿＿★＿ ＿＿＿＿ ＿＿＿＿ 出てきた。

1　すごくおいしそうな　　　　　　　　　2　と思いきや

3　デザートも　　　　　　　　　　　　　4　食べ終わった

37　希望の会社に入社でき、好きな子に告白される ＿＿＿＿ ＿＿＿＿ ＿＿★＿
＿＿＿＿ くらいだ。

1　ずくめで　　　　　2　なんて　　　　　3　いいこと　　　4　怖い

38 A 「会社の方針は何ですか。」

B 「社員 ＿＿＿ ＿★＿ ＿＿＿ ＿＿＿ 一番に聞いて良い環境作りに力を
入れています。」

1 会社 2 社員の言葉を 3 なので 4 あっての

39 明日も ＿＿＿ ＿＿＿ ＿★＿ ＿＿＿ で続きは明日やりましょう。

1 ここまで 2 早い 3 今日は 4 ことだし

40 A 「旅行どうだった？」

B 「今回は ＿＿＿ ＿★＿ ＿＿＿ ＿＿＿ 満足できて楽しめたよ。」

1 十分 2 割には 3 で時間がない 4 安い料金

問題7　　次の文章を読んで、文章全体の趣旨を踏まえて、 41 から 45 の中に
　　　　入る最もよいものを、１・２・３・４から一つ選びなさい。

2回

　「恋をすると女性は綺麗になる」という言葉を聞いたことはあるだろうか。男性 41 女性なら誰でも好きな人ができたら可愛く見せたい、良く思われたいという思いからいつもは化粧をしていなかった人が化粧をしたり、洋服を選ぶのも慎重になったり、ダイエットを始めたりと色々綺麗になるための行動をとったことがあるだろう。

　外見からの綺麗には限界があるが、内面からの女性の変貌（注1）には驚かされる。それまでは、疲れた様子で出勤し仕事も適度にしていた女性が、ある日突然向こうから笑顔で挨拶をしてきたときにはまるで 42 。どうやら好きな人ができたらしい。これが 43 のパワーなのか。恋をすることで心が満たされ毎日が楽しくなり、意識しなくても表情が豊かで女らしい仕草（注2）になってくるのだ。実際にホルモンが分泌されて肌が良くなるといった医学的根拠もある。いつもより人に優しくなれたり、仕事に対して積極性が出たりと日々の生活が明るく前向きになる様子もうかがえる。また、そういう恋する女性を増やすためにも 44 も充実した生活を送り、素敵な魅力を保つ努力を忘れてはいけないだろう。

　恋はある意味一種の魔法（注3） 45 。晩婚化（注4）が進む今日だが、この魔法が世の中の女性を輝かせ、社会の原動力（注5）となり、仕事や私生活、恋愛と様々な面で大きな力を発揮することを期待したい。

（注１）変貌：姿や様子がすっかり変わること

（注２）仕草：何かをするときの何気ない動作

（注３）魔法：目に見えない不思議な力、マジック

（注４）晩婚化：初めて結婚する年齢が以前より高くなってきていること

（注５）原動力：物事の活動の基となる力

41

1 のように　　　　2 ばかりか　　　　3 でさえ　　　　4 にひきかえ

42

1 母親のようだった　　　　2 女性のようだった
3 別の人のようだった　　　　4 外国人のようだった

43

1 美　　　　2 恋　　　　3 金　　　　4 幸

44

1 家族　　　　2 友人　　　　3 同僚　　　　4 男性

45

1 のようなものなのかもしれない　　　　2 のようなものしかない
3 のようなものというところだ　　　　4 のようなものにはあたらない

問題 8　次の（1）から（4）の文章を読んで、後の問いに対する答えとして最も
よいものを、1・2・3・4から一つ選びなさい。

（1）

　手紙をもらうとメールや電話以上に嬉しいものです。手紙をもらったときの嬉し
さは格別で、本当に心が通うものなのです。誰にでも「何度も何度も繰り返し読んで
しまった」という経験があるのではないでしょうか。それが<u>手紙の最高の利点</u>なので
す。手紙の文にはその人の思いが込められていますし、とても心に残るものです。
その人の字で時間を掛けて届く手紙は人の心の温かみを伝え、他には変えることの
できないコミュニケーション手段です。

46　<u>手紙の最高の利点</u>とは何か。

　　1 何度も何度も繰り返し読んでしまうこと

　　2 人の思いが込められているため心に残ること

　　3 その人の字で手間を掛けて書くこと

　　4 他には変えることのできないコミュニケーション手段であること

（2）

　しつけで重要なことは「叱る」代わりに「褒める」ことである。「やめなさい」、「早くしなさい」などと言われるとその一言で、子供の好奇心も自発性も失われ、かえって親の言いなりにしかなれない、言われないとできない子供になってしまう。子供はあらゆることに関心を寄せて想像を膨らませて楽しみながらゆっくり遊びながら心豊かに育っていくのである。怒りたくなったときこそ深呼吸して無理やりにでも「褒める」ことを心がけてみると、自然に子供から心を開いて親子の信頼関係がより深まるのである。

47　筆者が考えるしつけとはどのようなものか。

　　1　子供を親の言いなりにするしつけ

　　2　叱る代わりに褒めるだけのしつけ

　　3　褒めて心豊かに育てるしつけ

　　4　自然に子供から心を開かせるしつけ

（3）

下は、ある会社が顧客に向けて出した文書である。

お客様各位

____

皆様におかれましては益々ご壮健のことなによりに存じます。

当店では、暑さに負けずスタッフ一同元気に皆様のお越しをお待ちしております。

暑さ厳しき折ですが、足をお運びいただけますようお願い申し上げます。

なお、誠に勝手ながら8月13日から15日は夏期休暇となりますことを予めお知らせしておきます。

2012年7月24日

アオキスーパー

店長　山田　裕樹

スタッフ一同

〒 000‐0000　東京都〇〇区1丁目1番

TEL 00‐000‐0000

48　この文書の件名として、______に入るのはどれか。

1 残暑見舞い

2 暑中見舞い

3 残寒見舞い

4 寒中見舞い

（４）

　長寿国は長寿国にふさわしい社会環境を作らなければならない。そうしなければ医療費が増加し、国の保険制度を維持していくことができなくなってしまうからだ。医療費の増加を抑えるためには、その大半を占める高齢者の医療費を減らさなければならない。ただ長く生きるのではなく、活動的平均余命（注）を伸ばせば医療費は少なくなる。そのためには、長野県の例が示すように、良い医療と個人の食生活の改善とそれを応援する自治体、そして地域のボランティアが一体となることが必要である。それによって、長寿国にふさわしい社会環境が作られる。

（注）余命：残りの命

49　長寿国にふさわしい社会環境とは、どのようなものか。

　　1　医療費の増加を抑えて減らす社会環境

　　2　地域が一体となる社会環境

　　3　活動的平均余命を伸ばす社会環境

　　4　自治体と地域ボランティアが一つになる社会環境

問題9　次の（1）から（3）の文章を読んで、後の問に対する答えとして最も
　　　　　よいものを、１・２・３・４から一つ選びなさい。

（1）

　ユニクロの社長である柳井の持論として、経営はまず結論ありきというものがあ^{（注）}る。企業として目指すところをまず決めて、そこから逆算して今できることやしなければならないことに全力で取り組むというスタイルである。柳井は社員に「高い志を持て」とよく言う。これは、人は安定を求めるようになるとそこで成長が止まってしまうため、高い目標を掲げて、それに向かって実行努力することこそ重要である。目標は低すぎてはだめで、到底無理だと思われる目標でも綿密に計画を立てて修正していく。大事なことは諦めないことなのである。こういったところから売上１兆円を目指しているということがうかがえる。

　柳井は６０〜６５歳の間で経営の第一線から引退することを考えている。その後は投資家として一生を送るつもりでいる。何故６０〜６５歳で引退をしようと考えているのかという と、体力と集中力の衰えと、柳井が言っていることが掛け声だけで終わってしまう恐れがあると感じ始めたからである。経営はスポーツみたいなもので、チームリーダーとして先頭に立ち自分の体力で全員を引っ張っていけるうちはいい。しかし現在５０代半ばになりチームの主体が３０代、４０代になってきたので、同じような年代の人達が構成する経営チームが、その仲間全員をこういう企業にしたいと考えてその方向に引っ張っていく方がいいのではないか。年代が離れれば離れるほど、意思が伝わりづらくなる。このような思いを持っているため、柳井は自分一代でまだ目の黒いうちに世界一へと駆け上がりたいと思っている。

（注）結論ありき：結論がすでに存在したこと

50 柳井氏が考える経営理念に当てはまるのはどれか。

1 適度な目標を掲げてそれに向かって実行する経営理念

2 安定を求めて今できることを計算し実行していく経営理念

3 高い目標を掲げて実行努力をしていく経営理念

4 何事も諦めずに実行していく経営理念

51 高い志を持てと言う理由は何か。

1 安定を求めず努力実行してほしいため

2 社長の座を目指してほしいため

3 チームリーダーになってほしいため

4 売上１兆円を目指しているため

52 柳井氏が６０代で引退する理由に当てはまるのはどれか。

1 投資家として第二の人生を送ることが夢だったから

2 体力が衰えてチームをまとめられなくなったから

3 自分より若い社員たちの方が会社を引っ張っていけるから

4 社員の先頭に立って引っ張っていくのに疲れたから

（2）

　ＪＲ九州は２７日、大学生を中心とした若者世代を対象に、九州内の主要都市を結ぶ新幹線を安く利用できる「ガチきっぷ」を販売すると発表した。

　発売は７月１０日からで、対象は１８〜２４歳。利用期間は７月２７日から９月９日までで、福岡市内から熊本、鹿児島中央駅などの主要６区間で新幹線の自由席を、片道から買うことができる。福岡市内—熊本駅の新幹線片道利用の場合、通常料金が４，４８０円だが、「ガチきっぷ」を利用すれば２，５００円になる。

　ガチは「本気」を意味する若者言葉で「本当に安い」「本当に速い」との意味を込めた。ＪＲ九州は「これまで値段が高くて乗れなかった学生のお客さまにもたくさん新幹線を利用してもらいたい」と話している。

53 「ガチきっぷ」を発売した理由に当てはまるのはどれか。

1 夏休みの期間中に遠出をしてほしいから

2 九州への旅行客が減少してきているから

3 年配の方にも多く新幹線を利用してほしいから

4 学生にも多く新幹線を利用してほしいから

54 若者世代とはどの年齢を指すのか。

1 １８歳以上２５歳未満

2 大学生のみ利用可

3 １８歳以上２４歳未満

4 １８歳以上２０歳未満

55 往復で切符を買った場合、定価で買うよりいくら安くなるか。

1 1,980円

2 3,960円

3 6,460円

4 520円

（3）

　つい先日、精神科医が多数参加する学会に出席した。最先端の遺伝子研究や新しい薬物療法などの発表が相次ぎ、カタカナや英語のメモを取るのもひと苦労だったが、一方でとても新鮮な話も多かった。

　たとえば、がんなどの重い病気があって入院している人は、昼と夜のリズムが逆転してしまうことがときどきある。そういう場合、内科の先生に頼まれると精神科医は、「では、睡眠導入剤を処方しましょう」と言いがちである。しかし、ベテランの医師はこう言った。

　「眠れないからすぐに睡眠薬を処方するのではなくて、たとえばベッドを窓際に移してみるとか、入院生活でのちょっとした工夫をしてみるというのはいかがでしょう。それだけでも一日の生活リズムが戻ってきて、夜は眠れるようになれることも少なくないのです。」

　ほかのシンポジウムや研究発表でも、「すぐに薬を出さずに、話を聴きながら様子を見る方法もあります」「高度な検査装置がなくても、まずは目の前の患者さんをしっかり診察しましょう」といった発言、アドバイスを何度も聞いた。つまり、ひとことで言えば、「科学や技術に頼らない診断、治療を大切に」ということだ。

56 筆者の職業は何だと考えられるか。

　1 内科医

　2 学者

　3 精神科医

　4 記者

57 筆者がいう新鮮な話に当てはまるものはどれか。

1 がんなどの重病患者は昼夜逆転してしまう話

2 睡眠導入剤を処方して治療していく話

3 最先端の遺伝子研究の話

4 科学や技術に頼らず治療していく話

58 筆者はこの話をどこで聞いてきたか。

1 シンポジウム

2 学会

3 研究発表会

4 病院

**問題10　次の文章を読んで、後の問いに対する答えとして最もよいものを、１・
　　　　２・３・４から一つ選びなさい。**

　あなたが嫌いな人って、その人もあなたを嫌っていることが多くないですか。嫌
いとまではいかなくとも苦手な人って、その人もやはりあなたを苦手としていませ
んか。

　自分が相手を敬遠していたら、相手も自分を敬遠しがちになります。他人は自分
の鏡ですとか、他人は自分を映す鏡などと言われるのは、このため。ということ
　　　　　　　①
は、自分の相手に対する態度を変えれば、相手も変わるということですね。これは
相手を変えようとするより、自分が相手にどう接するかを変えたほうが早いという
ことです。人間関係で悩んだ時は、自分の何をどう変えたら変化が起きるか、とい
う方向で考えてみると良いかもしれません。

　もちろん例外もあります。自分は敬遠しているのに、相手は寄ってくるとか。自
分は嫌がっているのに、相手は誤解しているとか。こういう相手は、他人を自分の
鏡とすることができないので、そうなってしまうのです。例外は今回は置いとい
て、話を戻しますね。

　他人は自分の鏡であり、自分の態度が反射して自分に跳ね返ってくるわけです。
ですから、自分が相手を大切にすれば、相手も自分を大切にしてくれやすくなりま
す。自分が相手を好きになれば、相手も自分に好感を抱いてくれやすくなります。

　ただし、それを目的としてしまうと、逆効果になりかねません。好かれたいから
　　　　②
好きになる、ではだめだということです。あくまで自分がそうしたいからする、と
いうスタンスでやった方が良いです。

　ちょっと考えてみてくださいね。鏡でも見ながら。

59 ①<u>他人は自分を映す鏡</u>とはどういうことか。

1　自分が嫌いなら相手も自分を嫌っているということ

2　自分の態度が反射して返ってくるということ

3　自分が嫌いでも相手が寄ってくるということ

4　相手に好かれたいから自分も好きになるということ

60 ②<u>それ</u>に当てはまるのはどれか。

1　自分が好かれたいから好きになる。

2　自分が相手にどう接するか。

3　仕方なく好きになる。

4　相手が自分を好きだから自分も好きになる。

61 この文章では人間関係に悩んだ時どうするべきだと説明しているか。

1　嫌いな人がいるのは仕方ないので諦める。

2　相手に好かれたいから自分から好きになる。

3　自分が相手に対する態度を変える。

4　相手が自分に対する態度を変えるまで待つ。

62 この文章に題をつけるとしたらどれがふさわしいか。

1　『人間の心理』

2　『苦手克服』

3　『誤解を解く方法』

4　『相手を知って自分を知る』

問題11 次のＡとＢはそれぞれ別の意見文である。ＡとＢの両方を読んで、後の問いに対する答えとして最もよいものを、１・２・３・４から一つ選びなさい。

2回

Ａ

　これまでの英語の授業は、先生が説明し、生徒は聞いているだけ。あるいは、生徒に和訳させ、先生が直す。生徒は試験に備えて和訳を覚える。これでは進学しても社会に出ても、使い物にならない。野球部の部員が、イチローのビデオを見て監督の解説を聞くだけで、打撃練習や紅白試合をしないのと同じだ。

　今の授業では、覚えたつもりにさせているだけで、活用力どころか知識にすらなっていない。生徒が大量の英文を読んだ上で、英語でプレゼンテーションする。生徒の間で役割を決め、英語でインタビューし、英文を書く。書いた英文を互いに英語で批評し合って書き直す。いまだに「文法中心か、コミュニケーション重視か」という対立軸をあげる人がいる。もうやめにしませんか。どちらも大事だし、相互に関連したものなのだから。高校におけるコミュニケーション重視の英語授業とは、英会話の授業ではない。日本語を介さずに大量の英文を読むのが基本となる。中学・高校の英語教科書は薄すぎる。

（立教大学教授　松本茂さん）

Ｂ

　松本教授は「現状のように、１年にたった数十ページの英文を読んだだけで、コミュニケーション能力が身につくはずはない」としているが、読解の能力がないからこそ、高校の３年間でじっくりその能力を磨くべきなのだ。読めない高校生に「無理にでも読め」というのは拷問である。中学生は「逆上がり」、高校生は「大車輪」、大学生はまた「足掛け回り」という鉄棒教育はおかしい。しかし今、英語教育においてのみ、日本はそういうことをしようとしているのである。

　「何年も英語を学んでいるのに、ちっとも英語が話せない」という不満から、高校教育に国民が望んでいるのは、おそらくもっと単純明快な英会話教育である。今までと同じようにしっかりとした文法学習を行い(トリビアと和訳は不要)、単語を記憶し、その上で「英会話教育を原則として英語で」進めてほしいのである。

　これらの能力を育てた前提で、さらに上級のコミュニケーション能力を磨きたい者は、大学の語学教育の中で腕を上げればそれでいいのである。

（現役予備校講師）

63　意見文の内容として正しいものはどれか。

1　AもBも英語の長文解読をすすめている。

2　AもBも高校教育には英会話教育を進めるべきと考えている。

3　Aは受身の授業では英語は身につかないといっている。

4　Bは文法学習に和訳は絶対に必要だといっている。

64　Bのこれらの能力とはどんな能力か。

1　英語でプレゼンテーションを行える能力

2　長文読解能力

3　上級のコミュニケーション能力

4　文法や単語暗記をふまえた会話能力

65 AとBの二つの文章を以下のようにまとめる場合、①と②に入るものの組み合わせとして適切なものはどれか。

「Aの筆者は(　①　)と考えているが、Bの筆者は(　②　)と考えている。」

1 ① 英会話能力より長文読解能力が重要だ

　② 長文読解能力も英会話能力も同じくらい大切だ

2 ① 英会話能力のみが重要だ

　② 英会話能力より長文読解能力が重要だ

3 ① 受身の授業では身につかない

　② 読解の能力をまずはみにつけるべきだ

4 ① 中学高校の教材で十分に学習できる

　② コミュニケーション能力は大学でしか身につけられない

**問題12　次の文章を読んで、後の問いに対する答えとして最もよいものを、１・
２・３・４から一つ選びなさい。**

　現在、まさに就職活動中の学生の方々も多いと思いますが、先日、ユニクロを展
開するファーストリテイリングの柳井正社長が、大学１、２年生約10人に入社の
内々定を出したことを公表しました。正式に入社するのは卒業後ですが、柳井社長
は「大学が休みのときに店舗で仕事を経験し、卒業と同時に店長を目指してほしい」
とコメントした。

　同社は昨年末から「学年にこだわらない採用①」を始めています。一部の他企業から
は「青田刈り(注2)」「囲い込み(注3)」といった批判もあるようですが、ぼくとしては、早く内定
が決まって大学生活を安心して、計画を持って過ごせるのであれば、問題ないどこ
ろか逆にポジティブだと思います。いよいよ社会が視野に入ってきて、人間的成熟
が始まる大学３、４年時に、就職活動に莫大な労力を割かれてしまうのは時間の無
駄だとぼくは以前から思っていました。

　ただ、ひとつ指摘しておきたいのは、ファーストリテイリングのアクションを過
大評価してはいけないということ。大学１、２年時の内々定って、そんなに画期的
なことでしょうか。学生側と企業側、お互いのニーズはマッチしているわけです
し、法律を破ったわけでもない。強いて言えば、せいぜい"紳士協定"を逸脱した
くらいのものです。

　そもそも、現在の日本の経済状況や成長度を考えれば、どの企業も優秀な人材が
欲しいのは当たり前のこと。弱肉強食の世界ですから、「青田刈り」「囲い込み」があ
ってもおかしくありません。悔しくて文句を言うくらいなら、その企業もやればい
いんです。

　この動きがニュースになるということは、ただ内々定が早まったという「前例破り」
だけがクローズアップされ、思考停止してしまっている証拠だと思います。この件に
関してぼくが抱いた疑問は、「じゃあ逆に、大学を卒業して時間のたった人を積極採
用する企業は出てこないのか」ということ。以前もこのコラムで書きましたが、ぼく

は日本にはびこる“新卒偏重主義”がどうしても理解できないんです。

　選択肢は広いほうがいい。それがぼくの基本的なスタンスです。早く内定を取る人がいるなら、大学を卒業して１、２年ほど海外を旅して、見聞を広めてから就職するという選択があってもいいはず。いろいろな選択肢があり、自らの意思で選択できる権利を有していることも、民主主義社会の重要な構成要素です。

　大学を卒業しても、自分が何をしたいか迷っている人はたくさんいます。野球選手なら、高校や大学で芽が出ず、ようやく社会人で才能が開花してプロに進む人だっています。人間の成長は直線的ではなく曲線的であり、人によって違うもののはずです。

　ですから日本企業には、大学を卒業して時間のたった人材にも門戸を開いてほしい。グローバリゼーションの時代、多様性や例外を認めないという姿勢が続けば、日本という国はますます面白みがなくなり、内向きになっていきますよ。それに冷静に考えてみれば、企業にとっていま一番必要なのは経験やビジョンを持った即戦力としての人材ではないのでしょうか。

（注１）内々定：就職を希望する新規学卒者などに対して、企業が出す非公式の採用予定通知
（注２）青田刈り：企業が人材確保のため、卒業予定の学生の採用を早くから内定すること。青田買いと同じ
（注３）囲い込み：(人的)資源を独占的に確保すること

66 ①<u>学年にこだわらない採用</u>の説明に合うものはどれか。

　1 計画を持って過ごせるよう、１～２年に早めに内々定（ないないてい）を出すこと

　2 計画を持って過ごせるよう、３～４年に早めに内々定（ないないてい）を出すこと

　3 人間成熟が始まる３～４年に内定を出すこと

　4 人間成熟が始まる１～２年に内定を出すこと

67 筆者は何を理解できないと言っているか。

　1 青田（あおた）刈（が）り

　2 紳士協定

　3 新卒偏重主義

　4 ファーストリテイリング

68 筆者が望んでいることに当てはまるのはどれか。

　1 多くの企業が学年にこだわらない採用を取り入れてほしい。

　2 新卒ではない人も積極的に採用してほしい。

　3 大学を卒業して１～２年ほど海外を旅してほしい。

　4 新卒採用を積極的に行ってほしい。

69 ②<u>大学を卒業して時間のたった人材にも門戸を開いてほしい</u>とあるが、それはなぜか。

　1 新卒偏重主義が理解できないから

　2 民主主義社会の重要な構成要素だから

　3 多様性や例外を認める必要があるから

　4 選択肢は広いほうがいいから

問題13　次のページは、旅行会社が主催する自社のカレンダーやホームページに
　　　　使用する写真募集の案内である。佐々木さんは、今回この写真募集に応募
　　　　することを考えている。下の問いに対する答えとして最もよいものを1・
　　　　2・3・4から一つ選びなさい。

70　佐々木さんが撮った写真のうち、応募できるものはどれか。

1　夏にハワイで撮った夕焼けの写真

2　沖縄の海で撮ったBBQの写真

3　北海道雪祭りの写真

4　上野公園の桜祭りの写真

71　応募作品の公表はどのようにされるか。

1　応募月の翌月のカレンダー紙面で発表

2　電話で採用者のみに通知

3　応募月の翌月の『旅の友』で公表

4　9月発行の『旅の友』で公表

「旅の思い出」やホームページ、2013年のクラブツーリズムのカレンダーにあなたの「旅の思い出」を飾りませんか。

　皆様の「旅の思い出」を大募集します。子供のころから憧れていた風景、思わず大切な人に伝えたくなる感動の風景、思いがけなく出会った旅先での驚きや感動の場面などを収めた、写真・絵画・スケッチ・イラスト作品をお待ちしております。

　2012年はダブルチャンス！　毎月末までのご応募作品の中から優秀な作品を『旅の友』巻末の絵はがきやしおりに採用。更に、 9月30日までにご応募いただいた全ての写真作品は「2013年クラブツーリズムカレンダー写真コンテスト」に自動的にエントリーされます。カレンダーは弊社の旅行情報誌『旅の友』新年号（2012年12月発行）に同封され、 全国300万世帯のお客さまにお届けいたします。また、 その他『旅の友』誌面や、ホームページにも掲載させていただきますので、 ぜひ奮ってご応募ください！

応募テーマ	「秋から冬の旅先での思い出」
今月の応募締切	2012年7月31日（火）　締め切り
応募作品の審査	ご応募いただいた作品は厳正な審査をもって選定いたします。なお、審査に関するお問い合わせには一切お答えできませんのでご了承ください。
応募作品の公表	■ 絵はがき、しおりは、応募月の翌々月発行の『旅の友』で公表 ■ 2013年クラブツーリズムカレンダーは、2012年12月発行『旅の友』に同封されるカレンダー紙面で公表 ※採用された方には予めご連絡いたします。
応募作品の取り扱い	応募作品の受付から選考、掲載まで、 十分な注意と責任をもって取扱いをいたしますが、 万一紛失・破損などが発生した場合にも補償いたしかねます。 応募作品の返却はいたしませんので、ご了承願います。
応募作品の利用について	(1) 応募作品は、弊社が運営するウェブサイト、旅行情報誌『旅の友』などの各種広告、旅行サービス案内等において無償で利用させていただく場合がございます。予めご了承のうえ、ご応募ください。 (2) 弊社は、掲載時において、編集上の制約や配慮（印刷色合いや大きさの違い、背景に写り込んだ人や物・掲載不能な部分のぼかし処理やトリミング等）により、作品を加工する場合がございます。
応募先/お問い合わせ	『旅の友』編集部内　「旅の思い出」募集係 住所：〒160-8308 　　東京都新宿区西新宿6-3-1　新宿アイランドウイング15F 電話：03−5325−6264 FAX：03−5325−6233 月〜金　9：15〜17：30（土・日祝は休業）

N1

聴解

（60分）

注　意
Notes

1. 試験が始まるまで、この問題用紙を開けないでください。
   Do not open this question booklet until the test begins.

2. この問題用紙を持って帰ることはできません。
   Do not take this question booklet with you after the test.

3. 受験番号と名前を下の欄に、受験票と同じように書いて
   ください。
   Write your examinee registration number and name clearly in each box below as
   written on your test voucher.

4. この問題用紙は、全部で13ページあります。
   This question booklet has 13 pages.

5. この問題用紙にメモをとってもかまいません。
   You may make notes in this question booklet.

受験番号　Examinee Registration Number	

名　前　Name	

問題 1

問題 1 では、まず質問を聞いてください。それから話を聞いて、問題用紙の 1 から 4 の中から、最もよいものを一つ選んでください。

例

1 アルバイトに行きます

2 アルバイトの後、ピアノの先生のところに行きます

3 アルバイトの前にピアノの先生のところに行きます

4 アルバイトの後、飲みに行きます

1番（ばん）

1 かばん

2 靴（くつ）

3 傘（かさ）

4 帽子（ぼうし）

2番（ばん）

1 入（い）り口（ぐち）から一番（いちばん）遠（とお）い席（せき）

2 入（い）り口（ぐち）から少（すこ）し入（はい）った席（せき）

3 入（い）り口（ぐち）の席（せき）の向（む）かい側（がわ）

4 入（い）り口（ぐち）付近（ふきん）の席（せき）

3 番

1　9時半にロビー

2　7時半にロビー

3　7時半にバス

4　7時45分にロビー

4 番

1　月曜日

2　火曜日

3　木曜日

4　土曜日

5番

1 診察室へ行く

2 レントゲン室へ行く

3 必要事項を記入する

4 会計をする

6番

1 「メリダとおそろしの森」

2 「アメイジングスパイダーマン」

3 「ヘルタースケルター」

4 「海猿」

問題2

問題2では、まず質問を聞いてください。そのあと、問題用紙のせんたくしを読んでください。読む時間があります。それから話を聞いて、問題用紙の1から4の中から、最もよいものを一つ選んでください。

例

1 出版社に勤めています

2 英語の先生をしています

3 モデルをしています

4 テレビのコマーシャルに出ています

1番

1 日本庭園があるホテル

2 日本料理が食べられるホテル

3 料理のおいしいホテル

4 和風な旅館

2番

1 背の低い人のため

2 体重の軽い人のため

3 お尻の大きい人のため

4 年配の女性のため

3 番

1　フランス、ドイツ、アメリカ、イギリス

2　アメリカ、ドイツ、フランス、イギリス

3　イギリス、フランス、ドイツ、アメリカ

4　アメリカ、フランス、ドイツ、イギリス

4 番

1　数学・科学・英語

2　現代文・社会・英語

3　数学・現代文・英語

4　数学・社会・英語

5 番

1 普通の日本語で話せばいい

2 若者言葉を少し使った方がいい

3 アクセントを変えた方がいい

4 若者の真似をした方がいい

6 番

1 値段を安くしてほしい

2 味をよくしてほしい

3 メニューを増やしてほしい

4 食堂が混まないようにしてほしい

7番

1　和菓子屋さんの前に並べばテレビに映るから

2　みんなが買っていると自分も買いたくなるから

3　フルーツ大福がおいしくて毎日食べたいから

4　おいしい和菓子屋さんをテレビで紹介してほしいから

<h1>
<ruby>問<rt>もん</rt></ruby><ruby>題<rt>だい</rt></ruby> 3
</h1>

　<ruby>問題<rt>もんだい</rt></ruby>3では、<ruby>問題用紙<rt>もんだいようし</rt></ruby>に<ruby>何<rt>なに</rt></ruby>も<ruby>印刷<rt>いんさつ</rt></ruby>されていません。この<ruby>問題<rt>もんだい</rt></ruby>は、<ruby>全体<rt>ぜんたい</rt></ruby>としてどんな<ruby>内容<rt>ないよう</rt></ruby>かを<ruby>聞<rt>き</rt></ruby>く<ruby>問題<rt>もんだい</rt></ruby>です。<ruby>話<rt>はなし</rt></ruby>の<ruby>前<rt>まえ</rt></ruby>に<ruby>質問<rt>しつもん</rt></ruby>はありません。まず、<ruby>話<rt>はなし</rt></ruby>を<ruby>聞<rt>き</rt></ruby>いてください。それから、<ruby>質問<rt>しつもん</rt></ruby>とせんたくしを<ruby>聞<rt>き</rt></ruby>いて、1から4の<ruby>中<rt>なか</rt></ruby>から、<ruby>最<rt>もっと</rt></ruby>もよいものを<ruby>一<rt>ひと</rt></ruby>つ<ruby>選<rt>えら</rt></ruby>んでください。

－メモ－

<ruby>問<rt>もん</rt></ruby><ruby>題<rt>だい</rt></ruby> 4

　問題 4 では、問題用紙に何も印刷されていません。まず、文を聞いてください。それから、それに対する返事を聞いて、1 から 3 の中から、最もよいものを一つ選んでください。

― メ モ ―

問題 5

問題 5 では長めの話を聞きます。この問題には練習はありません。メモをとってもかまいません。

1番、 2番

問題用紙に何も印刷されていません。まず話を聞いてください。それから、質問とせんたくしを聞いて、 1 から 4 の中から、最もよいものを一つ選んでください。

－メモ－

3<ruby>番<rt>ばん</rt></ruby>

まず<ruby>話<rt>はなし</rt></ruby>を<ruby>聞<rt>き</rt></ruby>いてください。それから、<ruby>二<rt>ふた</rt></ruby>つの<ruby>質問<rt>しつもん</rt></ruby>を<ruby>聞<rt>き</rt></ruby>いて、それぞれ問題用紙の<ruby>問題用紙<rt>もんだいようし</rt></ruby>の
１から４の<ruby>中<rt>なか</rt></ruby>から、<ruby>最<rt>もっと</rt></ruby>もよいものを<ruby>一<rt>ひと</rt></ruby>つ<ruby>選<rt>えら</rt></ruby>んでください。

<ruby>質問<rt>しつもん</rt></ruby>1

　　1　『<ruby>祈<rt>いの</rt></ruby>り～<ruby>涙<rt>なみだ</rt></ruby>の<ruby>軌道<rt>きどう</rt></ruby>　Mr.Childrenコレクション』

　　2　『ゆるカフェ～OKINAWA』

　　3　『theジブリset』

　　4　『image』

<ruby>質問<rt>しつもん</rt></ruby>2

　　1　『<ruby>祈<rt>いの</rt></ruby>り～<ruby>涙<rt>なみだ</rt></ruby>の<ruby>軌道<rt>きどう</rt></ruby>　Mr.Childrenコレクション』

　　2　『ゆるカフェ～OKINAWA』

　　3　『theジブリset』

　　4　『image』

합격하길
바래! ⋏
JLPT
실전모의고사
N1
3회

자신의 실력이 어느 정도인지 확인할 수 있도록 임의적으로 만든 채점표입니다. 실제 시험은 상대 평가 방식이므로 약간의 오차가 발생할 수 있습니다.

언어지식 (문자 · 어휘 · 문법)

		배점	만점	3회	
				정답 문항 수	점수
문자 · 어휘 · 문법	문제 1	1점×6문항	6		
	문제 2	1점×7문항	7		
	문제 3	1점×6문항	6		
	문제 4	2점×6문항	12		
	문제 5	1점×10문항	10		
	문제 6	1점×5문항	5		
	문제 7	2점×5문항	10		
합계			56점		

* 점수 계산법 : 언어지식(문자 · 어휘 · 문법) [　　　　]점÷56×60 = [　　　　]점

독해

		배점	만점	3회	
				정답 문항 수	점수
독해	문제 8	2점×4문항	8		
	문제 9	2점×9문항	18		
	문제 10	3점×4문항	12		
	문제 11	2점×3문항	6		
	문제 12	3점×4문항	12		
	문제 13	2점×2문항	4		
합계			60점		

청해

		배점	만점	3회	
				정답 문항 수	점수
청해	문제 1	2점×6문항	12		
	문제 2	2점×7문항	14		
	문제 3	2점×6문항	12		
	문제 4	1점×14문항	14		
	문제 5	2점×4문항	8		
합계			60점		

N1

言語知識（文字・語彙・文法）・読解

（110分）

注　意
Notes

1. 試験が始まるまで、この問題用紙を開けないでください。
   Do not open this question booklet until the test begins.

2. この問題用紙を持って帰ることはできません。
   Do not take this question booklet with you after the test.

3. 受験番号と名前を下の欄に、受験票と同じように書いてください。
   Write your examinee registration number and name clearly in each box below as written on your test voucher.

4. この問題用紙は、全部で32ページあります。
   This question booklet has 32 pages.

5. 問題には解答番号の 1 、 2 、 3 … が付いています。
   解答は、解答用紙にある同じ番号のところにマークしてください。
   One of the row numbers 1 , 2 , 3 … is given for each question. Mark your answer in the same row of the answer sheet.

受験番号　Examinee Registration Number	

名　前　Name	

問題1 ＿＿＿＿＿の言葉の読み方として最もよいものを、１・２・３・４から
一つ選びなさい。

1 この懸賞に応募するにはシールを５枚集めなくてはいけない。

 1 けんしょう　　　2 けんさん　　　3 たいしょう　　4 たいさん

2 そんなばかばかしい話は勘弁してくれ。

 1 じんべん　　　2 じんべい　　　3 かんべん　　　4 かんべい

3 毎朝、テレビの気象情報を見てから家を出る。

 1 きさん　　　　2 きぎょう　　　3 きぞう　　　　4 きしょう

4 うちは共働きなので外食することが多い。

 1 げしょく　　　2 がいしょく　　3 そとしょく　　4 こしょく

5 レポートを書くときには内容とともに文書の体裁にも気を配るようにしま
しょう。

 1 たいさい　　　2 ていさい　　　3 たさい　　　　4 てさい

6 日本では農業に従事する人の数が減り続けている。

 1 そうじ　　　　2 とじ　　　　　3 じゅうじ　　　4 けんじ

問題2　（　　　　）のに入れるのに最もよいものを、1・2・3・4から一つ選びなさい。

7　自分の特技を（　　　　）ことができる仕事を探す。

1　添える　　　　　2　試みる　　　　　3　賭ける　　　　　4　生かす

8　迷子の親が見つかって（　　　）した。

1　ほっと　　　　　2　はらはら　　　　　3　わくわく　　　　　4　ぐったり

9　遅刻の多い社員は給料を10パーセント（　　　）された。

1　パス　　　　　2　オーバー　　　　　3　ミス　　　　　4　カット

10　そんな小さなけがで痛がるなんて（　　　）だよ。

1　いいかげん　　　　　2　せっかち　　　　　3　おおげさ　　　　　4　場違い

11　この絵本には子どもが喜ぶ（　　　）がたくさんある。

1　つじつま　　　　　2　しきたり　　　　　3　落とし穴　　　　　4　仕掛け

12　何でも自分の目で確かめることが（　　　）だ。

1　元素　　　　　2　肝心　　　　　3　善良　　　　　4　本性

13　この方法もだめならもう（　　　）状態だ。

1　意気込み　　　　　2　お手上げ　　　　　3　手がかり　　　　　4　不意打ち

問題3 ________の言葉に意味が最も近いものを、1・2・3・4から一つ選びなさい。

14 失敗を人に悟られないようにする。

1 怒られない　　2 気づかれない　　3 責められない　　4 頼まれない

15 これまでどおり、お電話でもご予約を受け付けております。

1 先行　　2 既存　　3 従来　　4 継承

16 私の質問に対して、友達は不確かな答えをした。

1 あやふや　　2 あべこべ　　3 ふらふら　　4 ことさら

17 安全にご利用いただくために、以下のようなケースには十分ご注意ください。

1 容器　　2 人物　　3 場合　　4 思考

18 お誕生日会の手はずを整える。

1 装飾　　2 準備　　3 会場　　4 服装

19 学校が終わると家まで駆けて帰った。

1 急いで　　2 あせって　　3 張り切って　　4 走って

問題 4　　次の言葉の使い方として最もよいものを、１・２・３・４から一つ選び
　　　　なさい。

3회

20　持ち切り

1　この地域は私ではなく、彼の持ち切りだ。

2　持ち切りの卵がなくなったので、また買っておかなくちゃね。

3　テレビも新聞もオリンピックの話題で持ち切りだ。

4　仕事の持ち切りの日がせまってきた。

21　かさばる

1　かさばる荷物は家に置いていきなさい。

2　彼は文句が多くてかさばる性格だ。

3　思っていたよりも時間がかさばった。

4　風が強くて髪型がかさばってしまった。

22　茶化す

1　お客さんがいらしたから、茶化してお出しして。

2　人の話を茶化さずまじめに聞きなさい。

3　お姉ちゃんは茶化してデートに出かけた。

4　こんなものを１万円で買うなんて、君、茶化されたね。

23　案の定

1　彼は案の定遅れてきた。

2　何かよい案の定があれば手を挙げてください。

3　誰も予想しなかった選手が案の定優勝した。

4　私は一度も案の定を破ったことはない。

24 偽造

1 有名人はよく<u>偽造</u>して外出する。

2 テスト中の<u>偽造</u>行為は禁止です。

3 今のお金には<u>偽造</u>を防ぐ工夫がたくさん施されている。

4 山田君、この書類2枚ずつ<u>偽造</u>しておいて。

25 紛らわしい

1 この二つの単語は似ていて<u>紛らわしい</u>。

2 忙しいのに何度も手続きに行くのは<u>紛らわしい</u>。

3 今日はいい天気なので、<u>紛らわしい</u>一日になりそうで良かった。

4 すみません、<u>紛らわしくて</u>聞こえにくいのですが。

問題5　次の文の（　　　　）に入れるのに最もよいものを、1・2・3・4から一つ
　　　選びなさい。

26　行かないよりは遅れ（　　　）行ったほうがいいんじゃない？

　　1　ては　　　　　　　2　てから　　　　　　3　てでも　　　　　　4　てまで

27　子どもにも子ども（　　　）心配や悩みがある。

　　1　なりの　　　　　　2　よりの　　　　　　3　すらの　　　　　　4　からの

28　本を借りたのに忙しくて、結局（　　　）で返した。

　　1　読まずじまい　　　2　読みっぱなし　　　3　読んだのみ　　　4　読みそう

29　10回目の挑戦（　　　）やっと山頂にたどり着いた。

　　1　ながらに　　　　　2　のわりに　　　　　3　をよそに　　　　　4　にして

30　見る（　　　）つけていた番組に知り合いが出てきてびっくりした。

　　1　とはいえ　　　　　2　ともなく　　　　　3　とばかりに　　　4　といえども

31　二人は10年の交際（　　　）先月結婚した。

　　1　をふまえて　　　　2　をもって　　　　　3　を経て　　　　　4　を至って

32　大学に入ってから弟は以前（　　　）勤勉に勉強している。

　　1　とはいえ　　　　　2　にもまして　　　　3　をおいて　　　　4　はおろか

33　こんなきれいな朝日が見られるなんて、眠気（　　　）来てよかった。

　　1　をおいて　　　　　2　にひきかえ　　　　3　のわりに　　　　4　をおして

34 みなさんに応援していただいてうれしい（　　　）です。

    1 かぎり　　　　　**2** しかない　　　　　**3** やまない　　　　**4** まみれ

35 私が成功できたのは家族の協力（　　　）ことです。

    1 ながらの　　　　**2** あっての　　　　　**3** なりの　　　　　**4** たる

問題6　　次の文の ＿＿★＿＿ に入る最もよいものを、１・２・３・４から一つ選び
　　　　なさい。

（問題例）

あそこで ＿＿＿＿ ＿＿＿＿ ＿＿★＿＿ ＿＿＿＿ は山田さんです。

1　テレビ　　　　　2　見ている　　　　3　を　　　　　　4　人

（解答のしかた）

1. 正しい文はこうです。

あそこで ＿＿＿＿＿＿ ＿＿＿＿＿＿ ＿＿★＿＿ ＿＿＿＿＿ は山田さんです。

1　テレビ　　3　を　　2　見ている　　4　人

2. ＿★＿ に入る番号を解答用紙にマークします。

（解答用紙）　　**（例）**　①　●　③　④

36　彼女は、＿＿＿＿ ＿＿＿＿ ＿＿★＿ ＿＿＿＿ 持っている。

1　考えを　　　　　2　年齢の　　　　　3　大人びた　　　　4　割には

37　早くから ＿＿＿＿ ＿＿＿＿ ＿＿＿＿ ＿＿★＿ 終わってしまった。

1　かいもなく　　　　　　　　　　2　失敗に

3　準備した　　　　　　　　　　　4　プレゼンテーションは

38 A 「郵便局に行きたいのですが、どのように行けばいいですか。」

B 「＿＿★＿＿ ＿＿＿＿ ＿＿＿＿ ＿＿＿＿ 曲がってください。」

1 てまえ 　　　　2 角を 　　　　3 にある 　　　　4 病院の

39 大人 ＿＿＿＿ ＿＿★＿＿ ＿＿＿＿ ＿＿＿＿ なる人間でなくてはならない。

1 見本に 　　　　2 子供の 　　　　3 たる 　　　　4 ものは

40 ＿＿＿＿ ＿＿＿＿ ＿＿★＿＿ ＿＿＿＿ 支店長に就任しました。

1 海外赴任を 　　　　2 このたび 　　　　3 経て 　　　　4 東京支店の

問題7 次の文章を読んで、文章全体の趣旨を踏まえて、 41 から 45 の中に入る最もよいものを、1・2・3・4から一つ選びなさい。

　毎月の予定を決める時、真っ先におばあちゃん家に遊びに行く日を決める。北海道に住んでいるおばあちゃんは今年九十歳。遊びに行くといつも「来てくれてありがとう」と私の手をやさしく 41 。若者と同じように元気というわけにはいかないが、年相応に健康だと医者から言われるぐらいしっかりしている。おばあちゃんといると時間が緩やかに流れていく。一緒に散歩をしたり、お話したり、ご飯を食べたりする、そんな時間が私は大好きだ。

　頻繁に遊びに行くようになったのはおじいちゃんが亡くなってからのような気がする。寂しいだろうと思い遊びに行っても、 42 私のほうが元気をもらって帰ってくる。私はおばあちゃんが作るご飯も大好きで、いつも食べ過ぎてしまう。おじいちゃんが亡くなってから手間をかけた料理はしなくなったというけれど、丁寧に野菜を切ったり、火加減をじっくり見ながら作ってくれる料理は本当に美味しい。「最近は体力が衰えてきたよ」と 43 、私はおばあちゃんの洗練（注1）された動きの一つ一つに見（注2）とれてしまう。両手を背中の後ろにまわしてバランスをとりながら歩く。手すり（注3）につかまって階段を一段一段ゆっくり降りる。台所の戸棚に食器を器用にしまっていく。食事が終わったら 44 で口を軽くおさえる。何気ない動きに無駄がなく、滑らかで、おばあちゃんの体に染みこんでいる感じ。これらはすべて長い人生の中でたくさんのことを経験してきたおばあちゃんの 45 。おばあちゃんに使われると物も喜んでいるみたいだ。

（注1）洗練された：すっきりとした

（注2）見とれる：心を奪われて、じっと見てしまう

（注3）手すり：人がつかまるために階段の縁に取り付けた柵

41

1 摘んでくれる	2 握ってくれる
3 持ってくれる	4 鍛えてくれる

42

1 むしろ	2 わざわざ
3 けれども	4 そして

43

1 とぼけているが	2 嘆いているが
3 口ずさんでいるが	4 喜んでいるが

44

1 カーペット	2 ペン
3 ティッシュ	4 パジャマ

45

1 力強い証	2 不満の証
3 几帳面な証	4 成長の証

問題8　　次の（1）から（4）の文章を読んで、後の問いに対する答えとして最も
　　　　よいものを、1・2・3・4から一つ選びなさい。

（1）

　最近の研究では白砂糖が人間に与える悪影響が明らかになってきている。白砂糖
を過剰に取ることにより、人間の体に必要な栄養が奪われてしまったり、「人生がつ
まらなくなる」「反社会的になる」などマイナス感情を引き起こしてしまう。
　ケーキやクッキーといった白砂糖のたくさん使われたお菓子を食べることより
も、黒砂糖を使ったお菓子や果物から糖分を取ることの方が私たちの体には良いこ
とだといえる。

（注）糖分：食品に含まれる甘み

46　　本文の内容と一致するものはどれか。

　1　砂糖は人間の体に悪影響を与えるため、出来る限り取らないほうが良い。

　2　黒砂糖の含まれたお菓子や果物をたくさん食べればマイナス感情になること
　　　はない。

　3　体のことを考えれば果物から糖分を取ることが望ましい。

　4　白砂糖の多く含まれたお菓子は甘くておいしいのでたくさん食べたくなる。

（2）

　爪はなぜ必要か。ライオンにとっては獲物をつかまえるため、馬にとっては速く走るためについているが、人間にとってはマニキュアを塗るなどおしゃれの一部というだけで、あまり重要な役割がないように見える。

　しかし実際は指先を保護する、細かい作業を可能にするといった重要な役割を担っている。爪があることにより、物をうまくつかむことができたり、小さなものでも力の加減を調節しながら作業ができたりするのである。

47　筆者はなぜ人間には爪が必要だと言っているか。

　　1　特に必要ではない

　　2　速く走るため

　　3　おしゃれをするため

　　4　物を容易につかむため

（3）

　近頃自然保護への意識が高まってきているが、この意識は自然破壊が進行しており、その破壊において大きな影響を与えているのが人間である、という認識が元になっている。

　つまり、生物の多くが人間によって絶滅させられ、また絶滅の危機に瀕している（注1）という事実から、そのような生物を保護するためにはまず人間が自身の生活や活動を正すべきだとされている。自然保護の活動の中には、人間の影響が生物へ及ばな（注2）いようにした地域を設定するなど、積極的な措置をとろうとするものもある。

（注1）瀕している：今にも重大な事態が起ころうとしている。
（注2）正す：まちがっていることを直す。

48　本文では自然保護のためにはどのような行動が必要だと言っているか。

　　1　人間の影響が生物へ及ばない場所を作り、完全に離れて暮らすこと

　　2　人間が自身の生活を見直し改めること

　　3　自然破壊を止める方法を考えること

　　4　絶滅した生物を保護すること

（4）

　同じ日本語で書かれた文章でも、読みやすい文章と読みにくい文章があり、また
どんな文章が読みやすいかは人それぞれ異なります。それはそれまでの自分自身の
経験や興味が大きく関わってきているからです。以前に聞いたことのある話であれ
ば、専門的な文章でも内容が理解しやすくなり、自分にも似たような経験があれ
ば、小説の登場人物の気持ちを理解することができるようになります。言葉の勉強
だけではなく、様々な知識を身につけたり、人間関係を広げることも大切なのです。

49　日本語の文章をより理解するには、何が大切だと言っているか。

　1　多くの人と交流すること

　2　日本語の勉強を一生懸命すること

　3　専門的な文章や小説をたくさん読むこと

　4　自分の興味がある文章を選んで読むこと

問題9　次の（1）から（3）の文章を読んで、後の問に対する答えとして最も
　　　　　よいものを、1・2・3・4から一つ選びなさい。

（1）

　会談や商談（注1）を成功させるためには会話力①が重要である。会話力というのは、一般
的に言葉の論理的な組み合わせの技術だと思われがちだが、その技術だけで果たし
て商談（注1）を成功させることができるのだろうか。

　商談（注1）の最初から最後まで論理的な会話のみを行った場合、一見成功したかのよう
に思われるが、実際は自分の気持ちが相手側には十分に伝わっていなかったり、相
手に対して悪い印象を与える言葉を使ってしまっている可能性があったりと、決し
て成功したとはいえない。

　会話力で重要なこと②は、論理的に話す技術ではなく、自分が持っている個性をイ
メージとして伝えることではないだろうか。イメージとは自分が思っている気持ち
のことである。つまり、自分の心の部分を伝えることにより、会話の内容が楽しい
ものになったり、相手にとっても居心地が良い空間を作ることができるのである。

　会談や商談（注1）というと、論理的な話のみで終わってしまうことが多いが、自分の心
のイメージを伝えることにより、商談（注1）がスムーズ（注2）に進むことはもちろん、相手の自
分に対する印象も良くなると思われる。論理的な話し方だけではなく、自分の心の
イメージを伝える技術も学んでいかなければならない。

（注1）商談（注1）：仕事の取引に関する話し合い

（注2）スムーズ：物事がなめらかに進む様子

50　①会話力とは一般的にどのようなものを指すか。

1　自分の心のイメージを伝える力

2　言葉を論理的に組み合わせる技術

3　相手の印象が良くなる話し方

4　会談や商談を成功させる話し方

51　②会話力で重要なことは何だと筆者は述べているか。

1　商談の最初から最後まで同じ内容を繰り返して説明すること

2　論理的に話し、相手に内容を理解してもらうこと

3　自分が思っている気持ちを相手に伝えること

4　会話の内容を楽しいものにすること

52　筆者の考えと合っているものはどれか。

1　商談は仕事なので必要なことのみ伝えればよい。

2　自分の個性をイメージとして伝える力を養う必要がある。

3　会談や商談を成功させるためには論理的に話す技術のみ必要である。

4　まずは論理的な話し方を学び、その後自分の心のイメージを伝える技術を
　　学ぶのが良い。

（2）

　山村留学とは、都市部に住む小学生や中学生が長い間家族と離れ、自然豊かな農村や漁村で生活をすることである。夏休みなどを利用した短期山村留学と１年間単位で行われる長期山村留学の２種類があるが、一般的に山村留学といえば長期山村留学を意味する。

　長期山村留学では、指導員のもと子供たちが共同生活を送ったり、地元農家に下宿をしたり、また半分は共同生活、半分は農家に下宿といった方式が取られている。いずれの場合でも、山村留学生は地元の学校に通い、地元の子供たちと一緒に生活をすることになる。

　山村留学は長い間家族と離れて自然豊かな場所で暮らすことにより、子供たちの生きる力を育てることを目的としている。自然の中で遊ぶことで自然を知り、共同生活を送ることで連帯感を養ったり、地元の祭りに参加させ子供たちに多くの体験をさせている。またそれと同時に人口減少が進む農村や漁村にある学校の廃校を止める目的も持っている。

　ただ、子供たちは家族から離れることでホームシックにかかったり、ストレスを感じたり、また孤立してしまう場合もある。また農村や漁村の学校でも留学の成果が上がらず、結局廃校になってしまうという問題も持っている。

（注１）廃校：子供たちの数が減り、学校を廃止してしまうこと。

（注２）ホームシック：家族を思って寂しくなってしまうこと。

53　山村留学の目的として正しいものはどれか。

　　1　他の子供たちと一緒に暮らすことで団結力を養う。

　　2　農村や漁村で行われるお祭りに参加する。

　　3　農村や漁村の人口を増やす。

　　4　地元農家に下宿をしながら農業を手伝う。

54 いずれの場合とは何を指すか。

1 地元の農家で他の子供たちと共同生活を送ること

2 共同生活と下宿を半分ずつすること

3 大人の指導のもと子供たちだけで生活をすること

4 共同生活や下宿など山村留学で取られている様々な生活形態

55 山村留学の問題として筆者が述べているものはどれか。

1 山村留学生が家族と離れて暮らしているためわがままになる。

2 山村留学生が遠くに住む家族を思い寂しくなってしまう。

3 山村留学生は地元の学校に通わないため、結局廃校になってしまう。

4 山村留学生は遊ぶばかりで勉強はまったくしない。

（3）

　<u>最近の出版業界を取り巻く環境は非常に厳しい</u>。これまで出版業界を支えてきた
①　　　　　　　（注1）
ものの一つには「紙による出版」というものがあった。出版のための大量の紙の調達、
印刷業界との長く続く関係から可能になった安い価格での印刷、紙の書籍に特化した
流通システム。以上のように、「書籍＝紙の書籍」という前提に立った出版システム
が、長い間出版業界の優位性につながっていたと考えられる。

　ところが最近では、中古書籍販売店が次々と作られたり、電子書籍が増加したり
するなど、「紙による出版」が減少する事柄が起こっている。前者には安く購入でき
るという利点、後者には24時間いつでも購入可能、何冊も本を持ち運ぶ必要がない
など、紙の書籍にはなかった多くの利点があり、若者を中心に多くの関心を集めて
いる。出版業界には長年にわたり築いてきた信頼や商売上での技術があるため、容
易に廃れるとは考えられない。ただ、<u>「紙以外による出版」</u>を行う業界との競争はこ
②
れからますます厳しくなると予想される。

（注1）業界：同じ産業に関係する人たちの世界

（注2）調達：必要なものをそろえること

（注3）特化：特定の部分に比重を置くこと

56　①最近の出版業界を取り巻く環境は非常に厳しいと筆者が考える理由は何か。

　1　「紙による出版」が廃れる事態が起こっているから

　2　印刷業界との関係が悪くなったから

　3　大量の紙を準備することが難しくなったから

　4　出版業界では電子書籍を出版することができないから

57　②「紙以外による出版」とは何を指すか。

1　出版業界

2　電子書籍

3　印刷業界

4　流通システム

58　本文の内容にあてはまるものはどれか。

1　電子書籍に関心を持っている人は紙の書籍は買わない。

2　厳しい状況に置かれた出版業界はすぐに廃れてしまうだろう。

3　紙の書籍と電子書籍との競争はこれから激しくなるだろう。

4　出版業界と印刷業界の関係が悪くなるだろう。

問題10　次の文章を読んで、後の問いに対する答えとして最もよいものを、１・２・３・４から一つ選びなさい。

「どうしてお母さんの言うことがわからないの！」

怒りの感情をどうしても抑えることができない。中学1年生の息子は、まったく私の言うことを聞かない。(注1)毎日がサッカー、ゲーム、食べる、寝るの生活の繰り返し。そのせいで成績はどんどん低下、文句を言うことだけは一人前だ。(注2)

仕事から疲れて帰ってくると、まず私の目に飛び込んでくるのが玄関に蹴とばしてある大きなスニーカー。ため息をつきながら片付けると、リビングには脱ぎ捨てたままの制服と大きな汚れたバッグ。しかもこのバッグ、とっても重いのである。息子の部屋に制服とバッグを持っていくと、部屋は散らかったまま。このあたりで私の怒りは頂点に達し、雷を落とすものの、(注3)ゲームやパソコンに夢中で私の声はまったく届かない。

毎日がこんな生活の繰り返しなのである。

疲れる。本当に毎日疲れる。
①
残念なテスト結果でさらに疲労が増し、「どうでもいい」「だから何？」という息子の言葉に全身の力が抜け、強烈な悔しさが私を襲う。「お母さんはね、サッカーも勉強もあんたが一生懸命やってそれで駄目なら何にも言わない。なのに何なの、毎日毎日その態度は」なんの解決にもならない言い合いを２時間続けた後、息子は自分
②
の部屋に行ってしまった。私の怒りはずっと続いたまま。今年最大のこの言い合いは、かわいそうな私の「母の日」前日のことだった。

母の日当日、手作りのカーネーションをプレゼントしてくれたかわいい頃を思い出し、一人でイライラと過ごすのも嫌だったので、友人と会い不満を聞いてもらうことにした。長時間不満をぶちまけたけれどもまったく気持ちが晴れなかった。(注4)家に帰って来ても結局息子とはその日まったく話さなかった。夜になり戦闘態勢が解けぬままベッドに入ろうとすると、小さな板チョコ１枚と、汚い字で「ごめん、感謝」と書いたメモが目に入った。

「こんな物で？」である。

　もっとおこづかいを持っているだろうに板チョコ１枚かよ、中学１年生なのに字が下手だな、と文句を言いながらも、やっぱりどうしても心があたたかくなってしまう。

　チョコは甘くて少し苦くてとてもおいしかった。

　何だかとっても悔しい。
　③

（注１）抑える：自分の感情が一定の水準を超えないようにする

（注２）一人前：大人と同じであること

（注３）雷を落とす：大声で注意する

（注４）ぶちまける：自分の気持ちを隠さないで口に出す

59　①疲れる。本当に毎日疲れるとあるが、この時の筆者の気持ちで正しいものはどれか。

　　1　重たいバッグを毎日片付けるのは大変だ。

　　2　息子に大声で注意をするのは疲れる。

　　3　仕事が大変なのでやめたい。

　　4　息子に自分の言葉が届かなくて辛い。

60 ②<u>息子は自分の部屋に行ってしまった</u>とあるが、この時の母親の気持ちとして近いものはどれか。

1 息子が戦闘態勢を取らなかったので気が抜けた。

2 部屋の掃除をするだろうと思いうれしくなった。

3 自分が怒ってばかりいるので息子がかわいそうになった。

4 自分の話を理解してくれない息子に対して腹が立った。

61 ③<u>何だかとっても悔しい</u>とあるが、なぜ筆者は悔しいのか。

1 チョコとメモだけで機嫌がよくなると思われたから

2 安いチョコをおいしいと思ってしまったから

3 息子に対して持っていた怒りの感情が、その息子の行動によって簡単におさまってしまったから

4 母の日には手作りのカーネーションがほしかったのにもらえなかったから

62 本文の内容と合っているものはどれか。

1 対立することも多いが、母親と息子はお互いのことを思っている。

2 母親は友人に不満を言うことで、気持ちが明るくなった。

3 息子はサッカーも勉強も一生懸命している。

4 息子は自分の母親のことが嫌いである。

問題11　次のＡとＢはそれぞれ別の文章である。ＡとＢの両方を読んで、後の問い
　　　　　に対する答えとして最もよいものを、１・２・３・４から一つ選びなさい。

Ａ

産婦人科や救急を中心に医師不足が深刻化している中、厚生労働省（こうせいろうどうしょう）が全国の病院を調査した。

その結果、都市部に比べて農村部では医師不足が進んでおり、救急科（きゅうきゅう）などでは現在より３０％近くの医師を増やす必要があるということがわかった。今回の調査で医療の人材をどのように配分するべきか、ある程度見て取ることができる。

ただし、医師の数を増やせば医師不足が解消（かいしょう）するという単純な話ではない。(注1)

実は医師は年に４,０００人のペースで増えているのである。さらに、大学の医学部の定員も増やすことが予定されており、人数だけの問題であればいずれ解決するであろう。

無計画に病院を次々と設置していることが医師不足の大きな要因となっているのである。近くの自治体（じちたい）が競って同じような病院を作り、医師が広く薄く配置(注2)されているのである。このため一人一人の医師に大きな負担がかかり、医療事故を招いてしまう可能性も生じる。この状況をこのままにして医師の数のみを増やしても何の意味もない。

地域の病院が役割を分担し、産婦人科や救急（きゅうきゅう）を集める。若い医師を計画的に配置する。こうした対策を進めていくことが今求められているのである。

B

　　日本国内の医師数は外国と比べても少ない。医師数は増えていると言われるが、実際に増えているのは４４歳以上の医師と、医師免許を持っているがすでに医療行為をしていない元医者のみであり、若い医師はまったく増えていない。また女性医師の数は増えているものの結婚や出産との両立が難しく、結局は家庭に入ってしまうなど、医師数の減少をさらに進める理由となっている。地域別に見ると特に医師不足は農村部で進んでおり、また産婦人科や救急（きゅうきゅう）などの医師不足も目立つ。

　　医師不足対策として、医学部の定員を増やしたり、外国から医師を招いたり、若い医師を配置するなど、さまざまな方法が考えられる。ただいずれの対策もすぐに効果が現れるものではないため、他の方法を模索する必要がある。

（注１）解消（かいしょう）：今までの状態がなくなること
（注２）自治体（じちたい）：国から自治を認められた団体

63　医師不足の理由を述べているものはどれか。

　　1　Aのみ

　　2　Bのみ

　　3　AとBの両方

　　4　AとBのいずれにも理由は述べられていない

64　医師不足対策として、AとBのいずれにも書かれているものはどれか。

　　1　医学部の定員を増やした。

　　2　外国の医者を雇う。

　　3　若い医師を計画的に配置する。

　　4　産婦人科や救急（きゅうきゅう）を一つの病院に集める。

65 医師不足対策として医師の数だけを増やすことに対し、AとBはどのような
立場をとっているか。

1 AもBも明確にしていない。

2 AもBも批判的である。

3 Aは明確にしていないが、Bは批判的である。

4 Aは批判的であるが、Bは明確にしていない。

問題12　次の文章を読んで、後の問いに対する答えとして最もよいものを、１・
　　　　２・３・４から一つ選びなさい。

　人間であれば誰でもコンプレックスを持っているのではないだろうか。ほとんど
の人間にとって、コンプレックスとはついて回るようなものである。しかしそのた
めに私たちは気持ちが暗くなったり、またその人の良さが隠れてしまうことも多い
のである。

　日本ではコンプレックスは「劣等感」という意味で使われているが、英語では劣等
感、優越感の両方に使われている言葉であることから、劣等感も優越感も元は同じ
所から出ているといえる。ある時は他人と比べて優越感に浸り、よい気持ちになっ
ていたとしても、それがいつ劣等感に変わるかわからない。まさに表裏一体のもの
であり、この二つから解放されない限り、本当の意味で自信のある生き方をするこ
とはできない。
①

　私たちは普通、コンプレックスとは生まれ持ったものだからどうすることもでき
ないとあきらめることが多いが、果たして本当にそうなのだろうか。生まれたばか
りの赤ん坊が「どうして自分は話せないのか」と悩むことがあるだろうか。つまりコ
ンプレックスとは生まれ持ったものでもなければ、他人に無理やり押し付けられた
ものでもない。それは私たちが人生の中で自ら作り上げてきたものなのである。

　ただ、自ら作ってきたものであるならば、それを自分の手で壊すことも可能なの
である。コンプレックスは自分と他人を比べて自分を見るという「比較の世界」で生
きてきたため生まれたものである。私たちが比較の世界で生きることをやめて、自
分の個性、自分の特徴として見ることができれば、コンプレックスから解放される
②
のである。例えば「自分は悩み事が多くて嫌だ」というコンプレックスを持っている
人がいるとする。この考えには劣等感が現れているが、悩み事が多いということ
は、いろいろなことを深く考えていると言い換えることもできる。つまり「自分は深
く物事を考えることができる」と言うことも可能なのである。まさにこれがその人の
個性なのである。

　私たち人間は、一人一人がかけがえのない存在である。どんな優れた人物でも他の人の代わりになることはできない。「比較の世界」で他人と比べて生きるのではなく、自分の個性や特徴をもう一度見直すことで、自信を持って生きていくことが大切なのである。

（注１）コンプレックス：自分自身の嫌いな部分

（注２）表裏一体（ひょうり いったい）：反対にある二つのものが元は同じであるということ

（注３）押し付ける：強引にやらせる

（注４）かけがえのない：代わりになるものがなく、とても大切であること

66　①本当の意味で自信のある生き方をすることはできないとあるが、その理由として筆者が述べているものはどれか。

　　1　劣等感（れっとうかん）は生まれつき持っているもので、絶対に取り除くことができないから

　　2　劣等感（れっとうかん）と優越感（ゆうえつかん）は元は同じ根から出ているものであり、いずれかを持っている限り自分の個性を見つめて生きることができないから

　　3　優越感（ゆうえつかん）に浸ってよい気持ちになると、そこから抜け出せなくなってしまうから

　　4　優越感（ゆうえつかん）がいつ劣等感（れっとうかん）に変わるか常に心配しなければならないから

67　筆者はコンプレックスをどのようなものだと述べているか。次のうち正しいものはどれか。

　　1　自分の手では壊せないもの

　　2　生まれ持ったもの

　　3　自ら作り上げたもの

　　4　他人に押し付けられたもの

68 ②<u>コンプレックスから解放される</u>ために必要なことは何だと筆者は述べて
いるか。

1　優越感に浸れるものをさがすこと

2　悩み事をひとつひとつ解決していくこと

3　自分の個性を生かせる場所で生きること

4　比較の世界から抜けて自分の個性を見つめなおすこと

69　筆者の考えと一番近いものはどれか。

1　比較の世界で生きることをやめ、自分の個性を見つめなおし、自信を持って
生きていくべきだ。

2　比較の世界で生きることをやめ、自分の考えを他人に広めることが大切だ。

3　自分の個性を見つめなおし、他人よりも優れているものを見つけるべきだ。

4　コンプレックスは生まれ持ったものであるから、簡単に排除することはでき
ない。

問題13　次のページは、渋谷区で開催される文化教室の案内である。下の問いに対する答えとして、最もよいものを１・２・３・４から一つ選びなさい。

70　渋谷区に住むゆうこさん。今回初めて文化教室に参加しようと考えている。平日の午前10時から午後5時まで仕事をしているゆうこさんが参加できる文化教室の数はいくつか。

1　一つ

2　二つ

3　三つ

4　四つ

71　渋谷区の学校に通っているあきこさんが料理教室に参加する場合、参加初日に持っていく必要があるものはどれか。

1　学生証

2　1,000円

3　学生証と材料費

4　エプロン

文化教室の案内

【日時】　4月1日から6月30日まで、週2回

【金額】　無料(ただし料理教室のみ材料費が必要)

【参加資格】20歳以上の渋谷区在住の方。他区にお住まいの場合でも、渋谷区内の
　　　　　　学校に通っている方、勤務地が渋谷区の方であれば参加可能。

【募集人数】表参照。定員に達した場合は募集を早く締め切ります。

【参加方法】住所、氏名、年齢、電話番号、参加希望の文化教室名を3月1日までに
　　　　　　メールにてお知らせください。
　　　　　　メールアドレス：shibuya-bunka@shibuyaku.co.jp

【その他】渋谷区内の学校に通っている方、勤務地が渋谷区の方は、それを証明でき
　　　　　　るものを授業初日にお持ちください。

【文化教室】

教室名	曜日	時間	募集人数	その他
英会話 I	月・水	19時〜20時半	20名	
英会話 II	火・木	19時〜20時半	20名	英会話 I 修了者のみ受講可能
料理	月・水	10時〜12時	15名	材料費は1回につき1,000円 授業開始前に徴収します
ダンス	水・木	15時〜16時半	15名	
絵画	火・木	10時〜13時	20名	
パソコン	金・土	19時〜21時	30名	

※欠席する場合はかならず事前にご連絡ください。

N1

聴解

（60分）

注　意
Notes

1.　試験が始まるまで、この問題用紙を開けないでください。
Do not open this question booklet until the test begins.

2.　この問題用紙を持って帰ることはできません。
Do not take this question booklet with you after the test.

3.　受験番号と名前を下の欄に、受験票と同じように書いて
ください。
Write your examinee registration number and name clearly in each box below as written on your test voucher.

4.　この問題用紙は、全部で13ページあります。
This question booklet has 13 pages.

5.　この問題用紙にメモをとってもかまいません。
You may make notes in this question booklet.

受験番号　Examinee Registration Number	

名　前　Name	

もんだい
問題 1

問題 1 では、まず質問を聞いてください。それから話を聞いて、問題用紙の 1 から 4 の中から、最もよいものを一つ選んでください。

例

1　アルバイトに行きます

2　アルバイトの後、ピアノの先生のところに行きます

3　アルバイトの前にピアノの先生のところに行きます

4　アルバイトの後、飲みに行きます

1番

1 オリジナルピザ

2 Wチーズピザ

3 チキンピザ

4 サラダピザ

2番

1 無地の白色のカーテン

2 無地の茶色のカーテン

3 白色に茶色の柄の入ったカーテン

4 茶色に白色の柄の入ったカーテン

3番

1 入浴

2 カラオケ

3 出勤

4 体を冷やす

4番

1 大地

2 アベ・マリア

3 旅立ちの時間

4 花歌

5番

1　会社までのバスの定期をカードで購入する

2　海外保険の新しい利用冊子を送ってもらう

3　カードの更新手続きを行う

4　空港までのバスのチケット代金をカードで払う

6番

1　チョコレート

2　水筒

3　スーパーの袋

4　タオル

もんだい
問題 2

　問題 2 では、まず質問を聞いてください。そのあと、問題用紙のせんたくしを読んでください。読む時間があります。それから話を聞いて、問題用紙の 1 から 4 の中から、最もよいものを一つ選んでください。

例

1 出版社に勤めています

2 英語の先生をしています

3 モデルをしています

4 テレビのコマーシャルに出ています

1番

1　動物を家族として扱うこと

2　ペットが人間ではないことを忘れないこと

3　ペットを病気にさせないこと

4　動物医学を向上させること

2番

1　壊れてからでは遅いから

2　古いから

3　音楽が聴けないから

4　今の携帯が重いから

3番

1 タケシの旅立ちのシーン

2 テツコの旅立ちのシーン

3 タケシの登場シーン

4 タケシのアクションシーン

4番

1 友達と泊まりで海に行くから

2 奥さんと喧嘩したから

3 作らなくてはいけない資料があったから

4 平日に休むことになったから

5番

1 孫に女性らしい格好をしてほしいから

2 パンツがズボンであることが分からなかったから

3 孫がスカートが嫌いだから

4 孫がジーンズをはかないから

6番

1 運動の前にコーヒーを飲む

2 体の中の必要のないものを体の外に出す

3 コーヒーを飲むサイクルを早くする

4 無理な運動をしない

7番
ばん

1　母親が怖いから

2　起きたくないから

3　公園が人でいっぱいになるから

4　頭が痛いから

問題3

問題3では、問題用紙に何も印刷されていません。この問題は、全体としてどんな内容かを聞く問題です。話の前に質問はありません。まず話を聞いてください。それから、質問とせんたくしを聞いて、1から4の中から、最もよいものを一つ選んでください。

－メモ－

<ruby>問<rt>もん</rt>題<rt>だい</rt></ruby>

問題 4

問題 4 では、問題用紙に何も印刷されていません。まず文を聞いてください。それから、それに対する返事を聞いて、1 から 3 の中から、最もよいものを一つ選んでください。

－メモ－

問題 5

問題 5 では長めの話を聞きます。この問題には練習はありません。メモをとってもかまいません。

1番、 2番

問題用紙に何も印刷されていません。まず話を聞いてください。それから、質問とせんたくしを聞いて、 1 から 4 の中から、最もよいものを一つ選んでください。

－メモ－

3番

まず話を聞いてください。それから、二つの質問を聞いて、それぞれ問題用紙の
1から4の中から、最もよいものを一つ選んでください。

質問1

　1　掃除機

　2　冷蔵庫

　3　ダイエットＤＶＤ

　4　３Ｄホームシアター

質問2

　1　掃除機

　2　冷蔵庫

　3　ダイエットＤＶＤ

　4　３Ｄホームシアター

1교시 언어지식(문자·어휘·문법)·독해

問題1 | 1 ① | 2 ③ | 3 ② | 4 ④ | 5 ② | 6 ①

問題2 | 7 ① | 8 ② | 9 ④ | 10 ② | 11 ④ | 12 ③ | 13 ①

問題3 | 14 ③ | 15 ② | 16 ④ | 17 ① | 18 ③ | 19 ③

問題4 | 20 ② | 21 ① | 22 ③ | 23 ① | 24 ④ | 25 ②

問題5 | 26 ④ | 27 ① | 28 ② | 29 ② | 30 ① | 31 ③ | 32 ② | 33 ③ | 34 ① | 35 ④

問題6 | 36 ④ (3421) | 37 ① (2134) | 38 ② (1423) | 39 ① (4213) | 40 ③ (1423)

問題7 | 41 ② | 42 ④ | 43 ③ | 44 ③ | 45 ①

問題8 | 46 ④ | 47 ③ | 48 ② | 49 ③

問題9 | 50 ② | 51 ③ | 52 ④ | 53 ① | 54 ③ | 55 ① | 56 ③ | 57 ③ | 58 ②

問題10 | 59 ② | 60 ① | 61 ③ | 62 ②

問題11 | 63 ③ | 64 ② | 65 ③

問題12 | 66 ② | 67 ③ | 68 ② | 69 ④

問題13 | 70 ② | 71 ④

2교시 청해

問題1 | 1 ④ | 2 ② | 3 ① | 4 ③ | 5 ③ | 6 ①

問題2 | 1 ③ | 2 ③ | 3 ④ | 4 ① | 5 ② | 6 ③ | 7 ④

問題3 | 1 ④ | 2 ④ | 3 ② | 4 ④ | 5 ② | 6 ③

問題4 | 1 ① | 2 ② | 3 ① | 4 ② | 5 ③ | 6 ② | 7 ② | 8 ③ | 9 ③ | 10 ② | 11 ①
| 12 ③ | 13 ③ | 14 ③

問題5 | 1 ④ | 2 ① | 3-1 ④ | 3-2 ②

문제 1 _______의 단어 읽는 법으로 가장 알맞은 것을 1·2·3·4에서 하나 고르시오.

[1] 일의 **구속** 시간을 바꿔도 문제는 없다.

> (해설) 拘는 음으로 こう라 읽고, 束는 음으로는 そく, 훈으로는 たば라 읽는다. 여기서는 두 글자 모두 음으로 읽어 こうそく(구속)이 된다.

仕事 일, 직업 | 拘束 구속, 얽매임 | 変える 바꾸다 | 問題 문제

정답 ①

[2] 최근에는 **부록**이 딸려 있는 잡지가 많다.

> (해설) 付는 음으로 ふ, 훈으로 付(つ)ける, 付(つ)く라 읽고, 録은 음독하여 ろく가 된다. 둘 다 음독하여 ふろく(부록)이 된다.

最近 최근, 요즘 | 付録 부록 | 付く 붙다, 딸리다 | 雑誌 잡지

정답 ③

[3] 모르는 장소에 **발을 들여놓는** 것은 용기가 필요한 일이다.

> (해설) 踏み込む는 踏(ふ)む와 込(こ)む로 이루어진 동사로 각각 훈독하여 ふみこむ라 읽는다.

知る 알다 | 場所 장소 | 踏み込む 발을 들여놓다, 뛰어들다 | 勇気 용기 | 要る 필요하다

정답 ②

[4] 콘센트를 꽂았더니 **불꽃**이 튀었다.

> (해설) 火는 음독하여 か, 훈독하여 ひ/ほ가 된다. 또 花는 음으로 か, 훈으로 はな라 읽는다. 여기서는 각각 훈독하여 火花는 ひ와 はな라 읽지만, 이 때 は음이 탁음화하여 ばな가 되므로 ひばな가 된다.

コンセント 콘센트 | 差す 꽂다 | 火花 불꽃, 불티, 스파크 | 散る 흩어지다, 떨어지다

정답 ④

[5] 이 닦는 방법으로 **인품**을 알 수 있다고 들은 적이 있다.

> (해설) 人은 음으로 じん/にん, 훈으로 ひと라 읽는다. 柄은 음으로 へい, 훈으로 がら/え라 읽는다. 이때는 둘 다 훈독하여 人柄(ひとがら)가 된다.

歯磨き 이를 닦음, 이닦기 | 仕方 방법 | 人柄 인품, 사람됨 | 分かる 알다, 이해하다

정답 ②

[6] 예전에 **몰래** 좋아했던 아이와 10년 후에 재회했다.

> (해설) 密은 음으로 みつ라 읽지만, 이 때는 훈독하여 密(ひそ)かに(몰래)라 한다.

昔 옛날, 예전 | 密かに 몰래 | 子 아이 | ～年後 ～년 후 | 再会 재회

정답 ①

문제 2 (   )에 넣을 것으로 가장 알맞은 것을 1·2·3·4에서 하나 고르시오.

[7] 냉동 고로케를 튀겼더니 **파열**했다.

> (해설) 냉동 크로켓을 튀겼을 때 나타날 수 있는 현상을 찾아야 한다. 크로켓이 터졌다고 하는 것이 가장 적당하므로 1번, 破裂(はれつ)가 정답이다.

冷凍 냉동 | コロッケ 크로켓 | 揚げる 튀기다 | 破裂 파열, 터짐 | 反則 반칙 | 飛行 비행 | 破壊 파괴

정답 ①

해
설

8 조금 전 친구가 실연을 당했기 때문에 **격려하려고** 전화했다.

> **해설** 실연을 당한 친구에게 전화를 한 것이므로 힘내라는 말을 해야 할 것이다. 따라서 '격려하다'의 의미인 동사 励(はげ)ます의 의지형 励(はげ)まそう(격려하려고)가 정답이 된다.

さっき 아까, 조금 전 | 失恋 실연 | 励ます 격려하다 | 綺麗だ 예쁘다, 깨끗하다 | 賢い 현명하다

정답 ②

9 사람은 **창피**를 당하면서 성장하는 거야.

> **해설** 빈칸 뒤와 의미상 연결되면서 ～をかく의 꼴로 사용되는 단어를 찾아야 한다. 恥(はじ)をかく는 '창피를 당하다'는 뜻으로, 사람은 창피 당하면서 자란다는 의미가 되어 자연스러워진다.

恥をかく 창피를 당하다 | 成長 성장 | 鼻 코 | 馬鹿 바보 | 背中 등

정답 ④

10 이삿**짐 꾸리기**가 아직 끝나지 않았다.

> **해설** 맨 앞에 引越(ひっこ)し, '이사'라는 말이 왔고 뒤에는 아직 끝나지 않았다고 했으므로, 荷造(にづく)り, '짐 꾸리기'가 들어가 이삿짐 꾸리기가 아직 안 끝났다고 해야 한다.

引越し 이사 | 荷造り 짐 꾸리기 | 終わる 끝나다 | 値段 가격 | 手造り 수제, 손수 만듦 | 年齢 연령

정답 ②

11 **열탕**이니까 화상에 주의해 주세요.

> **해설** 빈칸 뒤에서 화상에 주의하라고 했으므로 화상을 입을 우려가 있는 것이 와야 한다. 따라서 4번 열탕, 熱湯(ねっとう)가 정답이다.

熱湯 열탕 | 火傷 화상 | 注意 주의 | 熱心 열심 | 熱意 열의 | 冷蔵 냉장

정답 ④

12 요리를 할 때는 머리카락을 하나로 **묶어** 주세요.

> **해설** 앞에서 머리카락(髪(かみ)の毛(け))과 하나(一(ひと)つ)라는 말이 왔으므로 머리카락을 하나로 묶으라고 해야 한다. 따라서 '묶다, 다발 짓다'라는 뜻의 동사 束(たば)ねる의 て형인 束(たば)ねて가 들어간다.

料理 요리 | 髪の毛 머리카락 | 束ねる 묶다, 다발 짓다 | 重ねる 포개다, 거듭하다 | 垂れる 드리워지다, 늘어지다 | 繋ぐ 잇다

정답 ③

13 두 개의 선은 눈의 **착각**으로 다른 길이로 보이지만 실은 같습니다.

> **해설** 두 선의 길이가 실은 같지만 다른 길이로 보인다는 말이다. 이것은 실제와 다르게 보인다는 뜻이므로 빈칸에는 '착각', 錯覚(さっかく)를 넣어야 한다.

～本 가늘고 긴 것을 세는 단위(여기서는 선의 개수) | 線 선 | 錯覚 착각 | 違う 다르다, 틀리다 | 長さ 길이 | 見える 보이다 | 実は 실은, 사실은 | 同じだ 같다 | 失格 실격 | 直角 직각 | 三角 삼각

정답 ①

문제 3 ＿＿＿＿의 단어에 의미가 가장 가까운 것을 1·2·3·4에서 하나 고르시오.

14 주소를 변경한 경우는 **신속하게** 변경 신고서를 제출해 주세요.

> **해설** すみやかに는 '신속하게, 빠르게'라는 뜻으로 여기서는 변경 신고서를 빨리 내라는 것이다. 따라서 3번의 速(はや)く(빨리)와 의미상 가깝다.

住所 주소 | 変更 변경 | 場合 경우 | すみやかに 신속하게, 빠르게 | ～届 ～신고, 신고서 | 出す 내다, 제출하다 | 穏やかに 평온하게 | ゆっくりと 천천히, 느긋하게 | 速く 빨리 | 遅く 늦게

정답 ③

15 회사 50주년 기념에는 **성대한** 파티가 열렸다.

   해설 盛大(せいだい)는 '성대', 즉 규모가 크다는 의미의 な형용사이다. 따라서 의미상 가장 가까운 것은 2번의 화려하다는 뜻의 豪華(ごうか), '호화'이다.

〜周年 〜주년 | 記念 기념 | 盛大だ 성대하다 | パーティー 파티 | 開く 열다 | 精密だ 정밀하다 | 豪華だ 호화롭다 | 華奢だ (모습, 모양 등이) 가냘프고 맵시 있다 | 正確だ 정확하다

정답 ②

16 지난달 여동생에게 **대망의** 아이가 생겼다.

   해설 待望(たいぼう)는 '대망', 즉 바라고 기다린다는 의미이므로 4번, 期待(きたい)の(기대하는)와 의미상 통한다.

妹 여동생 | 待望 대망 | 赤ちゃん 아기 | できる 생기다 | 素直だ 순진하다, 온순하다 | たくましい 억세다, 다부지다 | 大した 대단한, 굉장한 | 期待 기대

정답 ④

17 그녀는 **때때로** 슬픈 듯한 눈을 한다.

   해설 時折(ときおり)는 '때때로, 가끔'이라는 뜻이므로 1번, 時々(ときどき)와 바꾸어 쓸 수 있다.

時折 때때로, 가끔 | 悲しい 슬프다 | 〜そうだ 〜인 듯하다, 〜인 것 같다 | 時々 가끔, 때때로 | いつも 늘, 항상 | 全く 완전히, 전혀 | たびたび 자주

정답 ①

18 그녀에게 사귀고 있는 사람이 있는지 어떤지 **별 생각 없이** 물어보았다.

   해설 何気(なにげ)なく는 '별 생각 없이, 무심하게'라는 뜻이다. さりげなく도 '아무 일도 아닌 듯하게'라는 의미이므로 서로 통한다.

付き合う 사귀다, 교제하다 | 〜かどうか 〜지 어떤지 | 何気なく 별 생각 없이, 무심하게 | 心置きなく 거리낌없이, 걱정 없이 | 悔いなく 후회 없이 | さりげない 그런 티가 없다, 아무렇지 않은 듯하다 | 心配もなく 걱정도 없이

정답 ③

19 나는 시간을 **잘 지키지 않는** 사람은 싫어한다.

   해설 ルーズ란 '칠칠치 못함, 헐렁함'을 뜻하는 단어다. 여기서는 시간에 칠칠치 못하다는 말이므로 시간을 잘 지키지 않는다는 뜻이다. 그러므로 '무책임하고 엉터리임'을 뜻하는 3번, いい加減(かげん)이 비슷한 의미다.

時間 시간 | ルーズだ 칠칠치 못하다, 헐렁하다 | 嫌いだ 싫어하다 | 余裕 여유 | わがままだ 제멋대로 굴다 | いい加減だ 무책임하다, 엉터리다, 미적지근하다 | さじ加減 (약 조제시의) 약 분량 조절, 알맞은 정도

정답 ③

문제 4   다음 단어의 사용법으로 가장 알맞은 것을 1·2·3·4에서 하나 고르시오.

20 관용

1   미술관의 관용 시간은 오후 6시까지다. [寛容 → 観覧(관람)]

2   <u>사적으로나 일에서나 **관용적인** 사람은 성공한다.</u>

3   이 영화는 본 사람 전원이 관용한다고 말해지고 있다. [寛容 → 感動(감동)]

4   종교나 방문 판매의 관용은 거절합니다. [寛容 → 訪問(방문)]

   해설 寛容(かんよう)는 '관용', 너그럽게 받아들인다는 의미이다. 따라서 2번, 사적으로도, 일에서도 너그러운 사람이 성공한다고 표현한 것이 정답이다.

寛容 관용, 너그러움 | 美術館 미술관 | プライベート 개인적, 사적 | 成功 성공 | 観る 보다 | 全員 전원 | 宗教 종교 | 訪問 방문 | 販売 판매 | 断る 거절하다

정답 ②

21 유연

1 그녀의 그 유연한 사고방식은 보고 배워야 한다.

2 이 자료에 유연한 부분이 있기 때문에 수정해 주세요. [柔軟 → 間違っている(잘못된)]

3 시험 당일은 시간에 유연을 가지고 와 주세요. [柔軟 → 余裕(여유)]

4 내일 아침 8시에 여기에 유연해 주세요. [柔軟 → 到着(도착)]

> **해설** 柔軟(じゅうなん)은 '유연함'을 뜻하는 な형용사이다. 몸이나 동작이 부드럽다는 뜻으로도 쓰이고, 태도나 사고방식이 융통성이 있다는 의미도 된다. 여기서는 1번의 유연한 사고방식, 즉 융통성 있는 사고방식을 보고 배워야 한다고 한 문장이 가장 자연스럽다.

柔軟だ 유연하다 | 考え方 사고방식 | 見習う 보고 배우다, 본받다 | 資料 자료 | 部分 부분 | 修正 수정 | 試験 시험 | 当日 당일

정답 ①

22 완고

1 언니를 완고해 있는 사이에 자신도 열을 내고 숙면했다. [頑固 → 看病(간병)]

2 내일부터 완고로 출장을 가게 되었습니다. [頑固 → 韓国(한국)]

3 완고한 아버지가 있으면 설득하는 데에 고생한다.

4 '고마워'라는 완고한 마음이 중요하다. [頑固 → 感謝(감사)]

> **해설** 頑固(がんこ)는 '완고함', 즉 성질이 완강하다는 뜻이다. 완고한 성격의 아버지를 설득하는데 고생한다고 한 3번이 정답이다.

頑固 완고함 | 熱を出す 열을 내다 | 寝込む 푹 잠들다, 숙면하다 | 出張 출장 | 説得 설득 | 苦労 고생, 수고 | 気持ち 마음 | 大切だ 중요하다, 소중하다

정답 ③

23 피로

1 피로 회복에는 영양드링크가 잘 듣는다.

2 회사에서 '젊을 때의 피로는 사서라도 해라'라고 자주 듣곤 했다. [疲労 → 苦労(고생)]

3 월에 1번 정도 피로를 넣으면 꽃이 건강해진다고 해. [疲労 → 肥料(비료)]

4 회의 전에 그 피로는 훑어보아 둬. [疲労 → 資料(자료)]

> **해설** 疲労(ひろう)는 '피로'를 뜻한다. 따라서 1번, 疲労(ひろう)에 回復(かいふく)를 연결해 '피로 회복'이라 표현하고 피로 회복에는 영양 드링크가 효과가 있다고 한 문장이 가장 자연스럽다.

疲労 피로 | 回復 회복 | 栄養ドリンク 영양 드링크 | よく 잘, 자주 | 効く 효과가 있다 | ～てでも ～(해)서라도 | 月 달, 월 | 入れる 넣다 | 元気になる 건강해지다 | 会議 회의 | 目を通す 훑어보다

정답 ①

24 변상

1 휴일을 변상해서 제안서를 작성했지만 채용되지 않았다. [弁償 → 犠牲(희생)]

2 나는 영어 변상이 가장 자신 없다. [弁償 → 弁論(변론)]

3 이 공원에는 공중 변상은 하나밖에 없는 데다가 더럽다. [弁償 → 便所(변소)]

4 빌렸던 옷을 더럽히고 말아서 변상했다.

해설 弁償(べんしょう)는 '변상', 즉 남에게 입힌 손해를 돈이나 물건 등으로 물어 준다는 뜻의 단어이다. 따라서 4번과 같이 빌린 옷을 더럽혀서 변상했다고 하는 것이 가장 자연스러운 표현이다.

弁償 변상 | 休日 휴일 | 提案書 제안서 | 作成 작성 | 採用 채용 | 一番 가장, 제일 | 苦手だ 서툴다 | 公衆 공중 | ～上に ～인 데다가 | 汚い 더럽다, 지저분하다 | 借りる 빌리다 | 服 옷 | 汚す 더럽히다

정답 ④

25 지극히

1 지극히 놀고 있었더니 다리가 미끄러져 강에 빠졌다. [極めれ → 夢中で(열심히)]

2 이 작품은 지극히 완성도가 높은 작품이다.

3 과자는 하나씩 전원에게 지극히 주세요. [極めれ → 渡して(건네)]

4 의사를 지극히 의학부에 입학했다. [極めれ → 目指して(목표로 해서)]

해설 極(きわ)めては '더없이, 지극히'라는 뜻의 부사이다. 그러므로 완성도가 지극히 높은 작품이라고 한 2번이 올바르게 쓰인 문장이다.

極めて 더없이, 지극히 | 滑る 미끄러지다 | 落ちる 떨어지다, 빠지다 | 作品 작품 | 完成度 완성도 | お菓子 과자 | 医学部 의학부 | 入学 입학

정답 ②

문제 5 다음 문장의 ( )에 넣을 것으로 가장 알맞은 것을 1·2·3·4에서 하나 고르시오.

26 아이**라고 해도** 다른 사람의 것을 제멋대로 먹어서는 안 됩니다.

해설 빈칸 앞에는 子ども(아이)가 오고, 뒤에는 다른 사람 것을 제멋대로 먹어서는 안 된다고 했으므로, 빈칸에는 역접의 의미를 갖는 ～といえども(～라고는 해도)가 들어가야 한다.

～といえども ～라고는 해도 | 勝手に 제멋대로 | ～てはいけない ～(해)서는 안 된다 | ～といい ～며(둘 이상의 사항을 들어 말하는 경우) | ～とばかりに ～라는 듯이, ～라는 기세로 | ～ときたら ～로 말할 것 같으면

정답 ④

27 오늘은 오후 5시**로** 폐관하겠습니다.

해설 오늘은 오후 5시에 폐관하겠다고 해야 하므로 ～をもって(～로)의 もって를 넣어야 한다. ～をもっては 시작이나 끝 지점을 나타내는 명사에 연결되어, '～로 어떤 일을 시작한다거나 끝낸다'는 의미로 쓰인다.

本日 오늘 | ～をもって ～로 | 閉館 폐관 | ～をものともせず ～을 아랑곳하지 않고 | ～をおいて ～을 제외하고 | ～をよそに ～을 개의치 않고

정답 ①

28 여름에는 냉방을 하고 있기 때문에 문을 **연 채로** 두어서는 안 됩니다.

해설 냉방을 하면 문을 열어 두어서는 안 될 것이다. 〈동사 ます형 + っぱなし〉는 '～인 채로 둠'을 뜻한다. 따라서 開(あ)ける의 ます형 開(あ)け에 ～っぱなし를 연결해 연 채로 둔다는 의미가 되어야 한다.

夏 여름 | 冷房 냉방 | 戸 문 | 開ける 열다 | ～っぱなし ～인 채로 둠 | 閉める 닫다 | つける (전기 등을) 켜다

정답 ②

29 이야기하**는 족족** 잊어버리다니 정말 기억력이 나쁜 아이구나.

해설 기억력이 나쁘다고 했으므로 앞에는 이야기하면 바로 잊어버린다고 해야 자연스럽다. 그러므로 ～そばから(～하는 족족, ～하기가 무섭게)를 넣어, 앞의 일이 일어나자마자 뒤의 일이 반복적으로 발생한다는 의미를 나타내야 한다.

～そばから ～하는 족족, ～하기가 무섭게 | 忘れる 잊다, 잊어버리다 | ～なんて ～(이)라니 | 何と 얼마나, 대단히 | 物覚え 기억(력) | 悪い 나쁘다 | ～が早いか ～하자마자 | ～ことなしに ～하지 않고 | ～とあって ～라서

정답 ②

30 상사**든** 선배**든** 윗사람이 말하는 것은 정확히 들어야 한다.

> **해설** 윗사람(上の人)을 상사와 선배로 예를 들어 앞에 제시한 것이다. 따라서 예를 들며 나열할 때 쓰이는 ～ であれ～であれ(～든 ～든)를 넣어야 한다.

上司 상사 | ～であれ～であれ ～든 ～든 | 先輩 선배 | きちんと 정확히, 말끔히 | ～ものだ ～해야 한다

정답 ①

31 그를 **제외하고** 선생님에게 어울리는 사람은 없다.

> **해설** 문맥상 그를 빼고는 선생님에게 어울리는 사람이 없다는 말이 되어야 한다. 〈명사 + をおいて〉는 '～을 제외하고'라는 뜻으로, 뒤에는 ない와 같은 부정어가 따르며 그것밖에 없다는 의미를 강조하는 표현이다.

～をおいて ～을 제외하고 | ふさわしい 걸맞다, 어울리다 | ～をよそに ～을 개의치 않고 | おろか ～은 물론이고, ～은 말할 것도 없이 | ～を限りに ～을 끝으로

정답 ③

32 일이 바빠서 **놀지는 못하지만** 가끔은 연락하기 바란다.

> **해설** 일이 바빠 놀 수는 없더라도 그래도 연락은 가끔 하고 싶다는 의미가 되어야 자연스럽다. 즉 〈동사 ない 형 + ないまでも〉, '～하지는 못해도, ～하지는 못하지만'을 이용해 遊べないまでも(놀 수 있는 것까지 는 아니더라도)가 되어야 한다.

忙しい 바쁘다 | ～ないまでも ～하지는 못해도, ～하지는 못하지만 | たまには 때로는, 가끔은 | 連絡 연락 | ～てほし い ～(하)기 바라다 | ～ながらに ～하면서 | ～なり ～하면서

정답 ②

33 귀가**하는 김에** 근처 편의점에서 새로 나온 푸딩을 샀다.

> **해설** 집에 돌아가는 길에 편의점에서 푸딩을 샀다는 의미가 되어야 한다. 〈동사 ます형/명사 + がてら〉가 '～ 하는 김에'라는 뜻이므로 帰宅(きたく)에 がてら를 연결해 '귀가하는 김에'라고 해야 한다.

帰宅 귀가 | ～がてら ～하는 김에 | 近所 근처 | コンビニ 편의점 | 新商品 신상품 | プリン 푸딩 | ～あっての ～가 있 고 나서의 | ～たところで ～한들, ～해 봤자 | ～とは ～(이)라니

정답 ③

34 상사의 허가**없이** 일을 진행시켜서는 안 된다.

> **해설** 상사의 허가가 없으면 일을 진행해서는 안 된다고 해야 한다. 따라서 〈명사 + なしに〉, '～없이'를 이용 해 許可(きょか)なしに(허가 없이)가 되어야 한다.

許可 허가 | ～なしに ～없이 | 進める 진행시키다 | ～なりに ～대로 | ～はおろか ～은커녕

정답 ①

35 그는 일이 끝나**자마자** 늘 바로 집에 돌아간다.

> **해설** 빈칸 앞에는 일이 끝난다고 했고 뒤에는 바로 집에 돌아간다고 했으므로, 일이 끝나자마자 집에 돌아간 다는 것임을 알 수 있다. 〈동사 사전형 + や否(いな)や〉는 '～하자마자'라는 뜻으로, 앞의 동작 바로 뒤 에 다른 동작이 일어남을 나타내는 표현이다.

～や否や ～하자마자 | まっすぐ 곧바로 | ～ところを ～하는 중에, ～하는 장면을 | ～ものを ～것을, ～텐데 | ～まじ き ～해서는 안 될

정답 ④

문제 6 다음 문장의 ___★___ 에 들어갈 가장 알맞은 것을 1 · 2 · 3 · 4에서 하나 고르시오.

36 그는 일로 **바쁜 데도 불구하고** 나의 상담에 응해 주었다.

> **해설** ～にもかかわらず(～에도 불구하고)가 쓰인 문장이다. '바쁜데도 불구하고'라고 해야 하므로 우선 忙(い

そが)しい/にもかかわらずが 된다. '상담에 응하다'라는 표현이 相談(そうだん)に乗(の)る이므로 마지막 칸에 相談(そうだん)に, 그 앞에 私(わたし)의가 와야 한다. 따라서 순서는 〈忙しい/にもかかわらず/私の/相談に〉가 되므로 정답은 4번이다.

～にもかかわらず ～에도 불구하고 | 相談(そうだん)に乗(の)る 상담에 응하다

정답 ④ (3421)

37 공동생활을 하려면 최저한의 **매너와 규칙을 지키지 않으면 안 된다.**

（해설） 最低限(さいていげん)の (최저한의) 다음에는 명사가 와야 하므로 マナーや(매너랑)/ルールを(규칙을)가 와야 한다. 그리고 매너와 규칙을 지켜야 한다고 해야 하므로 守(まも)らないと(지키지 않으면)/いけない(안 된다)가 들어가야 한다. 따라서 정답은 1번이다.

共同生活(きょうどうせいかつ) 공동생활 | ～には ～하려면, ～할 때는 | 最低限(さいていげん) 최저한 | マナー 매너 | ルール 룰, 규칙 | 守(まも)る 지키다

정답 ① (2134)

38 바다에서 바비큐가 인기를 **모으게 되고 나서 방치된 쓰레기가** 눈에 띄게 되었다.

（해설） 인기를 모은다고 해야 하므로 集(あつ)めるように(모으도록)로 시작해야 하고, 여기에 なってから(되고 나서)가 연결되어 '인기를 모으게 되고 나서'의 의미가 된다. 또 마지막 칸은 눈에 띄는 대상이 와야 하므로 ごみ(쓰레기), 바로 앞은 放置(ほうち)された가 와서 '방치된 쓰레기'라고 해야 한다. 따라서 정답은 2번이다.

海(うみ) 바다 | バーベキュー 바비큐 | 人気(にんき) 인기 | 集(あつ)める 모으다 | 放置(ほうち) 방치 | ごみ 쓰레기 | 目立(めだ)つ 눈에 띄다

정답 ② (1423)

39 이 아이디어는 젊고 **자신을 잘 알고 있던 그가 아니면 할 수 없는 발상**이다.

（해설） ～ならではの(～만의, ～가 아니면 안 되는)가 쓰인 문장이다. 이 뒤에는 명사가 와야 하므로 彼ならではの 뒤에 発想(はっそう)가 온다. 또 그 앞에는 자신을 잘 알고 있었다고 해야 자연스러우므로 〈自分(じぶん)を/知(し)り尽(つ)くしていた〉가 되므로 정답은 1번이다.

アイデア 아이디어 | 若(わか)い 젊다 | ～尽(つ)くす 다 ～하다 | ～ならではの ～만의, ～가 아니면 안 되는 | 発想(はっそう) 발상

정답 ① (4213)

40 그의 집은 부모님이 맞벌이로 낮에는 집에 **아무도 없는 것은 상상하기에 어렵지 않다.**

（해설） ～にかたくない는 '～하기에 어렵지 않다, ～하고도 남는다'는 뜻이다. 여기서는 〈想像(そうぞう)にかたくない(상상하기에 어렵지 않다)〉가 되어야 한다. 또 집에 아무도 없다는 말이 되어야 하므로 〈誰(だれ)も/いないことは〉가 이 앞에 와야 한다. 정답은 3번이다.

両親(りょうしん) 양친, 부모 | 共働(ともばたら)き 맞벌이 | 昼間(ひるま) 주간, 낮 | 想像(そうぞう) 상상 | ～にかたくない ～하기에 어렵지 않다, ～하고도 남는다

정답 ③ (1423)

문제 7 다음 글을 읽고, 글 전체의 취지에 입각하여 **41** 부터 **45** 안에 들어갈 가장 알맞은 것을 1·2·3·4에서 하나 고르시오.

일전에 일로 교토에 갔을 때의 이야기다. 숙박은 평소에는 비즈니스 호텔에서 하지만, 함께 가는 편집자가 "정진 요리(注1)가 맛있는 숙소가 있습니다."라고 절을 추천해 줬다. 거기는 채소 요리가 유명하고, 주지 스님(注2)은 요리책을 몇 권이나 낼 정도로 유명하다고 한다. 먹는 것을 아주 좋아하는 나는 기꺼이 동의했다. 하지만 그 날은 일이 예상외로 오래 걸려 버린 것이다. 취재지에는 매력적인 사람이 많아 여러 가지 이야기를 해 주었다. 숙박지는 절 **41** 이라서 저녁 식사는 6시부터, 10시에는 취침하고 아침 7시 기상이 기본이다. 그러나 지금 상태로는 **42** 저녁 식사는 물론이거니와 체크인 시간에 **43** 조차 맞추지 못할 것 같다. **44** 어떻게 하지라고 생각했더니,

옆에 있던 편집자가 살짝 자리를 비우고 "일 때문에 체크인이 늦어질 것 같습니다."라고 절에 전화를 하러 간 것이다. 전화를 끝내고 돌아온 그녀는 시무룩한 얼굴을 하고 있다. "화냈어?"라고 물었더니 "네, 아침부터 요리 준비를 하고 있었다고 해요." **45** 어쩔 수 없이 취소를 한 그녀는 "맛있는데. 아, 유감이야."라고 후회하고 있었다. 결국 그 주변 가게에서 15분만에 오차즈케(注3)를 먹고 절 문에 겨우 도착한 것이 8시 반. 우리들의 부산한 발소리가 조용한 분위기를 흐뜨러 놓은 것처럼 생각되었다. 서둘러서 목욕을 하고 이불을 간다. 10시의 소등까지 한숨 돌릴 틈도 없었다. 절의 숙소(注4)에는 숙소의 시간 흐름이 있다. 자신의 시간 척도를 적용해서는 안 된다. 요컨대 우리들은 초대받지 않은 손님인 것이다. 그것을 분간하지 못하고 있던 자신이 창피해졌다.

(注1) 精進料理 : 어패류나 육류를 사용하지 않고 곡물・채소를 중심으로 한 요리, 정진 요리
(注2) 和尚 : 절의 주지, 승려
(注3) お茶漬け : 밥에 뜨거운 차를 부은 것
(注4) 宿坊 : 절에 참배하러 온 사람을 위한 숙소

41
1 하는 김에
2 이라서
3 인 채로
4 보다도 더

해설 빈칸의 앞은 숙박지가 절이라는 것이고, 뒤는 저녁 식사는 6시부터, 10시에는 취침, 아침 7시 기상이 기본이라는 것이다. 즉 절이기 때문에 식사, 취침, 기상 시간이 정해져 있다는 말이다. 따라서 빈칸에는 이유를 나타내는 ～とあって(～라서, ～이기 때문에)를 넣어야 한다.

42
1 저녁 식사를 먹어 봤자
2 저녁 식사라도 되면
3 저녁 식사라고는 해도
4 저녁 식사는 물론이거니와

해설 앞 문장까지의 내용은, 숙박지가 절이라 식사 시간이 정해져 있는데 일이 길어졌다는 것이다. 따라서 이런 상태로는 정해져 있는 저녁 식사 시간을 지킬 수 없을 것 같다고 해야 하므로, 夕食(ゆうしょく)에 ～もさることながら(～은 물론이거니와)를 연결하여 '저녁 식사는 물론이거니와 (다른 것도)'라는 의미가 되어야 한다.

43
1 하는 김에
2 와 같은
3 조차
4 이라서

해설 앞의 내용상, 시간이 늦어져서 저녁 식사는 물론이거니와 체크인 하는 시간도 맞추지 못 할 것 같다고 해야 연결이 자연스럽다. 따라서 すら(～조차)를 넣어, '체크인 시간에조차'라는 의미가 되어야 한다.

44
1 어떻게 하지와 더불어
2 어떻게 하지라고는 해도
3 어떻게 하지라고 생각했더니
4 어떻게 하지라고 해도

해설 체크인 시간에도 못 맞출 것 같아 어떻게 할까 생각했을 것이다. 그랬더니 옆에 있던 편집자가 살짝 자리를 비우고 절에 전화를 하러 갔다는 말이다. 즉 빈칸에는 どうしようか(어떻게 하지?)에 ～と思いきや(～라고 생각했더니)를 연결해 '어떻게 하지라고 생각하고 있었더니'라는 말이 되어야 한다.

45
1 어쩔 수 없이 취소를 한
2 취소 외에는
3 취소에도 아랑곳하지 않고
4 취소를 마지막으로

해설 전화를 하고 돌아온 그녀가 시무룩한 표정을 하고 있었고, 빈칸 바로 뒤에 맛있는데 유감이라고 했으므로, 부득이하게 취소를 했다는 것을 알 수 있다. 따라서 '어쩔 수 없이 ～하게 되다'는 의미의 余儀(よぎ)なくされる를 넣어 キャンセルを余儀なくされた(어쩔 수 없이 취소를 한)가 된다.

先日 일전, 요전날 | 宿泊 숙박 | ビジネスホテル 비즈니스 호텔 | 編集者 편집자 | 精進料理 (고기가 없는) 채소 요리, 정진 요리 | 宿 숙소, 여관 | 寺 절 | 誘う 권유하다, 꾀다 | 評判 평판, 유명함, 인기가 있음 | 和尚 스님, 절의 주지 | 喜ぶ 기뻐하다 | 同意 동의 | 予想外 예상외 | かかる (시간 등이) 걸리다 | 取材先 취재지 | 魅力的 매력적 | ～とあって ～라서, ～이기 때문에 | 夕食 저녁 식사 | 就寝 취침 | 起床 기상 | 基本 기본 | 状態 상태 | ～もさることながら ～은 물론이거니와 | チェックイン 체크인 | ～すら ～조차 | 間に合う 시간에 대다 | ～と思いきや ～라고 생각했더니 | 隣 옆, 이웃 | そっと 살짝, 살그머니 | 席を外す 자리를 비우다 | 終える 끝내다 | 浮かない顔 시무룩한 얼굴 | 怒る 화내다 | 準備 준비 | キャンサル 캔슬, 취소 | ～を余儀なくされる 어쩔 수 없이 ～하게 되다 | 残念だ 유감이다, 아쉽다 | 悔やむ 뉘우치다, 후회하다 | 結局 결국 | その辺 그 주변 | お茶漬け 오차즈케(뜨거운 엽차를 부은 밥) | 門 문 | たどり着く 겨우 도착하다 | あわただしい 황망하다, 분주하다 | 足音 발소리 | 空気 공기 | かき乱す 흐트러뜨리다, 어지르다 | 急ぐ 서두르다 | 風呂に入る 목욕을 하다 | 布団 이불 | 敷く 깔다 | 消灯 소등 | 息つく 한숨 돌리다 | 間 틈, 사이 | 宿坊 참배자가 묵는 절의 숙사 | 流れ 흐름 | ものさし 자, 척도 | あてはめる 들어맞추다, 적용하다 | 要するに 요컨대 | 招く 초대하다 | ～ざる ～하지 않다 | わきまえる 변별하다, 분간하다 | 恥ずかしい 창피하다 | 魚介類 어패류 | 肉類 육류 | 用いる 사용하다 | 穀物 곡물 | 住職 주지 | 僧侶 승려 | 参る 참배하다 | 宿舎 숙사, 숙소 | ～にもまして ～이상으로, ～보다 우선으로 | ～たところで ～한다고 해도, ～해 보았자 | ～ともなると ～이 되면, ～정도가 되면 | ～とはいえ ～라고는 해도 | ～ごとき ～같은, ～처럼 | ～と相まって ～와 더불어, ～와 함께 | ～をおいて ～을 제외하고 | ～をものともせず(に) ～에도 아랑곳하지 않고 | ～を限りに ～을 마지막으로

문제 8

다음 (1)에서 (4)의 글을 읽고, 뒤의 물음에 대한 답으로 가장 알맞은 것을 1·2·3·4에서 하나 고르시오.

---

(1) 자연은 인간을 지배하는 것일까? 아니면 인간이 지배하는 것일까? 일본에는 인간과 자연의 지배·피지배의 관계가 성립하지 않는 장소가 있다. 그것은 (마을의) 동산이다. 사람들에게 있어 동산은 식료와 목재를 제공해 주는 곳이고, 농업과 농민의 생활을 지탱해 주는 중요한 장소이다. 그러나 인간이 자연을 일방적으로 이용하고 있다고 하는 것은 아니다. 인간이 손을 가하는 것으로 산은 통풍(注1)이 좋아지고 동식물의 종수가 풍부해지는 것이다. 동산에서는 자연과 인간 사이에 상하관계는 없고 인간과 자연의 합의가 있었다. 인간은 자연 속에 깊숙이 들어가, 때로는 풍요로운 은혜를, 때로는 아픈 대갚음(注2)을 받으면서 어디부터가 자연 파괴가 되는지를 배워 왔다. 유감스럽게도 동산은 점점 모습을 계속 감추고 있다. 그러나 동산에서의 인간과 자연의 관계야말로 자연보호의 열쇠가 되는 것은 아닐까?

(注1) 風通し : 바람이 지나가는 것, 통풍

(注2) しっぺ返し : 자신이 당한 것을 상대에게도 다시 하는 것, 대갚음

---

46 필자는 자연보호의 열쇠는 무엇이라고 말하고 있는가?

1 자연을 인간이 지배하는 것

2 인간과 자연 사이의 지배·피지배의 관계를 확실하게 하는 것

3 인간이 자연에 손을 가해서 관리하는 것

4 인간과 자연이 평등한 관계인 것

해설 마지막 문장에서, 동산에서의 인간과 자연의 관계야말로 자연보호의 열쇠가 될 것이라고 했다. 즉 자연보호의 열쇠란 인간과 자연의 관계를 뜻하는 것이다. 인간이 자연을 일방적으로 이용하고 있는 것이 아니며, 자연과 인간 사이에는 상하관계가 아니라는 합의가 있었다(里山では自然と人間の間には上下関係はなく、人間と自然との合意があった)고 했으므로 이 둘은 평등한 관계라 볼 수 있다.

自然 자연 | 人間 인간 | 支配 지배 | それとも 그렇지 않으면 | 被支配 피지배 | 関係 관계 | 成り立つ 성립하다 | 場所 장소 | 里山 마을에서 가깝고 생활과 밀접한 낮은 산, 동산 | 食料 식료, 음식물 | 木材 목재 | 提供 제공 | 場 장소 | 農業 농업 | 農民 농민 | 支える 지탱하다, 유지하다 | 一方的 일방적 | 利用 이용 | ～わけではない ～(인) 것은 아니다 | 手を加える 가공하다, 손질하다 | 風通し 통풍 | 動植物 동식물 | 種数 종수 | 豊富だ 풍부하다 | 間 사이 | 上下関係 상하관계 | 合意 합의 | 入り込む 깊숙이 들어가다 | 時には 때로는 | 豊かだ 풍요롭다, 풍부하다 | 恵み 은혜 | しっぺ返し 같은 방법으로 즉각 보복함, 대갚음 | 破壊 파괴 | 学ぶ 배우다 | どんどん 계속해서, 점점, 척척 | 姿 모습 | 消す 지우다, 사라지다 | ～続ける 계속 ～하다 | ～こそ ～야말로 | 自然保護 자연보호 | 鍵 열쇠 | 吹きぬける 바람이 지나가다 | 相手 상대(방) | やり返す 다시 하다, 반박하다 | はっきりする 확실히 하다 | 管理 관리 | 平等だ 평등하다

---

(2) 400년 이상의 전통을 이어가는 초밥 장인. 제 몫을 하는 초밥 장인이 되기까지는 최저 10년간의 착실한(注1) 수행이 필요하다고 한다. 처음에는 접시 닦기부터 시작해서 어시장에서 짐 나르기 등을 능숙하게 하며 경험과 지식을 쌓아 간다. 몇 년 후에 겨우 계란말이 등의 간단한 요리를 맡게 된다. 초밥 가게에서의 수행은 상상 이상으로 엄격하고 어떤 장인도 한 번은 그만두고 싶다고 생각하는 일이 있다고 한다.

어패류의 매입부터 밥(注2) 짓는 법, 초밥 식재료(注3) 준비, 실제로 손님 앞에서 초밥을 만들 때까지가 일련의 업무이다. 맛있는 초밥을 만드는 것은 물론이고, 초밥 장인에게는 좋은 솜씨와 손님과의 대화 센스도 요구된다. 또 서서 하는 일이기 때문에 체력이 필요하다. 이것이 여성 초밥 장인이 거의 없는 이유의 하나이기도 하다.

(注1) 地道 : 수수하지만 착실히 일을 하는 것
(注2) シャリ : 식초를 넣은 밥
(注3) ネタ : 초밥을 만들 때 필요한 식재료

---

47 본문의 내용과 일치하는 것은 어느 것인가?

1 10년 수행하면 초밥 장인이라 불리게 된다.
2 엄격함 때문에 수행을 도중에 그만두고 마는 사람이 많다.
3 초밥 장인에게 있어 접객 기술도 중요하다.
4 전통적인 이유로 여성 초밥 장인은 적다.

해설 초밥 장인에게는 좋은 솜씨와 손님과의 대화 센스도 요구된다(寿司職人には手際のよさやお客さんとの会話のセンスも求められる)고 하므로 정답은 3번이 된다. 최저 10년간의 수행이 필요한 것이고(1번), 수행이 엄격해 한 번은 그만두고 싶다고 생각하는 경우가 있다는 것이지 그만두는 사람이 많다는 것은 아니다(2번). 여성 장인이 적은 것은 체력을 요하는 일이기 때문이다(4번).

伝統 전통 | 引き継ぐ 이어받다, 계승하다 | 寿司 초밥 | 職人 직인, 장인 | 一人前 (솜씨·능력 등이) 제 몫을 할 수 있음, 제구실을 할 수 있음 | 最低 최저 | 地道だ 견실하다, 착실하다 | 修行 수행 | 必要 필요 | 初め 처음, 최초 | 皿洗い 접시 닦기 | 始まる 시작하다 | 魚市場 어시장 | 荷物運び 짐 운반 | こなす (기술 등을) 익혀서 능숙하게 다루다, 자유자재로 구사하다 | 経験 경험 | 知識 지식 | 積む 쌓다 | 数年後 몇 년 후 | やっと 겨우 | 卵焼き 계란말이 | 簡単だ 간단하다, 쉽다 | 任す 맡기다 | 厳しい 엄격하다 | 辞める 그만두다 | 魚介類 어패류(어류와 조개류) | 仕入れ 구입, 매입 | シャリ 식초를 넣어 지은 밥 | 炊く 밥을 짓다 | ネタ 소재 | 下ごしらえ 미리 해 두는 준비, 사전 조리 | 実際 실제 | 握る (초밥 등을) 만들다, (주먹을) 쥐다 | 一連 일련 | 手際 솜씨 | センス 센스 | 求める 요구하다 | 立ち仕事 서서 하는 일 | 体力 체력 | ほとんど 거의, 대부분 | 理由 이유 | 地味だ 수수하다 | 物事 매사, 세상사 | 酢 식초 | 加える 더하다, 보태다 | 食材 식재료 | 途中で 도중에 | 接客 접객 | 技術 기술 | 重要だ 중요하다

(3) 대기업을 중심으로 사원의 자원 봉사(注1) 활동을 지원하는 기업이 늘고 있다. 사원이 평일에 자원 봉사 활동에 참가하는 경우는 유급 휴가(注2)를 받을 수 있도록 하는 등, 제도 면에서 지원하거나 사원을 위해 자원 봉사 이벤트를 기획·개최하고 있는 곳도 있다. 자원 봉사라고 하는 것은 본래 자주적으로 행하는 것이고, 회사가 사원에게 활동을 권하는 것에 의문을 던지는 사람도 있지만, 이것은 결코 사원에게 사회 공헌을 강요하는 것은 아니다. 자원 봉사를 통해 사원 한 사람 한 사람이 사회와 연결되고, 자원 봉사에 관련된 많은 사람과의 커뮤니케이션을 통해 미디어 등의 제삼자(注3)의 정보가 아니라, 자신의 피부로 사회의 움직임을 느끼는 것에 의미가 있다고 생각하고, 사원이 적극적으로 자원 봉사 활동에 참가할 수 있는 환경을 만들려고 하는 것이다.

(注1) ボランティア : 돈을 받지 않고 하는 봉사 활동, 자원 봉사
(注2) 有給休暇 : 쉬더라도 급료가 지불되는 휴가, 유급 휴가
(注3) 第三者 : 그 일에 직접 관계가 없는 사람, 제삼자

48 기업이 사원의 자원 봉사 활동을 지원하는 이유는 어느 것인가?

1 자원 봉사 활동을 사회에 정착시키기 위해
2 사원에게 사회와의 유대를 갖게 하기 위해
3 사원의 발언 능력을 높이기 위해
4 회사의 이미지를 높이기 위해

해설 마지막 문장에서, 자원 봉사 활동을 통해 사원 한 사람 한 사람이 사회와 연결되고 봉사에 관련된 많은 사람과의 커뮤니케이션을 통해 미디어 등의 제삼자의 정보가 아니라, 자신의 피부로 사회의 움직임을 느끼는 것에 의미가 있다(ボランティアを通じて、社員一人一人が社会とつながり、ボランティアに関わるたくさんの人とのコミュニケーションを通して、メディアなどの第三者の情報ではなく、自分の肌で社会の動きを感じることに意味がある)고 생각한다고 했다. 따라서 정답은 2번, 사원에게 사회와의 유대를 갖게 하기 위해서이다.

大企業 대기업 | 中心 중심 | 社員 사원 | ボランティア 자원 봉사 | 活動 활동 | 支援 지원 | 行う 행하다, 실시하다 | 増える 늘다 | 平日 평일 | 参加 참가 | 場合 경우 | 有給休暇 유급 휴가 | 制度 제도 | ~向け ~을 위함, ~용 | イベント 이벤트 | 企画 기획 | 開催 개최 | 本来 본래 | 自主的 자주적 | 勧める 권하다 | 疑問 의문 | 投げかける 던지다 | 決して 결코 | 貢献 공헌 | 強制 강제 | ~を通じて ~을 통해 | つながる 이어지다, 연결되다 | ~に関わる ~에 관련되다 | コミュニケーション 기뮤니게이션 | ~を通して ~을 통해 | メディア 미디어 | 第三者 제삼자 | 情報 정부 | 肌 피부, 살갗 | 動き 움직임 | 感じる 느끼다 | 意味 의미 | 積極的 적극적 | 環境 환경 | 奉仕 봉사 | 給料 급료 | 支払う 지불하다 | 事柄 사항, 일 | 直接 직접 | 定着 정착 | つながり 연결, 유대 | 発言 발언 | 能力 능력 | 高める 높이다 | イメージアップ 이미지 업

---

(4) 누구나 언제까지나 젊디젊게 있고 싶다고 생각하기 마련이겠지요. 사람들의 이 바람은 새로운 비즈니스가 되었습니다. 거리에 나가면 안티에이징이라고 쓰인 상품을 자주 보게 되었습니다. 그런데 안티에이징을 젊음을 되찾고 노화(注1)를 멈추는 것이라고 생각하는 사람이 있는데, 누구도 노화를 완전히 멈출 수는 없습니다. 그래서 바르게는 노화를 조금이라도 늦추고 젊음을 유지하는 것이라고 할 수 있습니다. 시계에 비유하면 시계 바늘을 멈추는 것이 아니라 바늘의 진행을 늦추는 것이라고 생각하면 이해하기 쉬울지도 모릅니다. 연령에 관계없이 사람들이 인생을 즐기는 현대에 있어서 연령도 실제 연령(注2)에 따르는 것이 아니라, 신체 연령과 정신 연령도 자기 자신이 만들어 낼 수 있는 것은 아닐까요? 현대는 자신의 연령은 자신이 정하는 시대인 것입니다.

(注1) 老化 : 나이를 먹고 쇠약해지는 것, 노화
(注2) 実年齢 : 실제 연령

49 필자는 안티에이징이란 무엇이라고 말하고 있는가?

1 언제까지나 아름다운 것

2 노화하지 않도록 하는 것

3 나이 먹는 속도를 늦추는 것

4 실제 연령에 관계없이 자신이 연령을 정하는 것

> **해설** 안티에이징을 바르게 말하면 노화를 조금이라도 늦추고 젊음을 유지하는 것이라 할 수 있다(正しくは老化を少しでも遅らせて、若さをキープすることだと言えます)고 했다. 따라서 정답은 3번, 나이드는 속도를 늦추는 것이 된다.

若々しい 젊디젊다 | 願い 바람 | ビジネス 비즈니스 | 街 거리 | アンチエイジング 안티에이징, 노화 방지 | 商品 상품 | 目にする 보다 | 若返り 젊어짐 | 老化 노화 | 止める 멈추다 | 完全に 완전하게 | 正しくは 바르게는 | 遅らせる 늦추다 | 若さ 젊음 | キープする 유지하다 | 例える 비유하다 | 針 바늘, 침 | 進み 나아감, 진행됨 | 年齢 연령 | 人生 인생 | 楽しむ 즐기다 | 現代 현대 | 実年齢 실제 연령 | 従う 따르다, 복종하다 | 身体 신체 | 精神 정신 | 自分自身 자기자신 | 作り上げる 만들어 내다, 완성하다 | 年を取る 나이를 먹다, 늙다 | 衰える 쇠약해지다, 쇠퇴하다 | 美しい 아름답다 | スピード 스피드, 속도

문제 9 다음 (1)에서 (3)의 글을 읽고, 다음 물음에 대한 답으로 가장 알맞은 것을 1·2·3·4에서 하나 고르시오.

(1) 말에는 영혼이 있고 말의 울림은 매사를 움직이게 할 수 있습니다. 예전부터 ①말에는 영력(注1)이 있다고 합니다. 노인이 자주「재수(注2)가 좋은 말, 나쁜 말」이라고 하는 것처럼, 원래 좋은 울림을 갖는 말과 나쁜 울림을 갖는 말이 존재합니다. 이런 말들은 현재의 일본어로 생각하면 의미를 알 수 없는 말의 나열인 경우도 있지만, 그 말이 갖는「소리」에 의미가 있는 것입니다.「밝은 말을 하면 기분이 밝아진다」. 그렇게 말하면 당연하다고 느낄지도 모르겠지만, 밝고 즐거운 말을 하면 마음이 밝아져 자연히 긍정적인 힘이 늘어가는 것입니다. 좋은 결과를 반복하면 그대로 흘러가고, 나쁜 결과를 말하면 똑같이 현실화된다고 하는 것입니다. 따라서 좋은 결과를 말하는 것과 동시에, 자신에게 있어 바람직하지 않은 결과는 말하지 않도록 주의해야 합니다. 일상생활에서 ②그다지 의식하지 않고 부정적인 말을 사용하고 있는 일은 의외(注3)로 많습니다. 겸손하게 말하는 경우도 있다면, 자신에 대해 부정적인 것을 마음속(注4)으로 생각하고 있는 경우도 있지만, 그것은 큰 잘못입니다. 말의 위력을 모르기 때문에 그렇게 가볍게 말해 버리는 것입니다. 본래 말과 사람의 마음은 다른 사람에게 영향을 줄 수 있을 정도의 영향력을 가지고 있는 것입니다.

(注1) 霊力 : 불가사의한 힘, 영력
(注2) 縁起 : 좋은 것, 나쁜 것의 징조, 재수, 운수
(注3) 意外 : 생각하고 있던 상태와 다른 것, 의외
(注4) 心底 : 마음속

50 ①말에는 영력이 있다고 하는데, 어떠한 것인가?

1 의식하지 않고 말하고 있으면 부정적인 말로 바뀌어 간다.

2 좋은 말을 하면 행복해지고 나쁜 말을 하면 불행이 찾아온다.

3 일본어로 생각하면 의미 없는 말의 나열이다.

4 재수가 좋은 말과 나쁜 말은 상대에 따라 수용 방식이 다르다.

> **해설** 원래 좋은 울림을 갖는 말과 나쁜 울림을 갖는 말이 존재하며(もともと良い響きを持つ言葉と悪い響きを持つ言葉が存在します), 밝은 말을 하면 기분이 밝아지고(明るい言葉を言えば気分が明るくなる) 나쁜 결과를 말하면 똑같이 현실화된다(悪い結果を言えば同じように現実化する)고 말하고 있다. 따라서 말에 영력이 있다는 것은 좋은 말을 하면 행복해지고 나쁜 말을 하면 불행해진다는 의미다.

51 ②그다지 의식하지 않고 부정적인 말을 사용하고 있는 일은 의외로 많습니다라고 하는데, 다음 중에서 필자의 생각과 다른 것은 어느 것인가?

1 자신에게 자신이 없어 부정적인 생각을 갖고 사용하고 있다.

2 자신을 낮추어 말할 때에 사용하고 있다.

3 말이 갖는 소리에는 의미가 있다고 생각하고 사용하고 있다.

4 말의 위력을 모르고 사용하고 있다.

> **해설** 의식하지 않고 부정적인 말을 한다는 경우는 바로 뒷문장에 잘 나타난다. 겸손하게 말하는 경우(謙遜で言う場合), 자신에 대해 부정적인 생각을 갖고 있는 경우(自分に対してマイナスのことを心底思っている場合), 말의 위력을 몰라 그렇게 가볍게 말해 버리는 것(言葉の威力を知らないからそのように気軽に言えてしまうのです)이라고 말하고 있다. 말이 갖는 소리에 의미가 있다고 생각한다면 부정적인 말을 하지 않을 것이다.

52 필자의 생각과 일치하는 것은 어느 것인가?

1 노인만이 재수가 좋은 말, 나쁜 말을 구별하여 사용하고 있다.

2 말을 하면 나쁜 말만 현실화된다.

3 좋은 울림을 갖는 말도 나쁜 울림을 갖는 말도 어느 쪽도 의식하지 않고 사용하고 있는 경우가 많다.

4 말의 위력을 알면 겸손하게 말하는 경우에도 부정적인 말은 해서는 안 된다.

> **해설** 겸손하게 말하는 경우 부정적인 말을 사용하는 경우가 많은데, 이는 말의 위력을 모르기 때문에 가볍게 말해 버리는 것이라고 설명하고 있다. 따라서 정답은 4번, 말의 위력을 알면 겸손하게 말하는 경우더라도 부정적인 말을 해서는 안 될 것이다.

言葉 말, 언어 | 魂 영혼, 정신 | 響き 울림, 영향 | 動かす 움직이다 | 霊力 영력, 정신의 힘 | お年寄り 노인 | 縁起 운수, 재수 | もともと 처음, 원래 | 存在 존재 | 羅列 나열 | 音 음, 소리 | 明るい 밝다 | 気分 기분 | 当り前だ 당연하다 | 楽しい 즐겁다 | 発する 발하다 | 自然と 자연히 | プラス 플러스, 좋은 면, 이익 | パワー 파워, 힘 | 結果 결과 | 繰り返す 반복하다 | その通り 그대로 | 流れる 흐르다 | 現実化 현실화 | 口にする 말하다, 먹다 | 同時 동시 | 好ましい 마음에 들다, 바람직하다 | 注意 주의 | 日常生活 일상생활 | 意識 의식 | マイナス 마이너스, 나쁜 면, 손실 | 意外と 의외로 | 謙遜 겸손 | 心底 마음속 | 間違い 틀림, 실수 | 威力 위력 | 気軽だ 가볍게 행동하다 | 本来 본래 | 影響を与える 영향을 주다 | 影響力 영향력 | 不思議だ 불가사의하다 | 力 힘 | 兆し 징조, 징후 | 底 바닥, 속 | 変わる 바뀌다 | 幸せ 행복, 행운 | 不幸 불행 | やってくる 다가오다, 찾아오다 | 受け方 수용 방식 | 自信 자신(감) | へりくだる 겸손하다, 자신을 낮추다 | 区別 구별

(2) 다양하고 풍부한 반찬이 매력으로 기본형(注1) 도시락으로 인기가 높은 ① 「마쿠노우치 도시락」, 이 「마쿠노우치 도시락」의 유래는 에도 시대로 거슬러 올라가는데, 연극에서 무대의 막이 내려가고 다음 막이 올라갈 때까지를 마쿠노우치, 막간이라고 하고, 이 연극의 막과 막 사이에 먹었던 도시락에서 이와 같이 이름 지어졌습니다. 단시간에 먹어야 하기 때문에 먹기 쉽고 작은 초밥 형태(注2)의 주먹밥 등이 즐겨 사용되었습니다. 그러나 이 마쿠노우치 도시락은 넣는 반찬 등에 정해진 것은 없고, 현재에는 계란말이와 생선구이(注3), 조림(注4) 등 다양하고 풍부한 반찬이 들어간 호화로운 도시락을 마쿠노우치라고 부르고 있습니다.

그런데, 이와 같은 만들고 나서 바로 먹지 않는 도시락에는 ②여러 가지 보존에 대한 연구가 이루어지고 있습니다. 예를 들면 옛날부터의 지혜로 잘 알려져 있는 것이 매실장아찌입니다. 마쿠노우치 도시락에도 매실장아찌가 들어 있는 것이 많은데, 매실장아찌에는 구연산이 함유되어 부패균의 번식을 억제하는 효과가 있어, 식재료가 상하기 쉬운 여름에는 특히 추천합니다. 또 식재료 선택에 주의하고 주의하고 싶은 것이 밥과 반찬을 담을 때는 확실히 식히고 나서 넣어야 합니다. 그것도 부패를 억제하는 하나의 방법입니다. 더욱이 수분이 많으면 즙이 새어 나오거나 채소 등의 식재료를 빨리 상하게 하기 때문에, 물기를 없애고 나서 넣을 것을 권합니다.

(注1) 定番(ていばん) : 유행에 좌우되지 않는 기본적인 상품
(注2) 俵型(たわらがた) : 초밥의 밥과 같은 크기와 모양
(注3) 焼き魚(やきざかな) : 구운 생선, 생선구이
(注4) 煮物(にもの) : 재료에 국물을 더해 끓인 것, 조림

53 ① 「마쿠노우치 도시락」의 설명과 일치하는 것은 어느 것인가?

1 연극의 막과 막 사이에 먹었던 도시락
2 연극의 막이 올라가기 전에 먹었던 도시락
3 생선구이와 매실장아찌가 들어간 양이 풍부한 도시락
4 생선구이와 조림에 큰 초밥 형태의 주먹밥이 들어간 호화로운 도시락

해설 연극에서 무대의 막이 내려가고 다음 막이 올라갈 때까지를 마쿠노우치와 막간이라고 하는데, 마쿠노우치 도시락은 이 연극의 막과 막 사이에 먹었던 도시락이라고 해서 이름 지어졌다(芝居で舞台の幕が下がり、次の幕が上がるまでのことを幕の内や幕間といい、この芝居の幕と幕の間に食べられたお弁当からこのように名付けられています)고 했으므로 정답은 1번이다.

54 ②여러 가지 보존에 대한 연구라고 하는데, 그것은 무엇인가?

1 밥과 반찬을 담을 때는 한 번 냉장고에 넣어 식히고 나서 넣는다.
2 즙이 새어 나오면 잡균이 늘기 때문에, 물기를 없애고 나서 넣는다.
3 여름에는 음식이 상하기 쉽기 때문에 매실장아찌를 넣어 균의 번식을 억제한다.
4 수분이 많으면 식재료가 상하기 때문에 수분이 없는 것을 넣는다.

해설 바로 뒤의 문장에서, 매실장아찌에는 구연산이 함유되어 부패균의 번식을 막는 효과가 있어서 식재료가 상하기 쉬운 여름에는 특히 권한다(梅干にはクエン酸を含み、腐敗菌の繁殖を抑える効果があり、食材が傷みやすい夏にはとくにおすすめです)고 했고, 이것이 여러 가지 보존 연구 중 대표적인 것이다. 따라서 정답은 3번이다.

1 마쿠노우치 도시락은 에도 시대부터 있는 것으로, 현재는 반찬 등이 다양하고 풍부한 도시락을 가리킨다.

2 에도 시대의 마쿠노우치 도시락은 초밥 모양의 밥이었기 때문에 매실장아찌는 필요 없었다.

3 도시락은 썩지 않도록 매실장아찌를 넣거나 밥과 반찬을 나누거나 하는 연구가 필요하다.

4 연극을 보는 사람을 위한 단순한 도시락이었지만, 현재는 다양하고 풍부하고 호화로운 도시락으로 바뀌었다.

[해설] 마쿠노우치 도시락의 유래는 에도 시대로 거슬러 올라간다(この「幕の内弁当」の由来は、江戸時代に さかのぼりますが)고 했고, 현재는 계란말이와 생선구이, 조림 등 다양하고 풍부한 반찬이 들어간 호 화로운 도시락을 뜻한다(現在では玉子焼きや焼き魚、煮物など、バラエティー豊かなおかずが 入った豪華なお弁当を幕の内と呼んでいます)고 했으므로 정답은 1번이다.

バラエティー 다양성, 변화 | おかず 반찬 | 魅力 매력 | 定番 유행에 관계없는 기본형 상품 | お弁当 도시락 | 由来 유래 | 江戸時代 에도 시대 | さかのぼる 거슬러 올라가다 | 芝居 연극 | 舞台 무대 | 幕 막 | 下がる 내려가다 | 上がる 올라가다 | 幕間 막간 | 名付ける 이름 짓다 | 短時間 단시간 | 俵型 초밥의 밥과 같은 크기와 모양, (쌀을 담는) 섬 모양 | おむすび 주먹밥 | 好む 좋아하다 | 決まり 규정, 규칙 | 玉子焼き 계란말이 | 焼き魚 생선구이, 구운 생선 | 煮物 조림, 익히거나 끓인 음식 | 豪華だ 호화롭다 | 直ぐに 바로 | 保存 보존 | 工夫 궁리, 고안 | 知恵 지혜 | 梅干 매실장아찌 | クエン酸 구연산 | 含む 포함하다 | 腐敗菌 부패균 | 繁殖 번식 | 抑える 막다, 억제하다 | 効果 효과 | 傷む 상하다 | とくに 특히 | おすすめ 추천 | 気をつける 주의하다, 조심하다 | 詰める 채우다, 담다 | しっかりと 확실히, 빈틈없이 | 冷ます 식히다 | 方法 방법 | 水分 수분 | 汁 즙, 국 | 漏れる (기체·액체가) 새다 | 早める 서두르다, 앞당기다 | 水気を切る 물기를 없애다 | 流行 유행 | 左右する 좌우하다, 지배하다 | 形 모양, 형태 | 焼く 굽다 | 材料 재료 | 煮る 삶다, 끓이다, 조리다 | ボリューム 분량, 양 | おにぎり 주먹밥 | 冷蔵庫 냉장고 | 雑菌 잡균 | 指す 가리키다 | 腐る 썩다, 부패하다 | 分ける 나누다 | シンプルだ 단순하다, 간단하다

---

(3) 대략 2억 년 전의 모습을 하고 있는 뱀장어(注1)를 일본의 연구팀이 발견했다. 발견된 것은 뱀장어류 중에서 가장 원시적인 종류로, 앞으로 「살아 있는 화석」으로 주목 받게 될 것이다.

①이 뱀장어는 작년 2009년 3월 파라오에 사는(注2) 일본인 해양생물 연구가에 의해 발견되었다. 뱀장어가 포획된 것은 수심 수십 미터로 깊은 바닷속이다. 9마리를 포획하였고 전체 길이는 최대 20센티 정도로, 등뼈가 일반적인 뱀장어에 비해 작기 때문에 좀 굵직한 몸집을 하고 있다. 꼬리지느러미가 특수한 형태를 하고 있고, 가장 오래된 뱀장어 화석보다도 원시적인 특징을 지니고 있었다. 일본의 해양생물 연구소에서 DNA를 조사했더니, 19과가 있는 뱀장어 종류에는 어느 것에도 들어맞지 않고, 일반적인 뱀장어와는 진화의 단계에서 갈래가 나누어진(注3) 가상 원시적인 뱀장어라고 할 수 있다. 뱀장어류는 2억 수천 년 전에 보통의 물고기에서 나누어져 바닷속을 헤엄치는 데에 적합한 가늘고 긴 몸이 되었다. 이번에 발표된 뱀장어는 ②이 진화의 가장 첫 시기에 위치한다고 한다.

이 뱀장어를 발견한 일본의 생물 연구가는 다음과 같이 말하고 있다. "이 뱀장어는 다른 것과의 생존 경쟁을 피하기 위해 바닷속, 바위와 바위 사이에 숨으면서 지금까지 살아왔을 것이다. 이 뱀장어는 뱀장어의 탄생을 아는 데에 앞으로 매우 중요한 살아 있는 화석이 될 것이다."

파라오의 바닷속에는 많은 바위가 있는데, 현재 이 뱀장어가 발견된 장소는 한 군데뿐이다. 앞으로도 이 뱀장어가 현재의 형태로 살아남아 가기 위해서는 그 뱀장어가 살아가는 환경을 보호해 가야 할 것이다.

(注1) ウナギ : 가늘고 긴 모양을 한 물고기 종류, 뱀장어
(注2) 在住 : 살고 있는 것
(注3) 枝分かれ : 하나의 것에서 몇 개의 것이 태어나는 것

56 ①이 뱀장어는 어떠한 특징이 있다고 필자는 말하고 있는가?

1 가장 옛날에 발견된 뱀장어 화석과 비슷하다.
2 바닷속을 헤엄치기 위해 가늘고 긴 몸이 되어 있다.
3 꼬리지느러미가 특수한 형태로, 가장 원시적인 형태를 하고 있다.
4 진화의 단계에서 갈래가 나누어져 있지 않다.

> **해설** 두 번째 단락에서 뱀장어가 꼬리지느러미가 특수한 모양을 하고 있고, 가장 오래된 뱀장어 화석보다도 원시적인 특징을 남기고 있었다(尾びれが特殊な形をしており、最も古いウナギの化石よりも原始的な特徴をとどめていた)고 했으므로, 정답은 3번이다.

57 ②이 진화라고 하는데, 이것은 무엇을 가리키는가?

1 원시적인 특징을 남겼을 때
2 해양생물 연구소에서 DNA를 조사했을 때
3 뱀장어가 다른 물고기와 형태가 달라졌을 때
4 가장 오래된 뱀장어 화석이 발견되었을 때

> **해설** 바로 앞 문장에서, 뱀장어류는 2억 수천 년 전에 보통의 물고기에서 나뉘어져 바닷속을 헤엄치는 데에 적합한 가늘고 긴 몸이 되었다(ウナギ類は2億数千年前に普通の魚から分かれ、海の底を泳ぐのに適した細く長い体になった)고 했으므로, 이 진화는 다른 물고기와는 다른 모양으로의 진화를 뜻하는 것이다. 따라서 정답은 3번이다.

58 필자의 의견과 일치하는 것은 어느 것인가?

1 이번에 발견된 뱀장어는 일반 뱀장어에서 새롭게 갈래가 나누어져 태어난 뱀장어이다.
2 이번에 발견된 뱀장어는 일반 뱀장어와 비교하면 다른 형태를 하고 있다.
3 이번에 발견된 뱀장어는 옛날에 발견된 뱀장어와 같은 형태를 하고 있다.
4 이번에 발견된 뱀장어는 진화의 도중에 긴 몸으로는 되지 않았다.

> **해설** 본문에서, 이번에 발견된 뱀장어는 등뼈가 일반적인 뱀장어에 비해 작기 때문에 좀 굵직한 몸집을 하고 있으며 꼬리지느러미가 특수한 형태를 하고 있다(背中の骨が一般的なウナギに比べて少ないため太めの体つきをしている。尾びれが特殊な形をしており、最も古いウナギの化石よりも原始的な特徴をとどめていた)고 했으므로, 일반 뱀장어와 비교해 다른 형태를 하고 있다는 것을 알 수 있다.

およそ 대략 | 残す 남기다, 남겨 두다 | ウナギ 뱀장어 | 研究チーム 연구팀 | 発見 발견 | 仲間 동류, 동료 | 最も 가장, 제일 | 原始的 원시적 | 種類 종류 | 今後 앞으로 | 生きる 살다, 생존하다 | 化石 화석 | 注目 주목 | パラオ 파라오 | 在住 재주, 거주 | 海洋生物 해양생물 | 研究家 연구가 | 捕獲 포획 | 水深 수심 | 数十 수십 | メートル 미터 | 深い 깊다 | 海の底 바닷속 | ~匹 ~마리(짐승, 벌레, 물고기 등을 세는 말) | 全長 전체 길이 | 最大 최대 | センチ 센티미터 | 背中 등 | 骨 뼈 | 一般的 일반적 | 比べる 비교하다 | 太め 굵직함 | 体つき 몸집, 체격 | 尾びれ 꼬리지느러미 | 特殊だ 특수하다 | 形 모양, 형태 | 古い 오래되다 | 特徴 특징 | とどめる 남기다, 멈추다 | 研究所 연구소 | 調べる 조사하다 | ~科 ~과(생물 분류상의 한 계급) | あてはまる 들어맞다, 적합하다 | 進化 진화 | 段階 단계 | 枝分かれ 가지에서 갈라짐 | ~類 ~류 | 普通 보통 | 分かれる 나누어지다 | 泳ぐ 헤엄치다 | 適する 적합하다 | 細い 가늘다 | 時期 시기 | 位置 위치 | 生存 생존 | 競争 경쟁 | 避ける 피하다 | 岩 바위 | 隠れる 숨다 | 誕生 탄생 | 重要だ 중요하다 | ~ヶ所 ~군데 | 生き残る 살아남다 | 環境 환경 | 保護 보호 | 生まれる 태어나다 | 似る 닮다, 비슷하다 | 異なる 다르다

  다음 글을 읽고, 뒤의 물음에 대한 답으로 가장 알맞은 것을 1 · 2 · 3 · 4에서 하나 고르시오.

거실 책장에 두고 왔다는 아버지의 안경 닦이를 가지러 구미코가 복도를 종종걸음으로 가다가 전화벨 소리가 요란스럽게 울려 수화기를 들었다. 그러자 아자부에 사는 언니가 오전에 이쪽으로 온다는 것이었다. 아버지가 지금 나가시려는 참이니까, 라고 빨리 전화를 끊고 ①그것을 가지고 현관으로 갔다. 그러자 현관에서 반대 방향으로 지팡이를 짚고 서 있던 아버지는 신발인지 무언가의 일로 가정부인 히라타 씨에게 잔소리를 하고 있었는데, 구미코가 온 기척을 느끼고 "무엇을 꾸물꾸물하고 있어? 빨리 못해?"라고 하며 호통쳤다.

언제나처럼 문까지 히라타 씨와 둘이 배웅했더니, 문을 열고 기다리고 있던 운전수에게 아버지는 가벼운 인사인지 조금 고개를 끄덕이는 것처럼 하고 탔다. 그리고 구미코가 "다녀오세요."하고 인사하자, 아버지는 그것에 대해 대답도 하지 않고 아주 조금 상반신을 앞으로 구부리면서 안쪽 창문으로 얼굴을 돌린 채로 가 버렸다.

아버지의 까다로운 성격은 지금 시작된 일이 아니다. 하지만 어머니가 계시던 때는 까다롭다고 해도 말로 직접 가정부를 혼내는 일은 없었다. 늘 무언가에 대한 불만으로 미간을 찌푸려 주름이 져 있었다. 그것이, 어머니가 돌아가신 요즘은 까다로운데다가 신경이 흥분되어 있어 묘하게 안절부절못하는 기색조차 보인다. "아버지도 나이를 드신 탓인지 성미가 급해져서……"라고 집안 사람들은 뒤에서 소곤소곤 서로 이야기하지만, 그것도 최근의 아버지는 나이 탓이라고만은 할 수 없고, 무언가 다른 이유가 있는 것 같다고 모두가 생각하고 있는 듯 했다. 아버지가 벗어 던진 상의를 구미코가 개고 있으니 현관에서 언니 목소리가 났다. "오늘은 아이를 두고 와서 오래 있지 못해."라고 서론을 말하고 찬장을 들여다보며 양갱이 들어 있는 그릇을 스스로 꺼내면서 "이오 씨는?"이라고 물었다. 돌아가신 엄마의 어릴 적 친구로 이 집에 오랫동안 살고 있는 노부인이다.

"어머니 성묘하러 아침 일찍부터 가셨어요."

"그래?"

언니는 왜인지 ②엷은 웃음을 지었다. 언니에게 말수가 많은 이오 씨는 대하기 싫은 상대인 것 같았다. 이오 씨가 부재중이라고 듣고 언니의 목소리가 들떠 있었다.

"아버지는 요즘 어떠셔?"

구미코가 잠자코 쓴 웃음을 짓자, "빨리 기분을 바꿔 드리고 싶어."라고 언니는 ③조금 정색을 했다.

"아버지의 기분을 바꾸지 않으면 주위 사람이 괴롭잖아. 게다가 히라타 씨가 요즘 계속 혼나고 있는 것이 걱정되어서 밤에도 푹 잘 수 없어."

그 때에 마침 히라타 씨가 "점심 준비는 무엇으로 할까요?"라고 물으러 왔기 때문에 언니는 도중에 이야기를 멈췄다. 그리고 양갱을 한 조각 들고 히라타 씨에게 "드세요."라고 말하고 내밀었다.

59 ①그것이라고 하는데, 그것이란 무엇인가?

1 안경

2 안경 닦이

3 전화 수화기

4 지팡이

> **해설** 구미코는 아버지가 거실 책장에 두고 온 안경 닦이를 가지러 복도를 지나가다가 언니에게 온 전화를 받은 것이다. 전화를 끊고 그것을 들고 다시 현관으로 갔다는 것은 가지러 갔던 안경 닦기를 들고 갔다는 것이므로 정답은 2번이다.

60 ②엷은 웃음을 지었다라고 하는데, 그것은 왜인가?

1 말수가 많은 이오 씨가 집에 없기 때문에

2 이오 씨가 언니를 싫어하고 있기 때문에

3 어머니의 성묘를 하러 가 주어서 기뻤기 때문에

4 아이를 집에 두고 와서 느긋하게 있을 수 있기 때문에

해설 이오 씨가 아침 일찍 나갔다고 하자 언니가 웃는 부분이다. 바로 뒤의 문장에서, 언니에게 말수가 많은 이오 씨는 대하기 싫은 상대인 것 같다며 이오 씨가 없으니 언니 목소리가 들떠 있다(姉にとっては、口数の多い飯尾さんは苦手らしかった。飯尾さんが留守だと聞いて姉の声が弾んでいた)고 했으므로 정답은 1번이 된다.

61 ③조금 정색을 했다라고 하는데, 그것은 왜인가?

1 자신이 대하기 싫어하는 노부인이 갑자기 나타났기 때문에

2 아버지가 자신에게 인사도 하지 않고 나갔기 때문에

3 어머니가 돌아가셨을 때 이후로 아버지 성미가 까다로워졌기 때문에

4 아이를 집에 두고 와서 걱정이 되었기 때문에

해설 언니는 빨리 아버지 기분을 바꿔 드리고 싶다고 하며 정색을 한다. 아버지의 까다로운 성격은 어머니가 돌아가신 후에 더 심해져 아버지의 기분을 바꾸지 않으면 주위 사람들이 힘들어지므로, 빨리 기분을 바꿔 드려야 한다고 생각하고 있는 것이다. 따라서 정답은 3번이 된다.

62 본문의 내용과 일치하는 것을 골라라.

1 아버지는 나이 탓으로 성미가 까다로워졌다고 하기보다 무언가 비밀이 있는 것 같다.

2 아버지는 어머니가 살아있을 때부터 까다로웠지만, 가정부에게 호통치거나 하지는 않았다.

3 히라타 씨가 혼난 채로 있는 것은 말수가 많은 이오 씨가 원인이다.

4 이오 씨의 이야기를 하고 있을 때에 히라타 씨가 왔기 때문에 속이기 위해 양갱을 내밀었다.

해설 본문 세 번째 단락에서, 아버지의 까다로운 성격은 지금 시작된 것이 아니고 어머니가 있을때도 그랬지만, 말로 가정부를 혼내는 일은 없었다(父の気難しい性格は今はじまったことではない。もっとも、母がいた頃は気難しいと言っても口に出して家政婦を叱りつけるようなことはなかった)고 하고 있다. 따라서 본문과 일치하는 것은 2번이다.

居間 거실 | 書棚 서가, 책장 | 置き忘れる 잊어버리고 두고 오다 | 眼鏡拭き 안경 닦이 | 廊下 복도 | 小走り 종종걸음 | ベル 벨 | けたたましい 요란한 소리가 나다 | 鳴る 소리가 나다, 울리다 | 受話器 수화기 | 手にする 손에 들다, 손에 넣다 | すると 그러자, 그랬더니 | 昼前 정오 조금 전, 오전 | 出かける 나가다, 외출하다 | 早々に 매우 빨리, 일찍 | 電話を切る 전화를 끊다 | 玄関 현관 | 逆向き 역방향 | ステッキ 지팡이 | 突く 짚다, 찌르다 | 履物 신발 | 家政婦 가정부 | 小言 잔소리, 꾸지람 | 気配 기척, 기미 | 感じとる 알아차리다 | ぐずぐず 꾸물꾸물, 우물쭈물 | しとる 하고 있다(=しておる) | 早くせんか 빨리 해라(=早くしないか) | 怒鳴る 고함치다, 호통치다 | 見送る 전송하다, 배웅하다 | ドアを開ける 문을 열다 | 運転手 운전수 | 会釈 (머리를 살짝 숙이는) 가벼운 인사 | 頷く 고개를 끄덕이다, 수긍하다 | 挨拶 인사 | 返事 답변, 대답 | 心もち 아주 조금, 약간 | 前屈み (상반신을) 앞으로 구부림 | 奥側 안쪽 | そむける (얼굴이나 눈길을) 돌리다 | 気難しい 성미가 까다롭다 | 性格 성격 | もっとも 하기는, 그렇다고는 하지만 | 口に出す 입밖에 내다, 말하다 | 叱りつける 몹시 야단치다 | 不満 불만 | 眉間 미간 | 縦しわ 세로 주름 | たたみこむ 접어서 안에 넣다, 새겨 두다 | 亡くなる 돌아가시다 | 神経 신경 | たかぶる 흥분하다, 교만하게 굴다 | 妙に 묘하게 | イライラする 안절부절못하다 | 素振り 거동, 기색 | お年を召す 연세가 드시다 | せい 탓 | 気が短い 성질이 급하다 | 陰 그늘, 뒤 | ひそひそ 소곤소곤, 남몰래 | 話し合う 서로 이야기하다 | 年 나이, 연령 | 様子 모습, 기색 | 脱ぎ捨てる 벗어던지다 | 上着 겉옷, 상의 | 畳む 개다, 접다 | 置く 두다, 놓다 | 長居 한 곳에 오래 머무름 | 前置き 서론, 머리말 | 戸棚 안에 선반을 단 장, 찬장 | のぞき込む 목을 빼서 들여다보다 | 羊羹 양갱 | 器 그릇, 용기 | 幼友達 어릴 때의 친구, 소꿉친구 | 老婦人 노부인 | お墓参り 성묘 | 何故か 왜인지 | うすら笑い 엷은 웃음 | 口数が多い 말수가 많다 | 苦手だ 다루기 벅

해설

찬 상대, 서투르다 | 留守 빈집을 지킴, 부재중 | 弾む 들뜨다, 신이 나다 | 黙る 침묵하다 | 苦笑い 쓴웃음 | 機嫌 기분, 심기 | 直す 고치다, 회복하다 | 真顔になる 정색을 하다 | 機嫌が直る 기분이 풀리다 | 周り 주변, 주위 | 迷惑する 곤란하다, 불편하다 | 気になる 걱정되다, 신경 쓰이다 | ぐっすり 깊은 잠을 자는 모양, 푹 | ちょうど 마침, 알맞게 | 仕度 채비, 준비 | 話を止める 이야기를 멈추다 | 一切れ 한 조각, 조금, 약간 | 差し出す 내밀다 | 嫌う 싫어하다 | 急に 갑자기 | 現れる 나타나다 | 心配 걱정 | 隠し事 숨기고 있는 일, 비밀 | ～っぱなし ～인 채로 놓아둠, ～한 채로임 | 原因 원인 | ごまかす 속이다, 얼버무리다

문제 11 다음의 A와 B는 각각 다른 글이다. A와 B 양쪽을 읽고 뒤의 물음에 대한 답으로 가장 알맞은 것을 1·2·3·4에서 하나 고르시오.

A

채소도 공장에서 만드는 시대다. 채소를 폐쇄된 공간에서 빛과 온도, 습도를 인공적으로 조절하여, 채소를 계획적으로 생산하는 채소 공장은 일본 전국에 50군데 정도 있다. 계절과 날씨에 관계없이 안정된 수확을 기대할 수 있기 때문에 덴마크와 네덜란드에서는 예전부터 채소 공장이 이용되어 왔다. 종래의 농업에 비해 공장에서 채소를 재배하는 것이 채소 가격이 안정될 뿐만 아니라, 외부의 밭에서 재배하는 것보다도 균과 해충(注1)에 의한 피해가 적어, 농약을 사용하지 않고 겉보기(注2)에도 깨끗한 채소를 기르는 것이 가능하다. 그러나 현 단계에서는 공장 채소는 가격이 통상 채소보다도 1.5~2배나 비싸다. 이것은 공장 건설과 유지비라고 하는 생산 비용(注3)이 크기 때문으로, 앞으로 공장 채소를 보급시키기 위해서는 생산 비용을 낮추는 것이 과제가 될 것이다. 채소 공장을 개발하고 있는 화학 제조사는 공장에서의 재배 기술을, 경제 성장과 함께 인구가 증가하고 있는 중동 지역(注4)에 적극적으로 팔 예정이다. 공장에서의 채소 재배는 옥외에서의 재배보다도 물 사용량을 줄일 수 있기 때문에 담수(注5)가 적은 중동 지역에서의 새로운 농업 형태로서 기대되고 있다.

B

농업을 해 보고 싶다고 하는 젊은이가 늘고 있다. 한두 번, 농업을 체험하는 것만으로는 농업의 고단함은 모를 것이고, 농업 체험을 한 사람이 전원 농가가 되는 것도 아니다. 그렇다고 해도 모내기와 농사일의 경험은커녕, 흙을 만진 적도 없었던 도시의 젊은이가 농업에 흥미를 갖게 되었다는 것은 큰 변화이다.

일전에 젊은이를 위한 농업 잡지가 창간되었다. 이 잡지가 대상으로 하는 것은 20세부터 35세의 젊은이로, 농업에 정열을 쏟는 젊은이의 모습을 소개하고, 젊은이의 「농업은 시대착오적이다」라고 하는 인상을 바꾸고, 농업의 멋있는 모습을 전달하는 것이 목적이다. 자신과 동세대의 사람들이 열정적인 생각을 가지고 농업에 힘쓰는 모습을 보는 것은 도시의 젊은이에게 귀중한 일일 것이다.

또 농사를 짓는 설(여성), 통칭 농촌 걸의 증가도 일본의 농업에 큰 영향을 줄 것이다. 단 한 명의 젊은이기, 젊은이가 농업에 흥미를 갖는 계기를 만들기 위해 시작한 농촌 걸 프로젝트가, 일본의 젊은 여자가 갖고 있던 농업에 대한 인상을 바꾸고, 젊은이가 농업과 먹거리의 소중함을 다시 생각하는 계기가 되었다.

이러한 대처가 후계자(注6) 부족으로 고민하는 농가와 젊은이를 이어 줄 수 있기를 기대함과 동시에 젊은이의 분발에 의해 일본의 농업이 크게 바뀌기를 바란다.

(注1) 害虫 : 인간의 생활에 해를 주는 벌레, 해충
(注2) 見た目 : 밖에서 본 모습, 외관, 겉모습
(注3) 生産コスト : 제품을 생산하는 데 필요한 비용, 생산 비용
(注4) 中東地域 : 아랍반도의 모든 나라, 중동 지역
(注5) 真水 : 혼합물이 없는 물, 담수
(注6) 後継者 : 사업이나 재산을 이어 받은 사람, 후계자

63 A와 B 어느 쪽의 기사에도 모두 언급되어 있는 내용은 어느 것인가?

1 전 세계의 농가에서 후계자가 부족하다.
2 젊은이의 농가에 대한 관심이 높아지고 있다.
3 농업 분야에서 변화가 일어나고 있다.
4 신기술을 농업에 활용하려고 하고 있다.

> **해설** A는 채소도 이제 공장에서 만드는 시대(野菜も工場で作る時代だ)가 되었다고 말하고 있고, B는 농업에 흥미를 갖게 된 젊은이가 늘고 있다(農業をしてみたいという若者が増えている)고 말하고 있다. 즉 둘 다 농업 분야에서의 변화가 일어나고 있다는 내용이므로 정답은 2번이다.

64 농업의 장래에 대해 A의 필자와 B의 필자는 어떻게 생각하고 있는가?

1 A도 B도 모두 장래를 걱정하고 있다.
2 A도 B도 모두 장래에 대한 희망을 찾아내고 있다.
3 A는 장래를 걱정하고 B는 장래에 희망을 갖고 있다.
4 A는 장래에 희망을 갖고 있지만, B는 장래를 걱정하고 있다.

> **해설** A는 공장에서의 채소 재배는 중동 지역에서의 새로운 농업 형태로 기대되고 있다(工場での野菜栽培は、〜真水の少ない中東地域での新しい農業形態として期待されている)고 하고, B는 농업에 대한 젊은이의 관심 증가는 후계자 부족으로 고민하는 농가에 기대감을 주고 일본 농업이 바뀌기를 바란다(このような取り組みが後継者不足に悩む農家と若者をつなぐことができればと期待されると共に、若者の頑張りによって日本の農業が大きく変わることを願いたい)고 했다. 따라서 양쪽 다 장래에 대해 희망적인 것을 알 수 있다.

65 A 또는 B의 내용과 일치하는 것은 어느 것인가?

1 현재 전 세계에 약 50군데의 채소 공장이 있다.
2 최근 중동에서 농업을 하는 젊은이가 늘고 있다.
3 최근 창간된 잡지의 목적은 농업에 대한 이미지를 바꾸는 것이다.
4 어느 농가가 시작한 계획에 의해, 젊은이가 농업에 흥미를 갖게 되었다.

> **해설** B에서, 젊은이를 위한 잡지가 창간되었다고 하며, 농업에 정열을 쏟는 젊은이의 모습을 소개하고 젊은이의 농업에 대한 인상을 바꿔 농업의 멋있는 모습을 전달하는 것이 목적(農業に情熱を注ぐ若者の姿を紹介し、若者の「農業は時代遅れだ」という印象を変えて、農業のかっこよさを伝えるのが狙いだ)이라고 했으므로 정답은 3번이 된다.

工場 공장 | 閉鎖 폐쇄 | 空間 공간 | 光 빛 | 温度 온도 | 湿度 습도 | 人工的 인공적 | 調節 조절 | 計画的 계획적 | 生産 생산 | 季節 계절 | 天候 날씨 | 安定 안정 | 収穫 수확 | 見込む 기대하다, 예상하다 | デンマーク 덴마크 | オランダ 네덜란드 | 従来 종래 | 農業 농업 | 比べる 비교하다 | 栽培 재배 | 価格 가격 | 外部 외부 | 畑 밭 | 菌 균 | 害虫 해충 | 被害 피해 | 農薬 농약 | 見た目 겉보기, 외관 | 育てる 기르다, 키우다 | 可能 가능 | 現段階 현 단계 | 通常 통상, 보통 | 建設 건설 | 維持費 유지비 | 生産コスト 생산 비용 | 普及 보급 | 下げる 낮추다 | 課題 과제 | 開発 개발 | 化学 화학 | メーカー 제조자, 제조회사 | 技術 기술 | 経済 경제 | 成長 성장 | 〜と共に 〜와 동시에 | 人口 인구 | 増加 증가 | 中東地域 중동 지역 | 売り込む 물건을 팔다, 판로를 넓히다 | 予定 예정 | 屋外 옥외 | 使用量 사용량 | 減らす 줄이다 | 真水 담수, 단물 | 形態 형태 | 期待 기대 | 若者 젊은이 | 体験 체험 | 大変さ 힘듦, 곤란함 | 全員 전원 | 農家 농가 | 〜わけでもない 〜인 것도 아니다 | とはいえ 그렇다고 하더라도 | 田植え 모내기 | 農作業 농사일 | 〜どころか 〜은커녕 | 土 흙, 땅 | 触る 닿다, 만지다 | 都会 도회, 도시 | 興味 흥미 | 変化 변화 | 先日 요전, 일전 | 〜向け 〜용, 〜을 위함 | 雑誌 잡지 | 創刊 창간 | 対象 대상 | 情熱 정열 | 注ぐ 쏟다,

(물 등을) 따르다 | 紹介 소개 | 時代遅れ 시대에 뒤떨어짐 | 印象 인상 | かっこよさ 멋있음 | 伝える 전달하다 | 狙い 목표, 목적 | 同世代 동세대 | はげむ 힘쓰다, 노력하다 | 貴重だ 귀중하다 | ギャル 걸, 여성 | 通称 통칭 | たった 단, 다만 | きっかけ 계기 | プロジェクト 프로젝트 | 見直す 다시 보다, 재인식하다 | 取り組み 대처, 몰두 | 後継者 후계자 | 〜不足 〜부족 | 悩む 고민하다 | つなぐ 잇다, 연결하다 | 頑張り 끝까지 버팀, 분발함 | 願う 바라다, 부탁하다 | 害 해 | 虫 벌레, 곤충 | 外 밖 | 製品 제품 | 費用 비용 | アラブ半島 아랍반도 | 諸国 제국, 모든 나라 | 混じり物 섞인 것, 혼합물 | 事業 사업 | 財産 재산 | 受け継ぐ 계승하다, 이어 받다 | 記事 기사 | 触れる 접촉하다, 언급하다 | 世界中 전 세계 | 関心 관심 | 高まる 높아지다 | 分野 분야 | 活かす 살리다, 활용하다 | 将来 장래 | 希望 희망 | 見出す 보기 시작하다 | および 및, 또 | イメージ 이미지 | 企画 기획

문제 12　다음 글을 읽고, 뒤의 물음에 대한 답으로 가장 알맞은 것을 1·2·3·4에서 하나 고르시오.

　풀에 대한 친근감은 어디에서 오는 것일까요?

　나에게는 설령 그것이 아무리 작고 덧없는 것이더라도, 그것은 땅에 있는 감촉이 있는 온도가 있는 생명입니다. ①「생명」이라고 하는 것은 그것이 아무리 변덕스러운 표현을 해도 거기에 아름다움이 있고, 힘이 있으며, 빛이 있습니다. 모든 것 중에서 풀의 생명만큼 겸허하고 소박하고 정직하고 그리고 인내심이 강한(注1) 것은 많지 않겠지요.

　그러나 풀에 대한 나의 애정은 그것만은 아닙니다. 나는 어렸을 때 풀 속에서 자랐습니다. 더 적절하게 말하면 풀과 함께 자랐습니다. 시골의 한적한 마을에서 태어나, 친구가 조금밖에 없던 나는 그 조금밖에 없는 친구와 놀 때에는 늘 풀 속에서 놀았습니다. 친구가 없을 때는 혼자서 토끼처럼 풀 위를 뒹굴고 놀았습니다. 풀에는 꽃이 피고 열매가 열렸기 때문에 나는 그것과 함께 놀 수 있었습니다. 손가락에 달라붙는 꽃과 살짝 닿으면 귀뚜라미처럼 울며 열매가 튀어나가는 풀 등은, 아이인 나에게는 아주 흥미로워서 ②얼마나 긴 시간 그것과 놀았는지 생각해 낼 수도 없을 정도입니다.

　언제였는지 교토의 유명한 공원을 친구와 산책하고 있었을 때의 일입니다. 공원 잔디에는 막 나온 새싹이 아름답게 햇볕에 빛나고 있었습니다. 프랑스를 좋아하는 친구는 ③그것을 보고 갑자기 그쪽의 일이 생각났다고 말했습니다.

　"일본의 풀은 느낌도 촉감(注2)도 단단한 것이 많은 것 같은데, 프랑스의 들판에 자라고 있는 풀은 모두 부드럽고 벌레 같은 것도 거의 없기 때문에 기분이 좋아요."

　나는 그것을 듣고 도시에서 자란 이 친구와 시골에서 태어난 나와의 사이에, 풀과 벌레에 대해 느끼는 방식에 큰 차이가 있는 것을 알아챘습니다. 벌레는 때때로 내 손가락을 물어 피부를 붓게 했습니다. 그러나 그들은 늘 나의 놀이 친구였습니다.

　벌레뿐만 아니라 풀도 때때로 인간을 향해 웃어 보이는 일이 있습니다. 날카로운 잎은 몇 번인가 내 손가락을 베었습니다. 하지만 나는 언제 어떤 때에도 그 풀들을 보면 "어이, 형제……"하고 갑자기 부르고 싶을 정도의 친근함을 잃는 일이 없습니다. 그것이 아무리 더러워져 있어도 그것은 작은 일입니다.

(注1) 辛抱強い : 인내력이 강한 것, 참을성이 많은 것
(注2) 手触り : 손으로 사물을 만졌을 때의 그것의 감촉

66　①「생명」이란 어떤 것인가?

1　편리한 것

2　**따뜻한 것**

3　형편이 좋은 것

4　보이지 않는 것

(해설)　생명은 땅에 있는 감촉 있는 온도가 있는 것(地にある感触のある、温度のある、生命であります)
이라고 했고, 또한 그것이 아무리 변덕스러운 표현을 해도, 거기에 아름다움이 있고 힘이 있고 빛이 있다
(「生命」というものは、それがどんなに気まぐれな表現をとっても、そこに美しさがあり、力
があり、光があります)고 말하고 있다. 따라서 감촉, 온도 그리고 아름다움과 힘, 빛에서 느낄 수 있
는 것을 찾아야 하므로 정답은 2번이다.

67　②얼마나 긴 시간 그것과 놀았는지 생각해 낼 수도 없을 정도입니다라고 하는데, 그것은 왜인가?

1　시계를 차는 것을 잊었기 때문에

2　기억을 잘 못하기 때문에

3　열중하여 놀고 있었기 때문에

4　생각해 내고 싶지 않기 때문에

(해설)　바로 앞부분에서, 풀과 같이 노는 것이 매우 흥미로웠다(子どもの私にはとても興味深く)고 했으므로
시간이 얼마나 지났는지도 모를 정도로 흥미롭게, 열중해서 놀았음을 알 수 있다. 그러므로 정답은 3번이
된다.

68　③그것이라고 하는데, 그것에 해당하는 것은 어느 것인가?

1　어렸을 때 같이 놀았던 화초

2　교토의 잔디에 있던 새싹

3　프랑스의 들판에 자라고 있던 풀

4　풀 속에 숨어 있는 벌레

(해설)　앞의 두 문장에서 답을 찾을 수 있다. 교토의 공원을 친구와 산책하다가 공원 잔디에 막 나온 싹이 반짝
이는 것을 보게 되었다(京都の有名な公園を友人と散歩していた時のことです。公園の芝生に
は、出たばかりの新しい芽が、美しく日に輝いていました)고 했으므로, 그것이란 교토의 공원에
있던 새싹을 뜻하는 것이다.

69　필자의 의견과 일치하는 것은 어느 것인가?

1　친구도 자신과 똑같이 풀에 친근함을 느끼기 바란다.

2　일본의 풀보다 프랑스의 풀이 부드러워서 좋아한다.

3　벌레와 풀들과 놀고 있던 어렸을 때로 돌아가고 싶다.

4　무슨 일이 있어도 풀에 대한 자신의 생각이 바뀔 일은 없다.

(해설)　뒷부분에서, 필자는 언제 어떤 때라도 풀을 보면 그 풀이 아무리 더러워져 있어도 친근감을 잃을 일이 없
다(しかし、私は、いつどんな時でも、～それがどれだけ汚れていようと、それは小さな事で
す)고 말하고 있다. 따라서 4번, 어떤 일이 있어도 풀에 대한 자신의 생각은 바뀔 일이 없다고 할 수 있다.

草 풀 | 親しみ 친근감, 친밀함 | たとえ 설령 | どんなに～ても 아무리 ～더라도 | はかない 덧없다, 허무하다 | 地 땅, 대지 |
感触 감촉 | 生命 생명 | 気まぐれだ 변덕스럽다 | 表現 표현 | 美しさ 아름다움 | 力 힘 | 全て 모두, 전부 | ほど 만큼, 정도 |
謙虚だ 겸허하다 | 素朴だ 소박하다 | 正直だ 정직하다 | 辛抱強い 인내심이 강하다 | 愛情 애정 | 適切に 적절하게 | 田舎 시
골 | 寂しい 쓸쓸하다, 적적하다 | 村 마을 | 生まれる 태어나다 | ウサギ 토끼 | 転げ回る 이곳저곳을 구르면서 돌다 | 花が咲

く 꽃이 피다 | 実がなる 열매가 열리다 | 指 손가락 | 吸い付く 달라붙다 | 触る 닿다, 접촉하다 | コオロギ 귀뚜라미 | 鳴く (새, 짐승이) 울다 | 飛び出す 뛰어나오다 | 興味深い 흥미롭다 | どれだけ 얼마만큼, 얼마나 | 思い出す 생각해 내다 | 有名だ 유명하다 | 友人 친구 | 散歩 산책 | 芝生 잔디밭 | 芽 (초목의) 싹 | 日 해, 햇빛 | 輝く 빛나다, 반짝이다 | フランス 프랑스 | ～好き ～을 좋아함 | 突然 돌연, 갑자기 | 感じ 느낌 | 手触り 손에 닿는 감촉, 손의 느낌 | 硬い 딱딱하다, 굳다 | 原っぱ 들, 들판 | 生える 나다, 자라다 | 柔らかい 부드럽다, 말랑하다 | ほとんど 거의, 대부분 | 気持ち 기분, 마음 | 育つ 자라다 | 違い 차이 | 気が付く 생각이 미치다 | ～ないわけにはいかない ～하지 않을 수 없다, ～해야 한다 | 時々 때때로, 가끔 | 噛む 물다, 씹다 | 肌 피부, 살갗 | 腫らす 부은 상태가 되게 하다 | 向かう 향하다 | 鋭い 날카롭다, 예리하다 | 葉 잎, 잎사귀 | 切る 베다, 자르다 | 兄弟 형제 | いきなり 갑자기 | 呼びかける 부르다. 호소하다 | 失う 잃다 | 汚れる 더러워지다 | がまん強い 인내심이 강하다 | 便利だ 편리하다 | 温かい 따뜻하다 | 都合 사정, 형편 | 夢中になる 열중하다, 몰두하다 | 草花 화초 | 隠れる 숨다 | 戻る 되돌아가다, 되돌아오다

문제 13 오른쪽 페이지는 JJ휴대전화의 상품 카탈로그와 휴대전화 기능표이다. 아래의 물음에 대한 답으로 가장 알맞은 것을 1·2·3·4에서 하나 고르시오.

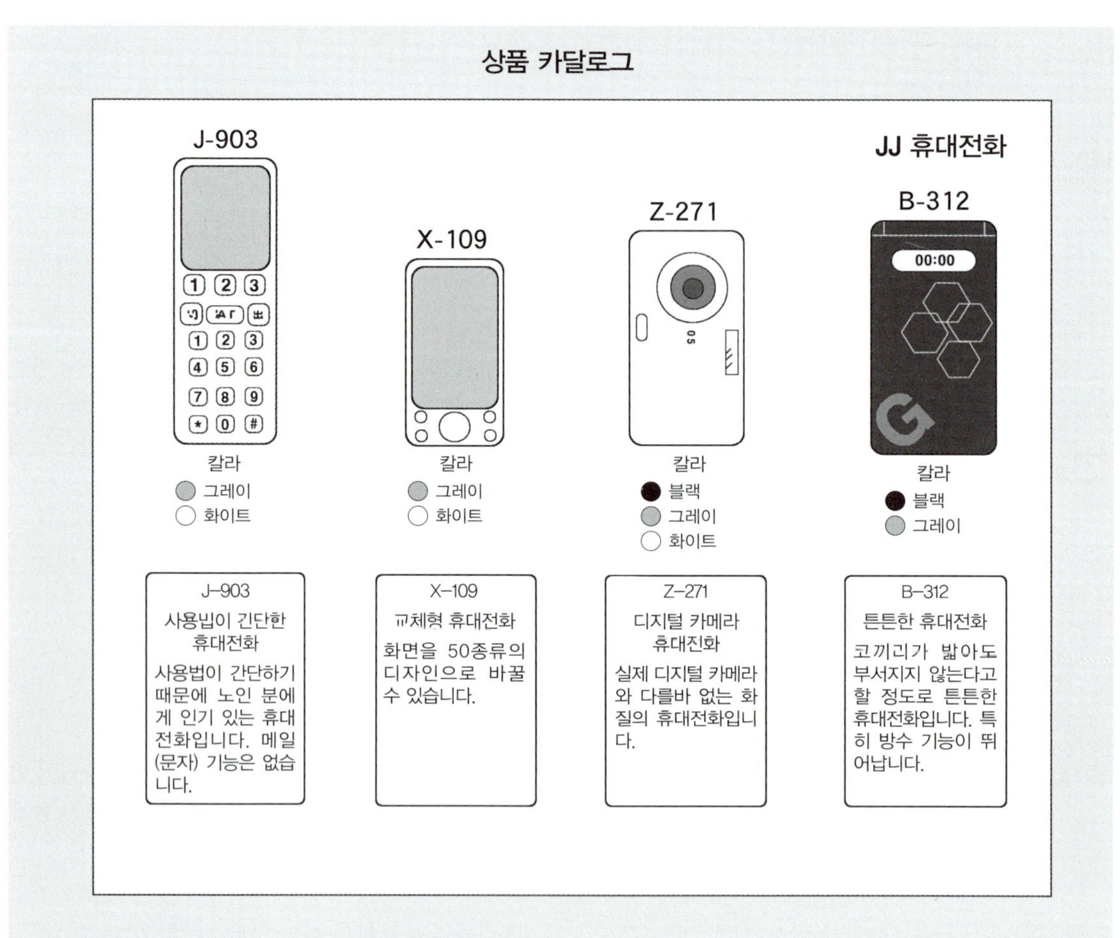

휴대전화 기능표

	J–903	X–109	Z–271	B–312
주소 등록 건수	500건	1,000건	2,000건	1,500건
연속 통화 시간	약 300분	약 200분	약 250분	약 350분
수신 메일 보존 건수	×	1,000건	1,000건	1,000건
송신 메일 보존 건수	×	500건	500건	500건
카메라 기능	○	○	◎	○
방수(注) 기능	×	○	×	◎
세계 통화 기능	×	○	×	○

(注) 防水(ぼうすい) : 물이 배어들거나 들어오거나 하는 것을 막는 것, 방수

70 지난주에 화장실에 휴대전화를 떨어뜨려서, 휴대전화가 망가져 버린 가나 씨는 휴대전화를 새로 사기로 했다. 가나 씨는 다음에는 물에 강하고 흰색인 휴대전화를 갖고 싶다. 가나 씨의 희망에 맞는 휴대전화는 어느 것인가?

1 사용법이 간단한 휴대전화
2 교체형 휴대전화
3 디지털 카메라 휴대전화
4 튼튼한 휴대전화

해설 물에 강하고 흰색의 휴대전화를 원하므로 방수 기능과 색깔을 보아야 한다. 방수 기능이 있으면서 흰색이 있는 것은 X–109, 즉 2번 교체형 휴대전화이다.

71 B–312「튼튼한 휴대전화」의 설명으로 맞지 않는 것은 어느 것인가?

1 튼튼하게 만들어져 있다.
2 흰색 기종이 없다.
3 세계 통화 기능이 딸려 있다.
4 연속 통화 시간이 가장 짧다.

해설 코끼리가 밟아도 부서지지 않을 정도로 튼튼하다고 했고(1번), 색깔은 검은색과 회색이 있고 흰색은 없다 (2번). 또 아래의 표를 통해 세계 통화 기능이 있고(3번), 연속 통화 시간이 약 350분으로 가장 긴 것을 알 수 있다. 따라서 바르지 않은 설명은 4번이다.

ケータイ 휴대전화 | カタログ 카달로그 | 機能表(きのうひょう) 기능표 | トイレ 화장실 | 携帯電話(けいたいでんわ) 휴대전화 | 落(お)とす 떨어뜨리다, 잃어버리다 | 壊(こわ)れる 부서지다, 고장나다 | 買(か)い換(か)える 새로 사서 바꾸다 | 白色(しろいろ) 흰색 | 欲(ほ)しい 원하다, 갖고 싶다 | ～に合(あ)う ～에 맞다 | 使(つか)い方(かた) 사용법 | 簡単(かんたん)だ 간단하다 | 着(き)せ替(か)え 다른 옷으로 갈아입힘, 교체함 | デジカメ 디지털 카메라 | 頑丈(がんじょう)だ 튼튼하다, 옹골차다 | 丈夫(じょうぶ)だ 튼튼하다 | 機種(きしゅ) 기종 | 通話(つうわ) 통화 | つく 붙다, 딸리다 | 連続(れんぞく) 연속 | 一番(いちばん) 가장, 제일 | 短(みじか)い 짧다 | カラー 컬러 | お年寄(としよ)り 노인 | メール 메일, 문자 | 画面(がめん) 화면 | ～通(とお)り ～가지 | デザイン 디자인 | 画質(がしつ) 화질 | 象(ぞう) 코끼리 | 踏(ふ)む 밟다 | 特(とく)に 특히 | 防水(ぼうすい) 방수 | 優(すぐ)れる 우수하다, 뛰어나다 | アドレス 어드레스, 주소 | 登録(とうろく) 등록 | 件数(けんすう) 건수 | 受信(じゅしん) 수신 | 保存(ほぞん) 보존 | 送信(そうしん) 송신 | しみ込(こ)む 깊이 스며들다, 배어들다 | 防(ふせ)ぐ 막다, 방지하다

問題 1

問題 1 では、まず質問を聞いてください。それから話を聞いて、問題用紙の 1 から 4 の中から最もよいものを一つ選んでください。
では練習しましょう。

例

母と娘が話しています。娘は学校が終わってから何をしますか。

F1：ああ、なんか今日は忙しいなあ。学校へ行ってから、夜はバイトに行って、あっ、その前にピアノの先生のところにも行かなくちゃ。

F2：じゃあ、帰りは遅くなるのね。

F1：うん、バイトの後で飲もうって話もあるんだけど、今日はやめとこうかな。

F2：そうよ。また今度にしなさい。

F1：あっ、そうだ。今日は 1・2 時間目が休講になったんだった。先にピアノの先生のところに行っちゃおうっと。

F2：せっかちなんだから。

娘は学校が終わってから何をしますか。

1　アルバイトに行きます
2　アルバイトの後、ピアノの先生のところに行きます
3　アルバイトの前にピアノの先生のところに行きます
4　アルバイトの後、飲みに行きます

最もよいものは 3 番です。解答用紙の問題 1 の例のところを見てください。最もよいものは 3 番ですから、答えはこのように書きます。
では始めます。

1 番

男子学生が論文について教授と話しています。男子学生はこのあと何をしなければなりませんか。

M1：この間提出してくれた論文の下書き読ませてもらったよ。

M2：はい。ありがとうございます。

M1：文章構成自体には特に問題はなかったけど、グラフがちょっと気になったかな。

M2：まだアンケート人数が足りないので回収に行かなければと思っています。

문제 1

문제 1에서는 우선 질문을 들어 주세요. 그러고 나서 이야기를 듣고 문제 용지의 1에서 4 중에서 가장 알맞은 것을 하나 고르세요.
그럼 연습하겠습니다.

예

어머니와 딸이 이야기하고 있습니다. 딸은 학교가 끝나고 나서 무엇을 합니까?

여1：아, 뭔가 오늘은 바쁘네. 학교에 가고 나서 밤에는 아르바이트 하러 가고, 앗, 그 전에 피아노 선생님께도 가야 해.

여2：그럼 귀가가 늦어지겠네.

여1：응, 아르바이트 후에 술 마시자는 얘기도 있지만 오늘은 그만 둘까?

여2：그래. 다음으로 해.

여1：앗, 맞다. 오늘은 1・2교시가 휴강이 되었지. 먼저 피아노 선생님께 가야지.

여2：마음이 급하다니까.

딸은 학교가 끝나고 나서 무엇을 합니까?

1　아르바이트 하러 갑니다.
2　아르바이트 후 피아노 선생님께 갑니다.
3　아르바이트 전에 피아노 선생님께 갑니다.
4　아르바이트 후 술 마시러 갑니다.

가장 알맞은 것은 3번입니다. 해답 용지의 문제 1의 예 부분을 봐 주세요. 가장 알맞은 것은 3번이므로 답은 이렇게 씁니다.
그럼 시작하겠습니다.

1 번

남학생이 논문에 대해 교수와 이야기하고 있습니다. 남학생은 이후에 무엇을 해야 합니까?

남1：얼마 전에 제출한 논문 초고 읽었네.

남2：네. 감사합니다.

남1：문장 구성 자체에는 특별히 문제는 없지만 그래프가 좀 신경 쓰이더군.

남2：아직 앙케트하는 사람 수가 부족하기 때문에 회수하러 가야 할 것 같습니다.

M1：そうだね。データが少ないと結論の弱い論文になってしまうからね。いつ行く予定なのかな？

M2：今週末に行こうと考えています。

M1：では課題として、データ回収を積極的に行うこととグラフは円グラフの方が分かりやすいな。

M2：はい。ではまず円グラフに直す作業から始めることにします。

男子学生はこのあと何をしなければなりませんか。

1　文章構成を直す
2　アンケート回収に行く
3　論文下書きを提出する
4　**グラフを作り直す**

論文 논문 | 教授 교수 | この間 요전, 얼마 전 | 提出 제출 | 下書き 초고 | 文章構成 문장 구성 | 自体 자체 | 特に 특히, 특별히 | グラフ 그래프 | 気になる 걱정되다, 신경 쓰이다 | アンケート 앙케트 | 人数 사람 수, 인원수 | 足りない 부족하다 | 回収 회수 | データ 데이터 | 結論 결론 | 弱い 약하다 | 今週末 이번 주말 | 課題 과제 | 積極的 적극적 | 行う 행하다, 실시하다 | 円グラフ 원 그래프 | 直す 고치다, 바로잡다 | 作業 작업 | 始める 시작하다 | 作り直す 다시 작성하다

２番

女の人と男の人が話しています。女の人はどうしますか。

F：虫歯なのか昨日から歯が痛いの。

M：歯医者には行ってみた？案外虫歯じゃないかもよ？

F：少し前に歯医者で虫歯があるとは言われてたけど、忙しくてほったらかしにしてたの。

M：映画の後に歯医者に行くといいよ。

F：そうなんだけど、いつも行く歯医者が今日は休診日なの。痛いし、どうしよう。

M：このショッピングモール内の歯医者に行くか、薬局で痛み止めを買いなよ。

F：ここにも歯医者があるんだね。どうしようかなあ。とりあえず薬を飲んでみるよ。

女の人はどうしますか。

1　歯医者に行く
2　**薬局に行く**
3　映画を見に行く
4　家に帰る

남1：그렇군. 데이터가 적으면 결론이 약한 논문이 되니까. 언제 갈 예정인가?

남2：이번 주말에 가려고 합니다.

남1：그러면 과제로 데이터 회수를 적극적으로 하는 것과 그래프는 원 그래프 쪽이 알기 쉽지.

남2：네. 그러면 우선 원 그래프로 고치는 작업부터 시작하겠습니다.

남학생은 이후에 무엇을 해야 합니까?

1　문장 구성을 고친다.
2　앙케트를 회수하러 간다.
3　논문 초고를 제출한다.
4　**그래프를 다시 작성한다.**

교수가 마지막에, 과제로 데이터 회수를 적극적으로 하는 것과 그래프는 원 그래프 쪽이 알기 쉽다고 하자, 남학생은 우선 원 그래프로 고치는 작업부터 시작하겠다(ではまず円グラフに直す作業から始めることにします)고 한다. 따라서 남학생이 이후에 해야 하는 일은 4번, 그래프를 다시 작성하는 것이다.

2 번

여자와 남자가 이야기하고 있습니다. 여자는 어떻게 합니까?

여 : 충치인지 어제부터 이가 아파.

남 : 치과에는 가 봤어? 의외로 충치가 아닐지도 몰라.

여 : 얼마 전에 치과에서 충치가 있다고는 들었지만 바빠서 내버려 두고 있었어.

남 : 영화 본 후에 치과에 가면 돼.

여 : 그렇지만 늘 가는 치과가 오늘은 휴진일이야. 아픈데 어쩌지?

남 : 이 쇼핑몰 안의 치과에 가든지 약국에서 진통제를 사.

여 : 여기에도 치과가 있구나. 어떻게 할까? 우선 약을 먹어 볼게.

여자는 어떻게 합니까?

1　치과에 간다.
2　**약국에 간다.**
3　영화를 보러 간다.
4　집에 돌아간다.

虫歯 충치 | 歯 이, 치아 | 痛い 아프다 | 歯医者 치과, 치과 의사 | 案外 예상외, 의외 | ほったらかし 아무렇게나 내버려 둠, 방치 | 休診日 휴진일 | ショッピングモール 쇼핑몰 | 薬局 약국 | 痛み止め 진통제 | とりあえず 우선, 당장 | 薬を飲む 약을 먹다

3番

男の人と女の人が話しています。男の人はこのあとどこに行かなければなりませんか。

M : 今年のお中元はどうしようか。去年はお菓子だっただろう。

F : 会社の方にはお酒がいいんじゃないかしら。

M : それがさ、部長お酒やめたんだよ。会社の健康診断でひっかかってさ。

F : そうなの？じゃあ、お素麺とかはどうかしら。

M : 素麺なら日持ちもするし、部長の奥さんにも喜ばれそうだな。よし、百貨店に行こうか。

F : うん。あ、それか商品券ならもらっても困らないんじゃないかしら。

M : そうか。商品券なら賞味期限もないしな。金券ショップに行くか。

F : 最近は百貨店でも買えるわよ。買い物もしたいし。

M : そうか。うん、そうしよう。

男の人はこのあとどこに行かなければなりませんか。

1 **百貨店に行く**
2 金券ショップに行く
3 会社に行く
4 買い物に行く

お中元 중원, 백중(음력 7월 보름날 우란분재를 올리고 평소에 신세 진 친척이나 친지에게 선물을 함) | 去年 작년 | お菓子 과자 | 健康診断 건강 진단 | ひっかかる 걸리다, 제지당하다 | 素麺 소면 | 日持ち 음식이 날짜가 지나도 질이 변하지 않음 | 奥さん 부인 | 喜ぶ 기뻐하다 | よし 좋아 | 百貨店 백화점 | 商品券 상품권 | 困る 곤란하다 | 賞味期限 상미기한, 유통기한 | 金券ショップ 금권숍

4番

駅員と大学生が話しています。大学生は何をしなくてはいけませんか。

M : 今日はどうされましたか。

남자가 이 쇼핑몰 안의 치과에 가든지 약국에서 진통제를 사라고 하자, 여자는 우선 약을 먹어 보겠다고 한다. 약을 먹어 본다고 했으니 정답은 2번, 약국에 가는 것이다.

3 번

남자와 여자가 이야기하고 있습니다. 남자는 이후에 어디에 가야 합니까?

남 : 올해의 백중날은 어떻게 할까? 작년에는 과자였지?

여 : 회사 분에게는 술이 좋지 않을까?

남 : 그게 부장님 술 끊으셨어. 회사 건강 진단에서 걸려서.

여 : 그런 거야? 그럼 소면 같은 것은 어떨까?

남 : 소면이라면 오래 가고 부장님 사모님도 기뻐하실 것 같아. 좋아, 백화점에 갈까?

여 : 응. 아, 그거나 상품권이라면 받아도 곤란하지 않은 거니까.

남 : 그런가? 상품권이라면 유통기한도 없고. 금권숍에 갈까?

여 : 최근에는 백화점에서도 살 수 있어. 쇼핑도 하고 싶고.

남 : 그런가. 응, 그렇게 하자.

남자는 이후에 어디에 가야 합니까?

1 **백화점에 간다.**
2 금권숍에 간다.
3 회사에 간다.
4 쇼핑하러 간다.

여자가 상품권에 대해 얘기하자 남자가 금권숍에 갈 것을 제안한다. 그러자 여자가 요즘은 백화점에서도 살 수 있다고 하고, 이에 남자도 그렇게 하자고 하므로 둘은 백화점에 갈 것이다. 따라서 정답은 1번이 된다.

4 번

역무원과 대학생이 이야기하고 있습니다. 대학생은 무엇을 해야 합니까?

남 : 어떻게 오셨어요?

F：夏休みに大阪まで行きたいんですけど、新幹線の
　　学生割引は受けられますか。

M：はい。受けられますよ。新幹線の往復切符です
　　ね？学生ですと３割引になります。

F：学生証を提示すればその場で割り引きを受けられ
　　るんですよね。

M：昔はそうだったんですけど、今は学生割引証とい
　　うのが必要になりました。

F：学生証だけではだめなんですね。それはどこでも
　　らえるんですか。

M：大学の学務課で発行されると聞いていますが、一
　　度ご本人で大学に確認されるのが一番早いかと。

F：わかりました。一度大学の学務課に寄ってみます。
　　ありがとうございました。

M：はい。またお待ちしております。発行されるまで
　　時間がかかるそうなのでお早めに。

大学生は何をしなくてはいけませんか。

1　窓口で学生割引証を申請する
2　窓口へ学生証を持っていく
3　**学務課で学生割引証を申請する**
4　学務課へ学生証を持っていく

단어

駅員 역무원｜学生割引 학생 할인｜受ける 받다｜往復切
符 왕복표｜学生証 학생증｜提示 제시｜場 자리, 장소｜昔
옛날, 예전｜学務課 학무과｜発行 발행｜本人 본인｜確認
확인｜寄る 들르다｜早めに 정해진 시간보다 조금 일찍｜
窓口 창구｜申請 신청

5番

**店長とお客が話しています。お客は今度何を持って来
なければなりませんか。**

M：先ほどは大変申し訳ありませんでした。かばんの
　　中身は大丈夫でしょうか。

F：中身はそこまで濡れていないので大丈夫ですけ
　　ど、コートが心配です。

M：しみになりそうですか。

F：一度クリーニングに出してみますけど。

M：取れなかった場合は弁償させて頂きます。クリー
　　ニング代も請求して頂きたいのですが、領収書を
　　お持ちください。

F：わかりました。

여 : 여름 방학에 오사카까지 가고 싶은데, 신칸센 학생 할
　　인은 받을 수 있나요?

남 : 네. 받을 수 있어요. 신칸센 왕복표죠? 학생이면 30%
　　할인이 됩니다.

여 : 학생증을 제시하면 그 자리에서 할인을 받을 수 있는
　　거죠?

남 : 예전에는 그랬지만 지금은 학생 할인증이라는 것이 필
　　요해졌어요.

여 : 학생증만으로는 안 되는군요. 그건 어디에서 받을 수
　　있는 건가요?

남 : 대학 학무과에서 발행된다고 들었는데, 한번 본인이
　　대학에 확인하시는 것이 가장 빠를 거라고 생각합니다.

여 : 알겠습니다. 한 번 대학의 학무과에 들러 보겠습니다.
　　감사했습니다.

남 : 네. 또 기다리고 있겠습니다. 발행될 때까지 시간이 걸
　　린다고 하니까 서두르세요.

대학생은 무엇을 해야 합니까?

1　창구에서 학생 할인증을 신청한다.
2　창구에 학생증을 들고 간다.
3　**학무과에서 학생 할인증을 신청한다.**
4　학무과로 학생증을 들고 간다.

해설

학생이 신칸센 학생 할인을 받고 싶어 문의하자, 역무원은
지금은 학생 할인증이라는 것이 필요해졌다고(今は学生
割引証というのが必要になりました) 하고, 이것은 학
무과에서 발행된다고 들었다(大学の学務課で発行され
ると聞いていますが)고 했다. 그러자 학생이 대학 학무
과에 들러 보겠다고 했으므로 정답은 3번, 학무과에서 학
생 할인증을 신청할 것이다.

5 번

**점장과 손님이 이야기하고 있습니다. 손님은 다음 번에 무엇을
들고 와야 합니까?**

남 : 아까는 대단히 죄송했습니다. 가방 내용물은 괜찮으신
　　가요?

여 : 내용물은 그렇게까지 젖지 않아서 괜찮은데 코트가 걱
　　정입니다.

남 : 얼룩이 질 것 같습니까?

여 : 한번 세탁소에 보내 보겠습니다만.

남 : 지워지지 않은 경우에는 변상해 드리겠습니다. 클리닝
　　비도 변상해 드리고 싶으니 영수증을 가지고 오세요.

여 : 알겠습니다.

M：誠に申し訳ありません。私、店長の石田と申します。領収書をお持ち頂く際に、私の名刺も必ず一緒にお持ちください。

F：はい。わかりました。

M：すぐに新しいビールをお持ちいたします。

お客は今度何を持って来なければなりませんか。

1　クリーニング店の名刺
2　店の領収書
3　**店の店長の名刺**
4　汚れたかばん

店長 점장 | 先ほど 아까, 조금 전 | 中身 내용물, 알맹이 | 濡れる 젖다 | コート 코트 | 心配 걱정 | しみ 얼룩 | クリーニング 세탁(소) | 取れる 빠지다, 없어지다, 사라지다 | 場合 경우 | 弁償 변상 | ～(さ)せて頂く ～하겠다 | ～代 ～비, ～요금 | 請求 청구 | 領収書 영수증 | 誠に 참으로, 진심으로 | 際 때 | 名刺 명함 | 必ず 반드시, 꼭 | すぐに 바로 | ビール 맥주 | 汚れる 더러워지다

6番

会社で男の人と女の人が話しています。女の人はこのあとまず何をしなければなりませんか。

M：増田さん、ちょっといいかな。

F：はい。

M：今度の夏に向けてのゼリー販売なんだけど、百貨店側からお中元に関しての詳しい資料を送ってほしいと言われてるんだ。今日中に営業の小島に資料をまとめて渡してくれないかな。

F：はい、分かりました。新しくなった製品の成分やアレルギーなど細かい資料も添付する形でよろしいでしょうか。

M：うん、そうだね。商品の写真も新しくしてほしい。

F：はい。小島さんは何時に支店に戻られますか。

M：5時には外回りから戻ってくるはずだよ。他のことよりこの仕事優先で頼むよ。

F：はい、では5時までにまとめます。

M：じゃあ悪いけど、写真と商品説明が違うことのないように頼むよ。

女の人はこのあとまず何をしなければなりませんか。

1　**お中元の資料をまとめる**
2　お中元の商品を送る
3　お中元の写真を撮る
4　お中元の資料を探す

남：진심으로 죄송합니다. 저는 점장인 이시다라고 합니다. 영수증을 가지고 오실 때에 제 명함도 반드시 같이 가지고 오세요.

여：네. 알겠습니다.

남：바로 새 맥주를 들고 오겠습니다.

손님은 다음 번에 무엇을 들고 와야 합니까?

1　세탁소의 명함
2　가게 영수증
3　**가게 점장의 명함**
4　더러워진 가방

점장은 손님에게 클리닝비도 변상해 드리고 싶으니 영수증을 가지고 와 달라고 하며, 그때에 자신의 명함도 가지고 와 달라고 한다. 따라서 다음 번에 올 때 가져와야 할 것으로 알맞은 것은 3번, 가게 점장의 명함이다.

6번

회사에서 남자와 여자가 이야기하고 있습니다. 여자는 이후 우선 무엇을 해야 합니까?

남：마스다 씨, 잠깐 괜찮은가?

여：네.

남：이번 여름을 위한 젤리 판매 말인데, 백화점 쪽에서 백중날에 관한 자세한 자료를 보내 주었으면 좋겠다고 하네. 오늘 중에 영업의 고지마에게 자료를 정리해서 건네주지 않겠어?

여：네, 알겠습니다. 새로워진 제품의 성분과 알레르기 등 자세한 자료도 첨부하는 형태면 좋을까요?

남：응, 그래. 상품 사진도 새로 했으면 좋겠어.

여：네, 고지마 씨는 몇 시에 지점에 돌아올 수 있나요?

남：5시에는 외근에서 돌아올 거야. 다른 일보다 이 일 우선으로 부탁해.

여：네, 그럼 5시까지 정리하겠습니다.

남：그럼 미안하지만 사진과 상품 설명이 다른 것이 없도록 부탁해.

여자는 이후 우선 무엇을 해야 합니까?

1　**백중날 자료를 정리한다.**
2　백중날 상품을 보낸다.
3　백중날 사진을 찍는다.
4　백중날 자료를 찾는다.

〜に向けて 〜을 향해, 〜을 위해 | ゼリー 젤리 | 販売 판매 | 百貨店 백화점 | お中元 백중날 | 〜に関しての 〜에 관한 | 詳しい 자세하다, 상세하다 | 資料 자료 | 送る 보내다 | 営業 영업 | まとめる 정리하다, 한데 모으다 | 渡す 건네다 | 製品 제품 | 成分 성분 | アレルギー 알레르기 | 細かい 상세하다, 세밀하다 | 添付 첨부 | 形 모양, 형태 | 支店 지점 | 戻る 되돌아오다 | 外回り 외근, 밖을 다니며 하는 일 | 優先 우선 | 頼む 부탁하다 | 違う 다르다, 틀리다 | 写真を撮る 사진을 찍다 | 探す 찾다

남자는 여자에게, 오늘 중에 영업의 코지마에게 백화점에 백중날의 자료를 정리해서 건네주지 않겠냐고 하며 상품 사진도 새로 해 달라고 한다. 그러자 여자는 알겠다고 하며 5시까지 정리하겠다고 한다. 즉 정답은 1번, 여자는 우선 백중날 자료를 정리할 것이다.

問題 2

問題2では、まず質問を聞いてください。そのあと、問題用紙のせんたくしを読んでください。読む時間があります。それから話を聞いて、問題用紙の1から4の中から、最もよいものを一つ選んでください。
では練習しましょう。

例

女の人が自分の仕事について話しています。女の人は今、何をしていますか。

F：私は10年間身をおいた出版社をやめ、それ以来5年間英語の教師をしています。実は大学を卒業したばかりのころ、塾で子供に英語を教えていたこともあるんですが、そのころ、声をかけられてモデルの仕事を始めました。テレビのコマーシャルに出たこともあるんですよ。ところが、そういう仕事は私には合わなかったんですよね。そんな時、先輩の誘いで出版社で仕事をすることになったんです。でも、残業が多く時間も不規則で、結局もとの仕事に戻ってしまいました。

女の人は今、何をしていますか。
1 出版社に勤めています
2 英語の先生をしています
3 モデルをしています
4 テレビのコマーシャルに出ています

最もよいものは2番です。解答用紙の問題2の例のところを見てください。最もよいものは2番ですから、答えはこのように書きます。
では始めます。

문제 2

문제 2에서는 우선 질문을 들어 주세요. 그 후, 문제 용지의 선택지를 읽어 주세요. 읽는 시간이 있습니다. 그리고 나서 이야기를 듣고 문제 용지의 1에서 4 중에서 가장 알맞은 것을 하나 고르세요.
그럼 연습하겠습니다.

예

여자가 자신의 일에 대해 이야기하고 있습니다. 여자는 지금 무엇을 하고 있습니까?

여 : 저는 10년간 몸 담았던 출판사를 그만두고, 그 이후로 5년간 영어 교사를 하고 있습니다. 실은 대학을 막 졸업했을 때, 학원에서 아이들에게 영어를 가르친 적도 있었는데 그 때 제안을 받아 모델 일을 시작했습니다. 텔레비전 광고에 나온 적도 있어요. 하지만 그런 일은 저에게는 맞지 않았지요. 그때 선배 권유로 출판사에서 일을 하게 된 것입니다. 하지만 잔업이 많고 시간도 불규칙하여 결국 원래의 일로 되돌아왔습니다.

여자는 지금 무엇을 하고 있습니까?
1 출판사에 근무하고 있습니다.
2 영어 선생님을 하고 있습니다.
3 모델을 하고 있습니다.
4 텔레비전 광고에 나오고 있습니다.

가장 알맞은 것은 2번입니다. 해답 용지의 문제 2의 예 부분을 봐 주세요. 가장 알맞은 것은 2번이므로 답은 이렇게 씁니다.
그럼 시작하겠습니다.

大学で男の学生と女の学生が話しています。この男の
学生は先生がどうして怒ったと言っていますか。

M：今日さ、ゼミの教授に怒られちゃったんだよね。

F：え、なんで？

M：一昨日卒論の中間発表のレジュメを出したんだけ
ど、ちょっとバイトに遅刻しそうで友達に代わり
に出してもらったんだけど、教授の研究室の箱に
入れておいてくれればいいものを直接教授に提出
してくれちゃったもんだからさ。

F：自分で直接提出しに来いって怒られたのね。

M：うん、それもそうなんだけど、卒論をなんだと
思ってるんだ。卒業したくないのかって。

F：ま、そりゃそう言われて当然よね。

この男の学生は先生がどうして怒ったと言っていますか。

1　卒論のレジュメを出し忘れたから
2　バイトに遅刻してしまったから
3　**友達に代わりに提出してもらったから**
4　研究室の箱に入れなかったから

단어

ゼミ 세미나 | 教授 교수 | 怒る 화내다, 꾸짖다 | 一昨日 그
저께 | 卒論 졸업 논문 | 中間発表 중간 발표 | レジュメ 요
약본 | 出す 내다, 제출하다 | バイト 아르바이트 | 遅刻 지
각 | ～代わりに ～대신에 | 研究室 연구실 | 箱 상자 | 入
れる 넣다 | 直接 직접 | 提出 제출 | 自分で 스스로 | 卒業
졸업 | 当然 당연 | 出し忘れる 제출하는 것을 잊다

会社で女の人と男の人が話しています。男の人は今、
何が心配だと言っていますか。

F：榎本さん、昇進おめでとうございます。来月から
ソウル支店の営業になるんですよね？

M：ありがとう。情報早いね。前から海外勤務希望し
てたからさ。

F：そうだったんですね。知らなかった。

M：ただ、ソウルは俺も嫁さんも初めてでさ。知り合い
もいないし、英語しかできないし。悩みの種だよ。

F：うーん、私以前ソウルで留学してましたけど、半
年ぐらいで生活に慣れましたよ。言葉は文法も同
じですし。

M：うん。勉強しなきゃだな。今度韓国語教えてよ。

F：ふふ、いいですよ。近々遊びに行きますので、韓
国焼酎で一杯しましょう。

대학에서 남학생과 여학생이 이야기하고 있습니다. 이 남학생은
선생님이 왜 화났다고 말하고 있습니까?

남 : 오늘 세미나 교수님께 혼났어.

여 : 어, 왜?

남 : 그저께 졸업 논문 중간 발표 요약본을 냈는데, 아르바
이트에 지각할 것 같아서 친구가 대신 내 주었는데, 교
수님 연구실 상자에 넣어 두면 좋을 것을 직접 교수님
에게 제출해 버렸어.

여 : 스스로 직접 제출하러 오라고 혼난 거구나.

남 : 응, 그것도 그렇지만, 졸업 논문을 뭐라고 생각하고 있
는 거야, 졸업하고 싶지 않은가 라고.

여 : 뭐, 그러면 그런 말 들어도 당연하지.

이 남학생은 선생님이 왜 화났다고 말하고 있습니까?

1　졸업 논문 요약본 제출을 잊었기 때문에
2　아르바이트에 지각하고 말았기 때문에
3　**친구가 대신 제출해 주었기 때문에**
4　연구실 상자에 넣지 않았기 때문에

해설

남자는 그저께 졸업 논문 중간 발표 요약본을 냈는데, 아
르바이트에 지각할 것 같아서 친구가 대신 내 주었다고 한
다. 그런데 교수 연구실 상자에 넣어 두면 좋을 것을 직접
교수에게 제출하는 바람에, 직접 내려 오라며 교수가 화났
다는 것이다. 따라서 정답은 3번, 친구가 대신 제출해 주
었기 때문이다.

회사에서 여자와 남자가 이야기하고 있습니다. 남자는 지금 무엇
이 걱정이라고 말하고 있습니까?

여 : 에노모토 씨, 승진 축하합니다. 다음 달부터 서울 지
점에서 영업하시는 거죠?

남 : 고마워. 정보 빠르네. 전부터 해외 근무 희망하고 있
었으니까.

여 : 그랬군요. 몰랐어요.

남 : 단, 서울은 나도 아내도 처음이라서. 지인도 없고 영
어밖에 못하고. 고민거리야.

여 : 음, 저 이전에 서울에서 유학했었는데 반 년 정도만에
생활에 익숙해졌어요. 말은 문법도 똑같고요.

남 : 응. 공부해야지. 다음 번에 한국어 가르쳐줘.

여 : 좋아요. 머지않아 놀러 갈 테니까 한국 소주로 한잔 해
요.

M : うん。了解。

男の人は今、何が心配だと言っていますか。

1 海外の職場で働くこと
2 英語ができないこと
3 海外で生活すること
4 語学勉強すること

昇進 승진 | ソウル 서울 | 情報 정보 | 勤務 근무 | 希望 희망 | 嫁さん 신부 | 悩みの種 고민거리 | 知り合い 아는 사이, 친지 | 以前 이전 | 留学 유학 | 半年 반년 | 生活 생활 | 慣れる 익숙해지다 | 言葉 말, 언어 | 文法 문법 | 同じだ 같다 | 韓国語 한국어 | 教える 가르치다 | 近々 머지않아, 근간 | 焼酎 소주 | 一杯 한잔 | 了解 양해, 잘 이해함 | 職場 직장 | 働く 일하다 | 語学 어학

3番

男の人と女の人が話しています。女の人はお菓子を作ることの一番の魅力は何だと言っていますか。

M : パティシエになったんだって。おめでとう。どんなお菓子を作っているの？
F : 生ケーキから焼き菓子まで何でも。自分の作ったお菓子がガラスケースに並んでいるのを見るとすごく嬉しいんだ。焼き菓子はインターネットからでも注文が入るしね。
M : へえ。やっぱりたくさんの人に食べてもらえるっていうのが一番なのかな。
F : それもあるけど、私は、自分の作ったお菓子を食べた人の笑顔を見ることかな。
M : へえ、そうなんだ。
F : うん、自分の作ったもので人が笑顔になる。それが私にとっての楽しさであり、やりがいかな。
M : そっか。お菓子作りの魅力は、たくさん売れることだけじゃないんだね。
F : うん。私の場合は、売れることはその次って感じかな。まぁ売れるにこしたことはないんだけどね。

女の人はお菓子を作ることの一番の魅力は何だと言っていますか。

1 お店で商品が販売されること
2 多くの人に食べてもらうこと
3 商品がたくさん売れること
4 商品でお客が笑顔になること

남 : 응. 알겠어.

남자는 지금 무엇이 걱정이라고 말하고 있습니까?

1 해외 직장에서 일하는 것
2 영어를 할 수 없는 것
3 해외에서 생활하는 것
4 어학 공부하는 것

남자는 다음 달부터 서울 지점에서 근무하게 되었는데, 서울은 처음이고 지인도 없고 영어밖에 몰라 걱정하고(ただ、ソウルは俺も嫁さんも初めてでです。知り合いもいないし、英語しかできないし。悩みの種だよ) 있다. 즉 서울에서의 생활을 걱정하고 있는 것이므로 정답은 3번이다.

3번

남자와 여자가 이야기하고 있습니다. 여자는 과자를 만드는 것의 가장 큰 매력은 뭐라고 말하고 있습니까?

남 : 파티시에가 되었다면서. 축하해. 어떤 과자를 만들고 있는 거야?
여 : 생크림 케이크부터 구운 과자까지 뭐든지. 내가 만든 과자가 유리 케이스에 진열되어 있는 것을 보면 굉장히 기뻐. 구운 과자는 인터넷으로도 주문이 들어오고.
남 : 역시 많은 사람이 먹어 준다고 하는 것이 가장 좋은가.
여 : 그것도 있지만 난 내가 만든 과자를 먹은 사람의 웃는 얼굴을 보는 거야.
남 : 그렇구나.
여 : 응, 내가 만든 것으로 다른 사람이 웃는 얼굴이 된다. 그것이 나에게는 즐거움이고 보람이야.
남 : 그렇구나. 과자 만들기의 매력은 많이 팔리는 것뿐이 아니구나.
여 : 응. 내 경우는 팔리는 것은 그 다음이라는 느낌. 뭐 잘 팔리는 것이 제일이지만.

여자는 과자를 만드는 것의 가장 큰 매력은 뭐라고 말하고 있습니까?

1 가게에서 상품이 판매되는 것
2 많은 사람이 먹어 주는 것
3 상품이 많이 팔리는 것
4 상품으로 손님이 웃는 얼굴이 되는 것

お菓子 과자 | 魅力 매력 | パティシエ 파티시에, 제빵사
| 生ケーキ 생크림 케이크 | 焼き菓子 구운 과자 | ガラス
ケース 유리 케이스 | 並ぶ 진열되다 | 嬉しい 기쁘다 | イ
ンターネット 인터넷 | 注文 주문 | 笑顔 웃는 얼굴 | 楽し
さ 즐거움 | やりがい 하는 보람 | 売れる 팔리다 | 感じ 느
낌 | ～にこしたことはない ～하는 편이 좋다, ～하는 것이
제일이다 | お店 가게 | 商品 상품 | 販売 판매

4番

洋菓子店で男の社員と女の社員が話しています。ゼリー
を売るために、どうすることにしましたか。

M : 棚卸が終わって気づいたんだけど、ゼリーの売り
上げが思ったほど良くない気がするんだ。売り場
ではどうかな？

F : そうですね。ゼリーとなると重さがありますか
ら、お客様がお持ち帰りになる際に少し躊躇され
ることが多いです。

M : うーん。それはどうしようもないな。

F : 配送サービスも提案してみたんですけど、すぐに
商品を持ち帰りたいお客様も多くて。

M : そうか。困ったな。

F : 味を知りたいというお客様も多いので、来週から
試食を実施してみようと考えているんですが、ど
うでしょうか。

M : そうだね。じゃあ、試食用のゼリーを支店に注文
入れといて。商品を試食として使わないように。

F : はい。では早速今日の閉店後にファックスで注文
を入れますね。

ゼリーを売るために、どうすることにしましたか。

1   試食を行う
2   配送サービスを行う
3   商品広告を出す
4   割引をする

洋菓子店 양과자점 | 社員 사원 | 棚卸 재고 조사 | 終わる
끝나다 | 気づく 알아채다 | 売り上げ 매상, 매출 | 気がす
る 생각이 들다 | 売り場 매장 | 重さ 무게 | 持ち帰る 가지
고 돌아가다 | 躊躇 주저 | 配送サービス 배송 서비스 | 提
案 제안 | 味 맛 | 試食 시식 | 実施 실시 | 支店 지점 | 注文
を入れる 주문을 넣다, 주문을 하다 | 早速 즉시, 어서 | 閉
店 폐점 | ファックス 팩스 | 広告 광고 | 割引 할인

여자는 자신이 만든 과자를 먹은 사람의 웃는 얼굴을 보는
것이 제일 기쁘다(私は、自分の作ったお菓子を食べた
人の笑顔を見ることかな)고 말하고 있다. 따라서 정답
은 4번이 된다.

4번

양과자점에서 남자 사원과 여자 사원이 이야기하고 있습니다. 젤
리를 팔기 위해 어떻게 하기로 했습니까?

남 : 재고 조사가 끝나고 알았는데, 젤리 매출이 생각한 만
큼 좋지 않은 것 같아. 매장에서는 어떤가?

여 : 그렇군요. 젤리는 무게가 있으니 손님이 가지고 돌아
가게 될 때에 조금 주저하게 되는 일이 많아요.

남 : 음, 그건 어쩔 수 없구나.

여 : 배송 서비스도 제안해 봤지만, 바로 상품을 들고 돌아
가고 싶어 하는 손님도 많아서.

남 : 그런가. 곤란하네.

여 : 맛을 알고 싶어 하는 손님도 많기 때문에 다음 주부터
시식을 실시해 보려고 생각하고 있는데 어떨까요?

남 : 그렇군. 그럼 시식용 젤리를 지점에 주문해 둬. 상품
을 시식으로 사용하지 않도록.

여 : 네. 그럼 즉시 오늘 폐점 후에 팩스로 주문을 넣을게요.

젤리를 팔기 위해 어떻게 하기로 했습니까?

1   시식을 실시한다.
2   배송 서비스를 실시한다.
3   상품 광고를 낸다.
4   할인을 한다.

여자는 맛을 알고 싶다는 손님도 많아서 다음 주부터 시식
을 실시해 보려고 하는데 어떤지 묻는다. 이에 남자는 시
식용 젤리를 지점에 주문해 두라고 하므로 정답은 1번, 시
식을 행하는 것이다.

5番

ラジオでＤＪがおすすめの作家について話しています。この作家の作品の最も優れているところはどこだと言っていますか。

F：えー、今日は私のおすすめの作家、江國香織の作品についてちょっとお話させていただきたいと思います。彼女の作品にはたくさんの魅力がありますが、どの作品も決して明るい内容ではないんですよね。女なら一度は体験したことのある、共感できるようなストーリー構成をお好きな方も多いと思います。自分の周りにいそうな人物描写も見事ですが、やはり、読者をぐいぐいと引き込んでいくきれいな文章には、彼女ならではの才能を感じずにはいられません。

この作家の作品の最も優れているところはどこだと言っていますか。

1　共感しやすい物語の背景
2　言葉づかいの美しさ
3　想像しやすい人物描写
4　ストーリー構成の面白さ

단어

おすすめ 권함, 추천 | 作家 작가 | 作品 작품 | 最も 가장, 제일 | 優れる 우수하다, 뛰어나다 | 魅力 매력 | 決して 결코 | 明るい 밝다 | 内容 내용 | 体験 체험 | 共感 공감 | ストーリー 스토리, 이야기 | 構成 구성 | 周り 주위, 주변 | 人物 인물 | 描写 묘사 | 見事だ 훌륭하다, 보기 좋다 | 読者 독자 | ぐいぐい 죽죽, 쭉쭉(힘차게 계속 잡아당기는 모양) | 引き込む 끌어들이다, 끌어넣다 | 文章 문장, 글 | ～ならではの ～만의, ～가 아니면 안 될 | 才能 재능 | ～ずにはいられない ～(하)지 않고는 있을 수 없다 | 物語 이야기 | 背景 배경 | 言葉づかい 말씨, 말투 | 美しさ 아름다움 | 想像 상상 | 面白さ 재미

6番

テレビでアナウンサーが男の人にインタビューをしています。男の人は新入社員採用で何を一番重視したと言っていますか。

F：今回は、ゴンチャロフ、名古屋支店長である若さんにおいでいただきました。早速お尋ねしたいのですが、今年の新入社員採用では、どのような点を重視されましたか。
M：そうですね。例年は営業では積極性を、販売では自主性を見ていますが、今年はその二つ以外も重視しました。

5 번

라디오에서 DJ가 추천하는 작가에 대해 이야기하고 있습니다. 이 작가의 작품에서 가장 뛰어난 점은 어디라고 말하고 있습니까?

여 : 오늘은 저의 추천 작가, 에쿠니 가오리의 작품에 대해 잠깐 이야기하고 싶습니다. 그녀의 작품에는 많은 매력이 있지만, 어느 작품도 결코 밝은 내용이 아니지요. 여성이라면 한 번은 체험한 적이 있는, 공감할 수 있을 듯한 스토리 구성을 좋아하는 분도 많을 거라고 생각합니다. 자신의 주위에 있는 것 같은 인물 묘사도 훌륭하지만, 역시 독자를 쭉쭉 끌어당겨가는 예쁜 문장에는 그녀만의 재능을 느끼게 됩니다.

이 작가의 작품에서 가장 뛰어난 점은 어디라고 말하고 있습니까?

1　공감하기 쉬운 이야기의 배경
2　말씨의 아름다움
3　상상하기 쉬운 인물 묘사
4　스토리 구성의 재미

해설

여성이라면 한 번은 체험한 적이 있는, 공감할 수 있을 듯한 스토리 구성, 자신의 주위에 있는 것 같은 인물묘사도 훌륭하지만, 역시 독자를 쭉쭉 끌어당겨가는 예쁜 문장에는 그녀만의 재능을 느끼게 된다(やはり、読者をぐいぐいと引き込んでいくきれいな文章には、彼女ならではの才能を感じられずにはいられません)고 말하고 있다. 따라서 가장 뛰어난 점은 예쁜 문장, 즉 말씨의 아름다움이다.

6 번

텔레비전에서 아나운서가 남자에게 인터뷰를 하고 있습니다. 남자는 신입 사원 채용에서 무엇을 가장 중시했다고 말하고 있습니까?

여 : 이번에는 곤차로프 나고야 지점장인 와카 씨가 오셨습니다. 바로 질문 드리겠습니다만, 올해 신입 사원 채용에서는 어떠한 점을 중시하셨습니까?
남 : 글쎄요. 예년에는 영업에서는 적극성을, 판매에서는 자주성을 보았는데, 올해는 그 두 개 이외에도 중시했습니다.

F：なるほど。やはり今後の海外進出に向けて語学力
　　を重視されたのですか。
M：語学力もあるにこしたことはないですが、それは
　　入社後に行われる通信教育でも十分に補えますか
　　ら今回はコミュニケーション能力があるかどうか
　　について見ていきました。
F：最近の若い人は仕事が終わったらすぐに帰宅する
　　など、飲み会にも参加しない人が増えていると聞
　　きますが。
M：はい。うちの名古屋支店は人数が少ないですから
　　協調性が不可欠ですし、販売においては百貨店に
　　入っている他のメーカーの社員の方ともうまく付
　　き合っていくことが大切になってきます。リーダー
　　シップももちろん大切ですが、そのせいで周りがス
　　トレスを受けてはうまく売り場がまわりませんから。
F：確かにそうですよね。

男の人は新入社員採用で何を一番重視したと言ってい
ますか。

1　営業は積極性、販売は自主性があること
2　海外進出に向け、語学力に優れていること
3　協調性を持ち、周囲とうまくやれること
4　営業も販売も、積極性があること

단어

アナウンサー 아나운서 | インタビュー 인터뷰 | 新入社
員 신입 사원 | 採用 채용 | 重視 중시 | ゴンチャロフ 일본
양과자 제조사 | 尋ねる 묻다 | 例年 예년 | 積極性 적극성 |
自主性 자주성 | なるほど 정말, 과연 | 海外進出 해외 진출
| 語学力 어학력 | 入社 입사 | 通信教育 통신 교육 | 十分
충분함 | 補う 보충하다 | コミュニケーション 커뮤니케이
션, 의사소통 | 能力 능력 | 帰宅 귀가 | 飲み会 술자리, 회식
| 参加 참가, 참여 | 人数 인원수, 사람 수 | 協調性 협조성 |
不可欠 불가결, 없어서는 인 됨 | メーカー 메이커, 제조사 |
付き合う 사귀다, 교제하다 | リーダーシップ 리더십 | せ
い 탓 | ストレス 스트레스 | 周囲 주위, 주변

7番

テレビで女の人が消費税引き上げについて話していま
す。女の人は政府は何を最優先にするべきだと言って
いますか。

F：政府は今回消費税引き上げを採決しましたが、今
　　のような状況で消費税を上げるなどという事をし
　　たら余計に財政状況が悪くなります。国民の消費
　　をさらに冷え込ませる事になりますから、税収が

여：그렇군요. 역시 이후의 해외 진출을 위해 어학 능력을
　　중시하신 겁니까?
남：어학 능력도 있는 것이 더 좋지만, 그것은 입사 후에
　　행해지는 통신 교육에서도 충분히 보충할 수 있으니까
　　이번에는 커뮤니케이션 능력이 있는지에 대해 보았습
　　니다.
여：최근의 젊은 사람들은 일이 끝나면 바로 귀가하는 등,
　　회식에도 참가하지 않는 사람이 늘고 있다고 들었습니
　　다만.
남：네. 우리 나고야 지점은 인원수가 적기 때문에 협조성
　　이 불가결하고, 판매에 있어서는 백화점에 들어가 있는
　　다른 제조 회사의 사원과도 잘 사귀어 가는 것이 중요
　　합니다. 리더십도 물론 중요하지만, 그 탓으로 주위가
　　스트레스를 받아서는 매장이 잘 돌아가지 않으니까요.
여：분명히 그렇지요.

**남자는 신입 사원 채용에서 무엇을 가장 중시했다고 말하고 있습
니까?**

1　영업은 적극성, 판매는 자주성이 있는 것
2　해외 진출을 위해 어학 능력이 뛰어난 것
3　협조성을 갖고 주위와 잘 지낼 수 있는 것
4　영업도 판매도 적극성이 있는 것

해설

남자는 이번에는 커뮤니케이션 능력이 있는지에 대해 보
았다고 말하고 있다. 또 자신의 지점은 인원수가 적기 때
문에 협조성이 불가결하고 다른 제조 회사의 사원과도 잘
사귀어 가는 것이 중요해진다고 하므로, 정답은 3번, 협조
성을 갖고 주위와 잘 지낼 수 있는 것이다.

7번

텔레비전에서 여자가 소비세 인상에 대해 이야기하고 있습니다.
여자는 정부는 무엇을 최우선으로 해야 한다고 말하고 있습니까?

여：정부는 이번에 소비세 인상을 채결했습니다만, 지금
　　같은 상황에서 소비세를 올리는 일을 하면 더욱더 재
　　정 상황이 나빠집니다. 국민의 소비를 더 위축시키는
　　일이 되므로 세수가 감소하는 것은 틀림없습니다.

減るのは間違いありません。これで赤字を減らすことなどできるはずがないのです。1997年に消費税を5％に上げて財政状況は見事に悪化しました。せっかく回復基調が見えてきた矢先の増税で全てが台無しになってしまいました。当時の首相自身も後に増税が失敗だった事を認めています。今は何よりも景気回復が最優先です。景気回復すれば赤字も自然に減っていきます。景気回復もしないで財政状況の改善なんか絶対できません。

女の人は政府は何を最優先にするべきだと言っていますか。

1 増税についての採決をとりやめること
2 増税をして赤字を減らすこと
3 国民の消費を促すこと
4 景気回復の策を立てること

단어

消費税 소비세 | 引き上げ 인상 | 政府 정부 | 最優先 최우선 | 採決 채결 | 状況 상황 | 余計に 더욱더 | 財政 재정 | 国民 국민 | 冷え込む 기온이 몹시 내리다, 몸이 차가워지다 | 税収 세수 | 減る 줄다 | 間違いない 틀림없다 | 赤字 적자 | 減らす 줄이다 | 悪化 악화 | せっかく 모처럼 | 回復 회복 | 基調 기조 | 矢先 화살촉, 무엇이 시작되려는 마침 그 때 | 増税 증세 | 台無し 쓸모 없는 모양, 엉망이 된 모양 | 首相 수상, 총리 | 失敗 실패 | 認める 인정하다 | 景気回復 경기 회복 | 自然に 자연히 | 改善 개선 | 絶対 절대 | とりやめる 중지하다, 그만두다 | 促す 재촉하다 | 策を立てる 계책을 세우다, 방책을 강구하다

問題 3

問題3では、問題用紙に何も印刷されていません。この問題は、全体としてどんな内容かを聞く問題です。話の前に、質問はありません。まず話を聞いてください。それから、質問とせんたくしを聞いて、1から4の中から、最もよいものを一つ選んでください。
では練習しましょう。

例

塾の教育方針について話しています。

M：子どもは、本来何かに集中するという力を持っています。できる、できるから楽しい。楽しいから

이것으로 적자를 줄이는 등의 일을 할 수 있을 리가 없습니다. 1997년에 소비세를 5%로 올려 재정 상황은 보기 좋게 악화되었습니다. 모처럼 회복 기조가 보인 그 때의 증세로 모든 것이 엉망이 되고 말았습니다. 당시의 수상 자신도 이후에 증세가 실패였던 것을 인정하고 있습니다.
지금은 무엇보다도 경기 회복이 최우선입니다. 경기 회복을 하면 적자도 자연히 줄어갑니다. 경기 회복도 하지 않고 재정 상황의 개선 같은 것은 절대 할 수 없습니다.

여자는 정부는 무엇을 최우선으로 해야 한다고 말하고 있습니까?

1 증세에 대한 채결을 그만두는 것
2 증세를 하여 적자를 줄이는 것
3 국민의 소비를 촉진하는 것
4 경기 회복책을 세우는 것

해설

마지막 부분에서, 지금은 무엇보다도 경기 회복이 최우선이라 하며 경기 회복을 하면 적자도 자연히 줄어가고, 경기 회복도 하지 않고 재정 상황의 개선은 절대 할 수 없다고 말하고 있다. 따라서 정답은 4번이다.

문제 3

문제 3에서는 문제 용지에 아무것도 인쇄되어 있지 않습니다. 이 문제는 전체로서 어떤 내용인지를 묻는 문제입니다. 이야기 전에 질문은 없습니다. 먼저 이야기를 들어 주세요. 그리고 나서 질문과 선택지를 듣고, 1에서 4 중에서 가장 알맞은 것을 하나 고르세요.
그럼 연습하겠습니다.

예

학원의 교육 방침에 대해 이야기하고 있습니다.

남 : 아이들은 본래 무언가에 집중한다고 하는 힘을 갖고 있습니다. 할 수 있다, 할 수 있기 때문에 즐겁다.

夢中になれる。だからこそ私たちは、子どもが自分の力でできる教材から始めていきます。時間は短くてもいいのです。「やった、できた」の喜びを実感する学習の中で、子ども自身が集中できる時間をじょじょにのばしていけばいいのです。

一番重要なことは何だと言っていますか。

1 初めから長い時間集中させること
2 できる問題からやらせること
3 授業時間を短くすること
4 遊びの中で学んで行くこと

最もよいものは2番です。解答用紙の問題3の例のところを見てください。最もよいものは2番ですから、答えはこのように書きます。
では始めます。

1番

男の人二人が大学内で話をしています。

M1：今度学祭でミスキャンパスが開かれるらしいね。
M2：そうそう。うちの学科の女子も参加するとか盛り上がってたけど、やっぱり英米科のめぐみちゃんが優勝候補と見て間違いないね。勉強もできて運動もできて、おまけに美人ときたら人気がでるのも無理ないよ。才色兼備とはまさに彼女のためにある言葉だと思うよ。

男の人は優勝候補の女の人についてどう思っていますか。

1 勉強はできないが、容姿は整っている
2 勉強もできて運動もできるが、容姿は普通だ
3 勉強はできて運動はできないが、容姿は整っている
4 勉強もできて運動もできて、容姿も整っている

단어

学祭 학교 축제 | ミスキャンパス 미스 캠퍼스 | 開く 열다, 개최하다 | 学科 학과 | 参加 참가 | 盛り上がる 부풀어오르다, 고조되다 | 英米科 영미과 | 優勝 우승 | 候補 후보 | 運動 운동 | おまけに 게다가, 뿐만 아니라 | 美人 미인 | ～ときたら ～으로 말할 것 같으면 | 人気がでる 인기 있다 | 才色兼備 재색겸비 | まさに 틀림없이, 정말로 | 容姿 (여성의) 얼굴 모양이나 자태 | 整う 갖추어지다, 정돈되다 | 普通 보통

즐거우니까 빠질 수 있다. 그래서 우리들은 아이가 자신의 힘으로 할 수 있는 교재부터 시작해 가겠습니다. 시간은 짧아도 되는 것입니다. '했어, 가능했어'라는 기쁨을 실감하는 학습 속에서 아이 자신이 집중할 수 있는 시간을 서서히 늘려가면 됩니다.

가장 중요한 것은 무엇이라고 말하고 있습니까?

1 처음부터 긴 시간 집중하게 하는 것
2 할 수 있는 문제부터 하게 하는 것
3 수업 시간을 짧게 하는 것
4 놀이 속에서 배워가는 것

가장 알맞은 것은 2번입니다. 해답 용지의 문제 3의 예 부분을 봐 주세요. 가장 알맞은 것은 2번이니까 답은 이렇게 씁니다.
그럼 시작하겠습니다.

1번

남자 2명이 대학 내에서 이야기하고 있습니다.

남1：이번에 학교 축제에서 미스 캠퍼스가 열린다고 해.
남2：그래 그래. 우리 학과 여자애들도 참가한다고 한껏 고조되어 있는데, 역시 영미과의 메구미가 우승 후보인 게 틀림없어. 공부도 잘하고 운동도 잘하고 게다가 미인으로 말할 것 같으면 인기가 생기는 것도 무리가 아니지. 재색겸비란 확실히 그녀를 위해 있는 말이라고 생각해.

남자는 우승 후보 여자에 대해 어떻게 생각하고 있습니까?

1 공부는 못하지만 용모는 단정하다.
2 공부도 잘하고 운동도 잘하지만, 용모는 보통이다.
3 공부는 잘하고 운동은 못하지만, 용모는 단정하다.
4 공부도 잘하고 운동도 잘하고 용모도 단정하다.

해설

남자는 영미과의 메구미가 우승 후보인 게 틀림없다고 하며, 공부도 잘하고 운동도 잘하고 게다가 미인(勉強もできて運動もできて、おまけに美人ときたら人気がでるのも無理ないよ)이라고 했으므로 정답은 4번이다.

2番

テレビでレポーターが話しています。

F：現在東京都では、「日本の伝統・文化教材集」を都立の学校に配布、学校設定科目の教材として使用し、伝統文化の価値や日本人としての自覚を深め、伝統文化の実践力を養うことを目的としています。同書は「色、形、文様－風呂敷に学ぶ」「和の響きを聴く」「将棋に学ぶ」「ダンスと和楽器による総合的表現」「道具と工具」など、暮らしの中にある「伝統文化」の31項目から成り立っています。「箸と椀」では温かいものを入れても冷めにくく、熱さが手に伝わらないという木の椀の利点を挙げ、「家庭で使っている食器、レストランや食堂で使われているのはどんなものがあるか調べてみましょう」などの学習課題に努めているということです。

女の人は何について話していますか。

1 日本の伝統の継承
2 伝統文化の魅力
3 伝統文化の歴史
4 **伝統文化を学ぶ**

단어

리포터 리포터 | 伝統 전통 | 文化 문화 | 教材集 교재집 | 都立 도립 | 配布 배포 | 設定 설정 | 科目 과목 | 使用 사용 | 価値 가치 | 自覚 자각 | 深める 깊게 하다 | 実践力 실천력 | 養う 기르다, 배양하다 | 目的 목적 | 同書 같은 책 | 色 색 | 文様 문양 | 風呂敷 보자기 | 学ぶ 배우다 | 和 일본 | 響き 울림, 반향, 영향 | 将棋 장기 | ダンス 댄스 | 和楽器 일본 악기 | 総合的 종합적 | 表現 표현 | 道具 도구 | 工具 공구 | 暮らし 생활 | 項目 항목 | 成り立つ 성립하다 | 箸 젓가락 | 椀 (밥, 국 등을 담는) 그릇, 공기 | 冷める 식히다 | 伝わる 전해지다 | 利点 이점 | 挙げる (손, 예 등을) 들다 | 家庭 가정 | 食器 식기, 그릇 | 食堂 식당 | 学習課題 학습 과제 | 努める 노력하다, 힘쓰다 | 継承 계승 | 歴史 역사

3番

テレビで男の人が話しています。

M：「カレー再発見フォーラム」という実験で、カレーにはストレス抑制効果があるという結果が得られました。これは6月19日に開催された「第11回カレー再発見フォーラム」で発表されたそうです。被験者を2グループに分けて行った実験では、「作業途中でカレーの匂いをかいでもらい、作業後にカレーを食べてもらった」グループのほうが、

2번

텔레비전에서 리포터가 말하고 있습니다.

여 : 현재 도쿄도에서는 '일본의 전통・문화 교재집'을 도립 학교에 배포, 학교 설정 과목의 교재로 사용하여, 전통문화의 가치와 일본인으로서의 자각을 깊게 하고, 전통문화의 실천력을 기르는 것을 목적으로 하고 있습니다. 이 책은 '색, 모양, 무늬 – 보자기에서 배운다' '일본의 울림을 듣는다' '장기에서 배운다' '댄스와 일본 악기에 의한 종합적 표현' '도구와 공구' 등, 생활 속에 있는 '전통문화' 31항목으로 구성되어 있습니다. '젓가락과 그릇'에서는 따뜻한 것을 넣어도 잘 식지 않고 열기가 손에 전해지지 않는 나무 그릇의 이점을 들어, '가정에서 사용하고 있는 식기, 레스토랑과 식당에서 사용되고 있는 것은 어떤 것이 있는지 조사해 봅시다' 등의 학습 과제에 힘쓰고 있다고 합니다.

여자는 무엇에 대해 이야기하고 있습니까?

1 일본 전통의 계승
2 전통문화의 매력
3 전통문화의 역사
4 **전통문화를 배운다**

해설

'일본의 전통・문화 교재집'은 전통문화의 가치와 일본인으로서의 자각을 깊게 하고 전통문화의 실천력을 기르는 것을 목적으로 하고 있다고 말하고 있다. 생활 속의 전통문화를 배운다는 것이므로 정답은 4번이 된다.

3번

텔레비전에서 남자가 말하고 있습니다.

남 : '카레 재발견 포럼'이라는 실험에서, 카레에는 스트레스 억제 효과가 있다고 하는 결과를 얻을 수 있었습니다. 이것은 6월 19일에 개최된 '제11회 카레 재발견 포럼'에서 발표되었다고 합니다. 피험자를 두 그룹으로 나눠서 실시한 실험에서는 '작업 도중에 카레 냄새를 맡게 하고 작업 후에 카레를 먹게 한' 그룹 쪽이,

「カレーの匂いをかがず、『スパイス抜きのカレー』を食べてもらった」グループよりもストレスが押さえられる傾向があったと言われています。ストレスが多いと言われるIT業界人にカレー好きが多いのは、無意識的にカレーによるストレス解消を行っているからなのかもしれません。

男の人はどのようなテーマで話をしていますか。

1 カレーを用いた実験
2 **カレーによるストレス抑制効果**
3 カレーのおいしい作り方
4 IT業界人のストレス解消法

カレー 카레 | 再発見 재발견 | フォーラム 포럼 | 実験 실험 | 抑制効果 억제 효과 | 結果 결과 | 得る 얻다 | 開催 개최 | 被験者 피험자 | グループ 그룹 | 分ける 나누다 | 作業 작업 | 途中 도중 | 匂いをかぐ 냄새를 맡다 | スパイス 스파이스, 향신료 | ～抜き ～을 뺌 | 押さえる 누르다, 억제하다 | 傾向 경향 | 業界人 업계 관계자 | 無意識的 무의식적 | 解消 해소 | 用いる 이용하다 | 作り方 만드는 법

4番

テレビでリポーターがある政策について話しています。

M：スイスを訪問中の増田総務相は、重症患者らが救急搬送されながら、病院への受け入れを断られる「たらい回し」を防ぎ、円滑に患者が受け入れられるようにするため対策強化に乗り出す方針を表明しました。消防法などを改正し、都道府県単位で医師、消防などが連携する協議会の設置を法的に位置づけて連絡の徹底を図るそうです。これらの情報の更新は現在は、「1日に数回などのケースが多い」が即時更新されるようになれば、消防側は適切に病院を選定できるようになります。
総務省消防庁によると、「たらい回し」は医師不足が深刻な地方圏よりも、大都市部で多く発生しています。このため、消防庁は「大都市部で空きベッドなどの情報がすぐに分かるようになれば、『たらい回し』削減の大きな対策になる」としています。消防庁内に近く、検討会を設置し、厚生労働省とも連携を図りながら、法案作成作業などを進めるということです。消防庁の実態調査では、昨年1年間に全国で救急搬送された重症患者のうち、3.9％にあたる1万4,387人が、医療機関に3回以上受け入れを断られていたことが判明しています。

'카레 냄새를 맡지 않고 '향신료를 뺀 카레'를 먹게 한' 그룹보다도 스트레스가 억제되는 경향이 있었다고 합니다.
　스트레스가 많다고 하는 IT업계 사람 중에 카레를 좋아하는 사람이 많은 것은 무의식적으로 카레에 의한 스트레스 해소를 하고 있는 것일지도 모릅니다.

남자는 어떠한 주제로 이야기를 하고 있습니까?

1 카레를 이용한 실험
2 **카레에 의한 스트레스 억제 효과**
3 카레 맛있게 만드는 법
4 IT업계 사람의 스트레스 해소법

남자는 '카레 재발견 포럼'이라는 실험을 소개하며 카레에는 스트레스 억제 효과가 있다고 하는 결과를 얻을 수 있었다고 말하고 있다. 따라서 정답은 2번, 카레에 의한 스트레스 억제 효과이다.

4 번

텔레비전에서 리포터가 어떤 정책에 대해 말하고 있습니다.

남：스위스를 방문 중인 마스다 총무성 장관은 중증 환자들이 구급 반송되면서, 병원으로부터 수용을 거절당하는 '이 병원 저 병원으로 옮김'을 막고, 원활하게 환자가 수용되도록 하기 위해 대책 강화에 착수할 방침을 표명했습니다. 소방법 등을 개정하고 도도부현 단위로 의사, 소방 등이 제휴하는 협의회의 설치를 법적으로 자리매김하고 연락 체계를 철저히 도모할 것이라고 합니다. 이것들의 정보 갱신은 현재는 '하루에 몇 번 정도인 경우가 많지'만, 즉시 갱신되게 되면 소방 측은 적절하게 병원을 선정할 수 있게 됩니다.
총무성 소방청에 따르면 '이 병원 저 병원으로 옮김'은 의사 부족이 심각한 지방권보다도 대도시에서 많이 발생하고 있습니다. 이 때문에 소방청은 '대도시에서 빈 병실 등의 정보를 바로 알 수 있게 되면 '이 병원 저 병원으로 옮김'을 줄이는 큰 대책이 된다'고 하고 있습니다. 소방청 내에 곧 검토회를 설치하고 후생노동성과도 제휴를 도모하면서 법안 작성 작업 등을 진행한다고 합니다. 소방청의 실태 조사에서는 작년 1년 간에 전국에서 구급 반송된 중증 환자 중 3.9%에 해당하는 14,387명이 의료기관에 3회 이상 수용을 거절당했던 것으로 판명되었습니다.

この政策はどのようなものですか。
1 重症患者らのたらい回しについて
2 医師不足の改善
3 ベッドなど病院施設内の把握
4 医師と消防の連携の法的な位置づけ

단어

政策 정책 | スイス 스위스 | 訪問中 방문 중 | 総務相 총무성 장관 | 重症 중증 | 患者 환자 | 救急搬送 구급 반송 | 受け入れ 받아들임, 수용 | 断る 거절하다, 양해를 구하다 | たらい回し 사람, 물건, 권리 등을 어떤 한정된 범위 내에서 차례로 돌림 | 防ぐ 막다, 방지하다 | 円滑に 원활하게 | 対策 대책 | 強化 강화 | 乗り出す 착수하다 | 方針 방침 | 表明 표명 | 消防法 소방법 | 改正 개정 | 都道府県 도도부현 | 単位 단위 | 連携 연계, 제휴 | 協議会 협의회 | 設置 설치 | 法的 법적 | 位置づける 자리매김하다, 평가하다 | 徹底 철저 | 図る 도모하다 | 更新 갱신 | 数回 수 회, 수 차례 | ケース 케이스, 경우 | 即時 즉시 | 適切に 적절하게 | 選定 선정 | 総務省 총무성 | 消防庁 소방청 | 〜不足 〜부족 | 深刻だ 심각하다 | 地方圏 지방권 | 大都市 대도시 | 空きベッド 빈 침대, 빈 병실 | 削減 삭감 | 検討会 검토회 | 厚生労働省 후생노동성 | 法案 법안 | 作成 작성 | 実態調査 실태 조사 | 〜にあたる 〜에 해당하다 | 医療機関 의료 기관 | 判明 판명 | 改善 개선 | 施設 시설 | 把握 파악

5番

大学の授業で先生が話しています。

M：えー、今日は初回の授業なので、前期の授業内容について簡単に説明します。この授業では、昔の時代の地図を現代の地図に反映させて、その当時を歩いてみます。毎回の授業で地図を作成していくので、地図が苦手な人にはつらい授業になるかもしれません。
昔、城があった場所に今はどのような建物が建っていて、まわりはどうなっているのか。また、その場所に城を建てた理由はどのようなものだったのかということを研究していき、最終的には自分が作成した地図を持ってその土地を歩いて見るフィールドワークを行う予定ですので期待してくださいね。

前期の授業のテーマはどのようなことですか。
1 現代地理
2 歴史地理
3 地図比較
4 歴史でたどる地図

이 정책은 어떠한 것입니까?
1 중증 환자들의 이 병원 저 병원으로 옮김에 대해
2 의사 부족의 개선
3 침대 등 병원 시설 내의 파악
4 의사와 소방의 제휴의 법적인 자리매김

해설

'이 병원 저 병원으로 옮김'을 막고 원활하게 환자가 수용되도록 하기 위해 대책 강화에 착수하여, 소방법 등을 개정하고 도도부현 단위로 의사, 소방 등이 제휴하는 협의회의 설치를 법적으로 자리매김함으로써 연락의 체계를 철저히 한다고 말하고 있으므로 정답은 4번이 된다.

5번

대학 수업에서 선생님이 이야기하고 있습니다.

남 : 오늘은 첫 수업이므로 전반기의 수업 내용에 대해 간단히 설명하겠습니다. 이 수업에서는 옛날 시대의 지도를 현대의 지도에 반영시켜 그 당시를 걸어보겠습니다. 매회 수업에서 지도를 작성하므로 지도를 잘 모르는 사람에게는 힘든 수업이 될지도 모릅니다.
옛날에 성이 있던 장소에 지금은 어떠한 건물이 지어져 있고, 주위는 어떻게 되어 있는가? 또 그 장소에 성을 지은 이유는 어떠한 것이었는가 라고 하는 것을 연구해 가며, 최종적으로는 자신이 작성한 지도를 들고 그 토지를 걸어보는 현장 학습을 할 예정이니 기대해 주세요.

전반기 수업의 주제는 어떠한 것입니까?
1 현대 지리
2 역사 지리
3 지도 비교
4 역사로 찾아가는 지도

授業 수업 | 初回 첫 번, 제1회 | 前期 전기, 전반기 | 地図 지도 | 反映 반영 | 当時 당시 | 苦手だ 질색이다, 서투르다 | つらい 괴롭다 | 昔 옛날, 예전 | 場所 장소 | 城 성 | 建物 건물 | 建つ (건물 등이) 세워지다, 서다 | 最終的 최종적 | 土地 토지 | フィールドワーク 필드워크, 현장 학습 | 予定 예정 | 期待 기대 | テーマ 테마, 주제 | 歴史 역사 | 地理 지리 | 比較 비교 | たどる 길을 따라가다, 더듬어 가다

6 番

会議で男の人が女の人に意見を聞いています。

M：今後の各店舗における販売計画について発表をお願いします。

F：まず、前回の会議でも出した小袋4つで1,000円の商品は、子ども会などでのまとまった利用も多いため単価は低いとしても今後も継続して展開していく予定です。夏季限定のプロモーションについては、昨年も人気のあった商品を展開していく予定ですが、今年からの新商品は先月一ケースのみ展開しましたが、それほどの反響もなく売り上げに直接的に繋がらないと考えたため、うちの店舗では扱わない方向で進めていきたいと考えています。

女の人はどう考えていますか。

1 人気商品を販売しつつ、新商品も展開する
2 人気商品は販売せず、新商品のみを展開する
3 人気商品は販売するが、新商品は展開しない
4 人気商品も新商品も展開しない

意見 의견 | 店舗 점포 | ～における ～에 있어서의 | 販売 판매 | 計画 판매 계획 | 前回 전번, 지난번 | 小袋 작은 주머니 | まとまる 합쳐지다, 정리되다 | 単価 단가 | 継続 계속 | 展開 전개 | 夏季 하기 | 限定 한정 | プロモーション 프로모션 | 先月 지난달 | 一ケース 한 상자 | それほど 그다지 | 反響 반향 | 売り上げ 매상, 매출 | 直接的 직접적 | 繋がる 이어지다, 연결되다 | 扱う 취급하다, 다루다 | 方向 방향 | 進める 진행시키다 | ～つつ 계속 ～하면서

6 번

회의에서 남자가 여자에게 의견을 듣고 있습니다.

남 : 이후의 각 점포의 판매 계획에 대해 발표를 부탁합니다.

여 : 우선 지난번 회의에서도 나온 작은 주머니 4개에 1000엔인 상품은 어린이회 등에서 단체 이용도 많기 때문에 단가는 낮다고 해도 이후에도 계속해서 전개해 갈 예정입니다. 하기 한정의 프로모션에 대해서는 작년에도 인기가 있던 상품을 전개해 갈 예정이지만, 올해의 신상품은 지난달 한 상자만 전개했는데 그다지 반향도 없고 매출로 직접적으로 이어지지 않는다고 생각했기 때문에 우리 점포에서는 취급하지 않는 방향으로 진행시키려고 생각하고 있습니다.

여자는 어떻게 생각하고 있습니까?

1 인기 상품을 판매하면서 신상품도 전개한다.
2 인기 상품은 판매하지 않고 신상품만을 전개한다.
3 인기 상품은 판매하지만 신상품은 전개하지 않는다.
4 인기 상품도 신상품도 전개하지 않는다.

이 수업에서는 옛날 시대의 지도를 현대의 지도에 반영시켜 그 당시를 걸어보겠다고 하며, 최종적으로는 자신이 작성한 지도를 들고 토지를 걸어보는 현장 학습을 할 예정이라고 말하고 있다. 따라서 이 수업은 지리에 역사가 접목된 것이므로 정답은 2번, 역사 지리이다.

하기 한정의 프로모션에 대해서는 작년에도 인기가 있던 상품을 전개해 갈 예정이지만, 올해의 신상품은 그다지 반향도 없어 취급하지 않는 방향으로 진행시키려 한다고 말하고 있다. 따라서 정답은 3번, 인기 상품은 판매하지만 신상품은 전개하지 않는 것이다.

問題 4 では、問題用紙に何も印刷されていません。まず文を聞いてください。それから、それに対する返事を聞いて、1 から 3 の中から、最もよいものを一つ選んでください。
では練習しましょう。

例

M：会社でミスして部長に怒られちゃったよ。
F：1　やったじゃん。
　　2　そんな日もあるよ。
　　3　明日もそうだといいね。

最もよいものは 2 番です。解答用紙の問題 4 の例のところを見てください。最もよいものは 2 番ですから、答えはこのように書きます。
では始めます。

1 番

M：今日はこんなに雨が降るなんて知らなかったよ。
F：1　明日の天気も雨みたいだよ。
　　2　こんな日は日傘が必要だよね。
　　3　今日すごく暑かったよね。

> 単어
>
> 日傘 양산 | すごく 굉장히, 매우

2 番

M：本日はお足元の悪い中お越しいただきありがとうございます。
F：1　まだ少し足が痛みますが大丈夫です。
　　2　本日はよろしくお願いいたします。
　　3　足のリハビリは順調ですか。

> 단어
>
> 本日 오늘, 금일 | 足元の悪い中お越しいただき 날씨가 좋지 않는데도 참석해 주셔서 | リハビリ 재활 치료, 사회 복귀 요법 | 順調だ 순조롭다

3 番

M：明日の約束なんだけど、課題が多くて試験が終わってからでもいいかな。
F：1　え、楽しみにしてたのに。
　　2　試験もう終わったの？
　　3　明日はどこに行こうか。

문제 4에서는 문제 용지에 아무것도 인쇄되어 있지 않습니다. 먼저 문장을 들어 주세요. 그러고 나서 그것에 대한 대한 응답을 듣고 1에서 3 중에서 가장 알맞은 것을 하나 고르세요.
그럼 연습하겠습니다.

예

남：회사에서 실수해서 부장님께 혼나고 말았어.
여：1　해냈네.
　　2　그런 날도 있어.
　　3　내일도 그러면 좋겠네.

가장 알맞은 것은 2번입니다. 해답 용지의 문제 4의 예 부분을 봐 주세요. 가장 알맞은 것은 2번이니까 답은 이렇게 씁니다.
그럼 시작하겠습니다.

1 번

남：오늘은 이렇게 비가 내릴 줄 몰랐어.
여：1　내일 날씨도 비가 내릴 것 같아.
　　2　이런 날은 양산이 필요하지.
　　3　오늘 굉장히 더웠지.

> 해설
>
> 오늘은 이렇게 비가 내릴지 몰랐다는 것이다. 내일 날씨도 비가 올 것 같다고 대답하는 1번이 정답이다.

2 번

남：오늘은 날씨가 좋지 않은 와중에도 와 주셔서 감사합니다.
여：1　아직 조금 다리가 아프지만 괜찮습니다.
　　2　오늘은 잘 부탁 드립니다.
　　3　다리 재활 치료는 순조롭습니까?

> 해설
>
> 오늘 날씨가 좋지 않은데도 와 주셔서 감사하다는 말이다. 이에 대한 적절한 대답은 2번, 오늘은 잘 부탁 드린다는 것이다.

3 번

남：내일 약속 말인데, 과제가 많아서 시험이 끝나고 나서라도 괜찮아?
여：1　어, 기대하고 있었는데.
　　2　시험 벌써 끝난 거야?
　　3　내일은 어디에 갈까?

約束 약속 | 課題 과제 | 試験 시험 | ～てから ～(하)고 나서 | 楽しみにする 기대하다

4番
F : あの、財布落とされましたよ。
M : 1　素敵な財布ですね。
　　2　すみません。ありがとうございます。
　　3　気をつけてくださいね。

財布 지갑 | 落とす 떨어뜨리다 | 素敵だ 멋지다, 훌륭하다 | 気をつける 신경 쓰다, 주의하다

5番
M : 卒業論文の締め切りは２４日だから、残り２ヶ月頑張るんだぞ。
F : 1　締め切りに間に合いませんでした。
　　2　残り２４日頑張ります。
　　3　２４日の何時締め切りですか。

卒業論文 졸업 논문 | 締め切り 마감 | 残り 나머지 | 間に合う 시간에 맞추다 | 頑張る 열심히 하다, 분발하다

6番
M : 明日の夜のライブの場所とかちょっとあやふやなんだよね。
F : 1　ライブのチケット取れなくてさ。
　　2　行けばわかるでしょう。
　　3　昼のライブ見るの初めてだから嬉しい。

ライブ 라이브 | 場所 장소 | あやふやだ 애매하다, 모호하다 | チケット 티켓 | 昼 낮 | 初めて 처음 | 嬉しい 기쁘다

7番
M : あーあ、バイトでミスしちゃった。
F : 1　バイト行きたくないなぁ。
　　2　それは大変ね。
　　3　私もバイト始めようかな。

バイト 아르바이트 | ミス 실수, 잘못 | 大変だ 큰일이다, 힘들다 | 始める 시작하다

과제가 많아서 내일 약속을 시험 끝나고 나서 만나는 걸로 미룰 수 있는지 묻고 있다. 그러므로 적절한 대답은 1번, 기대하고 있었다고 하며 아쉬워하는 것이다.

4번
여 : 저, 지갑 떨어뜨렸어요.
남 : 1　멋진 지갑이군요.
　　2　죄송합니다. 감사합니다.
　　3　주의하세요.

상대에게 지갑 떨어뜨렸다고 알려주고 있다. 따라서 죄송하고 감사하다고 한 2번이 가장 적절한 대답이다.

5번
남 : 졸업 논문 마감은 24일이니까 나머지 두 달 열심히 하는 거야.
여 : 1　마감에 맞추지 못했습니다.
　　2　나머지 24일 열심히 하겠습니다.
　　3　24일 몇 시 마감입니까?

졸업 논문 마감이 24일이라며 나머지 두 달간은 열심히 할 거라고 말하고 있다. 선택지 중에서 이 말에 가장 적당한 대답은 24일 몇 시 마감인지를 묻는 3번이다.

6번
남 : 내일 밤 라이브 장소 좀 불확실하지.
여 : 1　라이브 티켓을 받지 못해서.
　　2　가면 알겠죠.
　　3　낮에 라이브 보는 것 처음이라서 기뻐.

내일 밤의 라이브 장소가 확실하지 않다는 말이므로 가면 알 수 있을 것이라고 대답한 2번이 가장 적절하다.

7번
남 : 아, 아르바이트에서 실수하고 말았어.
여 : 1　아르바이트 가고 싶지 않아.
　　2　그거 큰일이네요.
　　3　나도 아르바이트 시작할까?

남자가 아르바이트에서 실수하고 말았다고 말하고 있다. 따라서 2번, 그거 큰일이네요라고 위로한 2번이 정답이다.

해
설

8番

F：携帯料金の支払いがまだされていないようですが。

M：1　それは大変ですね。

　　2　つい使いすぎてしまいました。

　　3　遅れましたが本日中に振り込みます。

［단어］

携帯 휴대전화 | 料金 요금 | 支払い 지불 | 大変だ 큰일이다,
힘들다 | つい 무심코 | 本日中 오늘 중 | 振り込む (계좌에
돈을) 입금하다

9番

M：先日予約した平野ですが、日にちを変更できます
か。

F：1　はい、またのご利用お待ちしております。

　　2　はい、担当者のご希望はございますか。

　　3　はい、ご希望のお日にちはございますか。

［단어］

日にち 날짜, 기일 | 変更 변경 | 担当者 담당자 | 希望 희망

10番

F：目が悪いから、前の席に移動してもいいかな。

M：1　視力はどれくらいなの？

　　2　指定席だから確認してくるよ。

　　3　いい席が取れて良かったよね。

［단어］

移動 이동 | 視力 시력 | 指定席 지정석 | 確認 확인 | 席を
取る 자리를 잡다

11番

F：また遅刻？いい加減時間守ってよ。

M：1　今日は事情があって。

　　2　約束は守るよ。

　　3　行けなくてごめん。

［단어］

遅刻 지각 | いい加減 알맞음, 적당한 선 | 事情 사정 | 約束
약속 | 守る 지키다

8 번

여 : 휴대전화 요금 지불이 아직 되고 있지 않은 것 같습니
다만.

남 : 1　그것은 큰일이로군요.

　　2　무심코 너무 많이 사용해 버렸습니다.

　　3　늦었지만 오늘 중에 입금하겠습니다.

［해설］

휴대전화 요금 지불이 아직 안되고 있다는 말이므로, 늦었
지만 오늘 중에 입금하겠다고 해야 할 것이다.

9 번

남 : 일전에 예약한 히라노입니다만, 날짜를 변경할 수 있
습니까?

여 : 1　네, 다음의 이용 기다리고 있겠습니다.

　　2　네, 희망하시는 담당자는 있습니까?

　　3　네, 희망하시는 날짜는 있습니까?

［해설］

일전에 예약한 날짜를 변경할 수 있는지 묻고 있다. 따라
서 희망하는 날짜가 있는지 물은 3번이 정답이다.

10 번

여 : 눈이 나빠서 앞자리로 이동해도 될까?

남 : 1　시력은 어느 정도인 거야?

　　2　지정석이니까 확인하고 올게.

　　3　좋은 자리를 잡아서 다행이네.

［해설］

눈이 나빠서 앞자리로 이동해도 될지를 묻고 있다. 자리가
지정석이니 이동해도 되는지를 확인하고 오겠다고 하는
것이 가장 적절한 대답이다.

11 번

여 : 또 지각이야? 어지간하면 시간 지켜.

남 : 1　오늘은 사정이 있어서.

　　2　약속은 지켜.

　　3　가지 못해서 미안.

［해설］

또 지각한 것이냐며 시간 좀 지키라고 말하고 있다. 따라
서 가장 적절한 것은 1번, 오늘은 사정이 있어서 그랬다고
대답한 것이다.

１２番

F：繁忙期も終わったし、少し余裕を持って仕事ができるね。

M：1　うん、あともうひと頑張りだね。
　　2　うん、また忙しくなるね。
　　3　うん、やっぱ余裕がなきゃね。

[단어]

繁忙期 번망기(매우 바쁜 시기) | 余裕 여유 | あと 앞으로, 이제 | ひと〜 조금, 약간 | 頑張り 분발함, 열심히 함

１３番

M：連休に計画してた旅行、楽しみにしてたのにな。

F：1　いいな、どこに行くの？
　　2　旅行もいいけど映画はどう？
　　3　計画だめになったの？

[단어]

連休 연휴 | 計画 계획 | 旅行 여행 | だめになる 허사가 되다

１４番

M1：佐々木君、とんでもないことをしてくれたね。

M2：1　滅相もございません。
　　　2　かたじけないです。
　　　3　申し訳ありません。

[단어]

とんでもない 터무니없다, 어처구니 없다 | 滅相もない 터무니없다, 당치도 않다 | かたじけない (호의가) 감사하다, 고맙다 | 申し訳ない 변명할 여지가 없다, 미안하다

問題 5

問題５では長めの話を聞きます。この問題には練習はありません。メモをとってもかまいません。

１番、２番
問題用紙に何も印刷されていません。まず話を聞いてください。それから、質問とせんたくしを聞いて、１から４の中から、最もよいものを一つ選んでください。
では始めます。

12 번

여 : 바쁜 시기도 지났고 조금 여유를 가지고 일을 할 수 있네.

남 : 1　응, 이제 조금만 더 열심히 하면 돼.
　　2　응, 또 바빠지겠네.
　　3　응, 역시 여유가 있어야 해.

[해설]

한창 바쁜 시기도 지났고 하니 여유를 가지고 일을 할 수 있겠다고 했다. 역시 여유가 있어야 한다고 맞장구를 친 3번이 정답이다.

13 번

남 : 연휴에 계획하고 있던 여행 기대하고 있었는데.

여 : 1　좋아, 어디로 갈 거야?
　　2　여행도 좋지만 영화는 어때?
　　3　계획 허사가 된 거야?

[해설]

계획하고 있던 여행을 기대하고 있었는데 가지 못해 유감이라는 말이다. 따라서 계획이 허사가 된 것이냐고 묻는 3번이 정답이 된다.

14 번

남1 : 사사키 군 어처구니없는 일을 해 주었네.

남2 : 1　당치도 않습니다.
　　　2　감사합니다.
　　　3　미안합니다.

[해설]

사사키 군에게 어처구니 없는 일을 했다고 한 것에 대한 답으로 미안하다고 사과를 한 3번이 정답이다.

문제 5

문제 5에서는 조금 긴 이야기를 듣습니다. 이 문제에는 연습은 없습니다. 메모를 해도 상관없습니다.

1번, 2번
문제 용지에 아무것도 인쇄되어 있지 않습니다. 먼저 이야기를 들으세요. 그리고 나서 질문과 선택지를 듣고 1에서 4 중에서 가장 알맞은 것을 하나 고르세요. 그럼 시작하겠습니다.

1番

お店の人のジュースの説明を聞き、女の人と男の人が話しています。

M1：えーこちらをご覧ください。当店では美味しさだけでなく、栄養のバランスまで考えた健康にいいジュースをご用意いたしました。黄色・紫・赤・緑の4種類がございます。それぞれ効果が異なりますので、体調や目的に合わせてお選びください。黄色は男性の方に人気で、疲労回復の効果があります。紫は女性に人気で、美容に効果的です。緑には眼精疲労に効果があり、赤は黄色の作用に美白効果が加わり一番人気でございます。

F　：へえ、よさそうだね。美容効果が気になるわ。

M2：でもパソコンで目が疲れてるって言わなかった？

F　：そうなの。一日中デスクワークしてるからね。それにしようかな。

M2：一度飲んでみたら？　効果があるなら他のも買えばいいんだし。

F　：そうしようかな。あなたも飲むでしょ？

M2：うん。昨日パソコン一日中してたからか、充血がひどくてさ。

この女の人に効果的なジュースはどれですか。

1　黄色のジュース
2　紫のジュース
3　赤のジュース
4　緑のジュース

단어

ご覧 보심 | 栄養 영양 | バランス 밸런스, 균형 | 健康 건강
| 用意 준비 | 黄色 황색 | 紫 보라색 | 赤 빨간색 | 緑 초록
| 種類 종류 | それぞれ 각각 | 効果 효과 | 異なる 다르다
| 体調 몸 상태 | 合わせる 맞추다 | 疲労 피로 | 回復 회복
| 美容 미용 | 眼精疲労 안정 피로, 눈의 피로 | 作用 작용 |
美白効果 미백 효과 | 加わる 더해지다 | 一日中 하루 종일
| デスクワーク 데스크 워크, 책상에서 하는 일 | 充血 충혈

2番

会社で男の人と女の人がリストを見ながら話しています。

M：今度の新製品のデザイナー誰にしようか？　なるべくコストを抑えたいから新人で、将来性があって、それと今回の仕事は納期が厳しいから納期がきちんと守れる人じゃないと駄目だな。

1번

점원의 주스 설명을 듣고 여자와 남자가 이야기하고 있습니다.

남1 : 이쪽을 봐 주세요. 저희 가게에서는 맛뿐만 아니라 영양 균형까지 생각한 건강에 좋은 주스를 준비했습니다. 노랑・보라・빨강・초록의 4종류가 있습니다. 제각각 효과가 다르므로 몸 상태와 목적에 맞추어 골라 주세요. 노란색은 남성에게 인기이고, 피로 회복에 효과가 있습니다. 보라색은 여성에게 인기로 미용에 효과적입니다. 녹색은 눈의 피로에 효과가 있고, 빨간색은 황색의 작용에 미백 효과를 더해 가장 인기입니다.

여　: 우와, 좋아 보이는데. 미용 효과가 신경 쓰이네.

남2 : 하지만 컴퓨터 때문에 눈이 피로하다고 하지 않았어?

여　: 그래. 하루 종일 책상에서 일하고 있으니까. 그걸로 할까?

남2 : 한 번 마셔 보면 어때? 효과가 있으면 다른 것도 사면 되는 거고.

여　: 그렇게 할까? 너도 마시지?

남2 : 응. 어제 컴퓨터 하루 종일 해서인지 충혈이 심해서.

이 여자에게 효과적인 주스는 어느 것입니까?

1　노란색 주스
2　보라색 주스
3　빨간색 주스
4　녹색 주스

해설

여성은 하루 종일 책상에 앉아 일하다 보니 눈이 충혈되며 피로하다고 말하고 있다. 녹색이 눈 피로에 효과가 있다(緑には眼精疲労に効果があり、〜)고 했으므로 정답은 4번, 녹색 주스이다.

2번

회사에서 남자와 여자가 명단을 보면서 이야기하고 있습니다.

남 : 이번 신제품 디자이너 누구로 할까? 되도록 비용을 줄이고 싶으니까 신인이면서 장래성이 있고, 그리고 이번 일은 납기가 엄격하니까 납기를 확실히 지킬 수 있는 사람이어야 해.

F：はい、これが新人デザイナーのリストです。まず
　　一番目の人ですが、彼は仕事にも慣れています
　　し、将来性もあります。それと締め切りに関して
　　はぎりぎりなこともありますが、これまでは必ず
　　間に合わせてくれています。

M：うんうん。

F：次の二番目の人は斬新なデザインが好評です。た
　　だ、納期の面ではちょっと問題が。捨てがたい人
　　材なんですけど。

M：そうか。困ったな。

F：三番目の人ですが、作品はなかなかいいんですが
　　締め切りを過ぎてしまうことが多いようです。そ
　　れからこの四番目の人は納期はいつも問題ないん
　　ですが、この間デザイン賞をとったためデザイン
　　料がかなり高くなっていまして。コストがかかり
　　すぎます。

M：うーん、そうだね。やっぱりコストと納期はゆず
　　れないよな。じゃ、この人に連絡しようか。

F：はい、早速連絡します。

新製品のデザインを誰に頼みますか。

1　**一番目の人**
2　二番目の人
3　三番目の人
4　四番目の人

新製品 신제품 | なるべく 가능한 한, 되도록 | コスト 비용
| 抑える 억제하다 | 新人 신인 | 将来性 장래성 | 納期 납
기 | 厳しい 엄하다, 엄격하고 가차없다 | 慣れる 익숙해지
다 | 締め切り 마감 | ～に関しては ～에 관해서는 | ぎり
ぎり 여유가 없음, 빠듯함 | 間に合う 시간에 맞추다 | 斬新
참신함 | 好評 호평 | ～がたい ～하기 어렵다 | 賞をとる
상을 받다 | ゆずる 양보하다, 양도하다 | 早速 즉시, 당장

3番

まず話を聞いてください。それから、二つの質
問を聞いて、それぞれ問題用紙の1から4の中
から、最もよいものを一つ選んでください。
では始めます。

テレビを見ながら男の人と女の人が話しています。

M1：さて、次は読書コーナーの時間です。今日は、
　　　今年話題になった小説をジャンル別にご紹介しま
　　　す。まず時代小説ですが、あまりの人気さゆえに

여：네, 이것이 신인 디자이너 명단입니다. 우선 첫 번째
　　사람입니다만, 그는 일에도 익숙해져 있고 장래성도
　　있습니다. 그리고 마감에 관해서는 빠듯한 적도 있습
　　니다만, 지금까지는 반드시 시간에 맞춰 주고 있습니다.

남：음.

여：다음 두 번째 사람은 참신한 디자인으로 호평받고 있
　　습니다. 단 납기의 면에서는 좀 문제가. 버리기 힘든
　　인재입니다만.

남：그런가. 곤란하군.

여：세 번째의 사람입니다만, 작품은 상당히 좋지만 마감
　　을 지나버리는 일이 많은 듯합니다. 그리고 이 네 번째
　　의 사람은 납기는 늘 문제 없지만, 요전에 디자인상을
　　받았기 때문에 디자인료가 꽤 비싸져서. 비용이 너무
　　많이 듭니다.

남：음, 그렇군. 역시 비용과 납기는 양보할 수 없구나. 그
　　럼 이 사람에게 연락할까?

여：네, 즉시 연락하겠습니다.

신제품 디자인을 누구에게 부탁합니까?

1　**첫 번째 사람**
2　두 번째 사람
3　세 번째 사람
4　네 번째 사람

남자는 마지막 말에서, 비용과 납기는 양보할 수 없다고
말하고 있다. 즉 비용도 적게 들면서 납기도 잘 지키는 디
자이너를 원하는 것이다. 첫 번째 사람은 일에도 익숙해져
있고 장래성도 있으며 마감은 빠듯할 때도 있지만 지금까
지는 반드시 시간에 맞춰주고 있다고 했으므로 정답은 1번
이다.

3번

먼저 이야기를 들어 주세요. 그리고 나서 두 질문을
듣고 각각 문제 용지의 1에서 4 중에서 가장 알맞은
것을 하나 고르세요.
그럼 시작하겠습니다.

텔레비전을 보면서 남자와 여자가 이야기하고 있습니다.

남1：자, 그럼 다음은 독서 코너 시간입니다. 오늘은 올
　　　해 화제가 된 소설을 장르별로 소개하겠습니다. 우선
　　　시대소설로 엄청난 인기 때문에 드라마로도 제작된

ドラマにもなった『竜馬が行く』ですよね。竜馬の劇的な生涯を中心に、同じ時代をひたむきに生きた若者たちを描く長編小説です。次に推理小説では、宮部みゆきの『秘密』です。東京都荒川区の超高層マンションで起きた凄惨な殺人事件。殺されたのは「誰」で「誰」が殺人者だったのか。そもそも事件はなぜ起こったのか。事件の前には何があり、後には何が残ったのか。ノンフィクションの手法を使って心の闇を抉る宮部みゆきの最高傑作がついに文庫化。これは既に１００万部を突破し、映画でも大変高い人気を収めています。江國香織の『きらきらひかる』は、アルコール中毒の笑子と同性愛者の睦月。普通ではない新婚夫婦の日常と奇妙な三角関係。恋愛のカリスマが既存の常識を超えて人が人を大切に想うことの優しさと痛々しさを繊細な筆致で描いた人気恋愛小説。最後に、ビジネス小説においては、『９割がバイトでも最高のスタッフに育つディズニーの教え方』が、世代を問わず注目を集めています。

M2：ねえ、山田さんはどんな本が好き？

F ：私？私は字読むのが苦手でさ。恋愛は読んでるだけで眠くなるし、歴史とかは問題外。

M2：そうなんだ。山田さんらしいや。

F ：でも、このビジネス小説は興味あるかも。人を育てるっていう点で仕事に役立ちそうだし、買ってみようかな。大池さんは？

M2：そうだなぁ。俺、比較的本は読むほうなんだよ。

F ：へえー、意外。じゃあ今紹介された本も全部知ってる？

M2：本屋で見たりして気になってはいたんだけど、映画化されたのは映画を先に見てたからまだ読んではいないんだよね。買おうかな。

質問1

女の人はどの本を読もうと思っていますか。

1 『竜馬が行く』

2 『秘密』

3 『きらきらひかる』

4 『９割がバイトでも最高のスタッフに育つディズニーの教え方』

『료마가 간다』입니다. 료마의 극적인 생애를 중심으로 같은 시대를 한결같이 살아간 젊은이들을 그린 장편 소설입니다. 다음으로 추리 소설로는 미야베 미유키의 『비밀』입니다. 도쿄도 아라카와구의 초고층 맨션에서 일어난 처참한 살인 사건. 살해된 것은 '누구'이고 '누가' 살인자인가. 도대체 사건은 왜 일어났는가? 사건 전에는 무슨 일이 있고 나중에는 무엇이 남은 것인가? 논픽션 수법을 사용해 마음의 어둠을 도려내는 미야베 미유키의 최고 걸작이 마침내 문고화. 이것은 이미 100만 부를 돌파하여 영화로도 매우 높은 인기를 얻고 있습니다. 에쿠니 가오리의 『반짝반짝 빛나는』은 알코올 중독인 쇼코와 동성애자인 무츠키. 평범하지 않은 신혼 부부의 일상과 기묘한 삼각 관계. 연애의 카리스마가 기존의 상식을 넘어 사람이 사람을 소중히 생각하는 것의 상냥함과 애처로움을 섬세한 필치로 그린 인기 연애 소설. 마지막으로, 비즈니스 소설에서는 『90%가 아르바이트라도 최고의 스태프로 자라는 디즈니의 교수법』이 세대를 불문하고 주목을 끌고 있습니다.

남2: 야마다 씨는 어떤 책 좋아해?

여 : 나? 난 글자 읽는 것 싫어해서. 연애 소설은 읽고 있는 것만으로 졸려지고, 역사 소설 같은 것은 생각하지도 않아.

남2: 그렇구나. 야마다 씨답다.

여 : 하지만 이 비즈니스 소설은 흥미 있을지도 몰라. 사람을 기른다는 점에서 일에 도움이 될 것 같고 사 볼까? 오이케 씨는?

남2: 글쎄. 나, 비교적 책은 읽는 편이야.

여 : 어, 의외네. 그럼 지금 소개된 책도 전부 알고 있어?

남2: 서점에서 보거나 해서 관심 있는 건 있었지만, 영화화된 것은 영화를 먼저 봤으니까 아직 읽지는 않았어. 살까?

질문1

여자는 어느 책을 읽으려고 생각하고 있습니까?

1 『료마가 간다』

2 『비밀』

3 『반짝반짝 빛나는』

4 『90퍼센트가 아르바이트라도 최고의 스태프로 자라는 디즈니의 교수법』

해설

여자는 비즈니스 소설은 흥미 있을지도 모른다고 하며 일에 도움이 될 것 같다고 말하고 있다. 따라서 비즈니스 소설, 4번이 정답이 된다.

男の人がまだ読んでいない小説はどれですか。

1 『竜馬が行く』
2 『秘密』
3 『きらきらひかる』
4 『９割がバイトでも最高のスタッフに育つディズニーの教え方』

단어

読書 독서 | コーナー 코너 | 話題 화제 | ジャンル別 장르별 | 紹介 소개 | 〜ゆえに 〜때문에 | 劇的 극적 | 生涯 생애 | ひたむきに 한결같이 | 生きる 살다, 생활하다 | 長編小説 장편 소설 | 推理小説 추리 소설 | 秘密 비밀 | 超高層 초고층 | 凄惨だ 처참하다 | 殺人事件 살인 사건 | 殺ろす 죽이다 | 殺人者 살인자 | そもそも 도대체 | 手法 수법, 기법 | 闇 어둠, 암흑 | 抉る 에다, 도리다, 날카롭게 추궁하다 | 最高 최고 | 傑作 걸작 | ついに 마침내 | 文庫化 문고화 | 既に 이미, 벌써 | 突破 돌파 | 収める 담다, 거두다 | 中毒 중독 | 新婚夫婦 신혼 부부 | 日常 일상 | 奇妙だ 기묘하다 | 既存 기존 | 常識 상식 | 超える 넘다 | 痛々しさ 애처로움, 불쌍함 | 繊細 섬세함 | 筆致 필치 | 〜を問わず 〜을 불문하고 | 注目を集める 주목을 끌다 | 役立つ 유용하다, 도움이 되다 | 比較的 비교적 | 気になる 걱정되다, 신경 쓰이다

남자가 아직 읽지 않은 책은 어느 것입니까?

1 『료마가 간다』
2 『비밀』
3 『반짝반짝 빛나는』
4 『90퍼센트가 아르바이트라도 최고의 스태프로 자라는 디즈니의 교수법』

해설

남자는 마지막 말에서, 영화화된 것은 영화를 먼저 보아서 아직 책을 읽지 않았다고 했으므로 영화화된 책을 찾으면 된다. 따라서 정답은 2번이다.

1교시 언어지식(문자 · 어휘 · 문법) · 독해

問題1 1 ② 2 ③ 3 ③ 4 ① 5 ④ 6 ①

問題2 7 ② 8 ④ 9 ③ 10 ① 11 ② 12 ② 13 ③

問題3 14 ① 15 ④ 16 ① 17 ④ 18 ③ 19 ③

問題4 20 ① 21 ② 22 ② 23 ④ 24 ③ 25 ①

問題5 26 ④ 27 ① 28 ② 29 ③ 30 ④ 31 ② 32 ① 33 ② 34 ③ 35 ④

問題6 36 ② (4213) 37 ① (2314) 38 ① (4132) 39 ③ (2431) 40 ③ (4321)

問題7 41 ④ 42 ③ 43 ② 44 ④ 45 ①

問題8 46 ① 47 ③ 48 ② 49 ④

問題9 50 ③ 51 ① 52 ③ 53 ④ 54 ① 55 ② 56 ③ 57 ④ 58 ②

問題10 59 ② 60 ① 61 ③ 62 ④

問題11 63 ③ 64 ④ 65 ③

問題12 66 ① 67 ③ 68 ② 69 ③

問題13 70 ③ 71 ④

2교시 청해

問題1 1 ③ 2 ② 3 ② 4 ② 5 ③ 6 ④

問題2 1 ① 2 ④ 3 ② 4 ④ 5 ① 6 ③ 7 ②

問題3 1 ② 2 ④ 3 ④ 4 ② 5 ② 6 ②

問題4 1 ② 2 ③ 3 ② 4 ① 5 ② 6 ③ 7 ③ 8 ③ 9 ② 10 ② 11 ①
12 ③ 13 ② 14 ③

問題5 1 ③ 2 ③ 3-1 ④ 3-2 ②

문제 1 ______의 단어 읽는 법으로 가장 알맞은 것을 1·2·3·4에서 하나 고르시오.

1 이 버스는 흔들리는 경우가 있으니 서 계신 손님은 **손잡이**를 잡아 주세요.

> **해설** 吊는 훈으로 吊(つ)る, 革은 음으로 かく, 훈으로 革(かわ)라 읽는다. 吊革는 둘 다 훈독하여 つりか
> わ라 하며 '(전철, 버스 등의) 손잡이'를 뜻한다. 따라서 정답은 2번이다.

揺れる 흔들리다 | 場合 경우 | 吊革 (전철, 버스 등의) 손잡이 | 捕まる 붙잡고 매달리다

정답 ②

2 오늘부터 이쪽으로 **파견**된 다나카입니다.

> **해설** 派는 음으로 は, 遣은 음으로 けん, 훈으로 遣(つか)う/遣(つか)わす라 읽는다. 派遣(파견)은 둘 다 음
> 독하여 はけん이라 하므로 정답은 3번이다.

こちら 이쪽 | 派遣 파견

정답 ③

3 지진 때는 **재빠른** 행동이 중요하다.

> **해설** 素는 음으로 そ/す, 早는 음으로 そう/さっ, 훈으로 早(はや)い/早(はや)まる/早(はや)める라 읽는다.
> 여기서는 素는 음독하여 す, 早는 훈독하여 早(はや)い라 하는데, 이 때 早(はや)い의 첫 음 は가 탁음
> 화하여 ば가 되므로 すばやい라 한다. 따라서 정답은 3번이다.

地震 지진 | 素早い 재빠르다 | 行動 행동 | 大切だ 중요하다, 소중하다

정답 ③

4 언니와 **말다툼**을 하면 늘 내가 진다.

> **해설** 口는 음으로 こう/く, 훈으로 口(くち)라 읽으며, 論은 음으로 ろん이라 읽는다. 이 때는 둘 다 음독하
> 여 口論은 こうろん이라 하며 '언쟁, 말다툼'을 뜻한다. 따라서 정답은 1번이다.

姉 언니, 누나 | 口論 언쟁, 말다툼 | いつも 언제나, 항상 | 負ける 지다, 패배하다

정답 ①

5 **아무쪼록** 앞으로도 잘 부탁 드립니다.

> **해설** 何는 음으로 か, 훈으로 何(なに)/何(なん)이라 읽는다. 또 卒은 음으로 そつ라 읽는다. 하지만 何卒는
> 예외적으로 なにとぞ라 읽으므로 주의해야 한다. 따라서 정답은 4번이다.

何卒 제발, 아무쪼록 | これから 이제부터, 지금부터 | よろしく 잘 | お願いする 부탁드리나 | どっか 아무쪼록, 부디

정답 ④

6 남자인 주제에 **사내답지 않은** 말을 하는 사람은 여성이 싫어한다.

> **해설** 女는 음으로 じょ/にょ/にょう, 훈으로 女(おんな)/女(め)라 읽는다. 女々しい는 훈독하여 めめしい
> (사내답지 않다)라 하므로 정답은 1번이다.

男 남자 | ～くせに ～주제에 | 女々しい 사내답지 않다, 여자 같다 | 女性 여성 | 嫌う 싫어하다, 꺼리다

정답 ①

문제 2 (　　)에 넣을 것으로 가장 알맞은 것을 1·2·3·4에서 하나 고르시오.

7 **산꼭대기**에서의 경치는 거리 전체를 한눈에 조망할 수 있다.

해설 거리 전체를 한 눈에 내다볼 수 있으려면 어디에서 경치를 보아야 하는지 골라야 한다. 산꼭대기에서 보아야 한 눈에 볼 수 있으므로 정답은 1번의 山頂(さんちょう)이다.

山頂 산꼭대기, 산 정상 | 景色 경치 | 街 거리 | 全体 전체 | 一目 한눈, 한꺼번, 한 번 봄 | 見渡す 멀리까지 내다보다, 조망하다 | 海辺 해변 | 登山 등산 | 河口 하구

정답 ②

8 계속 짝사랑을 하고 있던 사람이 결혼하여 아주 **애달픈** 기분이 들었다.

해설 계속 짝사랑을 하던 사람이 결혼했을 때 느낄 수 있는 감정을 찾아야 한다. 애달프고 슬플 것이므로 4번 切(せつ)ない가 정답이다.

ずっと 쭉, 계속 | 片思い 짝사랑 | 結婚 결혼 | とても 매우, 대단히 | 切ない 애달프다, 괴롭다, 안타깝다 | 気持ち 기분, 마음 | 嬉しい 기쁘다 | 苦しい 답답하다, 괴롭다 | 卑しい 천하다, 저속하다

정답 ④

9 이 케이크에는 신선한 생크림과 치즈가 **듬뿍** 사용되고 있습니다.

해설 이 케이크에 생크림과 치즈가 어떻게 사용되고 있다고 할지를 찾아야 한다. ふんだん은 '많음'을 뜻하므로 정답은 3번, 생크림과 치즈가 많이 듬뿍 사용되고 있다고 하는 것이 가장 적절하다.

ケーキ 케이크 | 新鮮だ 신선하다 | 生クリーム 생크림 | チーズ 치즈 | ふんだんに 많이, 듬뿍 | ぼうだいに 방대하게 | おおまかに 대충, 얼추잡아 | なめらかに 매끈하게, 순조롭게

정답 ③

10 내일 시험을 생각하면 **우울**하다.

해설 내일 시험에 대해 생각하면 어떨지를 찾아야 한다. 1번의 憂鬱(ゆううつ)를 넣어 우울하다고 하는 것이 가장 적절하다.

試験 시험 | 憂鬱 우울 | 敏感 민감(함) | 本気 본심, 제정신 | 臆病 겁이 많음, 겁쟁이

정답 ①

11 배가 **고파서** 힘이 나지 않는다.

해설 힘이 나지 않는다고 하므로 빈 칸에는 배가 고프다는 말이 들어가야 한다. ぺこぺこ는 배가 몹시 고픔을 뜻하므로 정답은 2번이다.

お腹 배 | ぺこぺこ 배가 몹시 고픔, 머리 숙이며 굽실거리는 모양 | 力が出る 힘이 나다 | ぷかぷか 뻐끔뻐끔(담배를 피우는 모양), 둥실둥실(물 위에 가볍게 떠 있는 모양) | すかすか 척척(일이 잘 진행되는 모양), 틈이 많은 모양 | ぐるぐる 빙글빙글(물건이 도는 모양)

정답 ②

12 이것을 수리하려면 분해하는 데에 **드라이버**가 필요합니다.

해설 물건을 수리하기 위해 분해할 때 사용하는 것을 찾으면 된다. 분해하는 데에 쓰이는 것은 2번 ドライバー(드라이버)이다.

修理 수리 | 分解 분해 | ドライバー 드라이버 | 必要だ 필요하다 | レギュラー 레귤러, 규칙 바른, 정규의 | ライター 라이터, 점화기 | バッテリー 배터리

정답 ②

13 내가 이 옷으로 파티에 참석하는 것은 **그 자리에** 어울리지 않는다.

해설 이 옷으로 파티에 나가는 것은 자리에 어울리지 않는다는 말이 되어야 할 것이다. 따라서 '자리'를 뜻하는 명사 場(ば)를 넣어야 한다.

服 옷 | パーティー 파티 | 出席 출석, 참석 | 場違い 장소가 다름, 그 자리에 어울리지 않음

정답 ③

14　열심히 연습했는데도 시합에 져서 **침울해졌다**.

　　해설　시합에 졌다고 하므로 여기서 동사 落(お)ち込(こ)む는 '(기분이) 침울해지다'라는 뜻으로 쓰인 것이다.
　　　　　이것과 의미상 통하는 것은 へこむ(꺾이다, 움푹 들어가다)이므로 정답은 1번 へこんだ이다.

一生懸命 열심히 | 練習 연습 | 試合 시합 | 負ける 지다, 패하다 | 落ち込む (기분이) 침울해지다, (좋지 않은 상태에) 빠지다 | へこむ 꺾이다, 움푹 들어가다 | きずつく 다치다, 상처를 입다 | よわる 약해지다, 난처해지다 | なやむ 고민하다

　　　　　　　　　　　　　　　　　　　　　　　　　　　　　　　　　정답 ①

15　매일의 점검을 **게을리하고** 있었기 때문에 이러한 사고로 이어졌다.

　　해설　매일 해야 하는 점검을 게을리하여 사고로 이어졌다는 말이다. 게을리한다는 것은 방심하는 것과 비슷한
　　　　　의미이므로 정답은 4번 油断(ゆだん)して(방심하고)이다.

点検 점검 | 怠る 게을리하다, 방심하다 | 事故 사고 | 繋がる 이어지다, 연결되다 | 早まる (시간, 기일 등이) 빨라지다, 앞당겨지다 | ふざける 농담하다, 장난치다 | 注意 주의 | 油断 방심, 부주의

　　　　　　　　　　　　　　　　　　　　　　　　　　　　　　　　　정답 ④

16　갑작스러운 질문에 **맹점**을 찔렸다.

　　해설　盲点(もうてん)은 '맹점', 즉 주의가 미치지 못하여 지나치는 잘못된 점을 뜻한다. 따라서 이것은 1번 見
　　　　　落(みお)としているところ(간과하고 있는 점)와 비슷한 의미이다.

いきなり 갑자기 | 質問 질문 | 盲点 맹점 | 突く 찌르다 | 見落とす 간과하다, 빠뜨리고 보다 | 驚く 놀라다 | 緊張 긴장 | 気にする 걱정하다, 마음에 두다

　　　　　　　　　　　　　　　　　　　　　　　　　　　　　　　　　정답 ①

17　예상하고 공부한 부분이 시험에서 **모조리** 벗어났다.

　　해설　ことごとく는 '모조리, 모두'라는 의미의 부사로, 예상하고 공부한 부분이 시험에서 전부 벗어났다는 말
　　　　　이다. 따라서 정답은 4번 全(すべ)て(전부)이다.

予想 예상 | 勉強 공부 | 試験 시험 | ことごとく 모조리, 모두 | 外れる 빠지다, 벗어나다 | 全て 모두, 전부 | 大体 대부분, 대강 | ほとんど 거의, 대부분 | ほんの少し 아주 조금

　　　　　　　　　　　　　　　　　　　　　　　　　　　　　　　　　정답 ④

18　그녀와 **진심으로** 사귀고 싶습니다.

　　해설　本気(ほんき)가 '진심, 본심'이라는 뜻으로 本気(ほんき)では '진심으로, 본심으로'라는 의미이다. 따라
　　　　　서 그녀와 진심으로 사귀고 싶다는 말이므로, 의미상 통하는 것은 3번 真剣(しんけん)に(진지하게)이다.

本気 진심, 본심 | 付き合う 사귀다, 교제하다 | 真剣に 진심으로, 진지하게 | 元気に 건강하게 | 親密に 친밀하게 | 正直に 정직하게

　　　　　　　　　　　　　　　　　　　　　　　　　　　　　　　　　정답 ③

19　나의 성격은 엄마를 닮아 **성급하다**.

　　해설　せっかち란 '성급함, 조급함'을 뜻한다. 따라서 '성미가 급함'을 뜻하는 3번 短気(たんき)와 의미상 통한다.

性格 성격 | 似る 닮다, 비슷하다 | せっかちだ 성급하다, 조급하다 | 短気だ 성미가 급하다 | 頑固だ 완고하다 | 厳格だ 엄격하다 | 勇敢だ 용감하다

　　　　　　　　　　　　　　　　　　　　　　　　　　　　　　　　　정답 ③

문제 4　다음 단어의 사용법으로 가장 알맞은 것을 1·2·3·4에서 하나 고르시오.

20 뿌리 깊다, 꿋꿋하다, 꾸준하다

1 신혼여행이라고 하면 역시 하와이가 <u>꾸준한</u> 인기이다.

2 스포츠 선수에게는 <u>꿋꿋히</u> 움직일 수 있는 능력이 필요하다. [根強く → 素早く(민첩하게)]

3 <u>꿋꿋히</u> 공부했기 때문에 좋은 점수를 얻었다. [根強く → 粘り強く(끈덕지게, 끈기 있게)]

4 요즘은 <u>뿌리 깊은</u> 물건이 많이 팔리고 있다. [根強い → きれいな(예쁜)]

해설 根強(ねづよ)い는 '뿌리 깊다, 꿋꿋하다, 꾸준하다'라는 의미의 い형용사이다. 따라서 1번, 신혼여행이라고 하면 역시 하와이가 꾸준한 인기가 있다고 한 것이 올바르게 쓰인 것이다.

根強い 뿌리 깊다, 꿋꿋하다, 꾸준하다 | 新婚旅行 신혼여행 | ～と言えば ～라고 하면 | やはり 역시 | ハワイ 하와이 | 人気 인기 | スポーツ選手 스포츠 선수 | 動く 움직이다 | 能力 능력 | 点 점수 | 取る 얻다, 획득하다 | 物 물건 | 売る 팔다

정답 ①

21 몰래 함, 은밀히 함

1 여기서는 <u>은밀하게</u> 하고 이야기를 하지 마세요. [密か → 静か(조용하게)]

2 그에게는 다른 누구에게도 말하지 않고 있는 <u>은밀한</u> 꿈이 있다.

3 건강에는 <u>은밀한</u> 영양 드링크가 추천입니다. [密か → 新鮮(신선한)]

4 내일 날씨는 <u>은밀히</u> 맑겠지요. [密か → 徐々(서서히, 점차)]

해설 密(ひそ)か는 남에게 알리지 않고 '몰래 함, 은밀함'을 뜻한다. 그러므로 2번, 그에게는 누구에게도 말하지 않고 있는 은밀한 꿈이 있다는 것이 가장 자연스러운 문장이다.

密かだ 몰래 하다, 은밀히 하다 | ～ないでください ～하지 마세요 | 夢 꿈 | 健康 건강 | 栄養ドリンク 영양 드링크 | おすすめ 추천, 권유 | 天気 날씨 | 晴れる 날씨가 개다, 혐의가 풀리다

정답 ②

22 조리, 이치

1 어제 천둥으로 큰 <u>조리</u> 흔적이 남아 있다. [つじつま → 焼け(탐, 그을음)]

2 그의 증언은 전부 <u>이치</u>대로입니다.

3 저기에 있는 <u>조리</u>까지 걸어 가자. [つじつま → 橋(다리)]

4 두 사람의 이야기가 <u>조리</u>하고 있다. [つじつま → 飛躍(비약)]

해설 つじつま는 '조리, 이치'를 뜻하는 명사이다. 2번은 그의 증언이 이치대로, 즉 이치가 통한다는 말이므로 이것이 정답이다.

つじつま 조리, 이치 | 雷 천둥, 벼락 | 大きな 큰, 커다란 | 跡 흔적, 자국 | 残る 남다 | 証言 증언 | ～通り ～대로

정답 ②

23 푸념

1 <u>푸념</u>이 있으면 이 문제도 해결할 수 있을 것이다. [愚痴 → 努力(노력)]

2 준비도 하지 않고 도전하다니 <u>푸념</u>이었다. [愚痴 → 無謀(무모)]

3 회사를 위해 <u>푸념</u>을 하는 것은 그만두는 편이 좋다. [愚痴 → 無理(무리)]

4 아까부터 일의 <u>푸념</u>만 하고 있다.

해설 愚痴(ぐち)는 '푸념'이라는 뜻의 명사이다. 따라서 4번, 아까부터 일에 대한 푸념만 하고 있다고 한 것이 올바르게 쓰인 문장이다.

愚痴 푸념 | 解決 해결 | はず 당연히 ～할 것 | 準備 준비 | 挑戦 도전 | 止める 그만두다 | さっき 조금 전, 아까

정답 ④

24 (한동안) 그 상태나 화제가 계속됨, 자자함

1 이번 달로 이 잡지의 게재는 <u>계속됩니다</u>. [持ち切り → 打ち切り(중지됩니다)]

2 남은 부분만 <u>계속됩니다</u>. [持ち切り → 持ち帰り(들고 갑니다)]

3 교실에서는 선생님의 소문으로 자자하다.

4 계산은 <u>계속 이어지게</u> 지불하게 합시다. [持ち切り → 小切手(수표)]

해설 持(も)ち切(き)り는 계속 같은 상태가 유지되거나 같은 화제가 이어짐을 뜻한다. 그러므로 교실에서는 선생님의 소문으로 자자하다고 표현한 3번이 정답이 된다.

持ち切り (한동안) 그 상태나 화제가 계속됨, 자자함 | 雑誌 잡지 | 掲載 게재 | 余る 남다 | 分 부분, 몫 | 教室 교실 | うわさ話 소문, 세상 이야기 | 会計 회계, 계산 | 払う 지불하다

정답 ③

25 포장

1 도로의 포장 공사로 차가 정체되고 있다.

2 백화점에서 산 상품을 <u>포장</u>해서 받았다. [舗装 → 包装(포장)]

3 이 휴대전화는 <u>포장</u> 기능이 딸려 있다. [舗装 → 放送(방송)]

4 소중한 것을 고장 내 버렸기 때문에 <u>포장</u>한다. [舗装 → 弁償(변상)]

해설 舗装(ほそう)는 '포장', 즉 길의 바닥에 돌, 콘크리트, 아스팔트 등을 깔아 단단히 다지는 일을 뜻하는 것이다. 따라서 도로의 포장 공사로 차가 정체되어 있다고 하는 1번이 정답이다.

舗装 포장 | 道路 도로 | 工事 공사 | 渋滞 정체 | デパート 백화점 | 商品 상품 | 携帯 휴대전화 | 機能 기능 | 付く 딸리다, 붙다 | 大事だ 소중하다, 중요하다 | 壊す 부수다, 고장을 내다

정답 ①

문제 5 다음 문장의 (   )에 넣을 것으로 가장 알맞은 것을 1 · 2 · 3 · 4에서 하나 고르시오.

26 날씨가 좋으니 산책할 <u>겸</u> 슈퍼에서 장을 보고 옵니다.

해설 산책을 겸해 장을 보고 온다는 것이다. 즉 하나의 행동이 또 다른 행동을 겸한다는 의미인 것이므로, 동사의 ます형/명사+がてら(~를 겸해서, ~하는 김에)를 뜻하므로 정답은 4번이 된다.

散歩 산책 | ～がてら ～를 겸해서, ～하는 김에 | スーパー 슈퍼마켓 | 買い物 쇼핑, 장 | ～てから ～(하)고 나서 | ～ながら ～하면서(도) | ～てまで ～(해)서까지

정답 ④

27 불경기로 보너스는 없어지고 월급도 줄었지만, 일이 있는 **것만으로도 다행**이다.

해설 불경기로 보너스가 없어지고 월급도 줄었다고 하고 있다. 이것은 좋지 않은 상태이지만 일이 있으므로 최악의 상황보다는 낫다는 의미이므로, 이 때는 1번 ～だけましだ(~만으로도 다행이다)가 적절하다.

不景気 불경기 | ボーナス 보너스 | 無くなる 없어지다 | 給料 급료 | 減る 줄다, 감소하다 | ～だけましだ ～만으로도 다행이다, ～한 만큼 다행이다

정답 ①

28 저 후배**로 말할 것 같으면** 지각은 하는데다 인사도 하지 않고 전혀 예의가 없다.

해설 후배에 대해 말하면서 지각하고 인사도 하지 않아서 예의가 없다고 하고 있다. 즉 앞에서 제시한 후배(後輩)에 대해 뒤에서 비난조로 말하고 있으므로, 이 때는 ～ときたら(~로 말할 것 같으면)로 연결하여 앞의 제시어를 강조해야 한다. 따라서 정답은 2번이다.

後輩 후배 | ～ときたら ～로 말할 것 같으면 | 遅刻 지각 | 挨拶 인사 | 全く 전혀, 완전히 | 礼儀 예의

정답 ②

29 이것**으로** 축하 인사를 하겠습니다.

> **해설** 이것으로 축하 인사를 하겠다는 말이 되어야 하므로, 어떠한 일의 시작을 나타내는 표현을 골라야 한다.
> ~をもって는 '~으로, ~으로써'라는 뜻으로 어떤 일의 시작이나 끝을 나타내므로 이것을 정중형으로
> 나타낸 표현, 3번 ~をもちまして가 정답이 된다.

~をもちまして ~으로, ~으로써 | お祝い 축하, 축하 인사 | 言葉 말, 언어 | ~(さ)せていただく ~하다(겸양 표현)

정답 ③

30 일전에는 대단히 신세를 져, 감사의 인사를 **드리고 싶어** 전화 드렸습니다.

> **해설** お礼(れい)에 연결되어야 하므로 감사의 인사를 드리고 싶다는 말이 되어야 한다. 따라서 '말씀 드리다'
> 라는 뜻의 겸양어 申(もう)し上(あ)げる에 ~たい를 접속해 표현한 4번, 申(もう)し上(あ)げたく(말
> 씀을 드리고 싶어)가 정답이다.

先日 일전, 요전 | 大変 매우, 대단히 | お世話になる 신세를 지다 | お礼 답례, 감사의 인사 | 申し上げる 말씀 드리다, 아
뢰다 | 差し上げる 드리다(与える의 겸양어) | いたす 하다(する의 겸양어) | おっしゃる 말씀하시다(言う의 존경어)

정답 ④

31 오늘은 아주 좋아하는 가수의 악수회가 있어서 일을 **쉬고서라도** 가고 싶다.

> **해설** 오늘 아주 좋아하는 가수의 악수회가 있다고 하므로 일을 쉬고라도 가고 싶다고 해야 할 것이다. 〈동사의
> て형+てでも〉는 '~(해)서라도'라는 뜻이므로 동사 休(やす)む에 연결해 休(やす)んででも(쉬고서라
> 도)가 되어야 한다. 따라서 정답은 2번이다.

大好きだ 아주 좋아하다 | 歌手 가수 | 握手会 악수회(서적이나 DVD 등을 발매한 기념으로 개최하는 이벤트) | 仕事 일, 업
무 | 休む 쉬다 | ~てでも ~(해)서라도

정답 ②

32 (결혼식에서)

A "다나카 씨, 결혼 축하해."

B "아, 와 주었네. 고마워."

A "아니, 이런 예쁜 부인을 맞이하고 **정말** 부럽다."

> **해설** 너무 예쁜 부인을 맞이해서 너무 부럽다는 의미가 되어야 한다. 따라서 자신의 감정을 강조하여 표현할
> 때 사용하는 1번 ~かぎりだ(매우 ~하다)가 정답이다.

結婚式 결혼식 | 綺麗だ 예쁘다, 깨끗하다 | 奥さん 부인(남의 아내의 높임말) | もらう 맞아들이다 | うらやましい 부럽
다 | ~かぎりだ 매우 ~하다 | ~ばかり ~뿐, ~만 | ~はずだ 당연히 ~일 것이다 | ~に違いない ~임에 틀림없다

정답 ①

33 지구 온난화가 진행되어, 많은 식물과 동물이 절멸(멸종) 위기에 직면해 있는 것은 말할 **것까지도 없다.**

> **해설** 지구 온난화로 많은 식물과 동물이 절멸(멸종) 위기에 직면해 있는 것은 누구나 알고 있는 당연한 일이므
> 로 말할 필요도 없다고 해야 할 것이다. 따라서 동사의 사전형에 ~までもない(~할 필요도 없다)를 연
> 결해야 하므로 정답은 2번이다.

地球温暖化 지구 온난화 | 進む 진행되다 | たくさん 많음 | 植物 식물 | 動物 동물 | 絶滅 절멸, 멸종 | 危機 위기 | 直面
직면 | ~までもない ~할 필요도 없다 | ~べくもない (도저히) ~할 수 없다, ~할 방도가 없다 | ~までだ ~하면 된다,
~했을 뿐이다 | 極まりない 짝이 없다, 한이 없다

정답 ②

34 해외에 간다면 영어를 **말할 수 있는 게 좋지**만, 중요한 것은 말을 몰라도 서로를 이해하려고 하는 마음이다.

> **해설** 해외에 간다면 영어를 할 수 있는 것이 상식적으로 생각해서 당연히 좋은 것이다. 이럴 때 쓰는 것은 ~
> にこしたことはない(~하는 편이 좋다/~하는 것이 제일이다)이므로 '말할 수 있다'는 뜻의 동사 話(はな)せる에 연결하여 3번, 話せるにこしたことはない(말할 수 있는 편이 좋다)가 되어야 한다.

<ruby>海外<rt>かいがい</rt></ruby> 해외 | <ruby>英語<rt>えいご</rt></ruby> 영어 | ～にこしたことはない ～하는 편이 좋다, ～하는 것이 제일이다 | わかる 알다, 이해하다 | <ruby>お互<rt>たが</rt></ruby>い 서로 | <ruby>理解<rt>りかい</rt></ruby> 이해 | ～ようとする ～하려고 하다 | ～ずにはすまない ～해야 한다, ～하지 않으면 해결되지 않는다 | ～ないではおかない ～하고야 말겠다, ～하게 된다

정답 ③

35 이쪽의 상품은 잠깐이라면 물에 닿아<u>도 지장 없지</u>만, 오랫동안 물 속에 있거나 <u>스스로 물에 적시는 일은</u> 피해 주세요.

해설 앞은 少(すこ)しの間(あいだ)(잠깐)이라고 했고 뒤는 長(なが)い間(あいだ), 즉 오랫동안 물 속에 두거나 물에 적시지 말라고 하고 있다. 따라서 잠깐이라면 물에 닿아도 괜찮지만 오랫동안은 피하라고 해야 연결이 자연스럽다. 따라서 触(ふ)れる에 ～てもさしつかえない(～해도 지장 없다)를 연결해 触(ふ)れてもさしつかえない(닿아도 지장 없다)가 되므로 정답은 4번이다.

<ruby>商品<rt>しょうひん</rt></ruby> 상품 | <ruby>少<rt>すこ</rt></ruby>しの<ruby>間<rt>あいだ</rt></ruby> 잠깐 | <ruby>触<rt>ふ</rt></ruby>れる 닿다, 접촉하다 | ～てもさしつかえない ～해도 지장 없다 | <ruby>長<rt>なが</rt></ruby>い<ruby>間<rt>あいだ</rt></ruby> 오랫동안 | <ruby>自<rt>みず</rt></ruby>ら <u>스스로</u> | <ruby>水<rt>みず</rt></ruby>につける 물에 적시다 | <ruby>避<rt>さ</rt></ruby>ける 피하다 | さしつかえる 지장이 있다, 방해가 되다 | ～ないではすまない ～해야 한다, ～하지 않으면 해결되지 않는다

정답 ④

문제 6 다음 문장의 ____★____ 에 들어갈 가장 알맞은 것을 1 · 2 · 3 · 4에서 하나 고르시오.

36 이 레스토랑의 코스 요리를 <u>다 먹었다고</u> <u>생각했더니</u> <u>굉장히 맛있을 것 같은 디저트도</u> 나왔다.

해설 ～と思(おも)いきや(～라고 생각했더니)가 들어간 구문이다. 코스 요리를 다 먹어서 끝이라고 생각했는데, 자신의 생각과는 달리 굉장히 맛있어 보이는 디저트도 나왔다는 말이다. 따라서 食(た)べ終(お)わった/と思(おも)いきや/すごくおいしそうな/デザートも(다 먹었다/고 생각했더니/굉장히 맛있을 것 같은/디저트도)의 순서가 되므로 정답은 2번이다.

レストラン 레스토랑 | コース<ruby>料理<rt>りょうり</rt></ruby> 코스 요리 | <ruby>食<rt>た</rt></ruby>べ<ruby>終<rt>お</rt></ruby>わる 다 먹다 | ～と<ruby>思<rt>おも</rt></ruby>いきや ～라고 생각했더니 | すごく 굉장히 | デザート 디저트

정답 ② (4213)

37 희망하는 회사에 입사하고 좋아하는 아이에게 고백 받다니 <u>좋은 일 일색이라 무서울</u> 정도다.

해설 ～ずくめ(～일색)가 들어간 구문인데, 이것은 명사에 접속하므로 바로 앞에는 いいこと(좋은 일)를 넣어야 한다. 희망하는 회사에 입사하고 좋아하는 아이에게 고백 받은 일들로 좋은 일 일색이라는 것이므로, 첫 칸에는 なんて(～하다니), 뒤에는 좋은 일 일색이라 무섭다고 해야 하므로 いいこと/ずくめで/怖(こわ)い(좋은 일/일색이라/무섭다)가 들어간다. 따라서 정답은 1번이다.

<ruby>希望<rt>きぼう</rt></ruby> 희망 | <ruby>入社<rt>にゅうしゃ</rt></ruby> 입사 | <ruby>告白<rt>こくはく</rt></ruby> 고백 | ～なんて ～하다니 | ～ずくめ ～일색 | <ruby>怖<rt>こわ</rt></ruby>い 무섭다 | ～くらい 정도

정답 ① (2314)

38 A "회사의 방침은 무엇입니까?"

B "<u>사원이 있고 나서야</u> <u>회사이므로 사원의 말을</u> 제일로 듣고 좋은 환경 만들기에 힘을 쏟고 있습니다."

해설 'Aあっての B'는 'A가 있고 나서의 B'라는 뜻이므로, 여기서는 社員(しゃいん) 뒤에 あっての/会社(かいしゃ)를 넣어 '사원이 있고 나서야 회사'가 되어야 한다. 또 그렇기 때문에 사원의 말을 제일로 듣는다고 해야 하므로 なので/社員(しゃいん)の言葉(ことば)を(～이기 때문에/사원의 말을)를 넣어야 한다. 따라서 정답은 1번이다.

<ruby>方針<rt>ほうしん</rt></ruby> 방침 | <ruby>社員<rt>しゃいん</rt></ruby> 사원 | ～あっての～ ～가 있고 나서의 ～ | <ruby>一番<rt>いちばん</rt></ruby> 가장, 제일 | <ruby>良<rt>よ</rt></ruby>い 좋다 | <ruby>環境作<rt>かんきょうづく</rt></ruby>り 환경 만들기 | <ruby>力<rt>ちから</rt></ruby>を<ruby>入<rt>い</rt></ruby>れる 힘을 쏟다

정답 ① (4132)

39 내일도 **이르고 하니 오늘은 여기까지** 하고 이어서는 내일 합시다.

해설 ～ことだし는 '～이고, ～이기도 하니'라는 뜻으로 어떤 일을 할 때의 그 이유를 강조하여 나타내는 구문
이다. 내일도 일찍부터이고 하니 오늘은 여기까지 하자는 말이 되어야 하므로 루(はや)い/ことだし/今
日(きょう)は/ここまで(이르다/이기도 하니/오늘은/여기까지)의 순이므로 정답은 3번이 된다.

早い 빠르다, 이르다 | ～ことだし ～이고, ～이기도 하니 | 続き 계속, 연속 | やる 하다

정답 ③ (2431)

40 A "여행 어땠어?"

B "이번에는 **싼 요금과 시간이 없는 것에 비해서는 충분히** 만족할 수 있고 즐길 수 있었어."

해설 ～割(わり)には(～에 비해서는)가 쓰인 구문이므로, 싼 요금에 시간이 없는 것에 비해서는 충분히 만족
할 수 있었다는 말이 되어야 연결이 자연스럽다. 그러므로 安い料金/で時間がない/割には/十分(싼 요
금/에 시간이 없는 것/에 비해서는/충분히)이므로 정답은 2번이다.

旅行 여행 | 安い 싸다 | 料金 요금 | 時間 시간 | ～割には ～에 비해서는 | 十分 충분히 | 満足 만족 | 楽しむ 즐기다

정답 ③ (4321)

문제 7 다음 글을 읽고 글 전체의 취지에 입각하여, **41** 부터 **45** 안에 들어갈 가장 알맞은 것을 1·2·3·4에
서 하나 고르시오.

'사랑을 하면 여성은 예뻐진다'는 말을 들은 적이 있을까? 남성 **41** 과는 달리 여성이라면 누구든지 좋아하는
사람이 생기면 귀엽게 보이고 싶고, 좋게 생각되고 싶다는 생각에서 평소에는 화장을 하지 않았던 사람이 화장
을 하기도 하고, 옷을 고르는 것도 신중해지기도 하고 다이어트를 시작하기도 하고 여러 가지 예뻐지기 위한 행
동을 한 적이 있을 것이다.

겉모습으로부터의 아름다움에는 한계가 있지만, 내면으로부터의 여성의 변모(注1)에는 놀라게 된다. 그때까
지는 피곤한 모습으로 출근해서 일도 적당히 하고 있던 여성이, 어느 날 갑자기 그 쪽에서 웃는 얼굴로 인사를
해 왔을 때에는 마치 **42** 다른 사람인 것 같았다. 아무래도 좋아하는 사람이 생긴 것 같다. 이것이 **43** 사랑의 힘
인 것인가? 사랑을 하는 것으로 마음이 충만해져 매일이 즐거워지고, 의식하지 않아도 표정이 풍부하고 여성스
러운 행동(注2)이 되는 것이다. 실제로 호르몬이 분비되어 피부가 좋아진다고 하는 의학적 근거도 있다. 평소보
다 다른 사람에게 상냥해지기도 하고, 일에 대해 적극성이 나오기도 하는 등 매일의 생활이 밝고 긍정적이 되는
모습도 엿볼 수 있다. 또한 그런 사랑하는 여성을 늘리기 위해서도 **44** 남성도 충실한 생활을 보내고, 멋진 매력
을 유지하는 노력을 잊어서는 안 될 것이다.

사랑은 어떤 의미에서 일종의 마법(注3) **45** 과 같은 것일지도 모른다. 만혼화(注4)가 진행되는 오늘날이지만,
이 마법이 세상의 여성을 빛나게 하고 사회의 원동력(注5)이 되며 일과 사생활, 연애와 다양한 면에서 큰 힘을 발
휘할 것을 기대하고 싶다.

(注1) 変貌 : 모습이나 모양이 완전히 바뀌는 것, 변모
(注2) 仕草 : 뭔가를 할 때의 아무렇지도 않은 행동, 동작, 표정
(注3) 魔法 : 눈에 보이지 않는 불가사의한 힘, 매직, 마법
(注4) 晩婚化 : 처음 결혼하는 연령이 이전보다 높아지기 시작하고 있는 것, 만혼화
(注5) 原動力 : 모든 일의 활동의 근간이 되는 힘, 원동력

41 　1　과 같이　　　　　　　　　2　뿐만 아니라
　　　3　조차　　　　　　　　　　4　과는 달리

 빈칸 뒤에서는 여성이 좋아하는 사람이 생기면 달라지는 행동들에 대해 말하고 있다. 이것들은 남성과는 다른 여성의 모습이므로 빈칸에는 4번 にひきかえ(~와 달리/~와 반대로)를 넣어 남성과는 달리 여성이라면 이렇다고 설명해야 한다.

42　1　어머니와 같았다　　　　2　여성과 같았다
　　　3　다른 사람인 것 같았다　　4　외국인 같았다

해설　그때까지는 피곤한 모습으로 출근해서 일도 적당히 하고 있던 여성이 어느 날 갑자기 웃는 얼굴로 인사를 해 왔을 때 어떻게 느껴지는지를 찾아야 한다. 마치 다른 사람처럼 느껴질 것이므로 정답은 3번 別の人のようだった(다른 사람인 것 같았다)이다.

43　1　아름다움　　　　　　**2　사랑**
　　　3　돈　　　　　　　　　4　행운

해설　여성이 사랑을 하면서 평소와는 달라진 모습에 대해 말하고 있는 부분이다. 따라서 이렇게 여성이 달라지는 것들이 사랑의 힘인가 라고 해야 할 것이다. 따라서 빈칸에는 '남녀간의 사랑'을 뜻하는 恋(こい)를 넣어야 하므로 정답은 2번이다.

44　1　가족　　　　　　　　2　친구
　　　3　동료　　　　　　　**4　남성**

해설　사랑하는 여성을 늘리기 위해서는 누가 충실한 생활을 보내고 멋진 매력을 유지하는 노력을 해야 할지를 골라야 한다. 즉 여성과 상대적인 개념인 남성이 그래야 할 것이다. 따라서 정답은 4번 男性(남성)이다.

45　**1　과 같은 것일지도 모른다**　　2　과 같은 것밖에 없다
　　　3　과 같은 것이라는 바이다　　4　과 같은 것에는 해당하지 않는다

해설　바로 뒤의 마지막 문장에서, 마법이 세상의 여성을 빛나게 하고 사회의 원동력이 되며 일과 사생활, 연애와 다양한 면에서 큰 힘을 발휘할 것을 기대하고 싶다고 하고 있다. 따라서 앞에서는 사랑이 어떤 의미에서 일종의 마법과 같은 것일지도 모른다고 해야 한다. 정답은 1번이 된다.

恋 (남녀간의) 사랑, 연애 | ～にひきかえ ~와 달리, ~와 반대로 | できる 생기다 | 可愛い 귀엽다 | いつも 평소 | 化粧 화장 | 洋服 양복, 옷 | 選ぶ 고르다, 선택하다 | 慎重だ 신중하다 | ダイエット 다이어트 | 始める 시작하다 | 色々 여러 가지 | 行動をとる 행동을 취하다 | 外見 외견, 겉모습 | 限界 한계 | 内面 내면 | 変貌 변모 | 驚かす 놀래다, 놀라게 하다 | 疲れる 지치다, 피로해지다 | 様子 모습, 상황 | 出勤 출근 | 適度 알맞은 정도 | ある 어느, 어떤 | 突然 돌연, 갑자기 | 向こう 맞은편, 상대편 | 笑顔 웃는 얼굴 | 挨拶 인사 | まるで~のようだ 마치 ~와 같다 | 別の人 다른 사람 | どうやら 아무래도 | パワー 파워, 힘 | 満たす 충족시키다, 만족시키다 | 意識 의식 | 表情 표정 | 豊かだ 풍요롭다, 풍부하다 | 仕草 동작, 표정 | 実際 실제 | ホルモン 호르몬 | 分泌 분비 | 肌 피부 | 医学的 의학적 | 根拠 근거 | 優しい 상냥하다, 부드럽다 | 積極性 적극성 | 日々 하루하루, 매일 | 生活 생활 | 明るい 밝다 | 前向き 적극적이고 긍정적인 생각 | うかがう 엿보다, 살피다 | 増やす 늘리다 | 充実する 충실하다 | 送る 보내다 | 素敵だ 매우 멋지다, 근사하다 | 魅力 매력 | 保つ 유지하다 | 努力 노력 | 忘れる 잊다 | 意味 의미 | 一種 일종 | 魔法 마법 | 晩婚化 만혼화 | 進む 진행되다 | 今日 오늘날 | 世の中 세상 | 輝く 빛나다, 반짝이다 | 原動力 원동력 | 私生活 사생활 | 恋愛 연애 | 様々だ 여러 가지이다, 다양하다 | 面 면 | 発揮 발휘 | 期待 기대 | 姿 모습 | すっかり 모두, 완전히 | 何気ない 아무렇지 않다, 무심하다 | 動作 동작 | 不思議だ 불가사의하다 | マジック 매직, 마술 | 初めて 처음, 첫 번째 | 年齢 연령 | 以前 이전 | 物事 물건과 일, 모든 일 | 活動 활동 | 基 근본, 토대, 원인 | ～ばかりか ~뿐만 아니라 | ～でさえ ~조차 | 母親 어머니 | 美 미, 아름다움 | 家族 가족 | 友人 친구 | 同僚 동료 | ～にはあたらない ~에는 해당하지 않다

문제 8   다음 (1)에서 (4)의 글을 읽고, 뒤의 물음에 대한 답으로 가장 알맞은 것을 1·2·3·4에서 하나 고르시오.

(1) 편지를 받으면 메일이나 전화 이상으로 기쁩니다. 편지를 받았을 때의 기쁨은 각별하고 정말로 마음이 통하는 것입니다. 누구에게라도 '몇 번이나 몇 번이나 반복해서 읽어 버렸다'고 하는 경험이 있는 것은 아닐까요? 그것이 <u>편지의 최고의 이점</u>인 것입니다. 편지의 글에는 그 사람의 생각이 담겨 있어 아주 마음에 남는 것입니다. 그 사람의 글씨로 시간을 들여 도착하는 편지는 사람의 마음의 따스함을 전하는, 다른 것으로는 바꿀 수 없는 커뮤니케이션 수단입니다.

46 편지의 최고의 이점이란 무엇인가?

1 몇 번이나 몇 번이나 반복해서 읽어 버리는 것

2 사람의 생각이 담겨 있기 때문에 마음에 남는 것

3 그 사람의 글씨로 수고를 들여 쓰는 것

4 다른 것으로는 바꿀 수 없는 커뮤니케이션 수단인 것

> **해설** 편지를 받았을 때의 기쁨은 각별하고 정말로 마음이 통하는 것이라 누구에게라도 '몇 번이나 몇 번이나 반복해서 읽어 버렸다'고 하는 경험이 있을 것(誰にでも「何度も何度も繰り返し読んでしまった」という経験があるのではないでしょうか)이라 말하고 있다. 그것이 바로 편지의 최고 이점이라 했으므로 정답은 1번 몇 번이나 몇 번이나 반복해서 읽어 버리는 것이다.

手紙 편지 | もらう 받다 | メール 메일 | 以上 이상 | 嬉しさ 기쁨 | 格別だ 각별하다, 유별나다 | 本当に 정말로 | 心が通う 마음이 통하다 | 何度も 몇 번이나 | 繰り返す 반복하다, 되풀이하다 | 経験 경험 | 最高 최고 | 利点 이점 | 文 문장, 글 | 思い 생각, 마음 | 込める (마음을) 담다 | 残る 남다 | 字 글자, 글씨 | 時間を掛ける 시간을 들이다 | 届く 닿다, 이르다 | 温かみ 따스함, 따뜻함 | 伝える 전달하다 | 変える 바꾸다 | コミュニケーション 커뮤니케이션 | 手段 수단 | 手間 수고, 시간

(2) 예의범절을 가르치는 데 중요한 것은 '혼내는' 대신에 '칭찬하는' 것이다. "그만둬", "빨리 해"라는 식의 말을 들으면 그 한마디로 아이의 호기심도 자발성도 잃게 되어 오히려 부모가 말하는 대로밖에 될 수 없는, 말을 듣지 않으면 하지 못하는 아이가 되고 만다. 아이는 모든 것에 관심을 기울이고 상상을 부풀어 오르게 하여 즐기면서 천천히 놀면서 마음이 여유롭게 자라는 것이다. 화내고 싶어질 때야말로 심호흡하고 무리하게라도 '칭찬하는' 것을 유념해 보면, 자연스럽게 아이가 마음을 열고 부모 자식의 신뢰 관계가 보다 깊어지는 것이다.

47 필자가 생각하는 예의범절을 가르치는 것이란 어떠한 것인가?

1 아이를 부모가 말하는 대로 하는 가르침

2 혼내는 대신에 칭찬하는 것뿐인 가르침

3 칭찬하고 마음이 여유롭게 기르는 가르침

4 자연히 아이로부터 마음을 열게 하는 가르침

> **해설** 예의범절을 가르치는 데 중요한 것은 '혼내는' 대신에 '칭찬하는' 것(しつけで重要なことは「叱る」代わりに「褒める」ことである)이라고 했다. 또 아이는 모든 것에 관심을 기울이고 상상을 부풀어오르게 하여 즐기면서 천천히 놀면서 마음이 여유롭게 자라는 것(子供はあらゆることに関心を寄せて想像を

膨らませて楽しみながらゆっくり遊びながら心豊かに育っていくのである)이라 했으므로, 정답은 3번 칭찬하고 마음이 여유롭게 기르는 가르침을 뜻하는 것이다.

しつけ 예의범절을 가르침 | 重要だ 중요하다 | 叱る 혼내다 | ～代わりに ～대신에 | 褒める 칭찬하다 | やめる 그만두다 | 一言 한마디 | 好奇心 호기심 | 自発性 자발성 | 失う 잃다 | かえって 오히려, 반대로 | 親 부모 | 言いなり 말하는 대로임 | ～しか～ない ～밖에 ～하지 않다 | あらゆる 모든, 온갖 | 関心を寄せる 관심을 기울이다 | 想像 상상 | 膨らむ 부풀어 오르다 | 楽しむ 즐기다 | ゆっくり 천천히, 여유롭게 | 心豊かだ 마음이 여유롭다 | 育つ 자라다 | 怒る 화내다 | 深呼吸 심호흡 | 無理やりに 무리하게 | 心がける 마음을 쓰다, 유의하다 | 自然に 자연스럽게 | 心を開く 마음을 열다 | 親子 부모와 자식 | 信頼関係 신뢰 관계 | より 보다 | 深まる 깊어지다

(3) 아래는 어느 회사가 고객을 위해 낸 문서이다.

손님 여러분

———————————————————

여러분께는 더욱더 건강하시어 무엇보다 반갑습니다.
당점에서는 더위에 지지 않고 스텝 일동이 건강하게 여러분께서 오시기를 기다리고 있습니다.
더위가 심한 때이지만, 발길을 옮기시길 바랍니다.
또한 참으로 제멋대로이지만, 8월 13일부터 15일은 하기 휴가가 되는 것을 미리 알려 드리겠습니다.

2012년 7월 24일
아오키 슈퍼
점장 야마다 히로키
스텝 일동
〒 000—0000 도쿄도 〇〇구 1가 1번지
TEL 00—0000—0000

48 이 문서의 이름으로 ＿＿＿＿에 들어갈 것은 어느 것인가?

1 늦더위 문안
2 서중 문안
3 늦추위 문안
4 한중 문안

해설 더위에 지지 않고 스태프 일동이 건강하게 손님이 오시길 기다리고 있다(暑さに負けずスタッフ一同元気に皆様のお越しをお待ちしております)고 했고, 더위가 심한 때이지만 발길을 옮기시길 바란다(暑さ厳しき折ですが、足をお運びいただけますようお願い申し上げます)고 했으므로 한여름의 더운 때의 문안 인사인 것을 알 수 있다. 따라서 정답은 2번 서중 문안(暑中見舞い)이다.

顧客 고객 | ～に向けて ～을 위해, ～을 향해 | 文書 문서 | 各位 여러분 | 皆様 여러분 | 益々 점점 더 | 壮健 장건, 건강 | なにより 무엇보다 | 存じる 알다(知る의 겸양어), 생각하다(思う의 겸양어) | 当店 당점 | 暑さ 더위 | 負ける 지다, 패하다 | ～ず ～하지 않고 | スタッフ 스태프 | 一同 일동 | お越し 오심, 가심 | 厳しき 심함 | ～折 ～때, ～시절 | 足を運ぶ 발길을 옮기다 | 申し上げる 말씀 드리다 | なお 더구나, 또한 | 誠に 참으로, 진심으로 | 勝手だ 제멋대로 하다 | 夏期 하기, 여름 기간 | 休

暇 휴가 | 予め 미리, 사전에 | 知らせる 알리다 | スーパー 슈퍼(마켓) | 店長 점장 | 件名 건명, 항목 이름 | 残暑 잔서, 늦더위 | 見舞い 문안, 문병 | 暑中 서중, 한여름의 더운 때 | 残寒 잔한, 봄의 늦추위 | 寒中 한중, 겨울의 추위가 혹심한 기간

---

(4) 장수국은 장수국에 어울리는 사회 환경을 만들어야 한다. 그렇게 하지 않으면 의료비가 증가하여 국가의 보험 제도를 유지해 갈 수 없게 되어 버리기 때문이다. 의료비의 증가를 억제하기 위해서는 그 대부분을 차지하는 고령자의 의료비를 줄이지 않으면 안 된다. 단, 오래 사는 것이 아니라 활동적 평균 여명(注)을 늘리면 의료비는 적어진다. 그를 위해서는 나가노 현의 예가 보여 주듯이 좋은 의료와 개인의 식생활 개선과 그것을 응원하는 자치 단체, 그리고 지역의 자원 봉사가 일체가 되는 것이 필요하다. 그것에 의해 장수국에 어울리는 사회 환경이 만들어진다.

(注) 余命 : 남은 목숨, 남은 수명, 여명

---

49 장수국에 어울리는 사회 환경이란 어떠한 것인가?

1 의료비의 증가를 억제하고 줄이는 사회 환경

2 지역이 일체가 되는 사회 환경

3 활동적 평균 여명을 늘리는 사회 환경

4 자치 단체와 지역 자원 봉사가 하나가 되는 사회 환경

해설 좋은 의료와 개인의 식생활 개선과 그것을 응원하는 자치 단체, 그리고 지역의 자원 봉사가 일체가 되는 것이 필요하며(良い医療と個人の食生活の改善とそれを応援する自治体、そして地域のボランティアが一体となることが必要である), 그것에 의해 장수국에 어울리는 사회 환경이 만들어진다고 했으므로, 정답은 4번 자치 단체와 지역 자원 봉사가 하나가 되는 사회 환경이다.

長寿国 장수국 | ふさわしい 어울리다, 걸맞다 | 社会環境 사회 환경 | 医療費 의료비 | 増加 증가 | 国 나라, 국가 | 保険制度 보험 제도 | 維持 유지 | 抑える 억제하다, 막다 | 大半 태반, 대부분 | 占める 차지하다 | 高齢者 고령자 | 減らす 줄이다 | 生きる 살다, 생활하다 | 平均 평균 | 余命 여명, 남은 생 | 伸ばす 늘리다, 펴다 | 例 예 | 示す 나타내다, 보이다 | 個人 개인 | 食生活 식생활 | 改善 개선 | 応援 응원 | 自治体 자치체, 자치 단체 | 地域 지역 | ボランティア 자원 봉사 | 一体 일체, 한 몸 | 残り 남음 | 命 목숨, 수명, 생명

문제 9 다음 (1)에서 (3)의 글을 읽고, 뒤의 물음에 대한 답으로 가장 알맞은 것을 1 · 2 · 3 · 4에서 하나 고르시오.

---

(1) 유니클로의 사장인 야나이의 지론으로, 경영은 우선 결론이 있어야 한다(注)는 것이 있다. 기업으로서 지향하는 바를 우선 정하고, 거기부터 역산하여 지금 할 수 있는 일과 해야 하는 일에 전력을 다해 몰두한다고 하는 스타일이다. 야나이는 사원에게 '높은 뜻을 가져라'라고 자주 말한다. 이것은, 사람은 안정을 추구하게 되면 거기에서 성장이 멈춰 버리기 때문, 높은 목표를 내걸고 그것을 향해 실행 노력하는 것이야말로 중요하다. 목표는 너무 낮아서는 안 되고 도저히 무리라고 생각되는 목표라도 면밀하게 계획을 세워 수정해 간다. 중요한 것은 포기하지 않는 것이다. 이러한 점에서 매상 1조 엔을 목표로 하고 있다고 하는 것을 엿볼 수 있다.

야나이는 60~65세 사이에 경영의 제일선에서 은퇴할 것을 생각하고 있다. 그 후는 투자가로서 일생을 보낼 생각이다. 왜 60~65세로 은퇴를 하려고 생각하는가 라고 하면 체력과 집중력의 쇠퇴와 야나이가 말하고 있는 것이

50 야나이 씨가 생각하는 경영 이념에 해당되는 것은 어느 것인가?

1 적당한 목표를 내걸고 그것을 향해 실행하는 경영 이념

2 안정을 추구하고 지금 할 수 있는 것을 계산하여 실행해 가는 경영 이념

3 높은 목표를 내걸고 실행 노력을 해 가는 경영 이념

4 어떤 일도 포기하지 않고 실행해 가는 경영 이념

해설 야나이는 사원에게 '높은 뜻을 가져라'라고 자주 말하며, 사람은 안정을 추구하게 되면 거기에서 성장이 멈춰 버리기 때문에 높은 목표를 내걸고 그것을 향해 실행 노력하는 것이야말로 중요하다(高い目標を掲げて、それに向かって実行努力することこそ重要である)고 했으므로, 정답은 3번 높은 목표를 내걸고 실행 노력을 해 가는 경영 이념이다.

51 '높은 뜻을 가져라'라고 말하는 이유는 어느 것인가?

1 안정을 추구하지 않고 노력하고 실행하길 바라기 때문에

2 사장 자리를 목표로 하길 바라기 때문에

3 팀 리더가 되길 바라기 때문에

4 매상 1조 엔을 목표로 하고 있기 때문에

해설 바로 다음 문장에서, 사람은 안정을 추구하게 되면 거기에서 성장이 멈춰 버리기 때문에 높은 목표를 내걸고 그것을 향해 실행 노력하는 것이야말로 중요하다(人は安定を求めるようになるとそこで成長が止まってしまうため、高い目標を掲げて、それに向かって実行努力することこそ重要である)고 하고 있으므로 정답은 1번이 된다.

52 야나이 씨가 60대로 은퇴하는 이유에 해당하는 것은 어느 것인가?

1 투자가로서 제2의 인생을 보내는 것이 꿈이었기 때문에

2 체력이 떨어져 팀을 한데 모을 수 없게 되었기 때문에

3 자신보다 젊은 사원들 쪽이 회사를 이끌어 갈 수 있기 때문에

4 사원의 선두에 서서 이끌어 가는 데에 지쳤기 때문에

해설 야나이 씨가 60~65세로 은퇴를 하려고 하는 것은 체력과 집중력의 쇠퇴와 야나이가 말하고 있는 것이 구호만으로 끝나 버릴 우려가 있다고 느끼기 시작했기 때문(体力と集中力の衰えと、柳井が言っていることが掛け声だけで終わってしまう恐れがあると感じ始めたからである)이라고 했다. 또 현재 50대 중반이 되어 팀의 주체가 30대, 40대가 되었기 때문에 같은 연대의 사람들이 구성하는 경영 팀이 그 동료 전원을 이러한 기업으로 하고 싶다고 생각해 그 방향으로 끌고 가는 편이 좋을 것 같다(現在50代半ばになりチームの主体が30歳代、40歳代になってきたので、同じような年代の人

達が構成する経営チームが、その仲間全員をこういう企業にしたいと考えてその方向に引っ張っていく方がいい)고 했으므로 정답은 3번이 된다.

持論 지론 | 経営 경영 | 結論ありき 결론이 있는 것 | 企業 기업 | 目指す 지향하다, 목표로 하다 | 逆算 역산 | 全力 전력 | 取り組む 몰두하다 | スタイル 스타일 | 志 뜻 | よく 자주, 잘 | 安定 안정 | 求める 바라다, 요구하다 | 成長 성장 | 止まる 멈추다 | 目標 목표 | 掲げる 내걸다, (높이) 달다 | 実行 실행 | 低すぎる 너무 낮다 | だめだ 안 되다 | 到底 도저히 | 無理だ 무리이다 | 綿密に 면밀히 | 計画を立てる 계획을 세우다 | 修正 수정 | 諦める 단념하다, 포기하다 | 売上 매상, 매출 | うかがう 엿보다, 살피다 | 間 사이 | 第一線 제일선, 최전선 | 引退 은퇴 | 投資家 투자가 | 一生 일생, 평생 | つもり 생각, 작정 | 何故 왜 | 体力 체력 | 集中力 집중력 | 衰え 쇠약, 쇠퇴 | 掛け声 성원하는 소리, 구호 | 恐れ 우려 | 感じ始める 느끼지 시작하다 | スポーツ 스포츠 | チーム 팀 | リーダー 리더, 지도자 | 先頭 선두 | 全員 전원 | 引っ張る 잡아끌다, 잡아당기다 | うち 동안 | 現在 현재 | 半ば 반, 중반 | 主体 주체 | 年代 연대 | 構成 구성 | 仲間 동료 | 方向 방향 | 離れる 멀어지다, 떨어지다 | 意思 의사, 뜻 | 伝わる 전해지다 | ～づらい ～하기 곤란하다 | 一代 일대, 당대 | 目の黒いうちに 살아 있는 동안 | 世界 세계 | 駆け上がる 뛰어 올라가다 | 創業 창업 | 戦略 전략 | 存在 존재 | 理念 이념 | 当てはまる 적합하다 | 適度だ 적당하다, 알맞다 | 計算 계산 | 何事 무슨 일, 어떤 일 | 理由 이유 | ～てほしい ～하기를 바라다 | 座 자리 | 第二の人生 제2의 인생 | まとめる 한데 모으다, 정리하다 | 若い 젊다 | 疲れる 지치다, 피로해지다

(2) JR 규슈는 27일 대학생을 중심으로 한 젊은이 세대를 대상으로 규슈 내의 주요 도시를 연결하는 신칸센을 싸게 이용할 수 있는 '가치표'를 발매한다고 발표했다.

발매는 7월 10일부터이고 대상은 18~24세. 이용 기간은 7월 27일부터 9월 9일까지로, 후쿠오카시 내부터 구마모토, 가고시마 중앙역 등의 주요 6구간에서 신칸센의 자유석을 편도부터 살 수 있다. 후쿠오카시 내─구마모토 역의 신칸센 편도 이용의 경우, 통상 요금이 4,480엔이지만 '가치표'를 이용하면 2,500엔이 된다.

가치는 '진심'을 의미하는 젊은이 말로 '정말 싸다' '정말 빠르다'라는 의미를 담았다. JR 규슈는 '지금까지 가격이 비싸서 탈 수 없었던 학생 손님도 많이 신칸센을 이용했으면 좋겠다'고 말하고 있다.

53 '가치표'를 발매한 이유에 적합한 것은 어느 것인가?

1 여름 방학 기간 중에 멀리 나가고 싶으니까
2 규슈로 가는 여행객이 감소하기 시작했으니까
3 중년 쪽도 많이 신칸센을 이용하기 바라니까
4 학생에게도 많이 신칸센을 이용하기 바라니까

해설 마지막에 JR 규슈는 지금까지 가격이 비싸서 타지 못한 학생 손님도 많이 신칸센을 이용했으면 좋겠다(これまで値段が高くて乗れなかった学生のお客さまにもたくさん新幹線を利用してもらいたい)고 말하고 있으므로, 정답은 4번 학생에게도 많이 신칸센을 이용하기 바라기 때문이다.

54 젊은이 세대란 어느 연령을 가리키는가?

1 18세 이상 25세 미만
2 대학생만 이용 가능
3 18세 이상 24세 미만
4 18세 이상 20세 미만

해설 대학생을 중심으로 한 젊은이 세대를 대상으로 한다고 했고, 다음 단락에 대상은 18~24세(対象は18~24歳)라고 했으므로 정답은 1번이 된다.

55 왕복으로 표를 산 경우 정가로 사는 것보다 얼마 싸지는가?

1 1,980엔

2 3,960엔

3 6,460엔

4 520엔

> **해설** 편도 요금의 경우, 통상 요금이 4,480엔이고 '가치표'를 이용하면 2,500엔이므로 1,980엔 싸게 살 수 있다.
> 왕복으로 사면 1,980엔에 2배를 하면 되므로 3,960엔이 된다. 따라서 정답은 2번이다.

中心 중심 | 若者 젊은이 | 世代 세대 | 対象 대상 | 主要 주요 | 都市 도시 | 結ぶ 묶다, 연결하다 | 新幹線 신칸센 | 利用 이용 | 販売 판매 | 発表 발표 | 発売 발매 | 期間 기간 | 区間 구간 | 自由席 자유석 | 片道 편도 | 場合 경우 | 通常 통상, 보통 | 料金 요금 | 本気 진심, 제정신 | 本当に 정말로 | 込める 담다, 포함하다 | 値段 가격 | 乗る 타다 | 遠出 멀리 나감 | ～てほしい ～하기를 바라다 | 旅行客 여행객 | 減少 감소 | 年配 연배, 중년 | 年齢 연령 | 指す 가리키다 | 未満 미만 | 往復 왕복 | 定価 정가

(3) 바로 얼마 전 정신과 의사가 다수 참가하는 학회에 참석했다. 최첨단 유전자 연구와 새로운 약물 치료법 등의 발표가 이어져, 가타카나와 영어 메모를 하는 것도 약간의 수고였지만, 한편으로 아주 신선한 이야기도 많았다.

　　예를 들면, 암 등의 위중한 병이 있어 입원해 있는 사람은 낮과 밤의 리듬이 역전되어 버리는 일이 가끔 있다. 그러한 경우 내과 선생님에게 부탁을 받으면 정신과 의사는 "그럼 수면 도입제를 처방합시다"라고 말하기 쉽다. 그러나 베테랑 의사는 이렇게 말했다.

　　"잠을 못 자니까 바로 수면약을 처방하는 것이 아니라, 예를 들면 침대를 창가로 옮겨 본다든가 입원 생활에서의 작은 궁리를 해 보는 것은 어떨까요? 그것만으로도 하루의 생활 리듬이 되돌아와, 밤에는 잠을 잘 수 있게 되는 일도 적지 않습니다."

　　다른 심포지엄과 연구 발표에서도 "바로 약을 처방하지 않고 이야기를 들으면서 상황을 보는 방법도 있습니다" "고도의 검사 장치가 없어도 우선은 눈 앞의 환자를 착실히 진찰합시다"라고 하는 발언, 조언을 몇 번이나 들었다. 즉, 한마디로 말하면 '과학과 기술에 의지하지 않는 진단, 치료를 소중히'라고 하는 것이다.

56 필자의 직업은 뭐라고 생각되는가?

1 내과 의사

2 학자

3 정신과 의사

4 기자

> **해설** 첫 문장에서, 바로 얼마 전 정신과 의사가 다수 참가하는 학회에 참석했다(つい先日、精神科医が多数参加する学会に出席した)고 했으므로 필자는 정신과 의사임을 알 수 있다. 따라서 정답은 3번이다.

57 필자가 말하는 신선한 이야기에 적합하는 것은 어느 것인가?

1 암 등의 중병 환자는 주야가 역전되어 버리는 이야기

2 수면 도입제를 처방하여 치료해 가는 이야기

3 최첨단의 유전자 연구 이야기

4 과학과 기술에 의지하지 않고 치료해 가는 이야기

 한편으로 아주 신선한 이야기도 많았다고 하면서, 마지막 문장에서 이것은 한마디로 말하면 '과학과 기술에 의지하지 않는 진단, 치료를 소중히(科学や技術に頼らない診断、治療を大切に)'라고 하는 것이라고 했으므로, 정답은 4번 과학과 기술에 의지하지 않고 치료해 가는 이야기이다.

58 필자는 이 이야기를 어디에서 듣고 왔습니까?

1 심포지엄
2 **학회**
3 연구 발표회
4 병원

 첫 단락에서, 필자는 바로 얼마 전 정신과 의사가 다수 참가하는 학회에 출석했다고 하며 거기에서 나온 이야기를 말하고 있으므로 정답은 2번 학회이다.

つい (시간적, 거리적으로) 조금, 바로 전 | 先日 일전, 요전 | 精神科医 정신과 의사 | 多数 다수 | 参加 참가 | 学会 학회 | 出席 출석, 참석 | 最先端 최첨단 | 遺伝子 유전자 | 研究 연구 | 薬物療法 약물 치료 | 相次ぐ 잇달다, 연달다 | メモを取る 메모를 하다 | ひと苦労 약간의 수고, 고생 | 一方 한편 | 新鮮だ 신선하다 | たとえば 예를 들면 | がん 암 | 重い 중하다, 정도가 심하다 | 病気 병 | 入院 입원 | 昼 낮 | リズム 리듬 | 逆転 역전 | どきどき 가끔, 때때로 | 内科 내과 | 頼む 부탁하다 | 睡眠導入剤 수면 도입제 | 処方 처방 | ~がち ~한 경향이 많음 | ベテラン 베테랑 | 眠る 잠자다 | 睡眠薬 수면약 | ベッド 침대 | 窓際 창가 | 移す 옮기다 | ちょっとした 평범한, 대수롭지 않은 | 工夫 궁리, 고안 | 戻る 돌아오다 | シンポジウム 심포지움 | 薬を出す 약을 처방하다 | 様子 모습, 상태 | 高度だ 정도가 높다, 고도 | 検査 검사 | 装置 장치 | 目の前 눈 앞 | 患者 환자 | しっかり 착실히, 확실히 | 診察 진찰 | 発言 발언 | アドバイス 충고, 조언 | つまり 결국, 즉 | 科学 과학 | 技術 기술 | 頼る 의지하다 | 診断 진단 | 治療 치료 | 職業 직업 | 内科医 내과 의사 | 学者 학자 | 記者 기자 | 重病 중병 | 昼夜 주야

문제 10 다음 글을 읽고, 뒤의 물음에 대한 답으로 가장 알맞은 것을 1·2·3·4에서 하나 고르시오.

당신이 싫어하는 사람은 그 사람도 당신을 싫어하는 경우가 많지 않습니까? 싫어한다고까지는 아니더라도 대하기 벅찬 사람은 그 사람도 역시 당신을 대하기 벅차다고 여기지 않습니까?

자신이 상대를 경원하고 있으면 상대도 자신을 경원하기 쉬워집니다. 타인은 자신의 거울이라던가 ①타인은 자신을 비추는 거울 등이라고 하는 것은 이 때문. 그렇다는 것은 자신이 상대에 대하는 태도를 바꾸면 상대도 바뀐다고 하는 것이지요. 이것은 상대를 바꾸려고 하기보다 자신이 상대를 어떻게 대하는지를 바꾸는 편이 빠르다는 것입니다. 인간관계로 고민할 때는 자신의 무엇을 어떻게 바꾸면 변화가 일어나는가 라는 방향으로 생각해 보면 좋을지도 모릅니다.

물론 예외도 있습니다. 자신은 경원하고 있는데도 상대는 다가온다던가. 자신은 싫어하고 있는데도 상대는 오해하고 있는다던가. 이러한 상대는 타인을 자신의 거울로 삼을 수 없기 때문에 그렇게 되어 버리는 것입니다. 예외는 이번에는 제쳐두고 이야기를 돌리겠어요.

타인은 자신의 거울이고 자신의 태도가 반사되어 자신에게 되돌아오는 것입니다. 따라서 자신이 상대를 소중하게 여기면, 상대도 자신을 소중히 여겨주기 쉬워집니다. 자신이 상대를 좋아하게 되면 상대도 자신에게 호감을 품어주기 쉬워집니다.

단, ②그것을 목적으로 해 버리면 역효과가 되기 쉽습니다. 호감을 사고 싶어서 좋아하게 된다는 것으로는 안 된다는 것입니다. 어디까지나 자신이 그렇게 하고 싶기 때문에 한다고 하는 태도로 하는 편이 좋습니다.

잠깐 생각해 보세요. 거울이라도 보면서.

59 ①타인은 자신을 비추는 거울이란 어떠한 것인가?

1 자신이 싫어하면 상대도 자신을 싫어하고 있다는 것
2 **자신의 태도가 반사되어 돌아온다고 하는 것**
3 자신이 싫어하더라도 상대가 다가온다고 하는 것
4 상대에게 호감을 사고 싶으니까 자신도 좋아하게 된다는 것

해설 타인은 자신의 거울이며 자신의 태도가 반사되어 자신에게 되돌아오는 것(他人は自分の鏡であり、自分の態度が反射して自分に跳ね返ってくるわけです)이라 말하고 있다. 따라서 정답은 2번 자신의 태도가 반사되어 돌아온다는 것이다.

60 ②그것에 해당되는 것은 어느 것인가?

1 **자신이 호감을 사고 싶으니까 좋아하게 된다.**
2 자신이 상대에게 어떻게 대할까?
3 어쩔 수 없이 좋아하게 된다
4 상대가 자신을 좋아하니까 자신도 좋아하게 된다.

해설 바로 앞 단락에서, 자신이 상대를 소중하게 여기면 상대도 자신을 소중히 여겨주기 쉬워지고, 자신이 상대를 좋아하게 되면 상대도 자신에게 호감을 품어주기 쉬워진다(自分が相手を大切にすれば、相手も自分を大切にしてくれやすくなります。自分が相手を好きになれば、相手も自分に好感を抱いてくれやすくなります)고 말하고 있다. 그러므로 '그것'이란 자신이 상대에게 호감을 사고 싶으니까 상대를 좋아하게 됨을 가리킨다. 따라서 정답은 1번이다.

61 이 글에서는 인간관계로 고민할 때 어떻게 해야 한다고 설명하고 있는가?

1 싫어하는 사람이 있는 것은 어쩔 수 없기 때문에 단념한다.
2 상대에게 호감을 사고 싶으니까 자신부터 좋아하게 된다.
3 **자신이 상대에 대한 태도를 바꾼다.**
4 상대가 자신에 대한 태도를 바꿀 때까지 기다린다.

해설 자신이 상대에 대한 태도를 바꾸면 상대도 바뀐다(自分の相手に対する態度を変えれば、相手も変わるということですね)고 하며, 인간관계로 고민할 때는 자신의 무엇을 어떻게 바꾸면 변화가 일어나는가 라는 방향으로 생각해 보면 좋을지도 모른다(人間関係で悩んだ時は、自分の何をどう変えたら変化が起きるか、という方向で考えてみると良いかもしれません)고 말하고 있다. 따라서 정답은 3번 자신이 상대에 대한 태도를 바꾸는 것이다.

62 이 글에 제목을 붙인다고 하면 어느 것이 어울리는가?

1 『인간의 심리』
2 『서투름 극복』
3 『오해를 푸는 방법』
4 **『상대를 알고 자신을 알다』**

해설 자신이 상대를 경원하고 있으면 상대도 자신을 경원하기 쉬워진다고 하며 타인은 자신의 거울, 또는 타인은 자신을 비추는 거울이라는 말(他人は自分の鏡ですとか、他人は自分を映す鏡などと言われる)을 하고 있다. 이는 자신이 상대에 대한 태도를 바꾸면 상대도 바뀐다고 하는 것으로, 상대를 바꾸려고 하기 보다 자신이 상대를 어떻게 대하는지를 바꾸는 편이 빠르다는 말이다. 따라서 이 글의 제목은 4번, 『상대를 알고 자신을 알다』가 가장 적절하다.

嫌いだ 싫다, 싫어하다 | 嫌う 싫어하다 | 苦手だ 다루기 벅찬 상대, 서투르다 | 相手 상대, 상대방 | 敬遠 경원, 가까이 하지 않고 피함 | 鏡 거울 | 映す 비추다, 투영하다 | ～に対する ～에 대한 | 態度 태도 | 変える 바꾸다 | 変わる 바뀌다 | 接する 접하다, 대하다 | 人間関係 인간관계 | 悩む 고민하다 | 変化 변화 | 起きる 일어나다 | もちろん 물론 | 例外 예외 | 寄る 다가오다, 들르다 | 嫌がる 싫어하다 | 誤解 오해 | 置く 놓다, 두다 | 戻す 되돌리다, 갚다 | 反射 반사 | 跳ね返る 튀어서 되돌아오다, 튀어 오르다 | わけ 의미, 뜻 | 好感 호감 | 抱く 안다, 마음속에 품다 | ただし 단, 다만 | 逆効果 역효과 | ～かねない ～하기 쉽다 | 好く 좋아하다, 마음에 들다 | あくまで 어디까지나 | スタンス 입장, 태도 | 態度 태도 | 返る 되돌아오다(가다) | 仕方ない 어쩔 수 없다 | 説明 설명 | 諦める 포기하다, 단념하다 | 題をつける 제목을 붙이다 | ふさわしい 어울리다 | 人間 인간 | 心理 심리 | 克服 극복 | 解く 풀다

문제 11 다음의 A와 B는 각각 다른 의견문이다. A와 B 양쪽을 읽고, 다음 물음에 대한 대답으로 가장 알맞은 것을 1·2·3·4에서 하나 고르시오.

A

지금까지의 영어 수업은 선생님이 설명하고 학생은 듣고 있는 것뿐. 또는 학생에게 일역을 하게 하고 선생님이 고친다. 학생은 시험에 대비해 일역한 것을 외운다. 이것으로는 진학해도 사회에 나가도 쓸만한 것이 못 된다. 야구부의 부원이 이치로 비디오를 보고 감독의 해설을 듣는 것만으로, 타격 연습과 홍백전을 하지 않는 것과 같다.

지금 수업에서는 외웠다는 생각으로 시키고 있는 것뿐으로, 활용력은커녕 지식으로조차 되지 않고 있다. 학생이 대량의 영문을 읽은 후에 영어로 프리젠테이션 한다. 학생 사이에서 역할을 정해 영어로 인터뷰하고 영문을 쓴다. 쓴 영문을 서로 영어로 비평하고 다시 쓴다. 아직까지도 '문법 중심인가 커뮤니케이션 중시인가'라고 하는 대립 축을 올리는 사람이 있다. 이제 그만두지 않겠습니까? 어느 쪽도 중요하고 상호 관련된 것이니까. 고교에서의 커뮤니케이션 중시의 영어 수업이란 영어 회화 수업이 아니다. 일본어를 사이에 두지 않고 대량의 영문을 읽는 것이 기본이 된다. 중학·고교의 영어 교과서는 너무 얇다.

(릿쿄대학 교수 마쓰모토 시게루 씨)

B

마쓰모토 교수는 '현재 상황처럼 1년에 단 수십 페이지의 영문을 읽은 것뿐으로, 커뮤니케이션 능력이 습득될 리는 없다'고 하고 있지만, 독해 능력이 없기 때문에 고교 3년간에 천천히 그 능력을 연마해야 한다. 읽지 못하는 고교생에게 '무리더라도 읽어'라고 하는 것은 고문이다. 중학생은 '거꾸로 오르기', 고교생은 '철봉을 양손에 잡고 크게 돌기', 대학생은 또 '다리 걸고 돌기'라고 하는 철봉 교육은 이상하다. 하지만 지금 영어 교육에 있어서만 일본은 그러한 일을 하려고 하는 것이다.

'몇 년이나 영어를 배우고 있는데도 조금도 영어를 말하지 못한다'라고 하는 불만에서 고교 교육에 국민이 바라고 있는 것은 아마 더 단순 명쾌한 영어 회화 교육이다. 지금까지와 똑같이 확실한 문법 학습을 행하고 (사소한 것에 대한 지식과 일역은 불필요), 단어를 기억하고 그 후에 '영어 회화 교육을 원칙적으로 영어로' 진행시키기를 바라는 것이다.

이러한 능력을 기른 전제로 더욱더 상급 커뮤니케이션 능력을 연마하고 싶은 사람은 대학 영어 교육 안에서 기량을 올려가면 그것으로 좋은 것이다.

(현역 입시 학교 강사)

63 의견문의 내용으로 올바른 것은 어느 것인가?

1　A도 B도 영어 장문 독해를 권하고 있다.

2　A도 B도 고교 교육에는 영어 회화 교육을 추진해야 한다고 생각하고 있다.

3　A는 수동적인 수업에서는 영어는 습득되지 않는다고 말하고 있다.

4　B는 문법 학습에 일역은 절대적으로 필요하다고 말하고 있다.

> **해설** A에서는 지금까지의 영어 수업은 선생님이 설명하고 학생은 듣고 있는 것뿐인데, 이것으로는 진학해도 사회에 나가도 쓸만한 것이 못 된다고 말하고 있다. 따라서 수동적인 수업으로는 영어는 습득되지 않는다는 말이므로 적절한 것은 3번이다.

64 B의 <u>이러한 능력</u>이란 어떤 능력인가?

1　영어로 프리젠테이션을 행할 수 있는 능력

2　장문 독해 능력

3　상급의 커뮤니케이션 능력

4　문법과 단어 암기에 입각한 회화 능력

> **해설** 바로 앞 단락의 내용을 가리키고 있는 것이다. 지금까지와 똑같이 확실한 문법 학습을 행하고 단어를 기억한 후에 '영어 회화 교육을 원칙적으로 영어로' 진행시키기 바란다고 하였으므로, 정답은 4번 문법과 단어암기에 입각한 회화 능력을 뜻하는 것이다.

65 A와 B의 두 개의 글을 이하와 같이 정리하는 경우, ①과 ②에 들어갈 것의 조합으로 적절한 것은 어느 것인가?

「A의 필자는 (　①　)이라고 생각하고 있지만, B의 필자는 (　②　)라고 생각하고 있다.」

1　① 영어 회화 능력보다 장문 독해 능력이 중요하다

　　② 장문 독해 능력도 영어 회화 능력도 똑같이 중요하다

2　① 영어 회화 능력만이 중요하다

　　② 영어 회화 능력보다 장문 독해 능력이 중요하다

3　① 수동적인 수업으로는 습득되지 않는다

　　② 독해 능력을 우선은 익혀야 한다

4　① 중·고교의 교재로 충분히 학습할 수 있다

　　② 커뮤니케이션 능력은 대학에서밖에 익힐 수 없다

> **해설** A의 필자는 영어 수업은 선생님이 설명하고 학생은 듣고 있는 것뿐인데, 이것으로는 진학해도 사회에 나가도 쓸만한 것이 못 된다고 하므로, 수동적인 수업으로는 습득되지 않는다는 입장이다. 또 B의 필자는 독해 능력이 없기 때문이야말로 고교 3년간에 천천히 그 능력을 연마해야 한다고 하므로 우선은 독해 능력을 익혀야 한다는 입장임을 알 수 있다. 따라서 정답은 3번이 된다.

意見文 의견문 | 授業 수업 | 生徒 학생 | あるいは 혹은, 또는 | 和訳 일역(일본어로 번역함) | 直す 고치다, 바로잡다 | 備える 대비하다, 갖추다 | 覚える 외우다, 기억하다 | 進学 진학 | 使い物 쓸모 있는 것, 쓸 만한 물건 | 野球部 야구부 | 部員 부원 | ビデオ 비디오 | 監督 감독 | 解説 해설 | 打撃 타격 | 練習 연습 | 紅白試合 홍백전 | 同じだ 같다 | つもり ~한 셈, 생각 | 活用力 활용력 | ~どころか ~은커녕 | 知識 지식 | ~すら ~조차 | 大量 대량 | 英文 영문 | ~た上で ~한 후, ~한 뒤 | プレゼンテーション 프레젠테이션 | 役割 역할 | 決める 결정하다 | インタビュー 인터뷰 | 互いに 서로 | 批評し合う 서로 비평하다 | 書き直す 다시 쓰다 | いまだに 아직까지도, 아직껏 | 文法 문법 | 重視 중시 | 対立軸 대립 축 | 相互 상호 | 関連 관련 | 英会話 영어 회화 | 介す 사이에 두다 | 基本 기본 | 教科書 교과서 | 薄すぎる 너무 얇다 | 教授 교수 | 現状 현상 | たった 단,

단지 | 数十ページ 수십 페이지 | 能力 능력 | 身につく (지식, 기술 등이) 제것이 되다, 몸에 배다 | ～はずはない ～일 리는 없다 | 読解 독해 | ～からこそ (바로) ～이기 때문에 | じっくり 차분하게, 꼼꼼하게 | 磨く 닦다, 연마하다 | 拷問 고문 | 逆上がり 거꾸로 오르기 | 大車輪 대차륜(기계 체조에서 양손으로 철봉을 잡고 원을 그리듯이 그 주위를 크게 도는 동작), 큰 수레바퀴 | 足掛け回り 다리 걸기 돌기 | 鉄棒 철봉 | 教育 교육 | おかしい 이상하다 | 学ぶ 배우다 | ちっとも 조금도(뒤에 부정이 따름) | 不満 불만 | 国民 국민 | 望む 바라다 | おそらく 아마, 틀림없이 | 単純明快だ 단순 명쾌하다 | 学習 학습 | 行う 실시하다, 행하다 | トリビア 쓸데없는 사소한 것에 대한 지식, 잡학 | 不必要 불필요 | 単語 단어 | 記憶 기억 | 原則 원칙 | 進める 진행시키다, 진척시키다 | 育てる 기르다, 양육하다 | 前提 전제 | さらに 그 위에, 더욱더 | 上級 상급 | 語学 어학 | 腕 역량, 솜씨 | 現役 현역 | 予備校 입시 학교(대학 입시 준비를 위한 학교) | 講師 강사 | 長文 장문 | すすめる 권하다 | 受身 수동 | 絶対に 절대로 | 暗記 암기 | ふまえる 입각하다, 근거로 하다 | 組み合わせ 편성, 조합 | 適切だ 적절하다 | 教材 교재 | 十分に 충분히

문제 12 다음 글을 읽고, 다음 물음에 대한 답으로 가장 알맞은 것을 1 · 2 · 3 · 4에서 하나 고르시오.

현재 바로 취직 활동 중인 학생 분들도 많다고 생각합니다만, 일전에 유니클로를 전개하는 패스트 리테일링의 야나이 다다시 사장이 대학 1, 2학년 약 10명에게 입사 예정 통지를 냈다고 공표했습니다. 정식으로 입사하는 것은 졸업 후이지만, 야나이 사장은 "대학이 방학일 때에 점포에서 일을 경험하고, 졸업과 동시에 점장을 목표로 했으면 한다"라고 논평했다.

이 회사는 작년 말부터 ①'학년에 구애되지 않는 채용'을 시작하고 있습니다. 일부의 타기업으로부터는 '졸업 전의 학생과 채용 계약' '선점'이라고 하는 비판도 있는 것 같지만, 나로서는 빨리 내정이 정해져서 대학 생활을 안심하고 계획을 갖고 보낼 수 있는 것이라면 문제가 없는 것은 물론 반대로 긍정적이라고 생각합니다. 점점 더 사회가 시야에 들어와 인간적 성숙이 시작되는 대학 3, 4학년 때에 취직 활동에 막대한 노력을 할애하게 되어 버리는 것은 시간 낭비라고 나는 이전부터 생각하고 있었습니다.

단, 하나 지적해 두고 싶은 것은 패스트 리테일링의 행동을 과대평가해서는 안 된다는 것. 대학 1, 2학년 때의 채용 예정 통지라는 것이 그렇게 획기적인 것일까요? 학생 측과 기업 측, 서로의 요구는 일치하고 있다는 뜻이고, 법률을 어기는 것도 아니다. 굳이 말하면 기껏해야 "신사협정"을 일탈한 정도인 것입니다.

애초 현재의 일본 경제 상황과 성장도를 생각하면, 어느 기업도 우수한 인재를 원하는 것은 당연한 일. 약육강식의 세계이므로 '졸업 전의 학생과 채용 계약' '선점'이 있어도 이상하지 않습니다. 억울해서 불평을 하는 정도라면 그 기업도 하면 되는 것입니다.

이 움직임이 뉴스가 된다고 하는 것은 단지 채용 예정 통지가 앞당겨졌다고 하는 '전례 파괴'만이 부각되어 사고 정지되어 버리고 있는 증거라고 생각합니다. 이 건에 관해서 내가 품은 의문은 '그럼 반대로 대학을 졸업한지 시간이 지난 사람을 적극 채용하는 기업은 나오지 않는 것인가?'라는 것. 이전에도 이 칼럼에서 썼지만, 나는 일본에 만연하는 "신규 졸업자 편중주의"가 아무리 해도 이해할 수 없는 것입니다.

선택지는 넓은 편이 좋다. 그것이 나의 기본적인 태도입니다. 빨리 내정을 하는 사람이 있다면 대학을 졸업한지 1, 2년 정도 해외를 여행하며 견문을 넓히고 나서 취직한다고 하는 선택이 있어도 좋을 터. 여러 가지 선택지가 있고 스스로의 의사로 선택할 수 있는 권리를 갖고 있는 것도 민주주의 사회의 중요한 구성 요소입니다.

대학을 졸업해도 자신이 무엇을 하고 싶은지 망설이고 있는 사람은 많이 있습니다. 야구 선수라면 고교와 대학에서 조짐이 보이지 않고 간신히 사회인이 되어 재능이 개화해 프로로 나아가는 사람도 있습니다. 인간의 성장은 직선적이 아니라 곡선적이고 사람에 따라 다른 것일 겁니다.

그래서 일본 기업은 ②대학을 졸업한지 시간이 지난 인재에게도 문호를 열기 바란다. 글로벌리제이션의 시대, 다양성과 예외를 인정하지 않는다는 자세가 계속되면, 일본이라고 하는 나라는 점점 더 재미가 없어지고 내향적이 되어 갈 겁니다. 게다가 냉정하게 생각해 보면 기업에 있어 지금 가장 필요한 것은 경험과 비전을 가진 즉시 투입 가능한 전력으로써의 인재가 아닐까요?

66 ①학년에 구애되지 않는 채용의 설명에 맞는 것은 어느 것인가?

1 계획을 갖고 보낼 수 있도록 1~2학년에 좀 일찍 채용 예정 통지를 내는 것

2 계획을 갖고 보낼 수 있도록 3~4학년에 좀 일찍 채용 예정 통지를 내는 것

3 인간 성숙이 시작되는 3~4학년에 내정을 내는 것

4 인간 성숙이 시작되는 1~2학년에 내정을 내는 것

해설 야나이 다다시 사장이 대학 1, 2학년 약 10명에게 입사 예정 통지를 낸 것을 공표했다고 했고, 두 번째 단락에서는 빨리 내정이 정해져서 대학 생활을 안심하고 계획을 갖고 보낼 수 있는 것이라면 문제 없기는 물론 반대로 긍정적이라고 생각한다고 하고 있다. 따라서 정답은 1번 계획을 갖고 보낼 수 있도록 1~2학년에 좀 일찍 채용 예정 통지를 내는 것을 뜻하는 것이다.

67 필자는 무엇을 이해할 수 없다고 말하고 있는가?

1 졸업 전의 학생과 채용 계약

2 신사협정

3 신규 졸업자 편중주의

4 패스트 리테일링

해설 필자는 일본에 만연하는 "신규 졸업자 편중주의"가 아무리 해도 이해할 수 없다(ぼくは日本にはびこる "新卒偏重主義" がどうしても理解できないんです)고 말하고 있다. 따라서 정답은 3번이다.

68 필자가 바라고 있는 것에 해당되는 것은 어느 것인가?

1 많은 기업이 학년에 구애되지 않는 채용을 받아들이기 바란다.

2 신규 졸업자가 아닌 사람도 적극적으로 채용하기 바란다

3 대학을 졸업하고 1~2년 정도 해외를 여행하기 바란다

4 신규 졸업자 채용을 적극적으로 하기 바란다

해설 마지막 단락에서, 일본 기업은 대학을 졸업한지 시간이 지난 인재에게도 문호를 열기 바란다고 하며, 기업에 있어 지금 가장 필요한 것은 경험과 비전을 가진 즉시 투입 가능한 전력으로써의 인재라고 말하고 있으므로 정답은 2번이 된다.

69 ②대학을 졸업한지 시간이 지난 인재에게도 문호를 열기 바란다고 하는데, 그것은 왜인가?

1 신규 졸업자 편중주의를 이해할 수 없기 때문에

2 민주주의 사회의 중요한 구성 요소이기 때문에

3 다양성과 예외를 인정할 필요가 있기 때문에

4 선택지는 넓은 편이 좋기 때문에

해설 바로 뒤의 문장에서, 글로벌리제이션의 시대에 다양성과 예외를 인정하지 않는다고 하는 자세가 계속되면 일본이라고 하는 나라는 점점 더 재미가 없어지고 내향적이 되어 간다고 말하고 있다. 따라서 정답은 3번 다양성과 예외를 인정할 필요가 있기 때문이다.

まさに 틀림없이, 바로, 딱 | 就職活動 취직 활동 | 方々 여러분 | 展開 전개 | 入社 입사 | 内々定 신규 대학 졸업자에게 내는 비공식 채용 예정 통지 | 公表 공표 | 正式に 정식으로 | 卒業 졸업 | 店舗 점포 | 同時に 동시에 | 目指す 목표로 하다, 지향하다 | コメント 코멘트, 논평 | 同社 동사, 같은 회사 | 学年 학년 | こだわる 구애되다 | 採用 채용 | 一部 일부 | 青田刈り 졸업 전의 학생과 채용 계약을 맺는 일 | 囲い込み 둘러쌈, 포위함, 선점 | 批判 비판 | 内定 내정 | 決まる 결정되다 | 安心 안심 | 過ごす 보내다, 지내다 | ～どころか ～은 물론 | 逆に 반대로, 역으로 | ポジティブ 포지티브, 적극적, 긍정적 | いよいよ 더욱더, 점점 | 視野 시야 | 成熟 성숙 | 莫大だ 막대하다 | 労力 수고 | 割く 할애하다 | 無駄だ 쓸데없다, 헛되다 | 指摘 지적 | アクション 액션, 행동 | 過大評価 과대평가 | 画期的 획기적 | ～側 ～쪽, ～측 | ニーズ 필요, 요구 | マッチ 조화, 일치 | 法律 법률 | 破る 깨다, 어기다 | 強いて 억지로, 굳이 | せいぜい 힘껏, 기껏해야 | 紳士協定 신사협정 | 逸脱 일탈, 벗어남 | そもそも 처음, 애초 | 経済状況 경제 상황 | 成長度 성장도 | 優秀だ 우수하다 | 人材 인재 | 欲しい 원하다, 갖고 싶다 | 当たり前だ 당연하다 | 弱肉強食 약육강식 | 悔しい 분하다, 억울하다 | 文句を言う 불평을 하다 | 動き 움직임 | 早まる 빨라지다, 앞당겨지다 | 前例 전례 | クローズアップ 클로즈업, 어떤 부분을 크게 나타내는 일 | 思考停止 사고 정지 | 証拠 증거 | 疑問 의문 | たつ 지나다, 경과하다 | 積極 적극 | はびこる 만연하다, 널리 퍼지다 | 新卒 (그 해의) 새 졸업자 | 偏重 편중 | 主義 주의 | 選択肢 선택지 | スタンス 태도, 입장 | 旅する 여행하다 | 見聞 견문 | 広める 넓히다, 퍼뜨리다 | 自ら 스스로 | 意思 의사 | 権利 권리 | 有する 가지다, 지니다 | 民主主義 민주주의 | 構成要素 구성 요소 | 迷う 망설이다, 헤매다 | 芽が出る 성공의 조짐이 보이다, 싹수가 보이다 | ようやく 겨우, 간신히 | 社会人 사회인 | 才能 재능 | 開花 개화 | プロ 프로 | 直線的 직선적 | 曲線的 곡선적 | 門戸 문호 | グローバリゼーション 글로벌리제이션(국가 등의 경계를 넘어 넓어져 일체화되어 가는 것) | 多様性 다양성 | 認める 인정하다 | 姿勢 자세 | ますます 점점 더 | 面白み 재미 | 内向き 내향적 | 冷静だ 냉정하다 | ビジョン 비전, 미래상 | 即戦力 즉전력(훈련을 받지 않고도 바로 싸울 수 있는 능력) | 早めに 조금 일찍 | 取り入れる 받아들이다, 도입하다

해설

문제 13 다음 페이지는 여행사가 주최하는 자사의 캘린더와 홈페이지에 사용할 사진 모집 안내이다. 사사키 씨는 이번 이 사진 모집에 응모할 것을 생각하고 있다. 아래의 물음에 대한 답으로 가장 알맞은 것을 1·2·3·4에서 하나 고르시오.

'여행의 추억'이랑 홈페이지, 2013년 클럽 투어리즘의 캘린더에 당신의 '여행의 추억'을 장식하지 않겠습니까?

여러분의 '여행의 추억'을 대모집합니다. 어렸을 때부터 동경하고 있던 풍경, 무심코 소중한 사람에게 전달하고 싶어지는 감동의 풍경, 생각지도 않게 만난 여행지에서의 놀라움과 감동의 장면 등을 담은 사진·그림·스케치·일러스트 작품을 기다리고 있습니다.

2012년은 더블 찬스! 매월 말까지의 응모 작품 중에서 우수한 작품을 『여행 친구』 권말의 그림엽서랑 서표에 채용. 더욱이 9월 30일까지 응모 받은 모든 사진 작품은 '2013년 클럽 투어리즘 캘린더 사진 콘테스트'에 자동적으로 참가 신청됩니다. 캘린더는 저희 회사의 여행 정보지 『여행 친구』 신년호(2012년 12월 발행)에 동봉되어 전국 300만 세대의 손님께 보내 드립니다. 또한 그 외 『여행 친구』의 지면과 홈페이지에도 게재하오니 꼭 적극적으로 응모해 주세요!

응모 주제	'가을부터 겨울의 여행지에서의 추억'
이번 달 응모 마감	2012년 7월 31일(화) 마감
응모 작품 심사	응모 받은 작품은 엄정한 심사로 선정합니다. 또한 심사에 관한 문의에는 일절 대답할 수 없으니 양해해 주세요.
응모 작품 공표	■ 그림엽서, 서표는 응모한 달의 다다음 달 발행하는 『여행 친구』에서 공표 ■ 2013년 클럽 투어리즘 캘린더는 2012년 12월 발행 『여행 친구』에 동봉되는 캘린더 지면에서 공표 ※채용된 분에게는 미리 연락 드리겠습니다.

응모 작품 취급	응모 작품의 접수부터 전형, 게재까지 충분한 주의와 책임을 갖고 취급을 하지만, 만일 분실·파손 등이 발생한 경우에도 보상해 드릴 수 없습니다. 응모 작품의 반납은 해 드리지 않으므로 양해 부탁 드립니다.
응모 작품 이용에 대해서	(1) 응모 작품은 저희 회사가 운영하는 웹 사이트, 여행 정보지 '여행 친구' 등의 각종 광고, 여행 서비스 안내 등에서 무료로 이용하는 경우가 있습니다. 미리 양지하신 후에 응모해 주세요. (2) 저희 회사는 게재 시에 편집상의 제약이나 배려(인쇄 색상이나 크기의 차이, 배경에 찍힌 사람과 물건·게재 불가능한 부분의 농담 경계 처리와 트리밍 등)에 의해 작품을 가공하는 경우가 있습니다.
응모처/문의	『여행 친구』 편집부 내 '여행의 추억' 모집 담당 주소 : 〒160-8308 　　　　도쿄도 신주쿠구 니시신주쿠 6-3-1 신주쿠 아이랜드윙 15F 전화 : 03-5325-6264 FAX : 03-5325-6233 월~금 9 : 15~17 : 30(토·일, 국경일은 휴업)

70 사사키 씨가 찍은 사진 중 응모할 수 있는 것은 어느 것인가?

1　여름에 하와이에서 찍은 저녁놀 사진
2　오키나와 바다에서 찍은 바비큐 사진
3　홋카이도 눈 축제 사진
4　우에노 공원의 벚꽃 축제 사진

해설 '응모 주제'가 '가을부터 겨울의 여행지에서의 추억'이다. 즉, 가을이나 겨울 사진이어야 응모할 수 있는 것이다. 따라서 정답은 3번 홋카이도 눈 축제 사진이다.

71 응모 작품의 공표는 어떻게 이루어지는가?

1　응모한 달의 다음 달 캘린더 지면에서 발표
2　전화로 채용자에게만 통지
3　응모한 달의 다음 달 『여행 친구』에서 공표
4　9월 발행의 『여행 친구』에서 공표

해설 '응모 작품 공표' 부분을 보면, 그림엽서, 서표는 응모한 달의 다다음 달 발행하는 『여행 친구』에서 공표한다고 되어 있다. 이번 달이 7월이므로 다다음 달이라면 9월이다. 따라서 정답은 4번 9월 발행되는 『여행 친구』에서 공표되는 것이다.

旅行会社 여행사 | 主催 주최 | 自社 자사 | カレンダー 캘린더, 달력 | ホームページ 홈페이지 | 使用 사용 | 募集 모집 | 案内 안내 | 応募 응모 | 撮る (사진을) 찍다 | ハワイ 하와이 | 夕焼け 저녁놀 | 沖縄 오키나와 | 北海道 홋카이도 | 雪祭り 눈 축제 | 上野公園 우에노 공원 | 桜祭り 벚꽃 축제 | 作品 작품 | 翌月 익월, 다음 달 | 紙面 지면 | 発表 발표 | 通知 통지 | 発行 발행 | 旅 여행 | 思い出 추억 | クラブ 클럽 | ツーリズム 투어리즘 | 飾る 장식하다 | 大募集 대 모집 | 憧れる 그리워하다, 동경하다 | 風景 풍경 | 思わず 무의식 중에, 무심코, 그만 | 伝える 전달하다 | 感動 감동 | 思いがけない 뜻밖이다, 의외다 | 出会う (우연히) 만나다 | 旅先 여행지 | 驚き 놀람 | 場面 장면 | 収める 담다, 넣다 | 絵画 회화, 그림 | スケッチ 스케치 | イラスト 일러스트, 삽화 | ダブル 더블, 이중 | チャンス 찬스, 기회 | 友 친구 | 巻末 권말 | 絵はがき 그림엽서 | しおり 서표, 안내서 | コンテスト 콘테스트 | 自動的 자동적 | エントリー 엔트리, 참가 신청 | 弊社 폐사(자기 회사에 대한 겸양어) | 情報誌 정보지 | 新年号 시년호 | 同封 동봉 | 世帯 세대 | 誌面 지면(잡지의 기사면) | 掲載 게재 | ぜひ 꼭 | 奮って 분발하여, 자진하여 | テーマ 테마, 주제 | 締切 마감 | 審査 심사 | 厳正だ 엄정하다 | ～をもって ～로, ～으로 | 選定 선정 | お問い合わせ 문

의, 조회 | 一切 일절, 전혀 | 了承 승낙, 양해 | 翌々月 다다음 달 | 予め 미리, 사전에 | 連絡 연락 | 取り扱い 취급 | 受付 접수, 접수처 | 選考 전형 | 責任 책임 | 万一 만일 | 紛失 분실 | 破損 파손 | 発生 발생 | 補償 보상 | 返却 반납 | 運営 운영 | ウェブサイト 웹 사이트 | 各種 각종 | 広告 광고 | サービス 서비스 | 無償 무상 | 編集上 편집상 | 制約 제약 | 配慮 배려 | 印刷 인쇄 | 色合い 색조, 색상 | 違い 차이 | 背景 배경 | 写リ込む (사진에) 찍히다 | 不能だ 불가능하다 | 部分 부분 | ぼかし 색의 농담의 경계를 희미하게 함 | 処理 처리 | トリミング 트리밍(사진에서, 구도를 다듬기 위해 불필요한 부분을 잘라내는 일) | 加工 가공 | 応募先 응모처 | ～係 ～담당자 | 住所 주소 | 祝 국경일 | 休業 휴업

問題 1

問題 1 では、まず質問を聞いてください。それから話を聞いて、問題用紙の 1 から 4 の中から最もよいものを一つ選んでください。
では練習しましょう。

例

母と娘が話しています。娘は学校が終わってから何をしますか。

F1：ああ、なんか今日は忙しいなあ。学校へ行ってから、夜はバイトに行って、あっ、その前にピアノの先生のところにも行かなくちゃ。
F2：じゃあ、帰りは遅くなるのね。
F1：うん、バイトの後で飲もうって話もあるんだけど、今日はやめとこうかな。
F2：そうよ。また今度にしなさい。
F1：あっ、そうだ。今日は 1・2 時間目が休講になったんだった。先にピアノの先生のところに行っちゃおうっと。
F2：せっかちなんだから。

娘は学校が終わってから何をしますか。

1　アルバイトに行きます
2　アルバイトの後、ピアノの先生のところに行きます
3　**アルバイトの前にピアノの先生のところに行きます**
4　アルバイトの後、飲みに行きます

最もよいものは 3 番です。解答用紙の問題 1 の例のところを見てください。最もよいものは 3 番ですから、答えはこのように書きます。
では始めます。

1 番

男の人と女の人がデパートで話しています。男の人と女の人は何について話していますか。

F：わあ、ずいぶんいろいろなものがあるのね。
M：そうだね。最近は、いろんなデザインのものが出てきたんだね。男でも、おしゃれなものを持ってる人もいるからね。
F：うわぁ、これすごく高いね。でも、私すぐどこかに置いてきちゃうから、あんまり高いものはちょっと。

문제 1

문제 1에서는 우선 질문을 들어 주세요. 그러고 나서 이야기를 듣고 문제 용지의 1에서 4 중에서 가장 알맞은 것을 하나 고르세요.
그럼 연습하겠습니다.

예

어머니와 딸이 이야기하고 있습니다. 딸은 학교가 끝나고 나서 무엇을 합니까?

여1: 아, 뭔가 오늘은 바쁘네. 학교에 가고 나서 밤에는 아르바이트 하러 가고, 앗 그 전에 피아노 선생님께도 가야 해.
여2: 그럼 귀가가 늦어지겠네.
여1: 응, 아르바이트 후에 술 마시자는 얘기도 있지만 오늘은 그만 둘까?
여2: 그래. 다음으로 해.
여1: 앗, 맞다. 오늘은 1, 2교시가 휴강이 되었지. 먼저 피아노 선생님께 가야지.
여2: 마음이 급하다니까.

딸은 학교가 끝나고 나서 무엇을 합니까?

1　아르바이트 하러 갑니다.
2　아르바이트 후 피아노 선생님께 갑니다.
3　**아르바이트 전에 피아노 선생님께 갑니다.**
4　아르바이트 후 술 마시러 갑니다.

가장 알맞은 것은 3번입니다. 해답 용지의 문제 1의 예 부분을 봐 주세요. 가장 알맞은 것은 3번이므로 답은 이렇게 씁니다.
그럼 시작하겠습니다.

1 번

남자와 여자가 백화점에서 이야기하고 있습니다. 남자와 여자는 무엇에 대해 이야기하고 있습니까?

여: 와, 상당히 여러 가지 것들이 있네.
남: 그렇네. 최근에는 여러 가지 디자인의 것이 나왔네. 남자라도 세련된 것을 갖고 있는 사람도 있으니까.
여: 우와 이거 굉장히 비싸네. 하지만 나 바로 어딘가에 두고 와 버리니까 너무 비싼 것은 좀.

M：俺はビニールで十分だけどなぁ。安いし使い勝手
　　いいし。
F：男の人はそれでいいかもしれないけど、女の人に
　　とってはファッションの一つだもん。
M：確かにそうだね。それに、安いからか風が強い時
　　はすぐだめになっちゃうしね。
F：私、これにしようかな。値段も手ごろだし、柄も
　　派手じゃないから何にでも合いそうだし。

男の人と女の人は何について話していますか。

1　かばん
2　靴
3　**傘**
4　帽子

デパート 백화점 | ずいぶん 상당히 | いろんな 여러 가지
| デザイン 디자인 | おしゃれだ 멋지다, 세련되다 | 置く
놓다, 두다 | あんまり 너무 | ビニール 비닐 | 使い勝手 사
용하기 편리한 정도 | ファッション 패션 | だめになる 소
용없어지다 | 手ごろ 적합함, 걸맞음 | 柄 무늬, 문양 | 派手
だ 화려하다 | 靴 신발, 구두 | 傘 가방 | 帽子 가방

2番

**男の人と女の人が座る位置について話しています。女
の人はどこに座りますか。**

F：どういう風に座るのがいいかな。え〜と、ここは
　　入り口から一番遠い席で上座だから部長が座るよ
　　ね。入り口付近だと遅れてきた人の邪魔になるだ
　　ろうし。
M：でも、部長の向かいの席も気まずいよな。やっぱ
　　り奥の席は部長や課長に座ってもらうのがいいん
　　じゃない。歳も近いしさ。
F：そうだよね。みんなお酒たくさん飲むしね。じゃ
　　あ入り口から少し入った席にしようかな。
M：それでもいいし、入り口の席の向かい側でもいい
　　んじゃない。動きやすいし。
F：そうか、それもいいね。でも部長たちの話も聞き
　　たいし、今日は上座よりの席に座るわ。

女の人はどこに座りますか。

1　入り口から一番遠い席
2　**入り口から少し入った席**
3　入り口の席の向かい側
4　入り口付近の席

남：난 비닐로 충분한데. 싸고 사용하기 편하고.

여：남자는 그래도 좋을지도 모르지만 여자에게 있어서는
　　패션의 하나인걸.

남：분명히 그래. 게다가 싸서 그런지 바람이 강할 때는 바
　　로 소용없어져 버리고.

여：나, 이걸로 할까? 가격도 적당하고 무늬도 화려하지
　　않으니까 아무것에나 맞을 것 같고.

남자와 여자는 무엇에 대해 이야기하고 있습니까?

1　가방
2　신발
3　**우산**
4　모자

여자는 어딘가에 두고 와 버리니까 비싼 것을 사기는 좀
그렇지만 여자에게는 패션의 하나라고 하고 가격도 적당
하고 무늬도 화려하지 않다고 한다. 남자는 비닐로 된 것
으로 충분하다고 했고 싸서 그런지 바람이 강하면 바로 소
용없어져 버린다고 말하고 있다. 즉, 두 사람은 우산에 대
해 이야기하고 있는 것이다. 정답은 3번이다.

2번

남자와 여자가 앉는 위치에 대해 이야기하고 있습니다. 여자는
어디에 앉습니까?

여：어떤 식으로 앉는 게 좋을까? 음, 여기는 입구에서 가
　　장 먼 자리로 상석이니까 부장님이 앉지. 입구 부근이
　　면 늦게 온 사람에게 방해가 될 거고.

남：하지만 부장님 맞은편 자리도 거북해. 역시 안쪽 자리
　　는 부장님과 과장님이 앉으시는 게 좋잖아. 연세도 가
　　깝고.

여：그렇네. 모두 술 많이 드시고. 그럼 입구에서 조금 들
　　어간 자리로 할까?

남：그래도 되고 입구 자리 맞은편이더라도 괜찮지 않아?
　　움직이기 쉽고.

여：그런가, 그것도 좋네. 하지만 부장님 이야기도 듣고 싶
　　고 오늘은 상석에 가까운 쪽 자리에 앉을래.

여자는 어디에 앉습니까?

1　입구에서 가장 먼 자리
2　**입구에서 조금 들어간 자리**
3　입구 자리의 맞은편
4　입구 부근의 자리

座る 앉다 | 位置 위치 | ～風 ～식, ～풍 | 入り口 입구 | 一番 가장, 제일 | 遠い 멀다 | 席 자리 | 上座 상석, 윗자리 | 部長 부장 | 付近 부근 | 遅れる 늦다, 지각하다 | 邪魔 방해 | 向かい 맞은편, 건너편 | 気まずい 어색하다, 거북하다 | やっぱり 역시 | 奥 속, 안 | 課長 과장 | 歳 나이 | 近い 가깝다 | 入る 들어가다 | 向かい側 맞은 쪽, 상대편 쪽 | 動く 움직이다 | ～より ～근처, ～쪽

3番

女の人が話しています。ワイン工場見学に参加する人は何時にどこに行けばいいですか。

F：今から明日の予定について説明します。明日は自由行動ですが市内観光ツアーに参加する人は、ホテルでの朝食の後、ロビーに9時に集合してください。郊外のワイン工場見学ツアーに参加する人は、郊外ということもあり出発が早いのでバスの中での朝食となります。集合は7時半にロビー集合です。バスは7時45分に出発しますから、絶対に遅れないよう気をつけてください。

ワイン工場見学に参加する人は何時にどこに行けばいいですか。

1　9時半にロビー
2　**7時半にロビー**
3　7時半にバス
4　7時45分にロビー

ワイン 와인 | 工場 공장 | 見学 견학 | 参加 참가 | 予定 예정 | 説明 설명 | 自由 자유 | 行動 행동 | 市内 시내 | 観光 관광 | ツアー 투어, 여행 | ホテル 호텔 | 朝食 조식 | ロビー 로비 | 集合 집합 | 郊外 교외 | 出発 출발 | 絶対に 절대로 | 気をつける 주의하다, 조심하다

4番

男の人と女の人が話しています。何曜日にテニスをしますか。

F：来週テニスをしに行かない？最近運動してないからか体重が増えた気がするんだよね。

M：お、いいねぇ。テニスとか久しぶりだなぁ。来週のいつにしようか。僕は週末はアルバイトがあるから、できれば平日がいいんだけど。

F：平日は学校の授業があるから無理だよ。

여자는 입구에서 가장 먼 자리가 상석이니까 부장님이 앉는다고 했다. 그리고 마지막에 부장님들 이야기도 듣고 싶고 오늘은 상석에서 가까운 자리에 앉겠다고 한다. 즉 입구에서 가장 먼 자리는 아니고 조금 들어간 자리라고 할 수 있으므로 정답은 2번이다.

3번

여자가 이야기하고 있습니다. 와인 공장 견학에 참가할 사람은 몇 시에 어디로 가면 됩니까?

여 : 지금부터 내일 예정에 대해 설명하겠습니다. 내일은 자유 행동입니다만, 시내 관광 투어에 참가할 사람은 호텔에서의 조식 후, 로비에 9시에 집합해 주세요. 교외의 와인 공장 견학 투어에 참가할 사람은 교외인 점도 있어서 출발이 이르니까 버스 안에서 조식을 드시게 됩니다. 집합은 7시 반에 로비 집합입니다. 버스는 7시 45분에 출발하니까 절대로 늦지 않도록 주의해 주세요.

와인 공장 견학에 참가할 사람은 몇 시에 어디로 가면 됩니까?

1　9시 반에 로비
2　**7시 반에 로비**
3　7시 반에 버스
4　7시 45분에 로비

교외의 와인 공장 견학 투어에 참가할 사람은 출발이 이르니까 버스 안에서 조식을 먹게 되고 집합은 7시 반에 로비 집합(集合は7時半にロビー集合です)이라고 했다. 따라서 정답은 2번 7시 반에 로비이다.

4번

남자와 여자가 이야기하고 있습니다. 무슨 요일에 테니스를 칩니까?

여 : 다음 주에 테니스 치러 가지 않을래? 요즘에 운동을 하지 않으니까 체중이 늘어난 것 같아.

남 : 오, 좋아. 테니스 오랜만이다. 다음 주 언제로 할까? 난 주말에는 아르바이트가 있으니까 가능하면 평일이 좋은데.

여 : 평일은 학교 수업이 있으니까 무리야.

M：昼間はそうかもしれないけど、夜も使えるコートを予約すればいいんじゃない。確かうちの近くにあった気がする。

F：本当？じゃあ平日の夜に行こうか。月曜と水曜は料理教室だから、それ以外ならいつでもいいよ。

M：僕は、週の前半がいいな。そういえばあそこのコート木曜休みだった気がする。

F：そう。ならこの日にしましょう。

何曜日にテニスをしますか。

1　月曜日
2　**火曜日**
3　木曜日
4　土曜日

何曜日 무슨 요일 | テニス 테니스 | 最近 최근, 요즘 | 運動 운동 | 体重 체중 | 増える 늘다 | 気がする 느낌이 들다 | 久しぶり 오래간만 | 週末 주말 | アルバイト 아르바이트 | できれば 가능하면 | 平日 평일 | 授業 수업 | 無理 무리 | 昼間 주간, 낮 | コート 코트 | 予約 예약 | 確か 아마, 확실히 | うち (우리) 집 | 近く 근처, 가까운 곳 | 本当 정말 | 月曜 월요일 | 水曜 수요일 | 料理 요리 | 教室 교실 | 以外 이외 | 週 주 | 前半 전반 | 木曜 목요일 | 休み 쉼, 휴일 | 日 날 | 土曜日 토요일

5番

病院で患者の男の人と受付の女の人が話しています。**男の人は次に何をしますか。**

M：あの、血液検査が終わったんですが、次はどうすればいいですか。

F：では、診察室へ行ってください。それが終わったら、次はレントゲンです。

M：はい、分かりました。

F：あ、その前に、こちらでこの用紙に必要事項を記入し、診察室で掛けてお待ちください。本日の検診が全て終わりましたら、会計を済ませて、お帰りください。

M：結果はいつ出ますか。

F：1週間後には出ますので都合のよろしい時、病院へいらしてください。

M：はい、分かりました。

남：낮에는 그럴지도 모르겠지만 밤에도 사용할 수 있는 코트를 예약하면 되잖아. 아마 우리 집 근처에 있었던 것 같아.

여：정말? 그럼 평일 밤에 갈까? 월요일과 수요일은 요리교실이니까, 그 외라면 언제든지 좋아.

남：난 주의 전반이 좋아. 그러고 보니 거기 코트 목요일 휴일이었던 것 같아.

여：그래. 그러면 이 날로 하자.

무슨 요일에 테니스를 칩니까?

1　월요일
2　**화요일**
3　목요일
4　토요일

두 사람은 평일 밤에 가는 것이 좋다고 했고, 여자는 월요일과 수요일은 요리교실 때문에 안 된다고 한다. 남자는 주의 전반이 좋고 목요일은 코트가 문을 열지 않는다고 했으므로, 결국 가는 날은 화요일이 될 것이다. 따라서 정답은 2번 화요일이 된다.

5번

병원에서 환자인 남자와 접수처의 여자가 이야기하고 있습니다. 남자는 다음에 무엇을 합니까?

남：저, 혈액 검사가 끝났는데 다음은 어떻게 하면 됩니까?

여：그럼 진찰실로 가 주세요. 그것이 끝나면 다음은 X선 촬영입니다.

남：네, 알겠습니다.

여：아, 그 전에 이쪽에서 이 용지에 필요사항을 기입하고 진찰실에서 앉아서 기다리세요. 오늘의 진찰이 모두 끝나시면 계산을 마치고 돌아가시면 됩니다.

남：결과는 언제 나옵니까?

여：1주일 후에는 나오니까 시간되실 때 병원으로 와 주세요.

남：네, 알겠습니다.

男の人は次に何をしますか。

1 診察室へ行く
2 レントゲン室へ行く
3 **必要事項を記入する**
4 会計をする

病院 병원 | 患者 환자 | 受付 접수 | 次 다음 | 血液検査 혈액 검사 | 終わる 끝나다 | 診察室 진찰실 | レントゲン 뢴트겐, X선 | 用紙 용지 | 必要事項 필요 사항 | 記入 기입 | 掛ける 걸다, 걸터앉다 | 本日 금일, 오늘 | 検診 검진 | 全て 모두, 전부 | 会計 회계, 계산 | 済ませる 끝내다 | 結果 결과 | 〜週間後 〜주일 후 | 都合 사정, 형편 | よろしい 좋다, 괜찮다 | いらす 오시다

6番

男の人と女の人が話しています。二人はどの映画を見ますか。

F：今日何しようか。私、久しぶりに映画見に行きたいなぁ。
M：映画ねぇ。なんかおもしろいのやってるかな。
F：ディズニー映画の新作「メリダとおそろしの森」がやってるよ。
M：アニメだろ。アニメは見ない主義なんだよねぇ。
F：えーっ。おもしろそうなのに。
M：あ！俺「アメイジングスパイダーマン」見たい。あれって３Ｄなんだろ。迫力ありそうじゃん。
F：３Ｄは気分悪くなるから嫌だよ。今日は恋愛要素入ったやつが見たい。「海猿」とかどう？
M：恋愛系は退屈だから嫌だなぁ。まぁ「ヘルタースケルター」ならまだありだけど。
F：ただ主人公の女優が好きなだけじゃん。私のは恋愛要素だけじゃなく笑いも感動もあるのに。
M：わかったわかった。今日はお前に合わせるよ。

二人はどの映画を見ますか。

1 「メリダとおそろしの森」
2 「アメイジングスパイダーマン」
3 「ヘルタースケルター」
4 **「海猿」**

やる 하다 | ディズニー 디즈니 | 新作 신작 | おそろし 무서움, 두려움 | 森 숲 | アニメ 애니메이션 | 主義 주의 | アメイジング 어메이징(amazing) | スパイダーマン 스파이더맨 | 迫力 박력 | 気分が悪くなる (멀미가 나서) 기분이

남자는 다음에 무엇을 합니까?

1 진찰실에 간다.
2 X선 촬영실에 간다.
3 **필요 사항을 기입한다.**
4 계산을 한다.

여자는 처음에는 진찰실로 가라고 했지만, 그 전에 용지에 필요 사항을 기입하고 진찰실에서 앉아서 기다리라고 말한다. 따라서 용지에 필요 사항을 기입하는 것부터 해야 하므로 정답은 3번이 된다.

6번

남자와 여자가 이야기하고 있습니다. 두 사람은 어느 영화를 봅니까?

여 : 오늘 뭐할까? 나, 오랜만에 영화 보러 가고 싶어.
남 : 영화라. 뭔가 재미있는 것 하고 있나?
여 : 디즈니 영화 신작「메리다와 마법의 숲」이 하고 있어.
남 : 애니메이션이잖아. 애니메이션은 안 보는 주의야.
여 : 어, 재미있을 것 같은데.
남 : 아! 나「어메이징 스파이더맨」보고 싶다. 그거 3D일 걸. 박력 있을 것 같지 않아?
여 : 3D는 기분 나빠져서 싫어. 오늘은 연애 요소 들어간 것이 보고 싶어.「우미자루」같은 건 어때?
남 : 연애 쪽은 지루해서 싫어. 뭐「헬터 스켈터」라면 그래도 낫지만.
여 : 단지 주인공 여배우를 좋아하는 것뿐이잖아. 내가 말한 건 연애 요소뿐 아니라 웃음도 감동도 있는데.
남 : 알겠어 알겠어. 오늘은 너한테 맞출게.

두 사람은 어느 영화를 봅니까?

1 「메리다와 마법의 숲」
2 「어메이징 스파이더맨」
3 「헬터 스켈터」
4 **「우미자루」**

여자는 연애 요소가 들어간 것이 보고 싶다며 '우미자루' 같은 건 어떤지 물었고, 남자는 처음엔 싫다고 하다가 결국 오늘은 여자에게 맞추겠다고 한다. 그러므로 여자가 보고 싶어 하는 '우미자루'를 볼 것이므로 정답은 4번이다.

나빠지다 | 嫌だ 싫다, 싫어하다 | 恋愛 연애 | 要素 요소 | やつ 녀석, 것 | 〜系 〜계, 계통 | 退屈だ 지루하다, 따분하다 | ただ 단지, 단 | 主人公 주인공 | 女優 여배우 | 笑い 웃음 | 感動 감동 | お前 너 | 合わせる 맞추다

問題 2

問題2では、まず質問を聞いてください。そのあと、問題用紙のせんたくしを読んでください。読む時間があります。それから話を聞いて、問題用紙の1から4の中から最もよいものを一つ選んでください。
では練習しましょう。

例

女の人が自分の仕事について話しています。女の人は今、何をしていますか。

F : 私は10年間身をおいた出版社をやめ、それ以来5年間英語の教師をしています。実は大学を卒業したばかりのころ、塾で子供に英語を教えていたこともあるんですが、そのころ、声をかけられてモデルの仕事を始めました。テレビのコマーシャルに出たこともあるんですよ。ところが、そういう仕事は私には合わなかったんですよね。そんな時、先輩の誘いで出版社で仕事をすることになったんです。でも、残業が多く時間も不規則で、結局もとの仕事に戻ってしまいました。

女の人は今、何をしていますか。
1　出版社に勤めています
2　英語の先生をしています
3　モデルをしています
4　テレビのコマーシャルに出ています

最もよいものは2番です。解答用紙の問題2の例のところを見てください。最もよいものは2番ですから、答えはこのように書きます。
では始めます。

1番

部長と女子社員が話しています。二人はどのホテルを予約しますか。

F : 部長、今度来日されるアイリス社の社長ご夫妻の宿泊の件でお話がありまして。どこのホテルを予約しましょうか。

문제 2

문제 2에서는 우선 질문을 들어 주세요. 그 후, 문제 용지의 선택지를 읽어 주세요. 읽는 시간이 있습니다. 그러고 나서 이야기를 듣고 문제 용지의 1에서 4 중에서 가장 알맞은 것을 하나 고르세요.
그럼 연습하겠습니다.

예

여자가 자신의 일에 대해 이야기하고 있습니다. 여자는 지금 무엇을 하고 있습니까?

여 : 저는 10년간 몸 담았던 출판사를 그만두고, 그 이후로 5년간 영어 교사를 하고 있습니다. 실은 대학을 막 졸업했을 때, 학원에서 아이들에게 영어를 가르친 적도 있었는데 그 때 제안을 받아 모델 일을 시작했습니다. 텔레비전 광고에 나온 적도 있어요. 하지만 그런 일은 저에게는 맞지 않았지요. 그때 선배 권유로 출판사에서 일을 하게 된 것입니다. 하지만 잔업이 많고 시간도 불규칙하여 결국 원래의 일로 되돌아왔습니다.

여자는 지금 무엇을 하고 있습니까?
1　출판사에 근무하고 있습니다.
2　영어 선생님을 하고 있습니다.
3　모델을 하고 있습니다.
4　텔레비전 광고에 나오고 있습니다.

가장 알맞은 것은 2번입니다. 해답 용지의 문제 2의 예 부분을 봐 주세요. 가장 알맞은 것은 2번이므로 답은 이렇게 씁니다.
그럼 시작하겠습니다.

1번

부장과 여자 사원이 이야기하고 있습니다. 두 사람은 어느 호텔을 예약합니까?

여 : 부장님, 이번에 일본에 오시는 아이리스사 사장 부부의 숙박 건으로 이야기가 있어서요. 어디 호텔을 예약할까요?

M：そうだな。社長は根っからの日本通でいらっしゃ
　るから、ホテルよりも旅館のほうがお好きなん
　じゃないかな。

F：私もそう思ったのですが、今回は奥様もご一緒で
　すので旅館ですと、なにかと不便な点があるので
　はないかと。

M：そうか。でもせっかく日本におみえになるからに
　は、日本的な所がいいしなあ。

F：では、こちらはどうでしょうか。こちらでしたら
　日本庭園もございます。

M：ここか。ここもいいけど、こっちのホテルは食事
　がなかなか評判がいいって話だよ。

F：しかし、お食事は日本料理のお店を別に予約して
　ありますので。

M：そうか。なら、やはりここがいいかもしれんな。

二人はどのホテルを予約しますか。

1　日本庭園があるホテル
2　日本料理が食べられるホテル
3　料理のおいしいホテル
4　和風な旅館

単어

女子社員 여자 사원 ｜ ホテル 호텔 ｜ 今度 이번, 다음 번
｜ 来日 내일, 일본에 옴 ｜ 夫妻 부부 ｜ 宿泊 숙박 ｜ 件 건 ｜
根っから 본디부터, 근본적으로 ｜ ～通 그 방면에 정통함, ～
통 ｜ いらっしゃる 계시다 ｜ 旅館 여관 ｜ 奥様 부인(남의 아
내의 높임말) ｜ 不便だ 불편하다 ｜ 点 점 ｜ せっかく 모처럼,
일부러 ｜ おみえになる 오시다 ｜ ～からには ～인 이상은 ｜
庭園 정원 ｜ 食事 식사 ｜ なかなか 상당히, 꽤 ｜ 評判 평판 ｜
別に 별도로, 따로 ｜ やはり 역시 ｜ 和風だ 일본풍이다

2番

テレビで男の人が話しています。この自転車はどのよ
うな人のために作られましたか。

M：えー、今回我が社が自信を持って発売するこちら
　の自転車アランは、５０歳以上の女性が乗りやすい
　ようにいくつか工夫がしてあります。従来の製品
　に比べまして、お尻を乗せるサドルの部分を少し
　後ろに倒してあり、車体とペダルの高さを約２５セ
　ンチ低くいたしました。また、重さも１４キロと軽
　くしてあります。車輪の直径は２０インチです。
　ギアチェンジなしのタイプで価格は今だけなんと
　３８，０００円でございます。

남：글쎄. 사장님은 근본부터 일본에 대해 잘 아시니까 호
　텔보다도 여관 쪽을 좋아하지 않을까?

여：저도 그렇게 생각했지만 이번에는 부인도 함께이니까
　여관이면 무언가 불편한 점이 있지 않을까 하고.

남：그런가. 하지만 모처럼 일본에 오시는 이상은 일본적
　인 장소가 좋으니까.

여：그럼 이쪽은 어떨까요? 이쪽은 일본 정원도 있습니다.

남：여긴가. 여기도 좋지만 이쪽의 호텔은 식사가 상당히
　평판이 좋다는 이야기야.

여：하지만 식사는 일본 요리 가게를 따로 예약해 놓아서요.

남：그런가. 그러면 역시 여기가 좋을지도 모르겠군.

두 사람은 어느 호텔을 예약합니까?

1　일본 정원이 있는 호텔
2　일본 요리를 먹을 수 있는 호텔
3　요리가 맛있는 호텔
4　일본풍 여관

해설

여자 사원은 여관보다는 호텔 쪽이 좋다고 하며 일본 정원
이 있는 호텔에 대해 말하고 있다. 이에 남자는 식사가 소
문난 곳을 말하지만, 여자 사원이 식사는 따로 예약해 두
었다고 하자 역시 여기가 좋을지도 모른다고 했으므로, 정
답은 1번 일본 정원이 있는 호텔이다.

2번

텔레비전에서 남자가 이야기하고 있습니다. 이 자전거는 어떠한
사람을 위해 만들어졌습니까?

남：이번에 저희 회사가 자신 있게 발매하는 여기 이 자전
　거 아란은 50세 이상의 여성이 타기 쉽도록 몇 가지의
　연구가 되어 있습니다. 종래의 제품에 비해 엉덩이를
　태우는 안장 부분이 조금 뒤로 뉘어져 있고, 차체와 페
　달의 높이를 약 25센티미터 낮게 했습니다. 또 무게도
　14킬로그램으로 가볍게 되어 있습니다. 자전거 바퀴의
　직경은 20인치입니다. 기어 체인지가 없는 타입으로
　가격은 지금만 놀랍게도 38,000엔입니다.

この<ruby>自転車<rt>じ てんしゃ</rt></ruby>はどのような<ruby>人<rt>ひと</rt></ruby>のために<ruby>作<rt>つく</rt></ruby>られましたか。

1 <ruby>背<rt>せ</rt></ruby>の<ruby>低<rt>ひく</rt></ruby>い<ruby>人<rt>ひと</rt></ruby>のため
2 <ruby>体重<rt>たいじゅう</rt></ruby>の<ruby>軽<rt>かる</rt></ruby>い<ruby>人<rt>ひと</rt></ruby>のため
3 お<ruby>尻<rt>しり</rt></ruby>の<ruby>大<rt>おお</rt></ruby>きい<ruby>人<rt>ひと</rt></ruby>のため
4 **<ruby>年配<rt>ねんぱい</rt></ruby>の<ruby>女性<rt>じょせい</rt></ruby>のため**

단어

テレビ 텔레비전 | <ruby>自転車<rt>じ てんしゃ</rt></ruby> 자전거 | <ruby>我<rt>わ</rt></ruby>が<ruby>社<rt>しゃ</rt></ruby> 우리 회사 | <ruby>自信<rt>じ しん</rt></ruby>を<ruby>持<rt>も</rt></ruby>つ 자신(감)을 갖다 | <ruby>発売<rt>はつばい</rt></ruby> 발매 | <ruby>以上<rt>い じょう</rt></ruby> 이상 | <ruby>乗<rt>の</rt></ruby>る <ruby>乗<rt>の</rt></ruby>る 타다 | <ruby>工夫<rt>く ふう</rt></ruby> 궁리, 고안 | <ruby>従来<rt>じゅうらい</rt></ruby> 종래 | <ruby>製品<rt>せいひん</rt></ruby> 제품 | <ruby>比<rt>くら</rt></ruby>べる 비교하다, 견주다 | お<ruby>尻<rt>しり</rt></ruby> 엉덩이 | <ruby>乗<rt>の</rt></ruby>せる 태우다 | サドル 새들, 자전거의 안장 | <ruby>部分<rt>ぶ ぶん</rt></ruby> 부분 | <ruby>後<rt>うし</rt></ruby>ろ 뒤 | <ruby>倒<rt>たお</rt></ruby>す 넘어뜨리다, 누이다 | <ruby>車体<rt>しゃたい</rt></ruby> 차체 | ペダル 페달, 발판 | <ruby>高<rt>たか</rt></ruby>さ 높이 | <ruby>約<rt>やく</rt></ruby> 약 | センチ 센티미터 | <ruby>低<rt>ひく</rt></ruby>い 낮다 | いたす 하다(する의 겸양어) | <ruby>重<rt>おも</rt></ruby>さ 무게 | キロ 킬로그램 | <ruby>軽<rt>かる</rt></ruby>い 가볍다 | <ruby>車輪<rt>しゃりん</rt></ruby> 차륜, 자전거 바퀴 | <ruby>直径<rt>ちょっけい</rt></ruby> 직경 | インチ 인치 | ギアチェンジ 기어 체인지 | なし 없음 | タイプ 타입 | <ruby>価格<rt>か かく</rt></ruby> 가격 | なんと 놀랍게도 | <ruby>背<rt>せ</rt></ruby>が<ruby>低<rt>ひく</rt></ruby>い 키가 작다 | <ruby>体重<rt>たいじゅう</rt></ruby> 체중 | <ruby>年配<rt>ねんぱい</rt></ruby> 연배, 중년

3<ruby>番<rt>ばん</rt></ruby>

<ruby>男<rt>おとこ</rt></ruby>の<ruby>人<rt>ひと</rt></ruby>と<ruby>女<rt>おんな</rt></ruby>の<ruby>人<rt>ひと</rt></ruby>が<ruby>話<rt>はな</rt></ruby>しています。<ruby>男<rt>おとこ</rt></ruby>の<ruby>人<rt>ひと</rt></ruby>の<ruby>訪<rt>おとず</rt></ruby>れた<ruby>国<rt>くに</rt></ruby>の<ruby>順序<rt>じゅんじょ</rt></ruby>はどれですか。

F：<ruby>今回<rt>こんかい</rt></ruby>の<ruby>出張<rt>しゅっちょう</rt></ruby>は、いつもより<ruby>長<rt>なが</rt></ruby>かったですね。お<ruby>疲<rt>つか</rt></ruby>れ<ruby>様<rt>さま</rt></ruby>です。

M：そうなんだよ。<ruby>今回<rt>こんかい</rt></ruby>は<ruby>市場調査<rt>し じょうちょう さ</rt></ruby>も<ruby>兼<rt>か</rt></ruby>ねて４か<ruby>国<rt>こく</rt></ruby>もまわったんだよ。

F：４か<ruby>国<rt>こく</rt></ruby>もですか。<ruby>時差<rt>じ さ</rt></ruby>ぼけとかもきつそうですね。

M：かなりね。<ruby>最後<rt>さい ご</rt></ruby>に<ruby>寄<rt>よ</rt></ruby>ったイギリスでは、<ruby>疲<rt>つか</rt></ruby>れのせいか<ruby>食欲<rt>しょくよく</rt></ruby>がなくなっちゃってさ。その<ruby>前<rt>まえ</rt></ruby>のフランスでうまい<ruby>物<rt>もの</rt></ruby>を<ruby>食<rt>た</rt></ruby>べ<ruby>過<rt>す</rt></ruby>ぎてたから、<ruby>胃<rt>い</rt></ruby>を<ruby>休<rt>やす</rt></ruby>ませるって<ruby>意味<rt>い み</rt></ruby>ではちょうど<ruby>良<rt>よ</rt></ruby>かったのかもしれないけど。

F：そうだったんですね。<ruby>今回<rt>こんかい</rt></ruby>の<ruby>出張<rt>しゅっちょう</rt></ruby>に<ruby>関<rt>かん</rt></ruby>する<ruby>報告書<rt>ほうこくしょ</rt></ruby>は<ruby>提出<rt>ていしゅつ</rt></ruby>されましたか。

M：<ruby>一番最初<rt>いちばんさいしょ</rt></ruby>に<ruby>行<rt>い</rt></ruby>ったアメリカの<ruby>分<rt>ぶん</rt></ruby>の<ruby>報告書<rt>ほうこくしょ</rt></ruby>は<ruby>仕上<rt>し あ</rt></ruby>がったんだけど、ドイツの<ruby>分<rt>ぶん</rt></ruby>はまだ<ruby>作<rt>つく</rt></ruby>り<ruby>途中<rt>と ちゅう</rt></ruby>でさ。<ruby>部長<rt>ぶ ちょう</rt></ruby>に<ruby>早<rt>はや</rt></ruby>くしろって<ruby>言<rt>い</rt></ruby>われてるんだけどね。

<ruby>男<rt>おとこ</rt></ruby>の<ruby>人<rt>ひと</rt></ruby>の<ruby>訪<rt>おとず</rt></ruby>れた<ruby>国<rt>くに</rt></ruby>の<ruby>順序<rt>じゅんじょ</rt></ruby>はどれですか。

1 フランス、ドイツ、アメリカ、イギリス
2 **アメリカ、ドイツ、フランス、イギリス**
3 イギリス、フランス、ドイツ、アメリカ
4 アメリカ、フランス、ドイツ、イギリス

이 자전거는 어떠한 사람을 위해 만들어졌습니까?

1 키가 작은 사람을 위해
2 체중이 가벼운 사람을 위해
3 엉덩이가 큰 사람을 위해
4 **중년의 여성을 위해**

해설

자전거 아란은 50세 이상의 여성이 타기 쉽도록 몇 가지 연구가 되어 있다고 하며 종래의 제품과 다른 점에 대해 설명하고 있다. 따라서 50세 이상의 여성, 즉 중년 여성을 위해 만들어졌다고 할 수 있으므로 정답은 4번이다.

3번

남자와 여자가 이야기하고 있습니다. 남자가 방문한 나라의 순서는 어느 것입니까?

여 : 이번 출장은 평소보다 길었군요. 수고하셨습니다.

남 : 정말이야. 이번에는 시장 조사도 겸해서 4개국이나 돌았어.

여 : 4개국이나요? 시차 때문에 힘들겠네요.

남 : 상당히. 마지막으로 들른 영국에서는 피로 탓인지 식욕이 없어져 버려서. 그 전의 프랑스에서 맛있는 것을 너무 많이 먹었기 때문에 위를 쉬게 한다는 의미에서는 딱 좋았을지도 모르지만.

여 : 그랬군요. 이번의 출장에 관한 보고서는 제출하셨어요?

남 : 가장 처음에 간 미국 분의 보고서는 완성되었지만, 독일 분은 아직 만드는 도중이라. 부장님께서 빨리 하라고 하시지만.

남자가 방문한 나라의 순서는 어느 것입니까?

1 프랑스, 독일, 미국, 영국
2 **미국, 독일, 프랑스, 영국**
3 영국, 프랑스, 독일, 미국
4 미국, 프랑스, 독일, 영국

訪れる 방문하다 | 国 나라, 국가 | 順序 순서 | 出張 출장 | いつも 평소 | 市場調査 시장 조사 | 兼ねる 겸하다 | ～か国 ～개국 | まわる 돌다 | 時差ぼけ 시차로 인해 생활 리듬에 이상이 생김 | きつい 심하다, 힘들다 | かなり 상당히, 꽤 | 最後に 최후에, 마지막에 | 寄る 들르다 | イギリス 영국 | 疲れ 피로, 피곤 | ～せいか ～탓인가 | 食欲 식욕 | フランス 프랑스 | うまい 맛있다 | 食べ過ぎる 과식하다 | 胃 위 | 休ませる 쉬게 하다 | 意味 의미 | ちょうど 딱, 마침 | ～に関する ～에 관한 | 報告書 보고서 | 提出 제출 | 最初に 최초, 먼저 | アメリカ 미국 | 分 분, 부분 | 仕上がる 완성되다, 다되다 | ドイツ 독일 | 途中 도중

4番

女の先生と男子生徒が話しています。男子生徒が受ける大学の試験科目は何ですか。

F：そろそろ志望校を決めていかなきゃね。酒井君の得意科目は何ですか。

M：う～ん、数学は好きなんですけど、科学はまったくもって駄目です。他の科目に関しては、社会は好きですけど現代文の成績はいまひとつです。

F：そうか。英語はどうかな。

M：得意とまではいかないですけど、成績はそこまで悪くありません。

F：なるほどね。なら、この３科目で受けられる学校を考えていきましょうか。

M：そんな大学ありますか。

F：あるにはありますよ。そんなに多くはないですけどね。あ、ここなんてどうですか。評判もいいし、酒井君の家からそんなに遠くありませんよ。

M：あ、この大学は前から気になっていたんです。僕、ここ受けてみます。

男子生徒が受ける大学の試験科目は何ですか。

1　数学・科学・英語
2　現代文・社会・英語
3　数学・現代文・英語
4　**数学・社会・英語**

男子生徒 남학생 | 受ける (시험을) 치르다, 보다 | 試験 시험 | 科目 과목 | そろそろ 이제 슬슬 | 志望校 지망 학교 | 決める 결정하다 | 得意 자신 있음 | 数学 수학 | 科学 과학 | まったくもって 정말로, 정말이지 | 駄目だ 안 되다 | 社会 사회 | 現代文 현대문 | 成績 성적 | いまひとつ 하나 더, 조금만 더(아직 좀 모자라는 상태) | なるほど 정말, 과연 | ～には ～하기는 | 気になる 마음에 걸리다, 신경 쓰이다

마지막으로 들른 영국에서는 피로 탓인지 식욕이 없어졌고 그 전의 프랑스에서 맛있는 것을 너무 많이 먹었다고 하므로 마지막은 영국, 바로 그 전은 프랑스인 것을 알 수 있다. 또 마지막 말에서 가장 처음에 간 미국 분의 보고서는 완성되었지만, 독일 분은 아직 만드는 도중이라고 했으므로 처음은 미국, 그 다음은 독일인 것이다. 따라서 알맞은 순서는 2번이다.

4번

여자 선생님과 남학생이 이야기하고 있습니다. 남학생이 보는 대학 시험 과목은 무엇입니까?

여 : 이제 슬슬 지망 학교를 정해가지 않으면 안 돼. 사카이 군이 잘하는 과목은 뭐에요?

남 : 음, 수학은 좋아하지만 과학은 정말로 안 됩니다. 다른 과목에 관해서는 사회는 좋아하지만 현대문 성적은 조금 더 해야 합니다.

여 : 그래요? 영어는 어때요?

남 : 잘한다고까지는 아니지만 성적은 그렇게까지 나쁘지 않습니다.

여 : 그렇구나. 그렇다면 이 3과목으로 볼 수 있는 학교를 생각해 갈까요?

남 : 그런 대학 있습니까?

여 : 있기는 있어요. 그렇게 많지는 않지만요. 아, 여기는 어때요? 평판도 좋고 사카이 군의 집에서 그렇게 멀지 않아요.

남 : 아, 이 대학은 전부터 생각하고 있었던 겁니다. 저, 여기 시험 보겠습니다.

남학생이 보는 대학 시험 과목은 무엇입니까?

1　수학 · 과학 · 영어
2　현대문 · 사회 · 영어
3　수학 · 현대문 · 영어
4　**수학 · 사회 · 영어**

남학생의 대답에서 답을 찾을 수 있다. 수학과 사회를 좋아한다고 했고 영어는 잘하는 것까지는 아니지만 성적이 그다지 나쁘지 않다고 말하고 있다. 이 과목들로 시험을 볼 수 있는 학교를 찾았다고 했으므로, 결국 시험 보는 과목은 수학, 사회, 영어이다.

ばん

男の人と女の人が話しています。新入社員と話す時、
どうすればいいと言っていますか。

M：大学卒業したばかりの新入社員がたくさん入って
　　きたけど、最近の若い人の話し方って、僕たちの
　　世代とは何か違う気がする。

F：若者言葉が多いからね。アクセントが違う場合も
　　あるし、同じ言葉でも私たちが使っているそれと
　　は意味が違うものもたくさんあるし、略語も多い
　　からね。

M：彼らと距離を縮めるためには、僕たちも少しは
　　若者言葉を使った方がいいのかな。

F：うーん。そこまでする必要はないんじゃないか
　　な。友達みたくなってもよくないと思うし。

M：確かに。一応先輩後輩にあたるわけだしね。

F：そうだよ。言葉を真似するだけが距離を縮めるわ
　　けじゃないんだしさ。

新入社員と話す時、どうすればいいと言っていますか。

1　普通の日本語で話せばいい
2　若者言葉を少し使った方がいい
3　アクセントを変えた方がいい
4　若者の真似をした方がいい

단어

新入社員 신입 사원 | 卒業 졸업 | ～たばかり 막 ～함, ～
한지 얼마 안 됨 | 若い 젊다 | 話し方 말하는 방법 | 世代 세
대 | 違う 다르다, 틀리다 | 若者言葉 젊은이 말 | アクセン
ト 악센트 | 場合 경우 | 略語 약어 | 距離 거리 | 縮める 줄
이다, 축소하다 | 必要 필요 | 確かに 확실히, 분명히 | 一応
일단 | 先輩 선배 | 後輩 후배 | ～にあたる ～에 해당하다 |
真似 흉내, 모방 | ～わけじゃない ～인 것은 아니다 | 普通
보통

6番
ばん

女の人が質問に答えています。女の人は社員食堂につ
いて、どうしてほしいと思っていますか。

M：お食事中にすみません。今、社員食堂についてい
　　くつか質問を行っておりまして、少しお時間よろ
　　しいでしょうか。

F：はぁ、別に構いませんけど。

M：社員の方々に今後より一層重宝していただける食
　　堂にしていくため、正直にお答えください。ま
　　ず、味はどうでしょうか。

---

5 번

남자와 여자가 이야기하고 있습니다. 신입 사원과 이야기할 때,
어떻게 하면 된다고 말하고 있습니까?

남 : 대학을 막 졸업한 신입 사원이 많이 들어왔는데, 최근
　　의 젊은 사람의 말투는 우리들의 세대와는 무언가 다
　　른 것 같아.

여 : 젊은이 말이 많으니까. 악센트가 다른 경우도 있고, 같
　　은 말이더라도 우리들이 사용하고 있는 그것과는 의미
　　가 다른 것도 많이 있고, 약어도 많으니까.

남 : 그들과 거리를 좁히기 위해서는 우리들도 조금은 젊은
　　이 말을 사용하는 편이 좋을까?

여 : 음. 그렇게까지 할 필요는 없지 않을까? 친구 같이 되
　　어도 좋지 않다고 생각하고.

남 : 그래. 일단 선배 후배에 해당하는 것이고.

여 : 그래. 말을 흉내 내는 것만이 거리를 좁히는 것이 아니
　　야.

신입 사원과 이야기할 때, 어떻게 하면 된다고 말하고 있습니까?

1　보통의 일본어로 말하면 된다.
2　젊은이 말을 조금 사용하는 편이 좋다.
3　악센트를 바꾸는 편이 좋다.
4　젊은이 흉내를 내는 편이 좋다.

해설

남자가 우리들도 조금은 젊은이 말을 사용하는 편이 좋을
까 라고 하자 여자는 그렇게까지 할 필요는 없다고 했고,
이에 남자도 일단은 선후배에 해당하는 것이라고 대답했
다. 또 마지막에 여자는 말을 흉내 내는 것만이 거리를 좁
히는 것이 아니라고 했으므로, 결국 보통의 일본어로 말하
면 된다는 것이다. 따라서 정답은 1번이다.

---

6 번

여자가 질문에 대답하고 있습니다. 여자는 사원 식당에 대해 어
떻게 하기 바란다고 생각하고 있습니까?

남 : 식사 중에 죄송합니다. 지금 사원 식당에 대해 몇 가지
　　질문을 하고 있는데, 잠깐 시간 괜찮으세요?

여 : 아, 특별히 상관없는데요.

남 : 사원 여러분들이 앞으로 보다 더 잘 애용하실 수 있는
　　식당으로 만들어 가기 위해 정직하게 답해 주세요. 우
　　선 맛은 어떻습니까?

F：まあまあですかね。悪くはないですよ。

M：お昼時間にはかなり混むという話も聞いたんですが、その点についてはいかがですか。

F：そうですね。時間が時間ですから。でも席数も増えましたし、外に食べに行くよりは明らかに早いですけど。

M：なるほど。外にも食べに行かれることも多いですか。

F：ええ。毎日カレーと定食だけじゃさすがに飽きちゃいますから。その点が改善されれば、社員食堂で食べる方が外に行くよりはるかに安いし、助かりますね。

女の人は社員食堂について、どうしてほしいと思っていますか。

1　値段を安くしてほしい
2　味をよくしてほしい
3　メニューを増やしてほしい
4　食堂が混まないようにしてほしい

質問 질문 | 答える 대답하다 | 社員食堂 사원 식당 | ～てほしい ～해 주기를 바라다 | 食事中 식사 중 | 行う 행하다, 실시하다 | 別に 별로, 특별히 | 構う 상관하다 | 方々 여러분 | 今後 차후, 앞으로 | 一層 한층 더, 더욱 | 重宝する 쓸모가 있어 편리하다, 애용하다 | 正直に 정직하게, 솔직하게 | 味 맛 | まあまあ 그저 그런 정도임, 그런대로 임 | 混む 붐비다, 혼잡하다 | 席数 좌석 수 | 増える 늘다, 증가하다 | 外 밖 | 明らかだ 분명하다, 명백하다 | カレー 카레 | 定食 정식 | さすがに 과연, 역시 | 飽きる 질리다 | 改善 개선 | はるかに 훨씬 | 助かる 도움이 되다 | 値段 가격 | メニュー 메뉴 | 増やす 늘리다

7番

男の人と女の人が話しています。どうして店に行列ができると言っていますか。

F：見て、あそこの和菓子屋さんすごい行列ができてるでしょ。先日テレビでも紹介されたらしいの。

M：うわ、すごい人だな。何を買おうとしてるの？

F：あぁ、あれはフルーツ大福を買おうとしてるんだよ。

M：フルーツ大福ねぇ。食べたことあるの？

F：あるんだけど、特別おいしいっていうわけじゃなかったよ。でも行列とか見るとついつい買いたくなっちゃうのが不思議だな。

여 : 그런대로요. 나쁘지는 않아요.

남 : 점심 시간에는 꽤 붐빈다고 하는 이야기도 들었는데, 그 점에 대해서는 어떻습니까?

여 : 글쎄요. 시간이 시간이니까요. 하지만 좌석 수도 늘었고 밖에 먹으러 가는 것보다는 분명히 빠르지만요.

남 : 그렇죠. 밖으로 먹으러 가시는 경우도 많습니까?

여 : 네. 매일 카레와 정식뿐이면 역시 질려 버리니까요. 그 점이 개선되면 사원 식당에서 먹는 편이 밖에 가는 것보다 훨씬 싸고 도움이 되지요.

여자는 사원 식당에 대해 어떻게 하기 바란다고 생각하고 있습니까?

1　가격을 싸게 했으면 좋겠다.
2　맛을 좋게 했으면 좋겠다.
3　메뉴를 늘렸으면 좋겠다.
4　식당이 붐비지 않도록 했으면 좋겠다.

여자는 마지막에 매일 카레와 정식뿐이면 역시 질려 버리고, 그 점이 개선되면 사원 식당에서 먹는 편이 밖에 가는 것보다 훨씬 싸고 도움이 된다고 말하고 있다. 따라서 여자가 바라는 점은 3번, 메뉴가 더 다양해지는 것이다.

7번

남자와 여자가 이야기하고 있습니다. 왜 가게에 행렬이 생긴다고 말하고 있습니까?

여 : 봐, 저기 일본 과자점 굉장한 행렬이 생겨 있지? 일전에 텔레비전에서도 소개되었다고 해.

남 : 우와 굉장한 사람이구나. 무엇을 사려는 거야?

여 : 아, 저건 후르츠 다이후쿠를 사려고 하고 있는 거야.

남 : 후르츠 다이후쿠구나. 먹어 본 적 있어?

여 : 있지만 특별히 맛있지는 않았어. 하지만 줄을 보면 무심코 사고 싶어지게 되는 것이 이상해.

M：それ分（わ）かるかも。行列（ぎょうれつ）のできる店（みせ）とかってテレビ
　で紹介（しょうかい）されると、一回（いっかい）は食（た）べてみたくなるんだよ
　ね。行列（ぎょうれつ）してまでさあ。それがうまいかっていう
　とまた別（べつ）の話（はなし）なんだけど。
F：人（ひと）って何（なに）かが人気（にんき）だって聞（き）くと、みんな飛（と）びつく
　よね。すぐ飽（あ）きちゃうくせにさ。

どうして店（みせ）に行列（ぎょうれつ）ができると言（い）っていますか。
1　和菓子屋（わがしや）さんの前（まえ）に並（なら）べばテレビに映（うつ）るから
2　みんな買（か）っていると自分（じぶん）も買（か）いたくなるから
3　フルーツ大福（だいふく）がおいしくて毎日（まいにち）食（た）べたいから
4　おいしい和菓子屋（わがしや）さんをテレビで紹介（しょうかい）してほしい
　から

行列（ぎょうれつ）행렬 | できる 생기다 | 和菓子屋（わがしや）さん 일본 과자점 |
すごい 굉장하다 | 先日（せんじつ）요전, 일전 | 紹介（しょうかい）소개 | 特別（とくべつ）특별
(히) | ついつい 무심코, 그만 | 不思議（ふしぎ）だ 이상하다, 불가사
의하다 | 別（べつ）다름, 별개 | 人気（にんき）인기 | 飛（と）びつく 달려들다, 덤
벼들다 | 飽（あ）きる 질리다 | ～くせに ～주제에 | 並（なら）ぶ 줄서다,
늘어서다 | 映（うつ）る 비치다

왜 가게에 줄이 생긴다고 말하고 있습니까?

1　일본 과자점 앞에 늘어서면 텔레비전에 나오니까
2　모두가 사고 있으면 자신도 사고 싶어지니까
3　후르츠 다이후쿠가 맛있어서 매일 먹고 싶으니까
4　맛있는 일본 과자점을 텔레비전에서 소개하길 바라니까

여자는 줄 서 있는 걸 보면 무심코 사고 싶어지는 것이 이
상하다고 했고, 남자는 줄 서는 가게라고 텔레비전에서 소
개되면 한 번은 먹어 보고 싶어진다고 말하고 있다. 따라
서 정답은 2번, 모두 사고 있으면 자신도 사고 싶어진다는
것이다.

해설

問題（もんだい）3

問題（もんだい）3では、問題用紙（もんだいようし）に何（なに）も印刷（いんさつ）されていませ
ん。この問題（もんだい）は、全体（ぜんたい）としてどんな内容（ないよう）かを聞（き）
く問題（もんだい）です。話（はなし）の前（まえ）に、質問（しつもん）はありません。ま
ず話（はなし）を聞（き）いてください。それから、質問（しつもん）とせん
たくしを聞（き）いて、1から4の中（なか）から、最（もっと）もよい
ものを一（ひと）つ選（えら）んでください。
では練習（れんしゅう）しましょう。

例（れい）

塾（じゅく）の教育方針（きょういくほうしん）について話（はな）しています。

M：子（こ）どもは、本来（ほんらい）何（なに）かに集中（しゅうちゅう）するという力（ちから）を持（も）って
　います。できる、できるから楽（たの）しい。楽（たの）しいから
　夢中（むちゅう）になれる。だからこそ私（わたし）たちは、子（こ）どもが自
　分（ぶん）の力（ちから）でできる教材（きょうざい）から始（はじ）めていきます。時間（じかん）は
　短（みじか）くてもいいのです。「やった、できた」の喜（よろこ）びを
　実感（じっかん）する学習（がくしゅう）の中（なか）で、子（こ）ども自身（じしん）が集中（しゅうちゅう）できる時（じ）
　間（かん）をじょじょにのばしていけばいいのです。

문제 3

문제 3에서는 문제 용지에 아무것도 인쇄되어 있지
않습니다. 이 문제는 전체로서 어떤 내용인지를 묻는
문제입니다. 이야기 전에 질문은 없습니다. 먼저 이야
기를 들어 주세요. 그러고 나서 질문과 선택지를 듣고,
1에서 4 중에서 가장 알맞은 것을 하나 고르세요.
그럼 연습하겠습니다.

예

학원의 교육 방침에 대해 이야기하고 있습니다.

남 : 아이들은 본래 무언가에 집중한다고 하는 힘을 갖고
　있습니다. 할 수 있다, 할 수 있기 때문에 즐겁다. 즐
　거우니까 빠질 수 있다. 그래서 우리는 아이가 자신의
　힘으로 할 수 있는 교재부터 시작해 가겠습니다. 시간
　은 짧아도 되는 것입니다. '했어, 가능했어'라는 기쁨
　을 실감하는 학습 속에서 아이 자신이 집중할 수 있는
　시간을 서서히 늘려가면 됩니다.

一番重要なことは何だと言っていますか。

1 初めから長い時間集中させること
2 できる問題からやらせること
3 授業時間を短くすること
4 遊びの中で学んで行くこと

最もよいものは2番です。解答用紙の問題3の例のところを見てください。最もよいものは2番ですから、答えはこのように書きます。
では始めます。

1番

受付の女性が話しています。

F：本日の演奏会参加者の皆さまにお知らせいたします。今から、入り口横の受付でご自分の番号の確認をお願いします。確認後、1番から10番の方はすぐ控え室へお入りください。11番から20番の方は客席にて座ってお待ちください。5分後に開会式が始まります。5番の方の演奏が終わりましたら、11番から15番の方は控え室にお入りください。16番から後の方は、10番の方の演奏が終わってからお入りください。

13番の人はいつ控え室に入りますか。

1 10番の人の演奏が終わったら入る
2 5番の人の演奏が終わったら入る
3 開会式が終わったら入る
4 受付を済ませたらすぐに入る

受付 접수, 접수처 | 本日 금일, 오늘 | 演奏会 연주회 | 参加者 참가자 | 皆さま 여러분 | 知らせる 알리다 | 入り口 입구 | 横 옆 | 番号 번호 | 確認 확인 | 方 분 | 控え室 대기실 | 客席 객석 | 〜にて 〜에서 | 座る 앉다 | 開会式 개회식 | 始まる 시작되다 | 終わる 끝나다 | 済ませる 마치다

2番

男の人が話しています。

M：来月28日に東京の代々木体育館にて、外国人による日本語スピーチコンテストが実施されます。現在東京都にお住まいの20歳以上の外国籍の方なら、どなたでも参加していただけます。ただし、日本に来て2年以内であることが条件です。内容について指定はありません。まず、原稿をホームページへ送ってください。その後は、各自に電話で連絡を差し上げます。多くの方の参加をお待ちしております。

가장 중요한 것은 무엇이라고 말하고 있습니까?

1 처음부터 긴 시간 집중하게 하는 것
2 할 수 있는 문제부터 하게 하는 것
3 수업 시간을 짧게 하는 것
4 놀이 속에서 배워가는 것

가장 알맞은 것은 2번입니다. 해답 용지의 문제 3의 예 부분을 봐 주세요. 가장 알맞은 것은 2번이니까 답은 이렇게 씁니다.
그럼 시작하겠습니다.

1번

접수처의 여성이 이야기하고 있습니다.

여：오늘의 연주회 참가자 여러분께 알려 드리겠습니다. 지금부터 입구 옆의 접수처에서 자신의 번호 확인을 부탁합니다. 확인 후, 1번부터 10번인 분은 바로 대기실로 들어가 주세요. 11번부터 20번인 분은 객석에서 앉아 기다려 주세요. 5분 후에 개회식이 시작됩니다. 5번인 분의 연주가 끝나면 11번부터 15번인 분은 대기실에 들어가 주세요. 16번부터 뒤의 분은 10번인 분 연주가 끝나고 나서 들어가세요.

13번인 사람은 언제 대기실에 들어갑니까?

1 10번인 사람의 연주가 끝나면 들어간다.
2 5번인 사람의 연주가 끝나면 들어간다.
3 개회식이 끝나면 들어간다.
4 접수를 끝마치면 바로 들어간다.

5번인 사람의 연주가 끝나면 11번부터 15번인 사람은 대기실로 들어가라(5番の方の演奏が終わりましたら、11番から15番の方は控え室にお入りください)고 말하고 있다. 13번인 사람은 이에 해당하므로 정답은 2번, 5번인 사람의 연주가 끝나면 들어가는 것이다.

2번

남자가 이야기하고 있습니다.

남：다음 달 28일에 도쿄 요요기 체육관에서 외국인에 의한 일본어 스피치 콘테스트가 실시됩니다. 현재 도쿄도에 사시는 20세 이상의 외국 국적인 분이라면 누구라도 참가하실 수 있습니다. 단, 일본에 온지 2년 이내인 것이 조건입니다. 내용에 대해 지정은 없습니다. 우선 원고를 홈페이지로 보내 주세요. 그 이후는 각자 전화로 연락을 드리겠습니다. 많은 분의 참가를 기다리고 있겠습니다.

スピーチコンテストに出場できるのは誰ですか。
1　４年前に日本に来た高校生
2　名古屋にある会社に勤めているタイ人
3　日本に来てまだ１年目の中学生
4　半年前に日本に来た東京の大学生

体育館 체육관 ｜ スピーチコンテスト 스피치 콘테스트 ｜
実施 실시 ｜ 住まい 삶, 거주함 ｜ ２０歳 20살 ｜ 外国籍 외
국 국적 ｜ どなた 어느 분 ｜ ただし 단, 다만 ｜ 以内 이내 ｜
条件 조건 ｜ 内容 내용 ｜ 指定 지정 ｜ 原稿 원고 ｜ ホーム
ページ 홈페이지 ｜ 送る 보내다 ｜ 各自 각자 ｜ 電話 전화 ｜
連絡 연락 ｜ 差し上げる 드리다 ｜ 多く 많음 ｜ 出場 출장 ｜
勤める 근무하다 ｜ タイ人 태국인 ｜ 〜目 〜째 ｜ 半年 반년

３番

女の人が健康食品について話しています。

F：最近、コンビニなどでも手軽にビタミンや栄養の
　取れる健康食品が人気を集めています。現代の
　食生活では不足しがちなカルシウムや鉄分が簡単
　にとれるのは便利ですし良いと思います。ところ
　が、あまりの手軽さ故に、普通に料理したものを
　食べず、こういうものばかり食べる人が増えてき
　ているようです。確かに栄養は偏らないかもしれ
　ませんが、それでいいのでしょうか。食べる目的
　とはもちろん栄養をとることなのですが、単にそ
　れだけではありません。食べることを楽しむとい
　うことも重要です。なので、健康食品はあくまで
　も補助食品と考えるのが健康な食生活なのではな
　いでしょうか。

女の人は健康食品についてどう考えていますか。
1　健康食品だけを食べていれば十分だ
2　健康食品は食べるべきではない
3　健康食品を食事に取り入れるのは楽しい
4　健康食品だけで食事をするのは良くない

健康食品 건강식품 ｜ コンビニ 편의점 ｜ 手軽だ 간편하다,
손쉽다 ｜ ビタミン 비타민 ｜ 栄養を取る 영양을 섭취하다 ｜
集める 모으다 ｜ 現代 현대 ｜ 食生活 식생활 ｜ 不足 부족 ｜
〜がち 〜하기 쉬움, 〜하는 경향이 있음 ｜ カルシウム 칼슘
｜ 鉄分 철분 ｜ 〜故に 〜때문에 ｜ 普通 보통 ｜ 偏る 기울다,
치우치다 ｜ 目的 목적 ｜ 単に 단순히, 그저 ｜ 楽しむ 즐기다 ｜
あくまでも 어디까지나 ｜ 補助食品 보조 식품 ｜ 十分だ 충
분하다 ｜ 食事 식사 ｜ 取り入れる 도입하다

스피치 콘테스트에 출장할 수 있는 사람은 누구입니까?

1　4년 전에 일본에 온 고교생
2　나고야에 있는 회사에 근무하고 있는 태국인
3　일본에 와서 아직 1년째인 중학생
4　반년 전에 일본에 온 도쿄의 대학생

현재 도쿄도에 사는 20세 이상의 외국 국적인 사람, 일본
에 온지 2년 이내인 것이 조건이라고 했으므로 이에 해당
하는 사람을 고르면 된다. 따라서 정답은 4번 반년 전에
일본에 온 도쿄의 대학생이다.

3 번

여자가 건강식품에 대해 이야기하고 있습니다.

여 : 최근 편의점에서도 손쉽게 비타민과 영양을 섭취할 수
　있는 건강식품이 인기를 모으고 있습니다. 현대의 식
　생활에서는 부족하기 쉬운 칼슘과 철분을 간단히 섭취
　할 수 있는 것은 편리하고 좋다고 생각합니다. 하지만
　지나친 손쉬움 때문에 보통 요리한 것을 먹지 않고 이
　러한 것만 먹는 사람이 늘어나고 있는 것 같습니다. 분
　명히 영양은 편중되지 않을지도 모르지만 그것으로 좋
　은 것일까요? 먹는 목적이란 물론 영양을 섭취하는 것
　이지만, 단순히 그것만은 아닙니다. 먹는 것을 즐긴다
　고 하는 것도 중요합니다. 때문에 건강식품은 어디까
　지나 보조 식품이라고 생각하는 것이 건강한 식생활인
　것은 아닐까요?

여자는 건강식품에 대해 어떻게 생각하고 있습니까?

1　건강식품만을 먹고 있으면 충분하다.
2　건강식품은 먹어서는 안 된다.
3　건강식품을 식사에 도입하는 것은 즐겁다.
4　건강식품만으로 식사를 하는 것은 좋지 않다.

건강식품이 인기를 모으면서 이러한 것만 먹는 사람이 늘
고 있다고 말하고 있다. 하지만 건강식품은 어디까지나 보
조 식품이라고 생각하는 것이 건강한 식생활이라는 것이
다. 따라서 정답은 4번, 건강식품만으로 식사를 하는 것은
좋지 않다는 것이다.

テレビで男の人が話しています。

M：ヒット商品というものはですね、それまでの常識を打ち破るということから生まれるのです。従来の冷蔵庫の野菜室は、一番下にあるというのが当たり前でした。しかし、よく考えてみると、野菜は料理の時に必ずと言っていいほど使うものですから、本来一番使いやすい位置にあるべきですよね。野菜を野菜室から出すたびに、いちいち腰を曲げたり、背伸びしたりしなくてもいいとなれば、主婦の皆様はずいぶん楽になるのではないでしょうか。こちらの商品がヒットした理由は、まさにこれなのです。

この冷蔵庫はどんな冷蔵庫ですか。
1 野菜室が下にある冷蔵庫
2 野菜室が真ん中にある冷蔵庫
3 野菜室が一番上にある冷蔵庫
4 野菜室が一番大きい冷蔵庫

単어

ヒット商品 히트 상품 | 常識 상식 | 打ち破る 깨뜨리다, 쳐부수다 | 生まれる 태어나다, 만들어지다 | 従来 종래 | 冷蔵庫 냉장고 | 野菜室 채소실 | 一番 가장, 제일 | 当たり前だ 당연하다 | よく 잘, 자주 | 必ず 반드시 | 使う 사용하다 | 本来 본래, 원래 | 位置 위치 | ～たびに ～때마다 | いちいち 하나하나, 일일이 | 腰 허리 | 曲げる 구부리다 | 背伸び 발돋음 함, 실력 이상의 일을 하려 함 | 主婦 주부 | ずいぶん 꽤, 상당히 | 楽になる 편해지다 | 理由 이유 | まさに 확실히, 정말로 | 真ん中 한가운데

大学の授業で教授が説明しています。

M：では、今からこの石の彫刻を作る手順を説明していきます。まず、最初は石選びからです。大きさ、色、形などいくつかのチェックポイントがあります。次に、デザインを決めます。なるべく石の元の形を生かしたデザインを考える必要があります。石本来の味を生かしていろいろな自然の造形物を観察したり、スケッチをしたりすることも少なくありません。デザインが決まったら、それに合わせて石を彫っていきます。ここからは、アイデアより技術が問題になってきます。彫りあがったら、その作品に合わせてやすりで磨きをかけていきます。石に艶が出てきたら完成です。

텔레비전에서 남자가 이야기하고 있습니다.

남 : 히트 상품이라는 것은요, 그때까지의 상식을 깬다는 것에서 생기는 것입니다. 종래 냉장고의 채소실은 가장 아래에 있는 것이 당연했습니다. 그러나 잘 생각해 보면 채소는 요리에 반드시 라고 해도 좋을 정도로 사용하는 것이므로, 본래 가장 사용하기 쉬운 위치에 있어야 하지요. 채소를 채소실에서 꺼낼 때마다 일일이 허리를 구부리거나 발돋음 하거나 하지 않아도 되면 주부 여러분은 상당히 편해지는 것은 아닐까요? 이쪽 상품이 히트한 이유는 틀림없이 이것인 것입니다.

이 냉장고는 어떤 냉장고입니까?
1 채소실이 아래에 있는 냉장고
2 채소실이 한가운데에 있는 냉장고
3 채소실이 가장 위에 있는 냉장고
4 채소실이 가장 큰 냉장고

해설

채소실은 본래 가장 사용하기 쉬운 위치에 있어야 한다고 말하고 있다. 채소를 채소실에서 꺼낼 때마다 일일이 허리를 구부리거나 발돋음 하거나 하지 않아도 되면 주부들은 상당히 편해질 것이라고 한다. 이것을 통해 정답은 2번, 채소실이 한가운데 있는 냉장고를 말하는 것을 알 수 있다.

대학 수업에서 교수가 설명하고 있습니다.

남 : 그럼, 지금부터 이 돌 조각을 만드는 순서를 설명하겠습니다. 우선 처음에는 돌 고르기부터입니다. 크기, 색, 모양 등 몇 가지의 체크 포인트가 있습니다. 다음으로 디자인을 결정합니다. 가능한 한 돌의 원래 모양을 살린 디자인을 생각할 필요가 있습니다. 돌 본래의 맛을 살려 여러 가지 자연 조형물을 관찰하거나 스케치를 하거나 하는 일도 적지 않습니다. 디자인이 정해지면 그것에 맞추어 돌을 조각합니다. 이제부터는 아이디어보다 기술이 문제가 됩니다. 다 조각하면 그 작품에 맞추어 줄로 닦습니다. 돌에 윤기가 생기면 완성입니다.

石の彫刻を作る作業の3番目にすることは何ですか。

1 デザインを決めること
2 **デザインに合わせて石を彫ること**
3 山を歩いて、自然を観察すること
4 彫った石を磨くこと

단어

教授 교수 | 石 돌 | 彫刻 조각 | 手順 차례, 순서 | 石選び 돌 고르기 | 大きさ 크기 | 色 색 | 形 모양, 형태 | チェックポイント 체크 포인트 | デザイン 디자인 | 決める 결정하다 | なるべく 가능한 한 | 元 원래, 이전 | 生かす 살리다 | 味 맛 | いろいろな 여러 가지 | 自然 자연 | 造形物 조형물 | 観察 관찰 | スケッチ 스케치 | 決まる 결정되다 | 合わせる 맞추다, 일치시키다 | 彫る 새기다, 조각하다 | アイデア 아이디어 | 技術 기술 | 彫りあがる 다 새기다 | 作品 작품 | やすり 줄(나무나 금속을 깎는 연장) | 磨きをかける 닦다, 갈다 | 艶 윤, 광택 | 完成 완성 | 作業 작업

6番

女の人が話しています。

F：つい先日ある映画を見たんですが、その映画の主人公が働く婦人服の店を見て、「これだ」と思ったんです。うちはジャンルを問わずいろいろな品物を置きすぎているということに気づきました。なので、店に並べるものは代表的なものだけにして、あとはお客のご要望によって中から出してお見せすればいいわけですから。それで一度試しにやってみたんですけど、ここにこんな大きな花も飾れるし、壁紙を全部取り替えて好きな絵画もかけたんですよ。今までのごちゃごちゃした大衆的な雰囲気から抜け出したくて。それでこういうふうにしてみました。なかなかいい感じでしょう。

女の人はなぜ店のインテリアを変えたのですか。

1 できるだけ多くの人に来てもらいたかったから
2 **高級なイメージを出したかったから**
3 お客の要望に答えたかったから
4 品数を多くしたかったから

단어

つい先日 바로 얼마 전 | 主人公 주인공 | 働く 일하다 | 婦人服 부인복 | うち 우리 | ジャンル 장르, 분야 | 〜を問わず 〜을 불문하고 | 品物 물건, 상품 | 置く 두다, 놓다 | 〜すぎる 너무 〜하다 | 気づく 알아채다, 깨닫다 | 並べる 진열하다 | 代表的 대표적 | あと 나머지 | 要望 요망, 요청 |

돌 조각을 만드는 작업의 세 번째에 하는 것은 무엇입니까?

1 디자인을 결정하는 것
2 **디자인에 맞추어 돌을 조각하는 것**
3 산을 걸으며 자연을 관찰하는 것
4 조각한 돌을 닦는 것

해설

처음에는 돌 고르기(まず、最初は石選びからです)를 하고, 그 다음은 디자인을 결정하는 것(次に、デザインを決めます)이다. 그리고 디자인이 결정되면 그것에 맞추어 돌을 조각하는 것(デザインが決まったら、それにあわせて石を彫っていきます)이다. 즉, 세 번째 하는 일은 디자인에 맞추어 돌을 조각하는 것이므로 정답은 2번이 된다.

6번

여자가 이야기하고 있습니다.

여 : 바로 얼마 전에 어느 영화를 봤습니다만, 그 영화의 주인공이 일하는 부인복 가게를 보고 '이거다'라고 생각했습니다. 우리 가게는 장르를 불문하고 여러 가지 물건을 너무 많이 두고 있다는 것을 깨달았습니다. 때문에 가게에 진열하는 것은 대표적인 것만으로 하고, 나머지는 손님의 요청에 따라 안에서 꺼내 보여 주면 되는 것이니까요. 그래서 한 번 시도해 봤는데요, 여기에 이런 큰 꽃도 장식할 수 있고 벽지를 전부 바꿔 좋아하는 그림도 걸었어요. 지금까지의 어수선한 대중적인 분위기에서 빠져 나오고 싶어서. 그래서 이러한 식으로 해 보았습니다. 상당히 좋은 느낌이지요.

여자는 왜 가게의 인테리어를 바꾼 것입니까?

1 가능한 한 많은 사람이 와 주기 바랐으니까
2 **고급스러운 이미지를 내고 싶었으니까**
3 손님의 요청에 응하고 싶었으니까
4 물건 수를 많이 하고 싶었으니까

해설

여러 물건을 너무 많이 두고 있다는 생각이 들어 가게에 진열하는 것을 대표적인 것만으로 바꿨다는 말이다. 지금까지의 어수선한 대중적인 분위기에서 빠져 나오고 싶었다고 했으므로, 지금까지와는 반대로 고급스러운 이미지를 내고 싶었던 것임을 알 수 있다. 따라서 정답은 2번이 된다.

見せる 보이다 | 試す 시험해 보다 | 飾る 장식하다 | 壁紙 벽지 | 全部 전부 | 取り替える 바꾸다, 교환하다 | 絵画 회화, 그림 | ごちゃごちゃ 어지럽게 뒤섞인 모양, 어수선함 | 大衆的 대중적 | 雰囲気 분위기 | 抜け出す 빠져 나가다 | ～ふうに ～식으로 | インテリア 인테리어 | 変える 바꾸다 | 高級だ 고급스럽다 | イメージ 이미지 | 品数 물건 수

問題 4

問題 4 では、問題用紙に何も印刷されていません。まず文を聞いてください。それから、それに対する返事を聞いて、1から3の中から、最もよいものを一つ選んでください。
では練習しましょう。

例

M: 会社でミスして部長に怒られちゃったよ。
F：1　やったじゃん。
　　2　そんな日もあるよ。
　　3　明日もそうだといいね。

最もよいものは2番です。解答用紙の問題4の例のところを見てください。最もよいものは2番ですから、答えはこのように書きます。
では始めます。

1番

F：明日の5時にカフェで会いましょう。
M：1　コーヒーはお好きですか。
　　2　遅れないように向かいます。
　　3　来週は都合が悪いです。

> **단어**

カフェ 카페 | コーヒー 커피 | 遅れる 늦다, 지각하다 | 向かう 향하다, 향해 가다 | 都合 사정, 형편 | 悪い 나쁘다

2番

F：只今満席でございます。
M：1　禁煙席でお願いします。
　　2　いつ料理がでますか。
　　3　いつ席が空きますか。

> **단어**

只今 지금, 현재 | 満席 만석 | 禁煙席 금연석 | 席 자리, 좌석 | 空く (공간, 시간 등이) 비다

문제 4

문제 4에서는 문제 용지에 아무것도 인쇄되어 있지 않습니다. 먼저 문장을 들어 주세요. 그러고 나서 그것에 대한 대한 응답을 듣고 1에서 3 중에서 가장 알맞은 것을 하나 고르세요.
그럼 연습하겠습니다.

예

남 : 회사에서 실수해서 부장님께 혼나고 말았어.
여 : 1　해냈네.
　　2　그런 날도 있어.
　　3　내일도 그러면 좋겠네.

가장 알맞은 것은 2번입니다. 해답 용지의 문제 4의 예 부분을 봐 주세요. 가장 알맞은 것은 2번이니까 답은 이렇게 씁니다.
그럼 시작하겠습니다.

1번

여 : 내일 5시에 카페에서 만납시다.
남 : 1　커피는 좋아합니까?
　　2　늦지 않도록 가겠습니다.
　　3　다음 주는 사정이 안 좋습니다.

> **해설**

내일 5시에 만나자는 말이다. 이에 대한 대답은 늦지 않도록 가겠다고 하는 2번이 가장 적절하다.

2번

여 : 지금은 만석입니다.
남 : 1　금연석으로 부탁합니다.
　　2　언제 요리가 나옵니까?
　　3　언제 자리가 빕니까?

> **해설**

지금은 자리가 꽉 찼다는 말이므로, 언제 자리가 비게 되는지를 물어야 할 것이다. 따라서 정답은 3번이다.

3番

M：電波が悪くて電話がかけられない。
F：1　電話してくれたの？
　　2　店を出てみたら？
　　3　電話が壊れたの？

[단어]

電波 전파 | 電話をかける 전화를 걸다 | 壊れる 부서지다,
고장 나다

4番

M：この間の健康診断ひっかかっちゃってさ。
F：1　糖分控えなきゃね。
　　2　また変なのにひっかかって。
　　3　それなら安心だね。

[단어]

この間 지난번, 요전 | 健康診断 건강진단 | ひっかかる 걸리다, 제지 당하다 | 糖分 당분 | 控える 삼가다, 줄이다 | 変だ 이상하다 | 安心だ 안심이다

5番

M：もうすこしまけてくれませんか。
F：1　今日は勝ちたいんだけど。
　　2　これが限界ですよ。
　　3　そんなことはないよ。

[단어]

もうすこし 조금 더 | まける 값을 깎아주다 | 勝つ 이기다 |
限界 한계

6番

M：この本を予約したいんですけど。
F：1　こちらは予約販売のみです。
　　2　こちらの予約変更ですね。
　　3　こちらは受付終了しました。

[단어]

予約 예약 | 販売 판매 | 〜のみ 〜뿐, 〜만 | 変更 변경 |
受付 접수, 접수처 | 終了 종료

7番

M：大変お待たせして申し訳ございません。
F：1　はい、大変お待たせされました。
　　2　はい、遅刻はいけません。
　　3　いえ、お忙しい中すみません。

3번

남 : 전파가 나빠서 전화가 걸리지 않아.
여 : 1　전화해 준 거야?
　　2　가게를 나가 보면 어때?
　　3　전화가 고장 난 거야?

[해설]

전파가 나빠서 전화를 걸 수 없다는 것이므로, 적절한 대답은 2번, 가게를 나가서 해 보면 어떤지 말하는 것이다.

4번

남 : 얼마 전 건강진단에 걸려 버려서.
여 : 1　당분 줄여야 하는구나.
　　2　또 이상한 데에 걸려서.
　　3　그렇다면 안심이네.

[해설]

얼마 전 건강진단에 걸렸다는 말은 뭔가 건강을 위해 주의해야 할 것이 생겼다는 뜻이다. 따라서 정답은 1번, 당분을 줄여야 한다고 대답한 것이다.

5번

남 : 조금 더 싸게 해 주지 않겠습니까?
여 : 1　오늘은 이기고 싶은데.
　　2　이것이 한계에요.
　　3　그런 일은 없어.

[해설]

이 때의 まける는 '값을 깎아주다'라는 의미로 쓰인 것이다. 즉 조금 더 싸게 해 주지 않겠냐는 말이다. 따라서 이것이 한계이고 더 이상은 안 된다고 대답한 2번이 정답이다.

6번

남 : 이 책을 예약하고 싶은데요.
여 : 1　이쪽은 예약 판매만 합니다.
　　2　이쪽의 예약 변경이군요.
　　3　이쪽은 접수 종료했습니다.

[해설]

책을 예약하고 싶다는 말이다. 따라서 정답은 3번, 이쪽은 이미 예약 접수를 종료했다고 대답하는 것이 가장 적절하다.

7번

남 : 오래 기다리게 해서 죄송합니다.
여 : 1　네, 오래 기다렸습니다.
　　2　네, 지각은 안됩니다.
　　3　아니요, 바쁘신 중에 죄송합니다.

大変 대단히, 매우 | 待たせる 기다리게 하다 | 申し訳ない
미안하다 | 遅刻 지각 | いけない 바람직하지 않다, 좋지 않
다 | 忙しい 바쁘다

8番

M : お食事は口に合いましたか。
F : 1　食べづらかったです。
　　2　会計をお願いします。
　　3　とてもおいしかったです。

食事 식사 | 口に合う 입에 맞다 | ～づらい ～하기 곤란하
다 | 会計 회계

9番

M : 彼女の謙虚さを見習わなくちゃ。
F : 1　見習うために勉強しなくちゃね。
　　2　見習わなくても十分だけど。
　　3　彼女って見習いなの？

謙虚さ 겸허함 | 見習う 본받다 | 十分だ 충분하다 | 見習
い 수습(사원)

10番

F : 先生、中間発表どうでしたか。
M : 1　思ってたよりうまくできませんでした。
　　2　なかなかよかったですよ。
　　3　期待していますよ。

中間発表 중간 발표 | うまく 목적한 대로, 잘 | できる 잘
되다 | 期待 기대

11番

M : 約束時間には遅れるし、今日は散々だったな。
F : 1　それは大変だったね。
　　2　なかなかいいじゃん。
　　3　明日もこうならいいのにね。

約束時間 약속 시간 | 散々 몹시 심한 모양, 아주 나쁜 모양
| 大変だ 큰일이다, 힘들다

남자가 오래 기다리게 해서 미안하다고 했으므로, 이에 대
한 대답으로는 3번 아니라며 바쁘신 중에 자신이 죄송하
다고 하는 것이 가장 적절하다.

8 번

남 : 식사는 입에 맞았습니까?
여 : 1　먹기 곤란했습니다.
　　2　계산을 부탁합니다.
　　3　아주 맛있었습니다.

식사가 입에 맞았는지 묻고 있으므로, 아주 맛있었다고 한
3번이 정답이 된다.

9 번

남 : 그녀의 겸허함을 본받아야 해.
여 : 1　본받기 위해 공부해야 해.
　　2　본받지 않아도 충분한데.
　　3　그녀가 수습(사원)이야?

그녀의 겸허함을 본받아야 한다는 말이다. 이에 대한 알맞
은 대답은 2번, 본받지 않아도 지금도 충분하다는 것이다.

10 번

여 : 교수님, 중간 발표 어땠습니까?
남 : 1　생각하고 있던 것보다 잘하지 못했습니다.
　　2　상당히 좋았어요.
　　3　기대하고 있어요.

교수에게 중간 발표가 어땠는지 묻고 있다. 따라서 2번,
상당히 좋았다는 대답이 가장 자연스럽다.

11 번

남 : 약속 시간에는 늦고 오늘은 형편없었어.
여 : 1　그건 힘들었겠다.
　　2　꽤 좋잖아.
　　3　내일도 이렇다면 좋을 텐데.

약속 시간에 늦고 오늘 몹시 안 좋았다고 했으므로, 힘들
었겠다고 대답한 1번이 정답이 된다.

12 番

M：小島教授に用があるのですが。

F：1　またおいでください。
　　2　ぜひお願いします。
　　3　本日はお休みです。

[단어]

用 볼일, 용건 | おいで 가심, 오심, 계심 | ぜひ 꼭 | 本日 금일, 오늘 | 休み 휴일, 휴가

13 番

F：このままじゃ会議の発表がうまくいかない気がする。

M：1　うまくいってよかったね。
　　2　問題ないと思うけどな。
　　3　今から行こうか。

[단어]

このまま 이대로 | 会議 회의 | うまくいく 잘 되어 가다 | 気がする 느낌이 들다

14 番

M：彼女を信じた僕が馬鹿だったよ。

F：1　信じてよかったね。
　　2　信じてみるのもいいんじゃない？
　　3　そんなこと言わないで。

[단어]

信じる 믿다 | 馬鹿 바보

問題 5

問題 5 では長めの話を聞きます。この問題には練習はありません。メモをとってもかまいません。

1 番、2 番

問題用紙に何も印刷されていません。まず話を聞いてください。それから、質問とせんたくしを聞いて、1 から 4 の中から、最もよいものを一つ選んでください。
では始めます。

12 번

남 : 고지마 교수님께 볼일이 있는데요.

여 : 1　또 와 주세요.
　　2　꼭 부탁합니다.
　　3　오늘은 휴가입니다.

[해설]

고지마 교수에게 볼일이 있다고 말하고 있다. 따라서 오늘은 휴가라 나오지 않는다고 대답한 3번이 가장 적절하다.

13 번

여 : 이대로는 회의 발표가 잘 되지 않을 것 같아.

남 : 1　잘 되어서 다행이네.
　　2　문제없다고 생각하는데.
　　3　지금부터 갈까?

[해설]

여자가 이대로는 회의 발표가 잘 되지 않을 것 같다고 한 것에, 자신은 문제가 없다고 생각한다고 한 2번이 가장 적절하다.

14 번

남 : 그녀를 믿은 내가 바보였어.

여 : 1　믿어서 다행이네.
　　2　믿어 보는 것도 좋은 거 아냐?
　　3　그런 말 하지 마.

[해설]

그녀를 믿은 자신이 바보였다고 한탄한 말에 대한 대답으로, 그런 말 하지 말라고 한 3번이 정답이다.

문제 5

문제 5에서는 조금 긴 이야기를 듣습니다. 이 문제에는 연습은 없습니다. 메모를 해도 상관없습니다.

1번, 2번

문제 용지에 아무것도 인쇄되어 있지 않습니다. 먼저 이야기를 들으세요. 그리고 나서 질문과 선택지를 듣고 1에서 4 중에서 가장 알맞은 것을 하나 고르세요.
그럼 시작하겠습니다.

해설

1番

不動産屋で男の人が物件を探しています。

M：この辺りでオフィスにちょうどいい物件を探しているんですが。

F：お部屋が一つになっているワンルームはいかがでしょうか。

M：いや、できれば二部屋に分かれている方がいいんです。一つ一つの部屋は小さくても構わないです。

F：では、こちらはいかがでしょうか。月12万円の家賃ですが。

M：うーん、小さい部屋は、奥にある方がいいんですけど、こっちはベランダがないんですね。

F：でしたら、こちらはいかがですか。ベランダがありますが。

M：でも、広い部屋に窓がなくなっちゃいますね。ちなみにおいくらですか。

F：こちらが先程より少しお安くて、月11万円です。

M：そうか。でもそのくらいの違いならさっきの窓のある方がいいかな。うーん。さっきのにします。

男の人はどの物件に決めましたか。

1　ワンルーム
2　ベランダがあって窓がない部屋
3　ベランダがなくて窓がある部屋
4　ベランダも窓もない部屋

単어

不動産屋 부동산 | 物件 물건 | 探す 찾다 | 辺り 주변, 근처 | オフィス 오피스, 사무실 | ちょうど 마침, 딱 | 部屋 방 | ワンルーム 원룸 | いや 아냐, 아니요 | 二部屋 방 2개 | 分かれる 나뉘다 | ～ても構わない ~(해)도 상관없다 | 月 월, 한 달 | 家賃 집세 | 奥 속, 안 | ベランダ 베란다 | 窓 창문 | ちなみに 덧붙여 말하면, 참고로 | 先程 아까, 조금 전 | くらい 정도 | 違い 차이 | さっき 조금 전, 아까

2番

どの組み合わせで仕事をするか、男性三人で相談しています。

M1：今度の新商品の外回りなんだけど、小島さん、増田と組んで百貨店を担当してくれるか。

M2：え、河合さん、なんで新人同士で組ませるんですか。増田と俺じゃ絶対効率悪いですって。

M3：僕も自信ないです。小島さんは今まで百貨店担当だからいいですけど、僕ずっと量販店担当ですし。

M1：いやな、こういうことはかえってその方がいいんだよ。下手に経験があるよりもさ。

1번

부동산에서 남자가 물건을 찾고 있습니다.

남：이 주변에서 사무실로 딱 좋은 물건을 찾고 있습니다만.

여：방이 하나로 되어 있는 원룸은 어떠신가요?

남：아니요, 가능하면 두 개의 방으로 나뉘어 있는 쪽이 좋아요. 하나하나의 방은 작아도 상관없습니다.

여：그럼 이쪽은 어떠십니까? 집세는 월 12만 엔인데요.

남：음, 작은 방은 안에 있는 쪽이 좋은데, 이쪽은 베란다가 없네요.

여：그러면 이쪽은 어떠세요? 베란다가 있습니다만.

남：하지만 넓은 방에 창문이 없네요. 참고로 얼마입니까?

여：이쪽은 아까보다 조금 싸서 월 11만 엔입니다.

남：그렇군. 하지만 그 정도의 차이라면 아까 창문이 있는 쪽이 좋을까? 음. 아까 걸로 하겠습니다.

남자는 어느 물건으로 결정했습니까?

1　원룸
2　베란다가 있고 창문이 없는 방
3　베란다가 없고 창문이 있는 방
4　베란다도 창문도 없는 방

해설

처음에 얘기한 방은 집세가 월 12만 엔이고 다음에 말한 방은 창문이 없고 월 11만 엔이라고 한다. 그러자 남자는 그 정도의 차이라면 처음의 창문 있는 쪽이 좋다고 했으나 그 방은 베란다가 없으므로 정답은 3번 베란다가 없고 창문이 있는 방이다.

2번

어느 조합으로 일을 할지, 남자 세 명이 상담하고 있습니다.

남1：이번 신상품 외근 말인데, 고지마, 마스다와 짜고 백화점을 담당해 주겠나?

남2：저, 가와이 씨 왜 신입끼리 짜게 하는 겁니까? 마스다와 저라면 절대적으로 효율이 나쁘다고 생각합니다.

남3：저도 자신 없습니다. 고지마는 지금까지 백화점 담당이니까 괜찮지만, 저는 줄곧 양판점 담당이고.

남1：아니, 이런 것은 오히려 그쪽이 좋아. 서툴게 경험이 있는 것보다도.

M2：でも心配ですよ。経験少ないですもん。無理で
　　すって。
M1：お前らも頑固だな。新しい発想でやってほしかった
　　けど、１年先輩で量販店担当の西尾と組むか。
M3：あ、西尾さんですね。はい、了解しました。
M1：じゃ、俺は小島と一緒に百貨店を担当するから。

どの組み合わせで仕事をしますか。
1　量販店を小島・増田で担当する
2　量販店を河合・西尾で担当する
3　百貨店を河合・小島で担当する
4　百貨店を増田・西尾で担当する

組み合わせ 조합, 편성 | 相談 상담 | 新商品 신상품 | 外回
り 외근, 밖을 다니면서 하는 일 | 組む 짜다, 편성하다 | 百
貨店 백화점 | 担当 담당 | なんで 왜, 어째서 | 新人 신인,
신입 | ～同士 ～끼리 | 絶対 절대 | 効率 효율 | 自信 자신
| ずっと 쭉, 계속 | 量販店 양판점, 대량 판매점 | かえって
오히려, 반대로 | 下手だ 서투르다 | 経験 경험 | 心配 걱정 |
お前ら 자네들 | 頑固だ 완고하다, 고집스럽다 | 発想 발상 |
了解 이해함, 깨달아 알아냄 | 一緒に 함께, 같이

3番

まず話を聞いてください。それから、二つの質
問を聞いて、それぞれ問題用紙の１から４の中
から、最もよいものを一つ選んでください。
では始めます。

テレビを見ながら、男の人と女の人が話しています。

M1：次はＣＤアルバムのコーナーです。今回は、休
　　日にお家でリラックスしていただけるアルバム
　　を４点ご用意いたしました。まず１点目は、世
　　代を問わず人気のあるミスターチルドレンの
　　曲をオルゴールバージョンで収録した『祈り～
　　涙の軌道　Mr.Childrenコレクション』です。次
　　に、あったか～い南国リゾート、青い空にサト
　　ウキビ畑が広がる素朴な風景、ココロ癒される
　　楽園、踊りだしたくなる陽気なリズム、その
　　全てが盛り込まれているちょっぴり欲張りなカ
　　バー・アルバム『ゆるカフェ～OKINAWA』で
　　す。『theジブリset』は、子どもから大人まで誰で
　　も一度は聞いたことのあるジブリアニメの主題
　　歌を一つにまとめたCDです。最後に、テレビ・
　　映画・CMなど感動的な映像シーンで使われたお
　　なじみのナンバーでつづるヒーリング系オムニ
　　バス・アルバム『image』でございます。

남2：하지만 걱정이에요. 경험이 적으니까요. 무리라고 생
　　각해요.
남1：자네들도 완고하군. 새로운 발상으로 하기 바랐는데,
　　1년 선배로 양판점 담당인 니시오와 짤까?
남3：아, 니시오 씨군요. 네, 알겠습니다.
남1：그럼, 난 고지마와 같이 백화점을 담당할 테니까.

어느 조합으로 일을 합니까?
1　양판점을 고지마·마스다가 담당한다.
2　양판점을 가와이·니시오가 담당한다.
3　백화점을 가와이·고지마가 담당한다.
4　백화점을 마스다·니시오가 담당한다.

가와이는 고지마와 마스다를 백화점 담당으로 배치하고
싶었지만, 두 사람이 무리라고 말해 결국은 지금까지 백화
점 담당이었던 고지마와 자신이 백화점을 담당하기로 한
다. 또 줄곧 양판점 담당이었던 마스다는 1년 선배 니시오
와 양판점 담당이 된다. 따라서 올바르게 편성된 것은 3번
이다.

3번

먼저, 이야기를 들어 주세요. 그러고 나서 두 질문을
듣고 각각 문제 용지의 1에서 4 중에서 가장 알맞은
것을 하나 고르세요.
그럼 시작하겠습니다.

텔레비전을 보면서 남자와 여자가 이야기하고 있습니다.

남1：다음은 CD앨범 코너입니다. 이번에는 휴일에 집에
　　서 휴식하시면서 들을 수 있는 앨범을 4점 준비했습
　　니다. 우선 첫 점은 세대를 불문하고 인기가 있는 미
　　스터 칠드런의 곡을 오르골 버전으로 수록한「기도～
　　눈물의 궤도 미스터 칠드런 컬렉션」입니다. 다음으
　　로 따뜻한 남쪽 나라 리조트, 파란 하늘에 사탕수수
　　밭이 펼쳐지는 소박한 풍경, 마음이 치유되는 낙원,
　　춤추고 싶어지는 밝은 리듬, 그 모든 것이 담겨 있는
　　조금 욕심나는 커버 앨범 '유루카페 오키나와'입니다.
　　'더 지브리 세트'는 아이부터 어른까지 누구든지 한
　　번은 들은 적이 있는 지브리 애니메이션 주제가를
　　하나로 정리한 CD입니다. 마지막으로 텔레비전·
　　영화·CM 등 감동적인 영상 신에서 사용된 친숙한
　　곡목으로 엮은 힐링계 옴니버스 앨범 '이미지'입니다.

M2：どれも魅力的なアルバムだなぁ。

F　：田中君は普段どんな音楽聞くの？

M2：普段はあんまり聞かないんだよ。携帯にも音楽入ってないしね。

F　：意外。でもこの前apbankのフェスに行ってなかった？スピッツ好きだった？

M2：あー、ミスターチルドレンが出てたから行ったんだよ。昔からファンでさ。

F　：そうなんだ。じゃあ、オルゴールのはどう？

M2：声が好きなんだよね。うーん、最近感動が足りないから、今回はこれにしようかな。

F　：うんうん。いいんじゃない。私は沖縄大好きな人間だからこれにするわ。

質問 1

男の人はどのCDを聴こうと思っていますか。

1　『祈り〜涙の軌道　Mr.Childrenコレクション』

2　『ゆるカフェ〜OKINAWA』

3　『theジブリset』

4　『image』

質問 2

女の人はどのCDを聴こうと思っていますか。

1　『祈り〜涙の軌道　Mr.Childrenコレクション』

2　『ゆるカフェ〜OKINAWA』

3　『theジブリset』

4　『image』

단어

アルバム 앨범｜コーナー 코너｜リラックス 릴렉스, 긴장을 품｜世代 세대｜オルゴールバージョン 오르골 버전｜収録 수록｜祈り 기도｜涙 눈물｜軌道 궤도｜コレクション 컬렉션｜南国 남쪽 나라｜リゾート 리조트｜サトウキビ 사탕수수｜畑 밭｜素朴だ 소박하다｜風景 풍경｜癒す 낫게 하다, 치료하다｜楽園 낙원｜踊る 춤추다｜陽気だ 밝고 쾌활하다｜リズム 리듬｜盛り込む 담다｜ちょっぴり 약간, 조금｜欲張り 욕심이 많음, 욕심쟁이｜カバー・アルバム 커버 앨범(타인이 발표한 곡을 연주·노래 불러서 발표한 앨범)｜主題歌 주제가｜アニメ 애니메이션｜まとめる 한데 모으다, 정리하다｜感動的 감동적｜映像 영상｜シーン 신, 장면｜おなじみ 친숙함｜ナンバー 번호, 곡목｜つづる 철하다, 엮어 짓다｜ヒーリング 힐링, 마음의 치료｜〜系 〜계, 〜계통｜オムニバス・アルバム 옴니버스 앨범｜魅力的 매력적｜普段 평소, 평상시｜あんまり 그다지, 별로｜フェス 페스티벌｜ファン 팬｜足りない 부족하다

남2：어느 것도 다 매력적인 앨범이구나.

여　：다나카 군은 평소에 어떤 음악 들어?

남2：평소에는 그다지 듣지 않아. 휴대전화에도 음악 들어 있지 않고.

여　：의외네. 하지만 얼마 전에 apbank 페스티벌에 가지 않았어? 스피츠 좋아했지?

남2：아, 미스터 칠드런이 나와서 간 거야. 예전부터 팬이어서.

여　：그렇구나. 그럼 오르골은 어때?

남2：목소리가 좋아. 음, 최근 감동이 부족하니까 이번에는 이것으로 할까?

여　：응응. 좋지 않아? 난 오키나와를 아주 좋아하는 사람이니까 이걸로 할게.

질문1

남자는 어느 CD를 들으려고 생각하고 있습니까?

1　『기도〜눈물의 궤도 미스터 칠드런 컬렉션』

2　『유루카페〜오키나와』

3　『더 지브리 세트』

4　『이미지』

해설

남자는 마지막 말에서, 최근 감동이 부족하다고 하며 하나를 선택한다. 따라서 텔레비전·영화·CM 등 감동적인 영상 신에서 사용된 친숙한 곡목으로 엮은 힐링계 옴니버스 앨범『이미지』를 들을 것이다.

질문2

여자는 어느 CD를 들으려고 생각하고 있습니까?

1　『기도〜눈물의 궤도 미스터 칠드런 컬렉션』

2　『유루카페〜오키나와』

3　『더 지브리 세트』

4　『이미지』

해설

여자는 마지막 말에서, 오키나와를 아주 좋아한다고 하며 하나를 선택한다. 즉『유루카페 오키나와』를 들을 것이다.

1교시 언어지식(문자 · 어휘 · 문법) · 독해

問題1　1 ①　2 ③　3 ④　4 ②　5 ②　6 ③

問題2　7 ④　8 ①　9 ④　10 ③　11 ④　12 ②　13 ②

問題3　14 ②　15 ③　16 ①　17 ③　18 ②　19 ④

問題4　20 ③　21 ①　22 ②　23 ①　24 ③　25 ①

問題5　26 ③　27 ①　28 ①　29 ④　30 ②　31 ③　32 ②　33 ④　34 ①　35 ②

問題6　36 ③ (2431)　37 ② (3142)　38 ④ (4132)　39 ④ (3421)　40 ② (1324)

問題7　41 ②　42 ①　43 ②　44 ③　45 ④

問題8　46 ③　47 ④　48 ②　49 ①

問題9　50 ②　51 ③　52 ④　53 ①　54 ④　55 ②　56 ①　57 ②　58 ③

問題10　59 ④　60 ④　61 ③　62 ①

問題11　63 ③　64 ③　65 ④

問題12　66 ②　67 ③　68 ④　69 ①

問題13　70 ②　71 ③

2교시 청해

問題1　1 ①　2 ③　3 ③　4 ③　5 ④　6 ②

問題2　1 ②　2 ②　3 ④　4 ④　5 ①　6 ②　7 ②

問題3　1 ③　2 ④　3 ④　4 ②　5 ③　6 ②

問題4　1 ②　2 ①　3 ①　4 ②　5 ③　6 ②　7 ①　8 ③　9 ③　10 ②　11 ③　12 ①　13 ③　14 ②

問題5　1 ④　2 ④　3-1 ④　3-2 ③

문제 1 _______의 단어 읽는 법으로 가장 알맞은 것을 1 · 2 · 3 · 4에서 하나 고르시오.

1 이 **현상**에 응모하려면 실을 5장 모으지 않으면 안 된다.

> **해설** 懸은 음으로 けん/け, 훈으로 懸(か)ける/懸(か)かる라 읽는다. 賞은 음독하여 しょう라고 한다. 懸賞(현상)은 둘 다 음독하여 けんしょう라 하므로 정답은 1번이다.

懸賞 현상 | 応募 응모 | 集める 모으다

정답 ①

2 그런 어처구니 없는 이야기는 **참아** 줘.

> **해설** 勘은 음으로 かん, 弁은 음으로 べん이라 읽는다. 따라서 勘弁은 かんべん이라 하고 '용서함, 봐줌'을 뜻한다.

ばかばかしい 어처구니없다 | 勘弁 용서함, 봐줌

정답 ③

3 매일 아침 텔레비전 **기상** 정보를 보고 나서 집을 나간다.

> **해설** 気는 음으로 き/け, 象은 음으로 しょう/ぞう라 읽는다. 気象(기상)은 きしょう라고 하므로 정답은 4번이다.

気象 기상 | 情報 정보

정답 ④

4 우리 집은 맞벌이이기 때문에 **외식**하는 일이 많다.

> **해설** 外는 음으로 がい/げ, 훈으로 外(そと)/外(ほか)/外(はず)す/外(はず)れる라 읽는다. 食은 음으로 しょく, 훈으로 食(く)う/食(た)べる라 읽는다. 外食(외식)는 둘 다 음독하므로 정답은 がいしょく 2번이다.

共働き 맞벌이 | 外食 외식

정답 ②

5 리포트를 쓸 때에는 내용과 함께 문서의 **겉모양**에도 신경 쓰도록 합시다.

> **해설** 体는 음으로 たい/てい, 훈으로 体(からだ)라 읽고 裁는 음으로 さい, 훈으로 裁(た)つ/裁(さば)く라 읽는다. 体裁는 둘 다 음독하여 ていさい라 하며 '외양, 겉모양'을 뜻한다.

内容 내용 | ～とともに ～와 함께 | 文書 문서 | 体裁 외양, 겉모양 | 気を配る 주의하다, 배려하다

정답 ②

6 일본에서는 농업에 **종사**하는 사람의 수가 계속 감소하고 있다.

> **해설** 従은 음으로 じゅう/しょう/じゅ, 훈으로는 従(したが)う라 읽는다. 事는 음독하면 じ, 훈독하면 事(こと)가 된다. 従事(종사)는 둘 다 음독하여 じゅうじ라 읽으므로 정답은 3번이다.

農業 농업 | 従事 종사 | 減る 줄다, 감소하다

정답 ③

문제 2 (   )에 넣을 것으로 가장 알맞은 것을 1 · 2 · 3 · 4에서 하나 고르시오.

7 자신의 특기를 **살릴** 수 있는 일을 찾는다.

> **해설** 빈칸 앞의 特技(특기)에 연결될 수 있는 동사를 골라야 한다. 특기를 살린다는 표현이 가장 자연스러우므로 정답은 4번 生(い)かす(살리다)이다.

特技 특기 | 添える 첨부하다, 곁들이다 | 試みる 시험 삼아 해보다 | 賭ける 내기하다, 내걸다 | 生かす 살리다, 발휘하다

정답 ④

8 미아의 부모를 찾게 되어 **안심**했다.

해설 미아의 부모를 찾게 되었다면 안심이 되었을 것이다. 마음이 놓인다고 할 때 쓰는 표현은 ほっとする(한숨 놓다, 안심하다)이므로 정답은 1번이다.

迷子 미아 | 見つかる 발견되다 | ほっとする 안심하다 | はらはら 우수수(나뭇잎, 눈물 등이 잇따라 조용히 떨어지는 모양), 하늘하늘(머리카락 등이 부드럽게 흩어지는 모양) | わくわく 두근두근(기쁨, 기대, 걱정 등으로 마음이 설레는 모양) | ぐったり 녹초가 됨, 축 늘어짐

정답 ①

9 지각이 많은 사원은 월급을 10퍼센트 **삭감**당했다.

해설 바로 앞에 10퍼센트라는 말이 왔으므로 지각이 많은 사원은 월급이 10퍼센트 삭감되었다고 하는 것이 가장 자연스럽다. 그러므로 정답은 4번 カット(삭감)이다.

給料 급료, 월급 | パーセント 퍼센트, % | パス 패스, 통과 | オーバー 오버, 초과함 | ミス 미스, 실수 | カット 삭감

정답 ④

10 그런 작은 상처로 아파하다니 **야단스러워**.

해설 작은 상처로 아파한다고 했으므로 작은 일로 떠들썩할 때 쓰는 말을 넣어야 한다. おおげさ는 '야단스러움'을 뜻하는 な형용사이므로 정답은 3번이다.

けが 상처 | 痛がる 아파하다 | いいかげん 알맞음, 엉터리임 | せっかち 성급함, 조급함 | おおげさ 과장됨, 야단스러움 | 場違い 그 장소에 어울리지 않음

정답 ③

11 이 그림책에는 아이가 좋아하는 **장치**가 많이 있다.

해설 이 그림책에는 아이들이 좋아하도록 많은 것들이 고안되어 있다는 의미가 되어야 한다. 4번의 仕掛(しか)け는 '(궁리된) 장치, 조작' 등을 뜻하므로 정답은 4번이다.

絵本 그림책 | 喜ぶ 기뻐하다 | つじつま 조리, 이치 | しきたり 관례, 관습 | 落とし穴 함정 | 仕掛け (궁리된) 장치, 조작

정답 ④

12 뭐든지 자신의 눈으로 확인하는 것이 **중요**하다.

해설 뭐든지 자신의 눈으로 확인하는 것이 중요하다고 하는 것이 가장 자연스러울 것이다. 따라서 정답은 2번 肝心(かんじん)이다.

確める 확인하다 | 元素 원소 | 肝心だ 중요하다, 요긴하다 | 善良 선량 | 本性 본성

정답 ②

13 이 방법도 안 된다면 이제 **항복** 상태다.

해설 이 방법도 안되면 이제 더 이상 어쩔 수 없다는 말이 되어야 할 것이다. お手上(てあ)げ는 항복하여 손을 든다는 뜻에서 더 이상 어찌할 수 없는 상태를 뜻하므로 정답은 2번이다.

方法 방법 | 意気込み (일을 꼭 해내려는) 적극적인 마음가짐, 의욕 | お手上げ 더 이상 어찌할 수 없게 됨, 항복 | 手がかり 문제 해결을 위한 단서, 실마리 | 不意打ち 기습 (공격)

정답 ②

문제 3 _______의 단어에 의미가 가장 가까운 것을 1·2·3·4에서 하나 고르시오.

14 실패를 다른 사람이 **알아차리지 못하**도록 한다.

해설 悟(さと)る는 '깨닫다, 알아차리다'라는 뜻의 동사이며 여기서는 수동의 형태로 쓰였다. 気(き)づく도 '눈

치채다, 알아차리다'의 뜻이므로 의미상 통하며 이것도 수동으로 나타내어 気(き)づかれる 라고 해야 한다. 정답은 2번이다.

失敗 실패 | 悟る 깨닫다, 알아차리다 | 怒る 화내다 | 気づく 눈치채다, 알아차리다 | 責める 책망하다, 꾸짖다 | 頼む 부탁하다

정답 ②

15 **지금까지** 대로 전화로도 예약을 접수 받고 있습니다.

해설 これまで는 '지금까지'라는 뜻이다. '지금까지'라는 것은 3번 従来(종래)와 의미가 비슷하므로 이것이 정답이다.

～どおり ～대로 | 予約 예약 | 受け付ける 접수하다 | 先行 선행 | 既存 기존 | 従来 종래 | 継承 계승

정답 ③

16 나의 질문에 대해 친구는 **불확실**한 대답을 했다.

해설 不確(ふたし)か란 '불확실함'을 뜻하므로 내 질문에 친구가 불확실하게 대답했다는 말이다. 불확실하다는 것은 애매하다는 말이므로 정답은 1번 あやふや(애매함)이다.

質問 질문 | 不確かだ 불확실하다 | あやふやだ 애매하다, 모호하다 | あべこべだ 반대다, 거꾸로이다 | ふらふら 휘청휘청, 어정어정 | ことさら 일부러, 새삼스럽게

정답 ①

17 안전하게 이용하기 위해 아래와 같은 **경우**에는 충분히 주의해 주세요.

해설 여기서 ケース란 '경우, 사례'를 뜻하므로 아래와 같은 경우에는 충분히 주의해 달라는 말이다. 따라서 의미가 비슷한 것은 3번 場合(ばあい)이다.

利用 이용 | ケース 경우, 사례 | 容器 용기, 그릇 | 人物 인물 | 場合 경우 | 思考 사고

정답 ③

18 생일 모임의 **준비**를 갖추다.

해설 手(て)はず는 '(미리 정해두는 일의) 절차, 준비' 등을 뜻하므로 여기서는 준비를 갖춘다는 의미이다. 따라서 의미상 통하는 것은 2번 準備(준비)이다.

お誕生日会 생일 모임 | 手はず (미리 정해두는 일의) 순서, 절차, 준비 | 整える 갖추다, 정돈하다 | 装飾 장식 | 準備 준비 | 会場 회장 | 服装 복장

정답 ②

19 학교가 끝나자 집까지 **달려서** 돌아갔다.

해설 駆(か)ける는 '달리다'라는 뜻의 동사이므로 학교 끝나고 집까지 달려서 돌아갔다는 말이다. 따라서 走(はし)る(달리다)와 비슷한 의미이므로 정답은 4번 走(はし)って(달려서)이다.

駆ける 달리다 | 急ぐ 서두르다 | あせる 조바심 나다, 안달 나다 | 張り切る 팽팽하게 당기다, 힘이 넘치다

정답 ④

문제 4 다음 단어의 사용법으로 가장 알맞은 것을 1 · 2 · 3 · 4에서 하나 고르시오.

20 시종 같은 상태가 유지됨, 계속 같은 화제가 이어짐

1 이 지역은 내가 아니라 그의 자자하다. [持ち切り → なわばり(세력권)]

2 자자한 달걀이 없어졌기 때문에 또 사 두어야 한다. [持ち切り → 在庫(재고)]

3 텔레비전도 신문도 올림픽 화제로 이어졌다.

4 일이 계속되는 날이 다가왔다. [持ち切り → 締め切り(마감)]

해설 持(も)ち切(き)り는 '같은 상태가 유지됨, 계속 같은 화제가 이어짐'을 뜻하므로 텔레비전도 신문도 올림픽 이야기가 계속 이어졌다고 한 3번이 정답이다.

持ち切り 시종 같은 상태가 유지됨, 계속 같은 화제가 이어짐 | 地域 지역 | 卵 달걀 | 話題 화제 | せまる 다가오다, 임박하다

정답 ③

21 부피가 커지다(늘다)

1 <u>부피가 큰</u> 짐은 집에 두고 가.

2 그는 불평이 많아서 <u>부피가 큰</u> 성격이다. [かさばる → 悪い(나쁜)]

3 생각하고 있던 것보다 시간이 <u>부피가 컸다</u>. [かさばった → かかった(걸렸다)]

4 바람이 강해서 머리 모양이 <u>부피가 커져</u> 버렸다. [かさばって → 崩れて(흐트러져)]

해설 かさばる는 부피가 커지거나 늘어난다는 의미의 동사이다. 뒤에 荷物(짐)가 연결되어 '부피가 큰 짐'이라고 표현하는 것이 가장 자연스러우므로 바르게 쓰인 것은 1번이다.

かさばる 부피가 커지다, 늘다 | 荷物 화물, 짐 | 置く 두다, 놓다 | 文句 불평 | 性格 성격 | 髪型 머리 모양

정답 ①

22 (남의 진지한 이야기를) 농담으로 돌리다

1 손님이 오셨으니까 <u>농담으로 돌려서</u> 내와요. [茶化して → お茶を(차를)]

2 남의 이야기를 <u>농담으로 돌리지</u> 말고 진지하게 들어.

3 언니는 <u>농담으로 돌려서</u> 데이트하러 외출했다. [茶化して → 化粧して(화장하고)]

4 이런 것을 1만 엔에 사다니 너, <u>농담에 당했네</u>. [茶化された → だまされた(속았다)]

해설 茶化(ちゃか)す는 남의 진지한 이야기를 농담으로 돌린다는 의미의 동사이다. 따라서 2번 남의 이야기를 농담으로 돌리지 말고 진지하게 들으라고 한 것이 올바른 문장이다.

茶化す 농담으로 돌리다, 놀리다 | お客さん 손님 | お姉さん 누나, 언니 | ～なんて ～(이)라니

정답 ②

23 생각한 대로, 예상했던 대로

1 그는 <u>예상했던 대로</u> 늦게 왔다.

2 뭔가 좋은 <u>예상한 대로</u>가 있다면 손을 들어 주세요. [案の定 → 提案(제안)]

3 아무도 예상하지 못했던 선수가 <u>예상한 대로</u> 우승했다. [案の定 → 案外(의외로)]

4 나는 한 번도 <u>예상한 대로</u>를 깬 적이 없다. [案の定 → 予想(예상)]

해설 案(あん)の定(じょう)는 '생각(예상)한 대로'라는 뜻의 부사이다. 그러므로 정답은 1번 그가 예상한 대로 늦게 왔다고 하는 것이 가장 자연스럽다.

案の定 생각한 대로, 예상한 대로 | 遅れる 늦다 | 手を挙げる 손을 들다 | 予想 예상 | 優勝 우승 | 破る 찢다, 깨다

정답 ①

24 위조

1 유명인은 자주 <u>위조해서</u> 외출한다. [偽造 → 偽装(위장)]

2 테스트 중의 <u>위조</u> 행위는 금지입니다. [偽造 → 不正(부정)]

3 지금의 돈에는 <u>위조</u>를 방지하는 궁리가 많이 되어 있다.

4 야마다 군, 이 서류 2장씩 <u>위조해</u> 둬. [偽造 → コピー(복사)]

해설 偽造(ぎぞう)란 '위조, 물건이나 문서를 가짜로 만드는 것'을 뜻한다. 그러므로 지금의 돈에는 위조를 방지하는 여러 궁리들이 되어 있다고 표현한 3번이 정답이 된다.

偽造 위조 | 有名人 유명인 | 行為 행위 | 禁止 금지 | 防ぐ 방지하다, 막다 | 工夫 궁리, 고안 | 施す 베풀다, 시행하다, (수단, 방법을) 쓰다 | 書類 서류 | ～ずつ ～씩

정답 ③

25 헷갈리기 쉽다

1 **이 두 개의 단어는 비슷해서 헷갈리기 쉽다.**

2 바쁜데도 몇 번이나 수속하러 가는 것은 헷갈리기 쉽다. [紛らわしい → 煩わしい(번거롭다)]

3 오늘은 날씨가 좋아서 헷갈리기 쉬운 하루가 될 것 같아 좋았다. [紛らわしい → 素晴らしい(매우 좋은)]

4 미안합니다. 헷갈리기 쉬워서 들리기 어렵습니다만. [紛らわしい → うらさくて(시끄러워서)]

해설 紛(まぎ)らわしい는 '아주 비슷하여 헷갈리기 쉽다'는 의미의 い형용사이다. 따라서 두 개의 단어가 비슷해서 헷갈리기 쉽다고 한 1번이 올바르게 쓰인 문이다.

紛らわしい 헷갈리기 쉽다 | 単語 단어 | 似る 닮다, 비슷하다 | 手続き 수속, 절차 | 聞こえる 들리다

정답 ①

문제 5 다음 문장의 (　　　)에 넣을 것으로 가장 알맞은 것을 1 · 2 · 3 · 4에서 하나 고르시오.

26 가지 않는 것보다는 늦**더라도** 가는 편이 좋지 않아?

해설 안 가는 것보다는 늦더라도 가는 편이 좋다는 말이 되어야 한다. 〈동사 て형 + てでも〉는 '～(해)서라도'라는 뜻이므로 동사 遅(おく)れる(늦다)의 て형에 연결하면 遅(おく)れてでも, 즉 '늦더라도'의 의미가 되므로 정답은 3번이다.

～てでも ～(해)서라도 | ～ては ～(해)서는 | ～てから ～(하)고 나서 | ～てまで ～(해)서까지

정답 ③

27 아이에게도 아이 **나름대로의** 걱정과 고민이 있다.

해설 아이도 아이 나름대로의 걱정과 고민이 있다는 말이다. 〈명사 + なり〉는 '～나름'이라는 뜻이므로 子どもなり는 '아이 나름'이라는 의미가 되며 뒤에 の가 이어져 뒤의 명사를 꾸며준다.

～なり ～나름 | 心配 걱정 | 悩み 고민 | ～すら ～조차

정답 ①

28 책을 빌렸는데도 바빠서 결국 **읽지 못한 채** 돌려줬다.

해설 책을 빌렸지만 바빠서 읽지 못하고 돌려줬다는 말이 되어야 한다. 따라서 빈칸에는 읽지 못한 상태로 되어 버렸다는 말을 넣어야 하므로 〈동사 ない형 + ずじまい〉(～하지 못하고 맘)을 이용해 読(よ)まずじまい(읽지 못하고 맘)이라고 해야 한다.

借りる 빌리다 | 結局 결국 | ～ずじまい ～하지 못하고 맘 | 返す 돌려주다

정답 ①

29 10번째의 도전**에** 겨우 산 정상에 도착했다.

해설 10번째의 도전 만에 겨우 산 정상에 도착했다는 말이다. 시간적인 의미를 갖는 명사에 にして를 연결하면 '～에, ～에 와서'의 뜻을 나타내므로 정답은 4번이다.

挑戦 도전 | ～にして ～에, ～에 와서 | やっと 겨우 | 山頂 산 정상 | たどり着く 겨우 도착하다 | ～ながらに ～인 채로, ～인 상태 그대로 | ～わりに ～에 비해 | ～をよそに ～을 아랑곳하지 않고

정답 ④

30 볼 **생각도 없이** 켠 방송 프로그램에 지인이 나와서 깜짝 놀랐다.

해설 딱히 볼 생각도 없이 무심코 켠 방송 프로그램에 아는 사람이 나와 놀랐다는 말이다. 특별히 어떤 일을 하려고 생각하지 않고 무의식적으로 그 동작을 하고 있다고 할 때는 〈동사 사전형 + ともなく〉로 표현하므로 정답은 2번이다.

～ともなく 무심코 ~ | つける (전기 등을) 켜다 | 番組(ばんぐみ) 방송 프로그램 | 知(し)り合(あ)い 지인, 아는 사이 | びっくりする 깜짝 놀라다 | ～とはいえ ~라고는 해도 | ～とばかりに (마치) ~라는 듯이 | ～といえども ~라 할지라도

정답 ②

31 두 사람은 10년의 교제**를 거쳐** 지난달 결혼했다.

> **해설** 두 사람은 10년이라는 교제 기간을 거쳐 지난달 결혼했다는 것이다. 어떠한 과정이나 단계를 거쳐 일이 이루어질 때는 〈명사 + を経(へ)て〉(~을 거쳐)로 표현해야 하므로 정답은 3번이 된다.

交際(こうさい) 교제 | ～を経(へ)て ~을 거쳐 | 結婚(けっこん) 결혼 | ～をふまえて ~에 입각하여 | ～をもって ~으로(수단), ~로써(시간의 시작, 끝) | 至(いた)る 다다르다

정답 ③

32 대학에 들어가고 나서 남동생은 이전**보다 더** 근면하게 공부하고 있다.

> **해설** 대학에 들어가고 나서 남동생이 이전 이상으로, 즉 이전보다 더 근면하게 공부한다고 해야 한다. 〈명사 + にもまして〉는 '~보다 더'라는 뜻으로 쓰이므로 2번이 정답이다.

以前(いぜん) 이전 | ～にもまして ~보다 더 | 勤勉(きんべん) 근면 | ～とはいえ ~라고는 해도 | ～をおいて ~외에, ~을 제외하고 | ～はおろか ~은커녕, ~은 물론

정답 ②

33 이런 예쁜 아침 해를 볼 수 있다니 졸음을 **무릅쓰고** 오길 잘했다.

> **해설** 이런 아침 해를 볼 수 있었으니 졸리지만 참고 오기를 잘했다고 해야 한다. 즉 장애나 어려움을 각오하고 무언가를 할 때 사용하는 표현, 〈명사 + をおして〉(~을 무릅쓰고)를 이용하여 졸음을 무릅쓰고 왔다는 말이 되어야 하므로 정답은 4번이다.

朝日(あさひ) 아침 해 | ～なんて ~하다니, ~라니 | 眠気(ねむけ) 졸음 | ～をおして ~을 무릅쓰고 | ～をおいて ~외에, ~을 제외하고 | ～にひきかえ ~와 달리 | ～のわりに ~에 비해

정답 ④

34 여러분이 응원해 주셔서 **매우** 기쁩니다.

> **해설** 여러분에게 응원을 받아 기쁘다는 표현이 되어야 할 것이다. 감정을 나타내는 단어에 かぎり를 연결하면 '매우 ~하다, ~하기 짝이 없다'라는 의미가 되므로 うれしいかぎりです(매우 기쁩니다)가 적절한 표현이다.

応援(おうえん) 응원 | ～かぎりだ 매우 ~하다, ~하기 짝이 없다 | ～しかない ~(할) 수밖에 없다 | ～やまない ~해 마지않다 | ～まみれ ~범벅, ~투성이

정답 ①

35 제가 성공할 수 있었던 것은 가족의 협력**이 있었기에 가능한** 일입니다.

> **해설** 성공할 수 있었던 것은 가족의 협력이 있었기에 가능했다는 말이 되어야 한다. 'A あっての B'는 A가 있어야 B가 성립할 수 있다는 조건을 나타내는 표현이다. 즉 여기서는 가족의 협력이 있어야 성공이 있다는 말이 되는 것이다. 따라서 정답은 2번이 된다.

成功(せいこう) 성공 | 家族(かぞく) 가족 | 協力(きょうりょく) 협력 | ～あっての ~가 있어야 성립하는

정답 ②

문제 6 다음 문장의 ___★___ 에 들어갈 가장 알맞은 것을 1 · 2 · 3 · 4에서 하나 고르시오.

36 그녀는 **나이에 비해서는 어른스러운 생각을** 갖고 있다.

> **해설** ～割(わり)には(~에 비해서는)가 들어간 구문이다. 이 때는 年齢(ねんれい)의에 이어져 '연령에 비해서는'이라고 해야 연결이 자연스럽다. 또 연령에 비해서는 어른스러운 생각을 갖고 있다고 해야 하므로

大人(おとな)びた/考(かんが)えを로 이어져야 한다. 따라서 세 번째 칸에는 大人(おとな)びた 정답은 3번이다.

年齢 연령 | ～割には ～에 비해서는 | 大人びる 어른스러워지다, 어른다워지다 | 考え 생각

정답 ③ (2431)

37 일찍부터 **준비한 보람도 없이 프레젠테이션은 실패로** 끝나고 말았다.

해설 ～かいもなく(～보람도 없이)가 들어간 문장이므로 준비한 보람도 없이, 즉 準備(じゅんび)した/かい もなく를 넣고 이어서는 프레젠테이션이 실패로 끝나고 말았다고 해야 하므로 プレゼンテーションは /失敗(しっぱい)に가 들어간다. 따라서 마지막 칸에 들어갈 말은 2번이 된다.

準備 준비 | かい 보람, 효과 | プレゼンテーション 프레젠테이션 | 失敗 실패 | 終わる 끝나다

정답 ② (3142)

38 A "우체국에 가고 싶은데, 어떻게 가면 됩니까?"
B "**병원** 바로 앞에 있는 **모퉁이를** 돌아 주세요."

해설 우선 마지막 칸은 曲(ま)がってください(돌아 주세요) 앞에 와야 하므로 角(かど)を(모퉁이를)가 들어 가야 한다. 또 '병원 바로 앞에 있는 모퉁이'라고 해야 연결이 자연스러우므로 病院(びょういん)の/てま え/にある/角(かど)を의 순서가 되므로 정답은 4번이다.

郵便局 우체국 | てまえ 자기 앞, 자기 바로 앞 | 角 모퉁이, 구석 | 曲がる 돌다, 구부러지다

정답 ④ (4132)

39 **어른이 된 자는** 아이의 본보기가 되는 인간이 되어야 한다.

해설 ～たるもの(～된 자)가 들어간 문장이다. 이것은 명사에 연결되므로 大人(おとな) 뒤에 바로 와야 한다. 또 어른이 된 자는 아이의 본보기가 되어야 하므로 올바른 순서는 たる/ものは/子供(こども)の/見本(み ほん)に가 되므로 정답은 4번이다.

大人 어른, 성인 | ～たるもの ～된 자 | 見本 견본, 표본 | 人間 인간

정답 ④ (3421)

40 **해외 부임을 거쳐 이번에 도쿄 지점의** 지점장으로 취임했습니다.

해설 ～を経(へ)て(～을 거쳐)를 넣은 구문이므로 海外赴任(かいがいふにん)を/経(へ)て의 순서가 되고, 또 마지막 칸은 支店長(してんちょう) 앞에 와야 하므로 東京支店(とうきょうしてん)の(도쿄 지점 의)를 넣어 도쿄 지점의 지점장이 되어야 한다. 따라서 海外赴任(かいがいふにん)を/経(へ)て/この たび/東京支店(とうきょうしてん)の의 순서이므로 정답은 2번이다.

海外赴任 해외 부임 | ～を経て ～을 거쳐 | このたび 이번 | 支店 지점 | 支店長 지점장 | 就任 취임

정답 ② (1324)

문제 7 다음 글을 읽고, 글 전체의 취지에 입각하여 **41** 부터 **45** 안에 들어갈 가장 알맞은 것을 1·2·3·4에 서 하나 고르시오.

매월 계획을 세울 때, 제일 먼저 할머니 댁에 놀러 갈 날을 정한다. 홋카이도에 살고 있는 할머니는 올해 90세. 놀러 가면 늘 '와 줘서 고마워' 라고 내 손을 상냥하게 **41** 잡아 준다. 젊은이와 똑같이 건강하다고 할 수는 없지만, 나이에 어울리게 건강하다는 말을 의사에게 들을 정도로 빈틈이 없다. 할머니와 있으면 시간이 천천히 흘러간다. 함께 산책을 하기도 하고 이야기를 하.5아가시고 나서부터 라는 생각이 든다. 외로우실 거 같아 놀러 가도 **42** 오 히려 내가 기운을 받아 돌아온다. 나는 할머니가 만드는 밥도 아주 좋아해 늘 너무 많이 먹고 만다. 할아버지가 돌아가시고 나서 손이 많이 가는 요리는 하지 않게 되었다고 하지만, 정성스럽게 채소를 자르기도 하고 차분히

262

불 조절을 하면서 만들어 주는 요리는 정말로 맛있다. '요즘은 체력이 떨어졌어.'라고 **43** 한탄하고 있지만, 나는 할머니의 세련된(注1) 움직임 하나하나를 넋을 잃고 보고(注2) 만다. 양손을 등 뒤로 돌려 균형을 잡으면서 걷는다. 난간(注3)을 붙잡고 계단을 한 단 한 단 천천히 내려간다. 부엌 찬장에 식기를 능숙하게 치워간다. 식사가 끝나면 **44** 티슈로 입가를 가볍게 누른다. 무심한 움직임에 낭비가 없이 순조롭고 할머니의 몸에 스며들어 있는 느낌. 이것들은 모두 오랜 인생 속에서 많은 것을 경험해 온 할머니의 **45** 성장의 증거. 할머니가 사용하면 물건도 기뻐하고 있는 것 같다.

(注1) 洗練された : 깔끔한, 세련된
(注2) 見とれる : 마음을 빼앗겨 가만히 보고 말다
(注3) 手すり : 사람이 잡기 위해 계단의 가장자리에 설치한 울타리

41 1 집어 준다 2 **잡아 준다**
3 들어 준다 4 단련해 준다

> **해설** 할머니 댁에 놀러 가면 할머니가 늘 와 줘서 고맙다며 내 손을 상냥하게 잡아 준다고 해야 할 것이다. 손을 잡는다고 할 때는 동사 握(にぎ)る(손으로 쥐다, 잡다)로 표현하므로 握(にぎ)ってくれる(잡아 주다) 정답은 2번이다.

42 1 **오히려** 2 일부러
3 그렇지만 4 그리고

> **해설** 할머니가 외로우실 것이라 생각해 놀러 가서는 내가 기운을 받아 돌아온다는 것이다. 즉 빈칸에는 생각과는 반대로, 오히려라는 의미의 단어가 들어가야 한다. 그러므로 정답은 1번 むしろ(오히려)이다.

43 1 얼빠지게 있지만 2 **한탄하고 있지만**
3 흥얼거리고 있지만 4 기뻐하고 있지만

> **해설** 빈칸 바로 앞은 할머니가 요즘은 체력이 떨어졌다고 말하는 부분이다. 따라서 요즘은 체력이 떨어졌다고 한탄한다고 해야 연결이 자연스러워진다. 동사 嘆(なげ)く를 이용해 표현한 2번 嘆(なげ)いているが(한탄하고 있지만)가 정답이다.

44 1 카펫 2 펜
3 **티슈** 4 파자마

> **해설** 빈 칸 바로 앞은 식사가 끝난다는 것이고, 바로 뒤는 입가를 가볍게 누른다는 말이다. 식사가 끝나고 무엇으로 입가를 가볍게 누를지 알맞은 것을 고르면 된다. 따라서 정답은 3번 ティッシュ(티슈)이다.

45 1 마음 든든한 증거 2 불만의 증거
3 꼼꼼한 증거 4 **성장의 증거**

> **해설** 할머니의 무엇에 대한 증거인지를 찾아야 한다. 오랜 인생 속에서 많은 것을 경험해 왔다고 하므로 긴 세월 속에 많은 경험을 하며 할머니가 성장해 온 것에 대한 증거라고 봐야 할 것이다. 그러므로 정답은 4번이 된다.

真っ先 맨 먼저 | ～わけにはいかない ～할 수 없다 | 相応 상응 | 緩やか 느슨함, 느릿함 | 頻繁に 빈번하게 | 亡くなる 작고하다, 돌아가시다 | 手間をかける 수고를 들이다 | 丁寧だ 공들이다, 정중하다 | 火加減 불기운, 화력의 조절 | じっくり 차분하게, 꼼꼼하게 | 衰える 쇠퇴하다, 쇠약해지다 | 洗練される 세련되다 | 見とれる 넋을 잃고 보다 | 背中 등 | バランスをとる 균형

을 잡다 | 手すり 난간 | つかまる 붙잡다 | 階段 계단 | 一段 한 계단 | 台所 부엌 | 戸棚 찬장 | 食器 식기 | 器用だ 솜씨가 좋다, 능숙하다 | しまう 끝내다, 치우다 | おさえる 누르다 | 何気ない 아무렇지도 않다, 태연하다 | 無駄だ 쓸데없다, 헛되다 | 滑らかだ 순조롭다 | 染みこむ 스며들다, 배어들다 | 経験 경험 | 喜ぶ 기뻐하다 | すっきり 산뜻함, 깔끔함 | 奪う 빼앗다, (마음, 눈 등을) 사로잡다, 끌다 | じっと 꼼짝않고, 가만히 | 縁 가장자리 | 取り付ける 설치하다 | 棚 선반 | 摘む (손가락으로) 집다, 잡다 | 握る (주먹을) 쥐다, (손으로) 잡다 | 鍛える 단련하다, 훈련하다 | むしろ 오히려, 차라리 | わざわざ 일부러, 특별히 | とぼける 얼빠지다, 시치미를 떼다 | 嘆く 한탄하다 | 口ずさむ 읊조리다, 흥얼거리다 | カーペット 카펫 | ティッシュ 티슈, 휴지 | パジャマ 파자마 | 力強い 마음 든든하다 | 証 증거 | 不満 불만 | 几帳面だ 성격이 규칙적이고 꼼꼼하다 | 成長 성장

문제 8 다음 (1)에서 (4)의 글을 읽고, 뒤의 물음에 대한 답으로 가장 알맞은 것을 1·2·3·4에서 하나 고르시오.

---

(1) 최근의 연구에서는 백설탕이 인간에게 주는 악영향이 명백해지고 있다. 백설탕을 과잉 섭취함으로써 인간의 몸에 필요한 영양분을 빼앗겨 버리거나 '인생이 지루해진다' '반사회적이 된다' 등 부정적인 감정을 불러일으키고 만다.

케이크와 쿠키 같은 백설탕이 많이 사용된 과자를 먹는 것보다도 흑설탕을 사용한 과자나 과일에서 당분(注)을 섭취하는 쪽이 우리 몸에는 좋은 일이라고 할 수 있다.

(注) 糖分 : 식품에 포함된 단맛, 당분

---

46 본문의 내용과 일치하는 것은 어느 것인가?

1 설탕은 인간의 몸에 악영향을 주기 때문에 가능한 한 섭취하지 않는 편이 좋다.
2 흑설탕이 함유된 과자와 과일을 많이 먹으면 부정적인 감정이 되는 일은 없다.
3 몸을 생각하면 과일에서 당분을 섭취하는 것이 바람직하다.
4 백설탕이 많이 함유된 과자는 달고 맛있기 때문에 많이 먹고 싶어진다.

해설 마지막 문장에서 흑설탕을 사용한 과자와 과일에서 당분을 섭취하는 쪽이 우리들의 몸에는 좋은 일이라고 할 수 있다고 말하고 있다. 따라서 알맞은 설명은 3번 몸을 생각하면 과일에서 당분을 섭취하는 것이 바람직하다는 것이다.

白砂糖 백설탕 | 与える 주다 | 悪影響 악영향 | 明らかになる 분명해지다, 명백해지다 | 過剰 과잉 | 栄養 영양 | つまらない 재미없다, 지루하다 | 反社会的 반사회적 | マイナス感情 마이너스 감정, 부정적인 감정 | 引き起こす 불러일으키다 | クッキー 쿠키 | お菓子 과자 | 黒砂糖 흑설탕 | 果物 과일 | 糖分 당분 | 食品 식품 | 含まれる 포함되다 | 甘み 단맛 | 望ましい 바람직하다 | 甘い 달다

---

(2) 손톱은 왜 필요한가? 사자에게는 사냥감을 잡기 위해, 말에게는 빨리 달리기 위해 달려 있지만 인간에게는 매니큐어를 바르는 등 치장의 일부라는 것뿐으로 그다지 중요한 역할이 없는 것처럼 보인다.

그러나 실제로는 손끝을 보호하고 세세한 작업을 가능하게 하는 중요한 역할을 맡고 있다. 손톱이 있어서 물건을 잘 잡을 수 있고, 작은 것이더라도 힘의 정도를 조절하면서 작업을 할 수 있는 것이다.

47 필자는 왜 인간에게는 손톱이 필요하다고 말하고 있는가?

1 특별히 필요는 없다.

2 빨리 달리기 위해

3 치장을 하기 위해

4 물건을 쉽게 잡기 위해

> **해설** 마지막 문장에서 손톱이 있음으로 해서 물건을 잘 잡을 수 있게 되기도 하고 작은 것이더라도 힘의 정도를 조절하면서 작업을 할 수 있는 것이라고 말하고 있다. 따라서 정답은 4번 물건을 쉽게 잡기 위해서이다.

爪 손톱, 발톱 | ライオン 사자 | 獲物 사냥감 | つかまえる 잡다, 붙잡다 | マニキュア 매니큐어 | 塗る 바르다 | おしゃれ 치장, 멋 부림 | 一部 일부 | 役割 역할 | 実際 실제 | 指先 손가락 끝, 손끝 | 保護 보호 | 細かい 작다, 세세하다 | 作業 작업 | 可能 가능 | 担う 짊어지다, 떠맡다 | つかむ 움켜쥐다, 붙잡다 | 加減 (적절한) 정도, 상태 | 調節 조절 | 容易だ 용이하다, 손쉽다

---

(3) 최근 자연 보호에 대한 의식이 높아지고 있는데, 이 의식은 자연 파괴가 진행되고 있으며, 그 파괴에 큰 영향을 주고 있는 것이 인간이라는 인식이 토대가 되고 있다.

　 즉 생물의 대부분이 인간에 의해 절멸되고, 또 절멸의 위기에 닥쳐 있다(注1)는 사실로부터 그러한 생물을 보호하기 위해서는 우선 인간이 자신의 생활과 활동을 바로잡아야(注2) 한다고 여겨지고 있다. 자연 보호 활동 중에는 인간의 영향이 생물에 미치지 않도록 하는 지역을 설정하는 등, 적극적인 조치를 취하려는 것도 있다.

(注1) 瀕している : 지금이라도 중대한 사태가 일어나려고 하고 있다
(注2) 正す : 잘못된 것을 고치다

---

48 본문에서는 자연 보호를 위해서는 어떠한 행동이 필요하다고 말하고 있는가?

1 인간의 영향이 생물에 미치지 않는 장소를 만들어 완전히 떨어져서 생활하는 것

2 인간이 자신의 생활을 재검토하고 고치는 것

3 자연 파괴를 멈추게 하는 방법을 생각하는 것

4 절멸한 생물을 보호하는 것

> **해설** 생물을 보호하기 위해서는 우선 인간이 자신의 생활과 활동을 바로잡아야 한다고 여겨지고 있다(そのような生物を保護するためにはまず人間が自身の生活や活動を正すべきだとされている)고 말하고 있다. 따라서 정답은 2번 인간이 자신의 생활을 재검토하고 고치는 것이다.

近頃 요즘 | 自然保護 자연 보호 | 意識 의식 | 高まる 높아지다 | 破壊 파괴 | 進行 진행 | 影響を与える 영향을 주다 | 認識 인식 | 元 근원, 토대 | つまり 즉, 결국 | 生物 생물 | 絶滅 절멸, 멸종 | 危機 위기 | 瀕する (어떤 중대한 사태가) 임박하다, 닥치다 | 事実 사실 | 活動 활동 | 正す (잘못된 것을) 바로잡다, 고치다 | 及ぶ 끼치다, 미치다 | 地域 지역 | 設定 설정 | 積極的 적극적 | 措置をとる 조치를 취하다 | 重大だ 중대하다 | 事態 사태 | 直す 고치다 | 完全に 완전히 | 離れる 떨어지다, 벌어지다 | 暮らす 살다 | 見直す 다시 보다, 재검토하다 | 改める 고치다, 바꾸다 | 止める 멈추다

(4) 똑같은 일본어로 쓰인 글이라도 읽기 쉬운 글과 읽기 어려운 글이 있고, 또 어떤 글이 읽기 쉬운지는 사람마다 제각각 다릅니다. 그것은 그때까지의 자기자신의 경험과 흥미가 크게 관련되어 있기 때문입니다. 이전에 들은 적이 있는 이야기라면 전문적인 글이라도 내용이 이해하기 쉬워지고 자신에게도 비슷한 경험이 있으면 소설의 등장인물의 기분을 이해할 수 있게 됩니다. 언어 공부뿐만 아니라 다양한 지식을 습득하고 인간관계를 넓히는 것도 중요한 것입니다.

49 일본어 글을 보다 잘 이해하기 위해서는 무엇이 중요하다고 말하고 있는가?

1 많은 사람과 교류하는 것

2 일본어 공부를 열심히 하는 것

3 전문적인 글과 소설을 많이 읽는 것

4 자신이 흥미가 있는 글을 골라 읽는 것

해설 마지막 문장에서 언어에 대한 공부뿐만 아니라 다양한 지식을 습득하거나 인간관계를 넓히는 것도 중요하다(言葉の勉強だけではなく、様々な知識を身につけたり、人間関係を広げることも大切なのです)고 하고 있다. 인간관계를 넓히는 것이란 많은 사람과 교류하는 것을 뜻하므로 정답은 1번이 된다.

文章 문장, 글 | それぞれ 제각각 | 異なる 다르다 | 興味 흥미 | 関わる 관련되다 | 専門的 전문적 | 内容 내용 | 小説 소설 | 登場人物 등장인물 | 知識 지식 | 身につける 습득하다, 몸에 익히다 | 人間関係 인간관계 | 広げる 넓히다, 확장시키다 | 交流 교류 | 一生懸命 열심히

문제 9 다음 (1)에서 (3)의 글을 읽고, 뒤의 물음에 대한 답으로 가장 알맞은 것을 1·2·3·4에서 하나 고르시오.

(1) 회담이나 상담(注1)을 성공시키기 위해서는 ①대화력이 중요하다. 대화력이라는 것은 일반적으로 말의 논리적인 조합 기술이라고 생각되기 쉽지만 그 기술만으로 과연 상담을 성공시킬 수 있는 것일까?

상담의 처음부터 마지막까지 논리적인 대화만을 행한 경우, 얼핏 보아 성공한 것처럼 생각되지만 실제로는 자신의 기분이 상대 쪽에는 충분히 전해지지 않기도 하고, 상대에 대해 나쁜 인상을 주는 말을 사용해 버렸을 가능성이 있기도 하여 결코 성공했다고는 할 수 없다.

②대화력에서 중요한 것은 논리적으로 말하는 기술이 아니라 자신이 갖고 있는 개성을 이미지로써 전달하는 것은 아닐까? 이미지란 자신이 생각하고 있는 기분인 것이다. 즉 자신의 마음의 부분을 전달함으로써, 대화의 내용이 즐거운 것이 되기도 하고 상대에게도 마음이 편한 공간을 만들 수 있는 것이다.

회담이나 상담이라고 하면 논리적인 이야기만으로 끝나버리는 경우가 많지만, 자신의 마음의 이미지를 전달함으로써 상담이 순조롭게(注2) 진행되는 것은 물론, 상대의 자신에 대한 인상도 좋아진다고 생각된다. 논리적인 대화법뿐만 아니라 자신의 마음의 이미지를 전달하는 기술도 배워 가야 한다.

(注1)商談 : 일의 거래에 관한 협의, 상담

(注2)スムーズ : 모든 일이 매끄럽게 진행되는 모습

266

50 ①대화력이란 일반적으로 어떠한 것을 가리키는가?

1 자신의 마음의 이미지를 전달하는 힘

2 말을 논리적으로 조합하는 기술

3 상대의 인상이 좋아지는 대화법

4 회담과 상담을 성공시키는 대화법

> **해설** 두 번째 문장에서 대화력이라고 하는 것은 일반적으로 말의 논리적인 조합 기술이라고 생각되기 쉽다(会話力というのは、一般的に言葉の理論的な組み合わせの技術だと思われがちだが)고 하고 있다. 따라서 대화력은 일반적으로 말을 논리적으로 조합하는 기술, 정답은 2번이 된다.

51 ②대화력에서 중요한 것은 무엇이라고 필자는 말하고 있는가?

1 상담의 처음부터 마지막까지 같은 내용을 반복하여 설명하는 것

2 논리적으로 이야기하고 상대가 내용을 이해해 주는 것

3 자신이 생각하고 있는 기분을 상대에게 전달하는 것

4 대화의 내용을 즐거운 것으로 하는 것

> **해설** 대화력에서 중요한 것은 논리적으로 말하는 기술이 아니라, 자신이 갖고 있는 개성을 이미지로써 전달하는 일이라고 하면서 이미지란 자신이 생각하고 있는 기분이라 말하고 있다. 즉 자신이 생각하고 있는 기분을 상대에게 전달하는 것이라 할 수 있다.

52 필자의 생각과 일치하는 것은 어느 것인가?

1 상담은 일이기 때문에 필요한 것만 전달하면 된다.

2 자신의 개성을 이미지로써 전달하는 힘을 기를 필요가 있다.

3 회담과 상담을 성공시키기 위해서는 논리적으로 이야기하는 기술만 필요하다.

4 우선은 논리적인 대화법을 배우고 그 후 자신의 마음의 이미지를 전달하는 기술을 배우는 것이 좋다.

> **해설** 마지막 단락에서 필자는 회담과 상담이라고 하면 논리적인 이야기만으로 끝나버리는 일이 많지만, 자신의 마음의 이미지를 전달하는 것에 의해 상담이 순조롭게 진행되는 것은 물론, 상대의 자신에 대한 인상도 좋아진다고 한다. 논리적인 대화법뿐만 아니라 자신의 마음의 이미지를 전달하는 기술도 배워 가야 한다고 하므로 정답은 4번이다.

会談 회담 | 商談 상담(상업상의 대화) | 成功 성공 | 会話力 대화력 | 一般的 일반적 | 論理的 논리적 | 組み合わせ 짜맞추기, 조합, 편성 | 技術 기술 | 果たして 과연 | 最初 최초, 처음 | 最後 최후, 마지막, 끝 | 一見 얼핏 봄 | 伝わる 전해지다 | 印象 인상 | 決して 결코 | 個性 개성 | イメージ 이미지 | 伝える 전달하다 | 居心地 어떤 장소에 있을 때의 느낌, 기분 | 空間 공간 | スムーズ 지체되지 않고 원활함 | もちろん 물론 | 学ぶ 배우다 | 取引 거래 | なめらかだ 순조롭다, 거침없다 | 様子 모습, 상황 | 繰り返す 반복하다 | 説明 설명 | 養う 기르다, 육성하다, 양육하다

(2) 산촌 유학이란 도시에 사는 초등학생이나 중학생이 오랫동안 가족과 떨어져 자연이 풍요로운 농촌이나 어촌에서 생활을 하는 것이다. 여름 방학 등을 이용한 단기 산촌 유학과 1년간 단위로 이루어지는 장기 산촌 유학의 두 종류가 있는데, 일반적으로는 산촌 유학이라고 하면 장기 산촌 유학을 의미한다.

장기 산촌 유학에서는 지도하는 사람 아래 아이들이 공동생활을 보내기도 하고 그 지방 농가에 하숙을 하기도 하고 또 절반은 공동생활, 절반은 농가에서 하숙하는 방식을 취하고 있다. <u>어느 쪽의 경우</u>라도 산촌 유학생은 그 지방의 학교에 다니며 그 지방의 아이들과 함께 생활을 하게 된다.

산촌 유학은 오랫동안 가족과 떨어져 자연이 풍요로운 곳에서 지냄으로써 아이들이 살아가는 힘을 기르는 것을 목적으로 하고 있다. 자연 속에서 놀면서 자연을 알고, 공동생활을 보냄으로써 연대감을 기르기도 하고, 그 지방의 축제에 참가해 아이들에게 많은 체험을 하게 한다. 또 그와 동시에 인구 감소가 진행되는 농촌과 어촌에 있는 학교의 폐교(注1)를 막는 목적도 갖고 있다.

단, 아이들은 가족으로부터 떨어져서 향수병(注2)에 걸리기도 하고, 스트레스를 느끼기도 하며 또 고립되어 버리는 경우도 있다. 또 농촌과 어촌 학교에서도 유학의 성과가 오르지 않아 결국 폐교가 되어 버리는 문제도 갖고 있다.

(注1) 廃校(はいこう) : 아이들의 수가 줄어 학교를 폐지해 버리는 것, 폐교
(注2) ホームシック : 가족을 생각하고 쓸쓸해져 버리는 것, 향수병

---

53 산촌 유학의 목적으로 바른 것은 어느 것인가?

1 다른 아이들과 같이 지냄으로써 단결력을 기른다.

2 농촌과 어촌에서 행해지는 축제에 참가한다.

3 농촌과 어촌의 인구를 늘린다.

4 그 지방 농가에 하숙을 하면서 농업을 돕는다.

> **해설** 세 번째 단락에 목적이 제시되고 있다. 공동생활을 보냄으로써 연대감을 기르기도(共同生活を送ることで連帯感を養ったり) 한다고 하므로, 알맞은 설명은 1번 다른 아이들과 같이 지냄으로써 단결력을 기른다는 것이다.

54 <u>어느 쪽의 경우</u>란 무엇을 가리키는가?

1 그 지방의 농가에서 다른 아이들과 공동생활을 보내는 것

2 공동생활과 하숙을 절반씩 하는 것

3 어른의 지도 하에 아이들만으로 생활을 하는 것

4 공동생활과 하숙 등 산촌 유학에서 취해지고 있는 다양한 생활 형태

> **해설** 바로 앞 문장의 내용을 가리키는 것이다. 장기 산촌 유학에서는 지도원의 지도 아래 아이들이 공동생활을 보내기도 하고 그 지방 농가에 하숙을 하기도 하며 또 절반은 공동생활, 절반은 농가에서 하숙하는 방식을 취하고 있다고 하므로, 공동생활과 하숙 등의 산촌 유학에서 취하고 있는 다양한 생활 형태를 가리키는 것이라 할 수 있다.

55 산촌 유학의 문제로서 필자가 말하고 있는 것은 어느 것인가?

1 산촌 유학생이 가족과 떨어져서 생활하고 있기 때문에 제멋대로가 된다.

2 산촌 유학생이 멀리에 사는 가족을 생각하며 쓸쓸해지고 만다.

3 산촌 유학생은 그 지방의 학교에 다니지 않기 때문에 결국 폐교가 되어 버린다.

4 산촌 유학생은 놀기만 하고 공부는 전혀 하지 않는다.

> **해설** 마지막 단락에 문제점이 제시되고 있다. 가족과 떨어지는 것으로 향수병에 걸리거나 스트레스를 느끼거

나 고립되어 버리는 경우가 있다고 하며, 유학의 성과가 오르지 않아 결국 폐교가 되기도 한다고 말하고 있다. 따라서 알맞은 설명은 2번 멀리 있는 가족을 생각하며 쓸쓸해지는 것이다.

山村留学 산촌 유학 | 都市部 도시부 | 長い間 오랫동안 | 離れる 멀어지다, 떨어지다 | 自然豊かだ 자연이 풍부하다 | 農村 농촌 | 漁村 어촌 | 短期 단기 | 単位 단위, 학점 | 長期 장기 | 意味 의미 | 種類 종류 | 指導員 지도원, 지도하는 사람 | もと 아래 | 共同生活 공동생활 | 地元 그 지방 | 農家 농가 | 下宿 하숙 | 半分 절반 | 方式 방식 | いずれ 어느 쪽 | 通う 다니다 | 生きる 살다, 생존하다 | 育てる 기르다, 양육하다 | 目的 목적 | 連帯感 연대감 | 祭り 축제 | 参加 참가 | 体験 체험 | ～と同時に ～와 동시에 | 人口 인구 | 減少 감소 | 廃校 폐교 | ホームシック 향수병 | ストレス 스트레스 | 孤立 고립 | 成果 성과 | 結局 결국 | 数 숫자, 수 | 減る 줄다, 감소하다 | 廃止 폐지 | 寂しい 쓸쓸하다, 허전하다 | 団結力 단결력 | 増やす 늘리다 | 農業 농업 | 手伝う 돕다 | 形態 형태 | わがままだ 제멋대로 굴다, 버릇없다

---

(3) ①최근의 출판업계(注1)를 둘러싼 환경은 상당히 혹독하다. 지금까지 출판업계를 지탱해 온 것 중의 하나에는 '종이에 의한 출판'이라는 것이 있었다. 출판을 위한 대량의 종이 조달(注2), 인쇄업계와 오래 계속된 관계로부터 가능해진 싼 가격으로의 인쇄, 종이 서적에 특화(注3)된 유통 시스템. 이상과 같이 '서적 = 종이 서적'이라는 전제에선 출판 시스템이 오랫동안 출판업계의 우위성으로 이어지고 있었다고 생각할 수 있다.

하지만 최근에는 중고 서적 판매점이 계속해서 만들어지기도 하고 전자 서적이 증가하는 등 '종이에 의한 출판'이 감소하는 일들이 일어나고 있다. 전자는 싸게 구입할 수 있다고 하는 이점, 후자는 24시간 언제든지 구입 가능하고 몇 권이나 책을 들고 나를 필요가 없는 등 종이 서적에는 없던 많은 이점이 있어, 젊은이를 중심으로 많은 관심을 모으고 있다. 출판업계에는 다년간에 걸쳐 구축해 온 신뢰와 장사의 기술이 있기 때문에, 쉽게 쇠퇴한다고는 생각할 수 없다. 단, ②'종이 이외에 의한 출판'을 행하는 업계와의 경쟁은 이제부터 점점 더 치열해질 것이라 예상된다.

(注1) 業界 : 같은 산업에 관계하는 사람들의 세계, 업계
(注2) 調達 : 필요한 것을 갖추는 것, 조달
(注3) 特化 : 특정 부분에 비중을 두는 것, 특화

---

56 ①최근의 출판업계를 둘러싼 환경은 상당히 혹독하다고 필자가 생각하는 이유는 무엇인가?

1 '종이에 의한 출판'이 쇠퇴하는 사태가 일어나고 있기 때문

2 인쇄업계와의 관계가 나빠졌기 때문에

3 대량의 종이를 준비하는 것이 어려워졌기 때문에

4 출판업계에서는 전자 서적을 출판할 수 없기 때문에

해설 지금까지 출판업계를 지탱해 온 것의 하나는 종이에 의한 출판인데 최근에는 종이에 의한 출판이 감소하는 일들이 일어나고 있다고 말하고 있다. 이러한 환경이 혹독하다는 것이므로 정답은 1번 종이에 의한 출판이 쇠퇴하는 사태가 일어나고 있기 때문인 것이다.

57 ②'종이 이외에 의한 출판'이란 무엇을 가리키는가?

1 출판업계

2 전자 서적

3 인쇄업계

4 유통 시스템

 '종이 이외에 의한 출판'이란 종이로 인쇄되지 않는 출판, 즉 종이 서적과 상대적인 개념의 단어를 찾아야 한다. 따라서 정답은 2번 전자 서적(電子書籍)이다.

58 본문 내용에 해당되는 것은 어느 것인가?

1 전자 서적에 관심을 갖고 있는 사람은 종이 서적은 사지 않는다.

2 혹독한 상황에 놓여진 출판업계는 바로 쇠퇴해 버릴 것이다.

3 종이 서적과 전자 서적과의 경쟁은 이제부터 치열해질 것이다.

4 출판업계와 인쇄업계의 관계가 나빠질 것이다.

 마지막 문장에서 종이 이외에 의한 출판을 행하는 업계와의 경쟁은 이제부터 점점 더 치열해질 것이라 예상된다(「紙以外による出版」を行う業界との競争はこらからますます厳しくなると予想される)고 하고 있으므로, 종이 서적과 전자 서적과의 경쟁은 이제부터 치열해질 것이라고 한 3번이 정답이 된다.

出版 출판 | 業界 업계 | 取り巻く 둘러싸다 | 環境 환경 | 非常に 상당히, 꽤 | 厳しい 혹독하다, 치열하다 | 支える 지탱하다, 떠받치다 | 紙 종이 | 大量 대량 | 調達 조달 | 印刷 인쇄 | 続く 계속되다 | 関係 관계 | 価格 가격 | 書籍 서적 | 特化 특화 | 流通 유통 | システム 시스템 | 前提 전제 | 優位性 우위성 | 中古書籍 중고 서적 | 販売店 판매점 | 次々と 계속해서, 이어서 | 電子書籍 전자 서적 | 増加 증가 | 減少 감소 | 事柄 사항, 내용, 사정 | 前者 전자 | 購入 구입 | 利点 이점 | 後者 후자 | 何冊 몇 권 | 持ち運ぶ 들어 나르다 | 若者 젊은이 | 中心に 중심으로 | 関心を集める 관심을 모으다 | 長年 오랜 세월, 다년간 | わたる 걸치다 | 築く 쌓다, 구축하다 | 信頼 신뢰 | 商売 장사, 상업 | 廃れる 쓸모없게 되다, 쇠퇴하다 | 競争 경쟁 | ますます 점점 더 | 予想 예상 | 産業 산업 | そろえる 고루 갖추다 | 特定 특정 | 比重 비중 | 置く 놓다, 두다 | 激しい 심하다, 격심하다

문제 10 다음 글을 읽고, 뒤의 물음에 대한 답으로 가장 알맞은 것을 1 · 2 · 3 · 4에서 하나 고르시오.

"어째서 엄마가 하는 말을 모르는 거야!"

분노의 감정을 아무리 해도 억제할(注1) 수 없다. 중학교 1학년 아들은 내가 말하는 것을 전혀 듣지 않는다. 매일이 축구, 게임, 먹고 자는 생활의 반복. 그 탓으로 성적은 점점 더 떨어지고 불평을 하는 것만은 어른과 똑같다(注2).

일에서 지쳐 돌아오면 우선 내 눈에 들어오는 것이 현관에 걸어찬 채로 있는 큰 스니커즈. 한숨을 쉬면서 정리하면 거실에는 벗어 던진 채 있는 교복과 크고 더러워진 가방. 게다가 이 가방이 아주 무거운 것이다. 아들 방에 교복과 가방을 들고 가면, 방은 널브러진 채. 이쯤에서 내 화는 정점에 달해 불호령을 내리지만(注3) 게임과 컴퓨터에 빠져 내 목소리는 전혀 닿지 않는다.

매일이 이런 생활의 반복인 것이다.

①지친다. 정말로 매일 지친다.

유감스러운 테스트 결과 때문에 더욱더 피로가 더해 '아무래도 괜찮아' '그래서 뭐?'라고 하는 아들의 말에 전신의 힘이 빠지고 강렬한 억울함이 나를 덮친다. '엄마는 축구도 공부도 네가 열심히 해서, 그런 다음 안 된다면 아무 말도 안 해. 그런데 뭐야, 매일매일 그 태도는' 아무런 해결도 되지 않는 언쟁을 2시간 계속한 후 ②아들은 자신의 방에 가 버렸다. 나의 화는 계속 이어진 채로. 올해 최대의 이 언쟁은 불쌍한 나의 '어머니의 날' 전날의 일이었다.

어머니의 날 당일, 손수 만든 카네이션을 선물해 줬던 귀여운 때를 떠올려, 혼자서 안절부절 못하며 지내는 것도 싫었기 때문에 친구와 만나 불만을 들어달라고 했다. 장시간 불만을 털어 놓았지만(注4) 전혀 기분이 풀리지 않았다. 집에 돌아와서도 결국 아들과는 그 날 전혀 얘기하지 않았다. 밤이 되어 전투 태세가 풀리지 않은 채 침대에 들어가려고 하자, 작은 판 초콜릿 1개와 지저분한 글씨로 '미안, 감사'라고 쓴 메모가 눈에 들어왔다.

'이런 걸로?'이다.

　용돈이 더 있었을 텐데 판 초콜릿 1개인가, 중학교 1학년인데도 글씨를 못 쓰는구나, 하고 불평을 하면서도 역시 아무래도 마음이 따뜻해져 버린다.

　초콜릿은 달고 조금 쓰고 매우 맛있었다.

　③뭔가 아주 분하다.

(注1) 抑える : 자신의 감정이 일정한 수준을 넘어가지 않도록 하다
(注2) 一人前 : 어른과 같은 것
(注3) 雷を落とす : 큰 목소리로 주의를 주다
(注4) ぶちまける : 자신의 마음을 감추지 않고 말하다

59　①지친다. 정말로 매일 지친다라고 하는데, 이 때의 필자의 기분으로 바른 것은 어느 것인가?

1　묵직한 가방을 매일 정리하는 것은 힘들다.

2　아들에게 큰 소리로 주의를 주는 것은 피곤하다.

3　일이 힘들기 때문에 그만두고 싶다.

4　아들에게 자신의 말이 닿지 않아서 힘들다.

해설　아들에게 화가 나 불호령을 내리지만 게임이랑 컴퓨터에 빠져 자신의 목소리가 전혀 닿지 않고 매일 이런 생활이 반복(このあたりで私の怒りは頂点に達し、〜毎日がこんな生活の繰り返しなのである)되면서 정말로 지친다는 것이다. 따라서 정답은 4번 아들에게 자신의 말이 닿지 않아 힘들다는 것이다.

60　②아들은 자신의 방에 가 버렸다고 하는데 이 때의 엄마 기분에 가까운 것은 어느 것인가?

1　아들이 전투태세를 취하지 않기 때문에 맥이 빠졌다.

2　방 청소를 할 것이라 생각해 기뻐졌다.

3　자신이 화만 내고 있기 때문에 아들이 불쌍해졌다.

4　자신의 말을 이해해 주지 않는 아들에 대해 화가 났다.

해설　아들과 말이 통하지 않아 2시간 동안 언쟁을 벌여도 아무런 해결도 되지 않고 결국 아들이 자신의 방에 가 버린 것이다. 그리고 엄마의 화는 계속된 채라고 말하고 있다. 즉 엄마는 아들이 자신의 말을 이해해 주지 않아 화가 났을 것이다.

61　③뭔가 아주 분하다라고 하는데, 왜 필자는 분한 것인가?

1　초콜릿과 메모만으로 기분이 좋아질 것이라고 생각했기 때문에

2　싼 초콜릿을 맛있다고 생각해 버렸기 때문에

3　아들에 대해 갖고 있던 화의 감정이 그 아들의 행동에 의해 간단히 가라앉아 버렸기 때문에

4　어머니의 날에는 손수 만든 카네이션이 갖고 싶었는데도 받지 못했기 때문에

해설　친구에게 장시간 불만을 털어놓았지만 엄마는 기분이 풀리지 않았다. 하지만 아들이 준 작은 판 초콜릿과 메모를 보고 아들에게 불평을 하면서도 마음이 따뜻해졌다고 한다. 즉 아들에 대해 화가 났던 것이 아들의 작은 행동으로 바로 가라앉아 버렸기 때문에 뭔가 분하다고 표현한 것이다. 따라서 정답은 3번이 된다.

62 본문의 내용과 맞는 것은 어느 것인가?

1 대립하는 일도 많지만 엄마와 아들은 서로를 생각하고 있다.

2 엄마는 친구에게 불만을 말하는 것으로 기분이 밝아졌다.

3 아들은 축구도 공부도 열심히 하고 있다.

4 아들은 자신의 엄마를 싫어한다.

> **해설** 엄마와 아들은 언쟁을 계속해도 해결이 되지 않고 엄마는 불평을 말해도 기분이 풀리지도 않았다. 즉 두 사람은 대립하고 있다고 볼 수 있다. 하지만 아들은 엄마에게 초콜릿과 메모를 주었고 엄마는 그걸로 금새 마음이 따뜻해졌다고 하므로 서로를 생각하고 있음을 알 수 있다. 따라서 정답은 1번이 된다.

怒り 화, 분노 | 感情 감정 | 抑える 누르다, 억제하다 | 息子 아들 | まったく 전혀(뒤에 부정어가 따름) | サッカー 축구 | ゲーム 게임 | 繰り返し 되풀이, 반복 | そのせい 그 탓 | 成績 성적 | 低下 저하 | 文句 불평, 불만 | 一人前 한사람 몫, 어른과 같은 능력 | 疲れる 지치다, 피로해지다 | 飛び込む 뛰어들다 | 玄関 현관 | 蹴とばす 걷어차다 | スニーカー 스니커즈, 운동화 | ため息をつく 한숨을 쉬다 | 片付ける 정리하다, 정돈하다 | リビング 거실 | 脱ぎ捨てる 벗어 던지다 | 制服 제복, 교복 | 汚れる 더러워지다 | バッグ 백, 가방 | 散らかる 흩어지다, 널브러지다 | ～まま ～채 | このあたり 이쯤 | 頂点 정점 | 達する 달하다, 이르다 | 雷を落とす 불호령을 내리다 | ～ものの ～(이)지만 | パソコン 퍼스널 컴퓨터 | 夢中 열중함, 빠짐 | 届く 닿다, 도착하다 | 残念だ 유감스럽다 | 疲労 피로 | 増す 늘리다, 늘다 | 全身 전신, 온몸 | 抜ける 빠지다 | 強烈だ 강렬하다 | 悔しさ 분함, 억울함 | 襲う 덮치다, 습격하다 | 態度 태도 | 解決 해결 | 言い合い 언쟁 | かわいそうだ 가엾다, 불쌍하다 | 母の日 어머니의 날 | 手作り 손수 만듦 | カーネーション 카네이션 | プレゼント 선물 | イライラ 안절부절 못함 | 過ごす 보내다, 지내다 | 不満 불만 | ぶちまける 쏟아버리다, 털어놓다 | 晴れる (날씨가) 개다, (기분 등이) 풀리다 | 戦闘 전투 | 態勢 태세 | 解ける 풀리다 | ベッド 침대 | 板チョコ 판 초콜릿 | 汚い 더럽다, 지저분하다 | 感謝 감사 | メモ 메모 | おこづかい 용돈 | 苦い (맛이) 쓰다 | 悔しい 분하다, 억울하다 | 一定 일정 | 感謝 감사 | 水準 수준 | 超える 넘다 | 大声 큰 목소리 | 注意 주의 | 隠す 숨기다 | 口に出す 입 밖에 내다, 말하다 | 重たい 무겁다, 묵직하다 | 辛い 괴롭다, 고통스럽다 | 気が抜ける 맥이 빠지다 | 掃除 청소 | 感謝 감사 | 腹が立つ 화가 나다 | 機嫌 기분, 심기 | おさまる 진정되다, 평온해지다 | お互い 서로

문제 11 다음의 A와 B는 각각 다른 글이다. A와 B 양쪽을 읽고, 뒤의 물음에 대한 답으로 가장 알맞은 것을 1·2·3·4에서 하나 고르시오.

A

산부인과와 응급을 중심으로 의사 부족이 심각해지고 있는 가운데, 후생노동성이 전국의 병원을 조사했다.

그 결과 도시에 비해 농촌에서 의사 부족이 진행되고 있고, 응급과 등에서는 현재보다 30% 가까운 의사를 늘릴 필요가 있다고 하는 것이 밝혀졌다. 이번 조사에서 의료 인재를 어떻게 배분해야 하는가를 어느 정도 가늠할 수 있다.

단, 의사의 수를 늘리면 의사 부족이 해소(注1)된다는 단순한 이야기가 아니다.

실은 의사는 1년에 4,000명의 속도로 늘고 있다. 더욱이 대학의 의학부 정원도 늘리는 것이 예정되어 있어 인원수만의 문제라면 머지않아 해결될 것이다.

무계획적으로 병원을 계속해서 설치하고 있는 것이 의사 부족의 큰 요인이 되고 있는 것이다. 근처의 자치 단체(注2)가 앞다투어 똑같은 병원을 만들어 의사가 널리 적게 배치되고 있다. 이 때문에 한 명 한 명의 의사에게 큰 부담이 가고 의료 사고를 초래할 가능성도 생긴다. 이 상황을 이대로 두고 의사 수만을 늘려도 아무런 의미가 없다.

지역 병원이 역할을 분담하고 산부인과와 응급을 모은다. 젊은 의사를 계획적으로 배치한다. 이러한 대책을 추진해 가는 것이 지금 요구되고 있다.

B

　　일본 국내의 의사 수는 외국과 비교해도 적다. 의사 수는 늘고 있다고 하지만, 실제로 늘고 있는 것은 44세 이상의 의사와 의사 면허를 갖고 있지만 이미 의료 행위를 하지 않는 전직 의사뿐이고, 젊은 의사는 전혀 늘고 있지 않다. 또 여성 의사의 수는 늘고 있지만 결혼과 출산과의 양립이 어려워 결국은 가정에 들어가 버리는 등, 의사 수의 감소를 더 진행시키는 이유가 되고 있다. 지역별로 보면 특히 의사 부족은 농촌에서 진행되고 있고 또 산부인과와 응급 등의 의사 부족도 눈에 띈다.

　　의사 부족 대책으로 의학부 정원을 늘리거나, 외국에서 의사를 초빙하거나 젊은 의사를 배치하는 등 다양한 방법을 생각할 수 있다. 단 어느 쪽의 대책도 바로 효과가 나타나는 것은 아니기 때문에 다른 방법을 모색할 필요가 있다.

(注1) 解消 : 지금까지의 상태가 없어지는 것, 해소
(注2) 自治体 : 국가로부터 자치를 인정받은 단체, 지자체, 자치 단체

63 의사 부족의 이유를 말하고 있는 것은 어느 것인가?

1　A만

2　B만

3　A와 B 양쪽

4　A와 B 어느 쪽에도 이유는 말하지 않았다

해설　A에서는 무계획적으로 병원을 계속해서 설치하고 있는 것이 의사 부족의 큰 요인이 되고 있다고 설명하고 있다. 또 B에서는 여성 의사의 수는 늘고 있지만 결혼과 출산과의 양립이 어려워 결국은 가정에 들어가 버리는 등, 의사 수의 감소를 더 진행시키는 이유가 되고 있다고 한다. 즉 양쪽 다 의사 수 부족의 이유를 설명하고 있다.

64 의사 부족의 대책으로 A와 B의 양쪽 모두에 쓰여 있는 것은 어느 것인가?

1　의학부의 정원을 늘렸다.

2　외국의 의사를 고용한다.

3　젊은 의사를 계획적으로 배치한다.

4　산부인과와 응급을 하나의 병원에 모은다.

해설　A는 지역 병원이 역할을 분담하고 산부인과와 응급을 모으며 젊은 의사를 계획적으로 배치해야 한다고 하고 있다. 또 B는 의사 부족 대책으로 의학부 정원을 늘리거나, 외국에서 의사를 초빙하거나 젊은 의사를 배치하는 등 다양한 방법을 생각할 수 있다고 한다. 즉 양쪽 다 젊은 의사를 계획적으로 배치한다는 것은 공통되는 이야기이다.

65 의사 부족 대책으로 의사 수만을 늘리는 것에 대해 A의 필자와 B의 필자는 어떠한 입장을 취하고 있는가?

1　A도 B도 명확하게 하고 있지 않다.

2　A도 B도 비판적이다.

3　A는 명확하게 하고 있지 않지만 B는 비판적이다.

4　A는 비판적이지만 B는 명확하게 하고 있지 않다.

해설　A는 의사의 수를 늘리면 의사 부족이 해소된다고 하는 단순한 이야기가 아니(医師の数を増やせば医

師不足が解消するという単純な話ではない）라고 하였으므로 비판적이라는 것을 알 수 있다. 하지만 B는 이에 대해 명확한 언급은 없다. 따라서 정답은 4번이다.

産婦人科 산부인과 | 救急 구급, 응급 | 医師 의사 | ～不足 ～부족 | 深刻化 심각화 | 全国 전국 | 調査 조사 | 比べる 비교하다 | 農村部 농촌부 | 進む 진행되다 | 医療 의료 | 人材 인재 | 配分 배분 | 程度 정도 | 見て取る 알아채다, 눈치채다 | ただし 단, 다만 | 解消 해소 | 単純だ 단순하다 | 実は 실은, 사실은 | ペース 페이스, 속도 | 定員 정원 | 予定 예정 | 人数 사람 수, 인원수 | いずれ 머지않아, 일간 | 解決 해결 | 無計画 무계획 | 設置 설치 | 要因 요인 | 自治体 지자체, 자치 단체 | 競う 겨루다, 경쟁하다 | 薄い 적다, 희박하다 | 配置 배치 | 負担 부담 | 医療事故 의료 사고 | 招く 초래하다, 초대하다 | 生じる 생기다, 발생하다 | ～のみ ～만, ～뿐 | 分担 분담 | 対策 대책 | 求める 요구하다 | 免許 면허 | すでに 이미, 벌써 | 行為 행위 | 元～ 전직 ～ | 出産 출산 | 両立 양립 | 家庭 가정 | 目立つ 눈에 띄다 | ただ 단, 다만 | いずれ 어느 쪽 | 効果 효과 | 現れる 나타나다 | 模索 모색 | なくなる 없어지다 | 自治 자치 | 認める 인정하다 | 団体 단체 | 両方 양쪽 | 雇う 고용하다 | 立場 입장 | 明確だ 명확하다 | 批判的 비판적

문제 12 다음 글을 읽고, 뒤의 물음에 대한 답으로 가장 알맞은 것을 1·2·3·4에서 하나 고르시오.

　　인간이라면 누구든지 콤플렉스(注1)를 갖고 있는 것은 아닐까? 대부분의 인간에게 콤플렉스란 따라다니는 것이다. 하지만 그 때문에 우리는 기분이 우울해지기도 하고 또 그 사람의 좋은 점이 가려지는 일도 많다.

　　일본에서는 콤플렉스는 '열등감'이라는 의미로 사용되고 있지만 영어에서는 열등감, 우월감 양쪽으로 사용되고 있는 말인 것으로부터 열등감도 우월감도 원래는 같은 곳에서 나온다고 말할 수 있다. 어떤 때는 타인과 비교해 우월감에 빠져 좋은 기분이 되어 있다고 해도, 그것이 언제 열등감으로 바뀔지 모른다. 틀림없이 표리일체(注2)인 것이고 이 두 개로부터 해방되지 않는 한 ①진정한 의미로 자신 있게 살아갈 수 없다.

　　우리들은 보통 콤플렉스란 태어나면서부터 갖고 있는 것이기 때문에 어떻게 할 수 없는 것이라고 포기하는 일이 많지만 과연 정말로 그런 것일까? 막 태어난 아기가 '어째서 나는 말하지 못하는 것인가'라고 고민하는 일이 있을까? 즉 콤플렉스란 태어나면서 갖는 것도 아니고 타인에게 억지로 강요 받은(注3) 것도 아니다. 그것은 우리가 인생 속에서 스스로 만들어 낸 것이다.

　　단 스스로 만들어 온 것이라면 그것을 자신의 손으로 부수는 것도 가능하다. 콤플렉스는 자신과 타인을 비교해 자신을 보는 '비교의 세계'에서 살아왔기 때문에 생겨난 것이다. 우리들이 비교의 세계에서 살아가는 것을 그만두고 자신의 개성, 자신의 특징을 볼 수 있다면 ②콤플렉스에서 해방될 것이다. 예를 들면 '나는 고민거리가 많아서 싫다'라고 하는 콤플렉스를 갖고 있는 사람이 있다고 하자. 이 생각에는 열등감이 나타나고 있지만 고민거리가 많다고 하는 것은 여러 가지 것을 깊이 생각하고 있다고 바꿔 말할 수도 있다. 즉 '자신은 매사를 깊이 생각할 수 있다'고 하는 것도 가능한 것이다. 틀림없이 이것이 그 사람의 개성인 것이다.

　　우리 인간은 한 명 한 명이 다른 것과 바꿀 수 없는(注4) 존재이다. 어떤 뛰어난 인간이더라도 다른 사람 대신이 될 수는 없다. '비교의 세계'에서 타인과 비교하며 살아가는 것이 아니라, 자신의 개성과 특징을 한 번 더 재검토하여 자신감을 갖고 살아가는 것이 중요하다.

(注1) コンプレックス : 자기자신의 싫은 부분, 콤플렉스
(注2) 表裏一体 : 반대에 있는 두 개의 것이 원래와 같은 것이라는 것, 표리일체
(注3) 押し付ける : 강인하게 시키다
(注4) かけがえのない : 대신할 수 없는 매우 중요한 것

<u>66</u> ①진정한 의미로 자신 있게 살아갈 수 없다라고 하는데, 그 이유로 필자가 말하고 있는 것은 어느 것인가?

1 열등감은 천성적으로 갖고 있는 것으로 절대로 없앨 수 없기 때문에

2 열등감과 우월감은 원래는 같은 뿌리에서 나오는 것이고, 어느 한 쪽을 갖고 있는 한 자신의 개성을 주시하며 살아갈 수 없기 때문에

3 우월감에 빠져 좋은 기분이 되면 거기로부터 빠져나올 수 없게 되어 버리기 때문에

4 우월감이 언제 열등감으로 바뀔지 늘 걱정하지 않으면 안 되기 때문에

> **해설** 열등감도 우월감도 원래는 같은 곳에서 나온 것으로 우월감에 빠져 좋은 기분이 되어 있었다고 해도 그 것이 언제 열등감으로 바뀔지 모른다고 말하고 있다. 이 두 개로부터 해방되지 않으면 진정한 의미에서 자신감 있게 살지 못한다는 것이다. 즉 정답은 2번이 된다.

<u>67</u> 필자는 콤플렉스를 어떠한 것이라고 말하고 있는가? 다음 중 바른 것은 어느 것인가?

1 자신의 손으로는 부술 수 없는 것

2 태어나면서 갖는 것

3 스스로 만들어 낸 것

4 타인에게 강요 받은 것

> **해설** 세 번째 단락에서 콤플렉스란 태어나면서부터 갖고 있는 것도 아니고 타인에게 억지로 강요 받은 것도 아니며 우리가 인생 속에서 스스로 만들어 낸 것(それは私たちが人生の中で自ら作り上げてきたものなのである)이라 말하고 있다.

<u>68</u> ②콤플렉스에서 해방되기 위해 필요한 것은 무엇이라고 필자는 말하고 있는가?

1 우월감에 빠질 것을 찾는 것

2 고민거리를 하나 하나 해결해 가는 것

3 자신의 개성을 살릴 수 있는 장소에서 사는 것

4 비교의 세계에서 빠져나와 자신의 개성을 다시 주시하는 것

> **해설** 콤플렉스는 자신과 타인을 비교해 자신을 보는 '비교의 세계'에서 살아왔기 때문에 생겨난 것이므로 우리가 비교의 세계에서 살아가는 것을 그만두고 자신의 개성, 자신의 특징을 볼 수 있다면(私たちが比較の世界で生きることをやめて、自分の個性、自分の特徴として見ることができれば) 콤플렉스에서 해방될 수 있다고 한다. 따라서 정답은 4번이다.

<u>69</u> 필자의 생각과 가장 가까운 것은 어느 것인가?

1 비교의 세계에서 살아가는 것을 그만두고 자신의 개성을 다시 바라보고 자신감을 갖고 살아가야 한다.

2 비교의 세계에서 살아가는 것을 그만두고 자신의 생각을 타인에게 널리 알리는 것이 중요하다.

3 자신의 개성을 다시 바라보고 타인보다도 뛰어난 것을 발견해야 한다.

4 콤플렉스는 태어나면서 갖는 것이기 때문에 간단히 배제할 수는 없다.

> **해설** 마지막 문장에서 필자는 '비교의 세계'에서 타인과 비교하며 살아가는 것이 아니라 자신의 개성과 특징을 한 번 더 재검토하는 것으로 자신감을 갖고 살아가는 것이 중요하다고 말하고 있다. 따라서 정답은 1번이다.

コンプレックス 콤플렉스 | ほとんど 거의, 대부분 | ついて回る 따라다니다 | 暗い 어둡다, 우울하다 | 隠れる 숨다 | 劣等感 열등감 | 優越感 우월감 | 両方 양방, 양쪽 | 元 원래, 처음 | 浸る 잠기다, 빠지다 | まさに 확실히, 틀림없이 | 表裏一体 표리일

체 | 解放 해방 | ~ない限り ~하지 않는 한 | 自信 자신(감) | 生き方 삶, 생활, 생활 방식 | 普通 보통 | 生まれ持つ 타고나다 | あきらめる 단념하다 | 果たして 과연 | 生まれる 태어나다 | ~たばかり 막 ~한 | 赤ん坊 갓난아기 | 悩む 고민하다 | 無理やり 억지로, 강제로 | 押し付ける 밀어붙이다, 떠맡기다 | 自ら 몸소, 스스로 | 作り上げる 만들어 내다 | 壊す 부수다, 고장 내다 | 比較 비교 | 個性 개성 | 特徴 특징 | 悩み事 고민거리 | 嫌だ 싫다 | 深い 깊다 | 言い換える 바꾸어 말하다 | 物事 매사, 세상사 | かけがえのない 다른 것과 바꿀 수 없는, 더할 나위 없이 소중한 | 存在 존재 | どんな~でも 아무리 ~더라도 | 優れる 우수하다, 뛰어나다 | 代わり 대신, 대용 | 人物 인물 | 自分自身 자기자신 | 反対 반대 | 強引に 강제로, 억지로 | 絶対に 절대로 | 取り除く 제거하다, 없애다 | 根 뿌리, 근본 | 見つめる 응시하다, 주시하다 | 抜け出す 빠져 나가다 | 常に 항상, 늘 | さがす 찾다 | 生かす 살리다 | 抜ける 빠지다 | 広める 널리 알리다, 보급시키다 | 見つける 발견하다 | 排除 배제

문제 13 다음 페이지는 시부야구에서 개최되는 문화 교실 안내이다. 아래의 물음에 대한 답으로 가장 알맞은 것을 1·2·3·4에서 하나 고르시오.

문화 교실 안내

【일시】4월 1일부터 6월 30일까지 주 2회

【금액】무료(단 요리 교실만 재료비가 필요)

【참가자격】20세 이상의 시부야구에 사시는 분. 다른 구에 사시는 경우더라도 시부야 구내의 학교에 다니고 있는 분, 근무지가 시부야구인 분이면 참가 가능.

【모집인수】표 참조. 정원에 달한 경우는 모집을 빨리 마감합니다.

【참가방법】주소, 성명, 연령, 전화번호, 참가 희망 문화 교실명을 3월 1일까지 메일로 알려 주세요.
　　　　　메일 주소 : shibuya-bunka@shibuyaku.co.jp

【그 외】시부야구 내의 학교에 다니고 있는 분, 근무지가 시부야구인 분은 그것을 증명할 수 있는 것을 수업 첫날에 가져 오세요.

【문화 교실】

교실명	요일	시간	모집 인수	그 외
영어 회화 I	월·수	19시~20시 반	20명	
영어 회화 II	화·목	19시~20시 반	20명	영어 회화 I 수료자만 수강 가능
요리	월·수	10시~12시	15명	재료비는 1회당 1,000엔 수업 개시 전에 징수합니다.
댄스	수·목	15시~16시 반	15명	
회화	화·목	10시~13시	20명	
컴퓨터	금·토	19시~21시	30명	

※결석하는 경우는 반드시 사전에 연락 주세요.

70 시부야구에 사는 유코 씨. 이번에 처음으로 문화 교실에 참가하려고 생각하고 있다. 평일 오전 10시부터 오후 5시까지 일을 하고 있는 유코 씨가 참가할 수 있는 문화 교실 수는 몇 개인가?

1　1개

2　2개

3　3개

4　4개

해설 일단 평일 오전 10시부터 오후 5시까지 일을 한다고 했으므로 이 시간에 하지 않는 것에 참가할 수 있다. 그럼 영어 회화 1(英会話Ⅰ), 영어 회화 2(英会話Ⅱ), 컴퓨터(パソコン), 이렇게 3개인데, 이 중 영어 회화 2는 영어 회화 1 수료자만 수강이 가능하므로 이것은 제외해야 한다. 따라서 참가할 수 있는 것은 영어 회화 1과 컴퓨터, 2개이다.

71 시부야구의 학교에 다니고 있는 아키코 씨가 요리 교실에 참가하는 경우, 참가 첫날에 들고 갈 필요가 있는 것은 이하 중 어느 것인가?

1 학생증

2 1,000엔

3 학생증과 재료비

4 앞치마

해설 요리 교실에 참가하는 것이므로 일단 재료비가 필요하다. 또 시부야구 내의 학교에 다니고 있는 사람은 그것을 증명할 수 있는 것을 수업 첫날에 가져 오라고 했으므로 학생증을 가져와야 할 것이다. 따라서 정답은 3번 학생증과 재료비이다.

開催 개최 | 文化教室 문화 교실 | 案内 안내 | 初めて 처음(으로) | 参加 참가 | 平日 평일 | いくつ 몇 개 | 通う 다니다 | 初日 첫날 | 学生証 학생증 | 材料費 재료비 | エプロン 앞치마 | 日時 일시 | 金額 금액 | 無料 무료 | 資格 자격 | 在住 재주, 거주 | 住まい 삶, 거주함 | 勤務地 근무지 | 募集 모집 | 表 표 | 参照 참조 | ～に達する ～에 이르다 | 締め切る 마감하다 | 住所 주소 | 氏名 성명 | 年齢 연령 | 希望 희망 | メール 메일 | ～にて ～로(수단) | 知らせる 알리다 | メールアドレス 메일 주소 | 証明 증명 | 曜日 요일 | 英会話 영어 회화 | 修了者 수료자 | 受講 수강 | ～につき ～당 | 開始 개시 | 徴収 징수 | ダンス 댄스, 춤 | 絵画 회화, 그림 | 欠席 결석 | かならず 반드시, 꼭 | 事前 사전, 미리 | 連絡 연락

問題 1

問題 1 では、まず質問を聞いてください。それから話を聞いて、問題用紙の 1 から 4 の中から最もよいものを一つ選んでください。
では練習しましょう。

例

母と娘が話しています。娘は学校が終わってから何をしますか。

F1：ああ、なんか今日は忙しいなあ。学校へ行ってから、夜はバイトに行って、あっ、その前にピアノの先生のところにも行かなくちゃ。
F2：じゃあ、帰りは遅くなるのね。
F1：うん、バイトの後で飲もうって話もあるんだけど、今日はやめとこうかな。
F2：そうよ。また今度にしなさい。
F1：あっ、そうだ。今日は 1・2 時間目が休講になったんだった。先にピアノの先生のところに行っちゃおうっと。
F2：せっかちなんだから。

娘は学校が終わってから何をしますか。

1　アルバイトに行きます
2　アルバイトの後、ピアノの先生のところに行きます
3　アルバイトの前にピアノの先生のところに行きます
4　アルバイトの後、飲みに行きます

最もよいものは 3 番です。解答用紙の問題 1 の例のところを見てください。最もよいものは 3 番ですから、答えはこのように書きます。
では始めます。

1 番

男の人が、宅配ピザのチラシを見ながら女の人に話しています。二人はどのピザを頼むことにしましたか。

M：ねぇ、僕がお金出すからさ、お昼ピザにしない？
F：えっ？奢ってくれるの？ラッキー。でもどうして？
M：昨日、臨時収入があったんだ。宅配ピザのチラシ持ってきたからさ、食べたいの選びなよ。
F：わーい、やったー。じゃあ、チキンマヨネーズピザと、Wチーズピザ、サラダピザと、オリジナルピザ、それとクリームスパゲッティーに、ポテトグラタン。チキンフライに……。

문제 1

문제 1에서는 우선 질문을 들어 주세요. 그러고 나서 이야기를 듣고 문제 용지의 1에서 4 중에서 가장 알맞은 것을 하나 고르세요.
그럼 연습하겠습니다.

예

어머니와 딸이 이야기하고 있습니다. 딸은 학교가 끝나고 나서 무엇을 합니까?

여1 : 아, 뭔가 오늘은 바쁘네. 학교에 가고 나서 밤에는 아르바이트 하러 가고, 앗 그 전에 피아노 선생님께도 가야 해.
여2 : 그럼 귀가가 늦어지겠네.
여1 : 응, 아르바이트 후에 술 마시자는 얘기도 있지만 오늘은 그만 둘까?
여2 : 그래. 다음으로 해.
여1 : 앗, 맞다. 오늘은 1, 2교시가 휴강이 되었지. 먼저 피아노 선생님께 가야지.
여2 : 마음이 급하다니까.

딸은 학교가 끝나고 나서 무엇을 합니까?

1　아르바이트 하러 갑니다.
2　아르바이트 후 피아노 선생님께 갑니다.
3　아르바이트 전에 피아노 선생님께 갑니다.
4　아르바이트 후 술 마시러 갑니다.

가장 알맞은 것은 3번입니다. 해답 용지의 문제 1의 예 부분을 봐 주세요. 가장 알맞은 것은 3번이므로 답은 이렇게 씁니다.
그럼 시작하겠습니다.

1 번

남자가 피자 배달 광고지를 보면서 여자에게 이야기하고 있습니다. 두 사람은 어느 피자를 주문하기로 했습니까?

남 : 있잖아, 내가 돈 낼 테니까 점심 피자로 하지 않을래?
여 : 어? 한턱 내는 거야? 좋아. 근데 어째서?
남 : 어제 임시 수입이 있었어. 피자 배달 광고지 들고 왔으니까 먹고 싶은 것 골라.
여 : 와, 그럼 치킨마요네즈피자랑 W치즈피자, 샐러드피자랑 오리지널피자, 그리고 크림스파게티에 감자 그라탕, 프라이드 치킨에…….

M：待って、待って、頼むのはピザ1枚だけだよ。臨時収入って言ってもそんなに多くないんだから。

F：は〜い。すみませんでしたー。じゃあ、どれにしよう？ サラダピザはおいしそうだけど、何か物足りない気もするし、値段で一番安いのはWチーズピザか。ああ、でも一番高いけどチキンピザが美味しそうだな。

M：1枚だけだったら、値段は気にしなくていいよ。好きなの頼みなよ。

F：そう？ じゃあ、やっぱりチキンピザかな。あっ！ でも、これ野菜が入ってないのか。肉も野菜も食べたいな。

M：じゃあ、このオリジナルピザにしたら？ 野菜が入ってるよ、肉はチキンじゃないけど。

F：チキンじゃなくてもいいよ。それにしようか。

二人はどのピザを頼むことにしましたか。

1　オリジナルピザ
2　Wチーズピザ
3　チキンピザ
4　サラダピザ

宅配 배달 | ピザ 피자 | チラシ 전단, 광고지 | 頼む 부탁하다, 주문하다 | お昼 점심식사 | 奢る 한턱내다 | ラッキー 행운 | 臨時 임시 | 収入 수입 | 選ぶ 고르다, 선택하다 | やった 됐다(감탄사) | チキン 치킨 | マヨネーズ 마요네즈 | チーズ 치즈 | サラダ 샐러드 | オリジナル 오리지널 | クリームスパゲッティー 크림스파게티 | ポテトグラタン 감자 그라탕 | チキンフライ 프라이드 치킨, 닭 튀김 | 物足りない 뭔가 아쉽다, 약간 부족하다 | 気がする 느낌이 들다 | 値段 가격 | 気にする 신경 쓰다 | 野菜 채소 | 肉 고기

2番

男の人と女の人がインターネットのサイトを見ながら話しています。二人はどのカーテンを買うことにしましたか。

F：ねぇあなた、新しいカーテンどれにします？ 私は柄のない無地がいいんじゃないかと思うけど。

M：僕は何でもいいよ、君の好きなもので。

F：またそんなこと言ってあなた後で文句言うじゃない。面倒がらずにちゃんと一緒に選んでください。

M：はい、はい、どれどれ……凄いな、カーテンっていっても色々あるんだな。

남 : 기다려, 기다려. 주문하는 것은 피자 한 판뿐이야. 임시 수입이라고 해도 그렇게 많지 않으니까.

여 : 응. 미안했어. 그럼 어느 것으로 할까? 샐러드피자는 맛있을 것 같지만 뭔가 부족한 느낌도 들고, 가격이 가장 싼 것은 W치즈피자인가. 아, 하지만 가장 비싸지만 치킨피자가 가장 맛있을 것 같다.

남 : 한 판뿐이라면 가격은 신경 쓰지 않아도 돼. 좋아하는 것 주문해.

여 : 그래? 그럼 역시 치킨피자로 할까. 앗! 하지만 여기 채소가 들어있지 않은 건가. 고기도 채소도 먹고 싶은데.

남 : 그럼, 이 오리지널피자로 하면 어때? 채소가 들어있어. 고기는 치킨이 아니지만.

여 : 치킨이 아니어도 괜찮아. 그걸로 할까?

두 사람은 어느 피자를 주문하기로 했습니까?

1　오리지널피자
2　W치즈피자
3　치킨피자
4　샐러드피자

여자가 고민하면서 고기도 채소도 먹고 싶다고 하자, 남자는 오리지널피자로 하면 어떤지(じゃあ、このオリジナルピザにしたら？) 묻는다. 그러자 여자도 그걸로 하겠다고 했으므로 1번, 오리지널피자를 주문할 것이다.

2 번

남자와 여자가 인터넷 사이트를 보면서 이야기하고 있습니다. 두 사람은 어느 커튼을 사기로 했습니까?

여 : 여보, 새 커튼 어느 것으로 할까요? 전 무늬가 없는 한 가지 색이 좋지 않을까 하는데.

남 : 난 뭐든지 좋아, 당신이 좋은 것으로 해.

여 : 또 그렇게 말하고 당신 나중에 불평할 거잖아. 귀찮아 하지 말고 확실히 같이 골라줘요.

남 : 알았어, 어디 어디…… 굉장하네, 커튼도 여러 가지 있구나.

F：そうなの。このサイトは特に多いみたいで色々ありすぎて迷っちゃうのよ。とりあえず色は無難に白か茶色か、薄い黄色なんかどうかしら。

M：う〜ん。黄色は好きじゃないな。茶色も部屋が暗くなるんじゃないか？　白は綺麗だけど汚れるのが早そうだぞ。おっ、これとこれなんかどうだ。白に茶色の柄が入ったこれと明るい緑色のこれ。

F：ええ、この緑はさすがに他の家具と合わないわよ。

M：じゃあ、こっちは？　柄だけど君が希望してた色も入ってるし柄があるからかえって汚れも目立たないんじゃないかな？

F：そうね。これにしましょうか。

二人はどのカーテンを買うことにしましたか。

1　無地の白色のカーテン
2　無地の茶色のカーテン
3　白色に茶色の柄の入ったカーテン
4　茶色に白色の柄の入ったカーテン

柄 무늬, 문양 | 無地 무지, 전체가 같은 빛깔이고 무늬가 없음 | 文句を言う 불평을 하다 | 面倒がる 귀찮아하다 | 凄い 대단하다, 굉장하다 | 迷う 망설이다, 헤매다 | とりあえず 곧바로, 일단 | 無難 무난, 그런대로 괜찮음 | 茶色 갈색 | 黄色 노란색 | 緑色 녹색 | 薄い 옅다, 얇다 | 汚れる 더러워지다 | 家具 가구 | 希望 희망 | 目立つ 눈에 띄다

3番

医者と女の人が風邪について話しています。女の人が今日してもいいことはどれですか。

M：今日はどうされましたか。

F：昨日から頭が痛くて。会社に行く前に診てもらおうと思いまして。

M：そうですか。口を開けてもらってもいいですか。……はい、ありがとうございます。喉が腫れてますね。風邪でしょう。

F：インフルエンザではないですか。今、会社で流行ってるんです。

M：熱がそんなに高くないのでインフルエンザの心配はないと思います。

F：良かった。今、会社で大事な仕事をしてて、その準備をしなくてはいけないんです。インフルエンザだったら行けないところでした。

M：そうですか。大変そうですね。でもまぁ、インフルエンザではありませんが、風邪は引いているんですから会社に行っても無理はしないでくださいね。

여：그럼. 이 사이트는 특히 많은 것 같고 여러 가지 너무 많아서 고민하게 돼. 우선 색은 무난하게 흰색이나 갈색이나, 옅은 노란색 같은 게 어떨까?

남：음. 노란색은 좋아하지 않아. 갈색도 방이 어두워지지 않나? 흰색은 깨끗하지만 더러워지는 게 빠를 것 같아. 오, 이거랑 이거 같은 건 어때? 흰색에 갈색 무늬가 들어간 이것과 밝은 녹색인 이것.

여：어, 이 녹색은 역시 다른 가구랑 맞지 않아요.

남：그럼 이쪽은? 무늬가 있지만 당신이 희망하고 있던 색도 들어 있고 무늬가 있으니까 오히려 때도 눈에 안 띄지 않아?

여：그렇네, 이걸로 할까요?

두 사람은 어느 커튼을 사기로 했습니까?

1　무늬 없는 흰색 커튼
2　무늬 없는 갈색 커튼
3　흰색에 갈색 무늬가 들어간 커튼
4　갈색에 흰색 무늬가 들어간 커튼

남자는 흰색에 갈색 무늬가 들어간 것과 밝은 녹색인 것은 어떤지 물었고 이에 여자는 녹색은 다른 가구와 맞지 않는다고 했다. 그러자 남자는 여자가 희망하는 색(흰색, 갈색, 옅은 노란색)도 들어 있고 무늬가 있으니까 때도 눈에 띄지 않을 것이라고 하는데, 흰색에 갈색 무늬가 들어간 것을 말하고 있음을 알 수 있다. 이에 여자도 긍정적으로 대답했으므로 정답은 3번이 된다.

3번

의사와 여자가 감기에 대해 이야기하고 있습니다. 여자가 오늘 해도 되는 일은 어느 것입니까?

남：오늘은 어떻게 오셨습니까?

여：어제부터 머리가 아파서요. 회사에 가기 전에 진찰을 받으려고 생각해서요.

남：그렇습니까? 입을 벌려 보시겠어요? …… 네, 감사합니다. 목이 부어 있군요. 감기 같군요.

여：독감은 아닙니까? 지금 회사에서 유행하고 있어요.

남：열이 그다지 높지 않기 때문에 독감일 걱정은 없다고 생각해요.

여：다행이다. 지금 회사에서 중요한 일을 하고 있어서, 그 준비를 해야 하거든요. 독감이라면 갈 수 없었을 거에요.

남：그렇습니까? 힘들겠군요. 하지만 독감은 아니어도 감기는 걸렸으니까 회사에 가도 무리는 하지 마세요.

F：はい。あっ、あとお風呂って入ってもいいんで しょうか？

M：熱が高い時は入らない方がいいんですけど、今ぐ らいの熱だったら大丈夫です。でも、今日は注射 を打ちますから入浴は避けて、入るならシャワー だけにしてください。入った後は暖かくしてくだ さいね。

F：はい。

M：あと、喉が腫れてますから喉に刺激の多いものを食 べたり喉を痛めるようなことはしないでください。

女の人が今日してもいいことはどれですか。

1　入浴
2　カラオケ
3　**出勤**
4　体を冷やす

風邪 감기｜頭 머리｜診る 진찰하다｜口を開ける 입을 벌리다｜喉 목｜腫れる 붓다｜インフルエンザ 유행성 감기, 독감｜流行る 유행하다, 널리 퍼지다｜熱 열｜心配 걱정｜準備 준비｜無理 무리｜お風呂に入る 목욕하다｜注射を打つ 주사를 맞다｜入浴 입욕｜避ける 피하다｜シャワー 샤워｜暖かい 따뜻하다｜刺激 자극｜痛める 아프게 하다｜カラオケ 노래방｜出勤 출근｜体を冷やす 몸을 식히다

4番

男性教師と女性教師が合唱コンクールの課題曲について話しています。女性教師はどの曲を課題曲にすることにしましたか。

M：中村先生、どうしたんですか。そんなに考えこんで。

F：ああ、竹下先生。今年の合唱コンクール、３年生 の課題曲を何にしようか迷ってまして。

M：「大地」なんてどうですか。力強くていいと思いま すよ。

F：それはもう２年生の自由曲に選ばれてしまっていて。

M：そうかぁ、じゃあ「アベ・マリア」とか３年生ですし 「旅立ちの時間」なんてのもいいんじゃないですか。

F：「アベ・マリア」は良い曲なんですけど、歌詞が英語 なので覚えづらいのがちょっと。「旅立ちの時間」は ３年生の卒業式の入場曲に決まってまして。

M：う〜ん。他となると、僕は思いつかないな。中村 先生は何かないんですか。

F：「花歌」はどうかな、って思ってるんですけど。少 し力強さが足りなくて。やっぱり、生徒達の元気 が伝わる歌がいいんですが……。

여：네. 앗, 그리고 목욕해도 괜찮겠지요?

남：열이 높을 때는 하지 않는 편이 좋지만, 지금 정도의 열이라면 괜찮아요. 하지만 오늘은 주사를 맞을 테니 입욕은 피하고 한다면 샤워만 하세요. 목욕을 한 후에 는 따뜻하게 하세요.

여：네.

남：그리고 목이 부었으니까 목에 자극을 주는 것을 먹거 나 목을 아프게 하는 일은 하지 마세요.

여자가 오늘 해도 되는 일은 어느 것입니까?

1　입욕
2　노래방
3　**출근**
4　몸을 식힌다

의사는 여자에게 회사에 가도 무리는 하지 말라고 하고 있 다. 즉 회사에 출근은 해도 되는 것이다. 하지만 입욕을 피 해야 하고 목에 자극이 되는 일은 하지 말라고 하므로 노 래방에 가서는 안 될 것이다. 또 몸을 따뜻하게 하라고 했 으므로 몸을 식히는 것도 안 된다. 즉 정답은 3번이다.

4 번

남성 교사와 여성 교사가 합창 콩쿠르의 과제곡에 대해 이야기하 고 있습니다. 여성 교사는 어느 곡을 과제곡으로 하기로 했습니 까?

남：나카무라 선생님, 왜 그러세요? 그렇게 생각에 잠겨서.

여：아, 다케시타 선생님. 올해의 합창 콩쿠르, 3학년 과제 곡을 무엇으로 할지 고민하고 있어요.

남：「대지」는 어떻습니까? 힘차고 좋다고 생각해요.

여：그건 벌써 2학년 자유곡으로 선정되어 버려서.

남：그런가. 그럼 「아베 마리아」라든가, 3학년이니까 「여행 떠나는 시간」 같은 것도 좋지 않습니까?

여：「아베 마리아」는 좋은 곡이지만, 가사가 영어라서 외우 기 어려운 것이 좀. 「여행 떠나는 시간」은 3학년의 졸 업식 입장곡으로 정해져 있어서.

남：음. 다른 것이라면 난 생각이 나지 않는데. 나카무라 선생님은 무언가 없어요?

여：「꽃 노래」는 어떨까 생각하고 있는데요. 좀 박력이 부 족해서. 역시 학생들의 기운이 전해지는 노래가 좋지 만……

M：まぁまぁ、そう考えすぎないで。だったら、卒業
　　式で使う曲を歌わせて見たらどうですか。かえっ
　　て想い出に残るかもしれませんよ。

F：そうですね。じゃあ、その曲にします。ありがと
　　うございました。

女性教師は、どの曲を課題曲にすることにしましたか。

1　「大地」
2　「アベ・マリア」
3　「旅立ちの時間」
4　「花歌」

단어

教師 교사｜合唱 합창｜コンクール 콩쿠르｜課題曲 과제
곡｜考えこむ 생각에 잠기다｜迷う 망설이다｜大地 대지｜
力強い 마음 든든하다, 힘차다｜自由曲 자유곡｜旅立ち 여
행을 떠남｜歌詞 가사｜覚える 기억하다, 느끼다｜～づら
い ～하기 어렵다｜卒業式 졸업식｜入場曲 입장곡｜思い
つく 생각이 떠오르다｜花歌 꽃 노래｜足りない 부족하다,
모자라다｜生徒 (중·고교) 학생｜元気 기운, 건강｜伝わる
전해지다｜～すぎる 너무 ～하다｜かえって 오히려｜想い
出 추억, 회상｜残る 남다

5番

**男の人が電話で女の人に海外保険について質問してい
ます。男の人は海外保険を利用するために、このあと
どうしますか。**

F：お電話ありがとうございます。JJクレジットカー
　　ドコールセンターでございます。

M：あの、そちらのクレジットカードに付いている海
　　外保険について質問があるんですが。

F：はい、どのようなご質問でしょうか。

M：今、カードの海外保険利用冊子を見ていて必須項
　　目に「海外に渡航の前に国内の交通機関でカードを
　　利用すること」と書いてあるんです。普段会社まで
　　のバスの定期をカードで購入しているのですが、
　　これも含まれるのでしょうか。

F：申し訳ございません。記載されております交通機
　　関とは海外に渡航の際、空港まで利用する交通機
　　関のことでございます。ですので定期代は残念な
　　がら含まれません。あと、こちらの海外保険の利
　　用内容が今年上旬に変更になりました。お客様が
　　現在お持ちの冊子がそれ以前のものでありました
　　ら再度お送りさせて頂きます。

남：자자, 그렇게 너무 생각하지 말고. 그러면 졸업식에서
　　사용할 곡을 부르게 하면 어떻습니까? 오히려 추억에
　　남을지도 몰라요.

여：그렇네요. 그럼 그 곡으로 하겠습니다. 감사합니다.

여성 교사는 어느 곡을 과제 곡으로 하기로 했습니까?

1　「대지」
2　「아베 마리아」
3　「여행 떠나는 시간」
4　「꽃 노래」

해설

여성 교사는 「여행 떠나는 시간」은 3학년 졸업식 입장곡으
로 정해져 있다고 했는데, 남성 교사는 졸업식에서 사용하
는 곡을 부르게 하면 어떨지 묻고 있으므로 이는 「여행 떠
나는 시간」을 부르게 하자는 말이다. 이에 여자도 그 곡으
로 하겠다고 했으므로 정답은 3번이다.

5번

**남자가 전화로 여자에게 해외 보험에 대해 질문하고 있습니다.
남자는 해외 보험을 이용하기 위해 이후에 어떻게 합니까?**

여：전화 감사합니다. JJ신용카드 콜 센터입니다.

남：저, 그쪽의 신용카드에 딸려있는 해외 보험에 대해 질
　　문이 있는데요.

여：네, 어떤 질문이신가요?

남：지금 카드 해외 보험 이용 책자를 보고 있는데 필수 항
　　목에 '해외에 도항 전에 국내의 교통 기관에서 카드를
　　이용할 것'이라고 쓰여 있습니다. 평소에 회사까지 가
　　는 버스의 정기권을 카드로 구입하고 있는데, 이것도
　　포함되는 건가요?

여：죄송합니다. 기재되어 있는 교통 기관이란 해외에 도
　　항할 때 공항까지 이용하는 교통 기관을 말합니다. 때
　　문에 정기권 비는 유감이지만 포함되지 않습니다. 그
　　리고 저희 해외 보험 이용 내용이 올해 상반기에 변경
　　되었습니다. 손님께서 현재 갖고 계신 책자가 그 이전
　　의 것이면 다시 보내드리겠습니다.

M：昨日届いたものを見ていますので大丈夫ですよ。じゃあ、空港までのバスの料金をカードで払えばいいんですね。

F：さようでございます。他にご質問はございますでしょうか。

M：あっ、あと、今のカードの期限が来年の１月で切れるんですが、更新する場合、何か手続きをとらないといけませんか。

F：弊社ではお客様から特別お申し入れのない場合自動更新となり、期限終了前に新しいカードをお送りさせて頂いております。この際に特別お客様に行っていただく手続きはございません。

男の人は海外保険を利用するために、このあとどうしますか。

1 会社までのバスの定期をカードで購入する
2 海外保険の新しい利用冊子を送ってもらう
3 カードの更新手続きを行う
4 **空港までのバスのチケット代金をカードで払う**

단어

海外保険 해외보험 | 質問 질문 | 利用 이용 | クレジットカード 신용카드 | コールセンター 콜 센터 | 付く 딸리다, 붙다 | 冊子 책자 | 必須項目 필수 항목 | 渡航 도항(바다를 건너 외국에 감) | 国内 국내 | 交通機関 교통 기관 | 普段 평소 | 定期 정기, 정기승차권 | 購入 구입 | 含む 포함하다 | 記載 기재 | ～際 ～때 | 空港 공항 | 残念だ 유감스럽다, 아쉽다 | 上旬 상순 | 変更 변경 | 再度 재차, 두 번 | 届く 도착하다 | 料金 요금 | 払う 지불하다 | さようでございます 그렇습니다 | 期限 기한 | 切れる (기한 등이) 다 되다 | 更新 갱신 | 手続き 수속, 절차 | 弊社 폐사(자기 회사에 대한 겸양어) | 特別 특별히 | 申し入れ 제의, 신청 | 自動 자동 | 終了 종료 | チケット 티켓 | 代金 대금

6番

女の人と男の人が登山に必要な持ち物のリストを見ながら話しています。男の人が今日カバンに入れないものはどれですか。

M：幸子、ゴミ袋あるかな。明日の登山に持っていくんだ。

F：ありますけど、そんなに高い山でもないしゴミ箱くらいあるんじゃないですか。

M：登山の基本はな、山にゴミを残さないことなんだ。

남 : 어제 도착한 것을 보고 있으니까 괜찮아요. 그럼 공항까지 가는 버스 요금을 카드로 지불하면 되겠군요.

여 : 그렇습니다. 그밖에 질문은 있으십니까?

남 : 앗, 그리고 지금의 카드 기한이 내년 1월로 끝나는데, 갱신할 경우 무언가 절차를 밟아야 합니까?

여 : 저희 회사에서는 손님으로부터 특별한 제의가 없는 경우 자동 갱신이 되어 기한 종료 전에 새로운 카드를 보내드리고 있습니다. 이 때에 특별히 손님이 하실 수속은 없습니다.

남자는 해외 보험을 이용하기 위해 이후에 어떻게 합니까?

1 회사까지의 버스 정기권을 카드로 구입한다.
2 해외 보험의 새로운 이용 책자를 받는다.
3 카드 갱신 절차를 밟는다.
4 **공항까지의 버스 티켓 대금을 카드로 지불한다.**

해설

여자가 해외 보험 이용의 필수 항목에, 해외에 도항하기 전에 국내 교통 기관에서 카드를 이용하는 것이라고 했고, 이는 공항까지 이용하는 교통 기관을 뜻하는 것이다. 이에 남자가 공항까지 가는 버스 요금을 카드로 지불하면 되겠다고 했고 여자도 그렇다고 했으므로 정답은 4번이다.

6 번

여자와 남자가 등산에 필요한 소지품 목록을 보면서 이야기하고 있습니다. 남자가 오늘 가방에 넣지 않는 것은 어느 것입니까?

남 : 사치코, 쓰레기 봉투 있나? 내일 등산에 들고 갈 거야.

여 : 있는데요, 그렇게 높은 산도 아니고 쓰레기통 정도 있지 않아요?

남 : 등산의 기본은 말이지, 산에 쓰레기를 남기지 않는 거야.

F：そう、山下さんから頂いた持ち物の紙に書いてあ
　　るんですね。
M：ばれたか。そうだよ。初めて登山する俺の為に山
　　下さんが持ち物をリストにしてくれたんだよ。
F：ゴミ袋、スーパーの袋でいいですね。
M：ゴミ袋よし！ 着替えのTシャツは入れたしタオル
　　もオーケーと。食料は明日入れるからいいな。あ
　　とカバンに入れるものは……。
F：今日スーパーでチョコレート買って来たんですけ
　　ど、持っていきますか。
M：おっ、いいね。ありがとう。持っていくよ。
F：はい、これ。入れて下さい。じゃあ、私は明日お
　　弁当を用意すればいいんですね。水筒には何を入
　　れますか。
M：お茶を入れてくれるかな。冷たいヤツ。
F：分かりました。明日お弁当と一緒に用意しておき
　　ます。あなたは出発時間に間に合う時間に起きて
　　下さいね。

男の人が今日カバンに入れないものはどれですか。

1　チョコレート
2　**水筒**
3　スーパーの袋
4　タオル

> **단어**

登山 등산 | 持ち物 소지품 | リスト 리스트, 명단, 목록 | ゴ
ミ袋 쓰레기 봉투 | ゴミ箱 쓰레기통 | 基本 기본 | 紙 종이
| ばれる 들통나다, 발각되다 | スーパー 슈퍼(마켓) | 着替
え 옷을 갈아입음, 갈아입을 옷 | タオル 수건 | オーケー 오
케이, 좋다 | 食料 식량 | チョコレート 초콜릿 | 用意 준비,
대비 | お弁当 도시락 | 水筒 물통 | 冷たい 차갑다, 냉담하
다 | 出発 출발 | 間に合う 시간에 대다

問題 2

問題 2 では、まず質問を聞いてください。その
あと、問題用紙のせんたくしを読んでくださ
い。読む時間があります。それから話を聞い
て、問題用紙の 1 から 4 の中から最もよいもの
を一つ選んでください。
では練習しましょう。

여：맞아, 야마시타 씨에게 받은 소지품 종이에 쓰여 있어요.
남：들켰나? 그래. 처음 등산하는 나를 위해 야마시타 씨
　　가 소지품을 목록으로 만들어 주었어.
여：쓰레기 봉투, 슈퍼 봉투도 되는 거지요.
남：쓰레기 봉투 좋아! 갈아입을 티셔츠는 넣었고, 수건도
　　됐고. 먹을 것은 내일 넣을 거니까 됐어. 그리고 가방
　　에 넣을 것은…….
여：오늘 슈퍼에서 초콜릿 사 왔는데 가지고 갈래요?
남：오, 좋아. 고마워. 가져 갈게.
여：네, 여기. 넣어요. 그럼 난 내일 도시락을 준비하면 되
　　는 거지요? 물통에는 무엇을 넣을까요?
남：차를 넣어 주겠어? 차가운 것으로.
여：알겠어요. 내일 도시락과 함께 준비해 둘게요. 당신은
　　출발 시간에 맞춰서 일어나세요.

남자가 오늘 가방에 넣지 않는 것은 어느 것입니까?

1　초콜릿
2　**물통**
3　비닐 봉지
4　수건

> **해설**

여자가 내일 도시락을 준비하면 되는지 확인하며 물통에
는 무엇을 넣는지 물었고, 내일 도시락과 같이 준비해 두
겠다고 했으므로 물통은 오늘 가방에 넣지 않았다. 따라서
정답은 2번이다.

문제 2

문제 2에서는 우선 질문을 들어 주세요. 그 후, 문제
용지의 선택지를 읽어 주세요. 읽는 시간이 있습니다.
그러고 나서 이야기를 듣고 문제 용지의 1에서 4 중에
서 가장 알맞은 것을 하나 고르세요.
그럼 연습하겠습니다.

女の人が自分の仕事について話しています。女の人は今、何をしていますか。

F：私は10年間身をおいた出版社をやめ、それ以来5年間英語の教師をしています。実は大学を卒業したばかりのころ、塾で子供に英語を教えていたこともあるんですが、そのころ、声をかけられてモデルの仕事を始めました。テレビのコマーシャルに出たこともあるんですよ。ところが、そういう仕事は私には合わなかったんですよね。そんな時、先輩の誘いで出版社で仕事をすることになったんです。でも、残業が多く時間も不規則で、結局もとの仕事に戻ってしまいました。

女の人は今、何をしていますか。

1　出版社に勤めています
2　英語の先生をしています
3　モデルをしています
4　テレビのコマーシャルに出ています

最もよいものは2番です。解答用紙の問題2の例のところを見てください。最もよいものは2番ですから、答えはこのように書きます。
では始めます。

1番

動物学の先生がペットについて話しています。先生は動物を飼う時に何が一番大切であると言っていますか。

M：最近日本では犬や猫などのペットを飼う世帯が増加の傾向にあります。ペットの飼育場所としては家の中で飼う傾向にあり、人と同じような扱いを受け、動物医学の向上などからもペットの寿命は延びてきています。しかし、このような傾向はペットたちにとって良いことばかりではありません。人間と同じ、あるいはそれ以上の扱いを受けることで肥満、糖尿病、心臓病などの人間同様の現代の病気にかかるペットが増えているんです。可愛がった結果、ペットが病気になる。これは飼っている人間も望むところではないでしょう。動物を家族として扱うことはとても良いことです。命を受け入れるのですからそうするべきです。しかし、ペットたちは人間ではない、そのことをしっかりと認識することは動物を飼う上でとても大切なことであると私は思います。

여자가 자신의 일에 대해 이야기하고 있습니다. 여자는 지금 무엇을 하고 있습니까?

여 : 저는 10년간 몸 담았던 출판사를 그만두고, 그 이후로 5년간 영어 교사를 하고 있습니다. 실은 대학을 막 졸업했을 때, 학원에서 아이들에게 영어를 가르친 적도 있었는데 그 때 제안을 받아 모델 일을 시작했습니다. 텔레비전 광고에 나온 적도 있어요. 하지만 그런 일은 저에게는 맞지 않았지요. 그때 선배 권유로 출판사에서 일을 하게 된 것입니다. 하지만 잔업이 많고 시간도 불규칙하여 결국 원래의 일로 되돌아왔습니다.

여자는 지금 무엇을 하고 있습니까?

1　출판사에 근무하고 있습니다.
2　영어 선생님을 하고 있습니다.
3　모델을 하고 있습니다.
4　텔레비전 광고에 나오고 있습니다.

가장 알맞은 것은 2번입니다. 해답 용지의 문제 2의 예 부분을 봐 주세요. 가장 알맞은 것은 2번이므로 답은 이렇게 씁니다.
그럼 시작하겠습니다.

1번

동물학 선생님이 애완동물에 대해 이야기하고 있습니다. 선생님은 동물을 기를 때에 무엇이 가장 중요하다고 말하고 있습니까?

남 : 최근 일본에서는 개와 고양이 등의 애완동물을 기르는 세대가 증가하는 경향이 있습니다. 애완동물의 사육 장소로서는 집 안에서 키우는 경향이 있고, 사람과 같은 취급을 받고 동물의학의 향상 면에서도 수명은 연장되어 오고 있습니다. 그러나 이와 같은 경향은 애완동물에게 있어 좋은 일만은 아닙니다. 사람과 똑같은, 또는 그 이상의 취급을 받음으로써 비만, 당뇨병, 심장병 등의 인간과 다름없는 현대의 병에 걸리는 애완동물이 늘고 있는 것입니다. 귀여워한 결과 애완동물이 병에 걸린다. 이것은 기르고 있는 사람도 바라는 것이 아니겠지요.
동물을 가족으로 대하는 것은 아주 좋은 일입니다. 생명을 받아들이는 것이므로 그렇게 해야 합니다. 하지만 애완동물들은 인간이 아님을 확실히 인식하는 것은 동물을 키우는 데 아주 중요한 일이라고 저는 생각합니다.

先生は動物を飼う時に何が一番大切であると言っていますか。

1 動物を家族として扱うこと
2 ペットが人間ではないことを忘れないこと
3 ペットを病気にさせないこと
4 動物医学を向上させること

単어

動物学 동물학 | ペット 애완동물 | 飼う 기르다, 키우다 | 世帯 세대 | 増加 증가 | 傾向 경향 | 飼育 사육 | 場所 장소 | 扱い 취급, 대우 | 向上 향상 | 寿命 수명 | 延びる (시간이) 길어지다, 연장되다 | あるいは 혹은, 또는 | 肥満 비만 | 糖尿病 당뇨병 | 心臓病 심장병 | 同様 같음, 마찬가지임 | 病気 병, 질환 | 可愛がる 귀여워하다 | 望む 바라다 | 扱う 대하다, 대우하다 | 命 목숨, 생명 | 受け入れる 받아들이다, 들어주다 | 認識 인식 | 忘れる 잊다, 잊어버리다

2番

携帯電話の販売所で男の人と女の人が話しています。男の人が携帯電話を買い換えたい理由は何ですか。

M：これは音楽を聴くのに向いてるんだな。
F：なに？ 携帯買い換えるの？
M：うん。今のは古いから。
F：なんで？ 私のよりも新しいじゃない。今持っている携帯は音楽聴けないの？
M：聴けるよ。でも、今出ている携帯はもっと性能がいいんだよ。それに「私のより」と言われても君の携帯は10年前のだろ。何で買い換えないのかそっちの方が不思議だよ。
F：私はメールもしないし電話なんだから別に通話ができればいいの。壊れてもないのに買い換える必要ないじゃない。
M：壊れてからじゃ遅いんだよ。壊れたらデータが飛んだり色々大変なんだよ。そうだ、君も一緒に買い換えたら？
F：え〜面倒くさいよ。買い換える必要ないじゃない。
M：まぁ、色々便利な機能があっても君は興味がないみたいだけど、携帯が重たいって言ってなかった？ 今出てる携帯で一番軽いものだったら君の携帯の3分の1ぐらいの重さだよ。
F：本当？ じゃあ、買い換えてみようかな。

男の人が携帯電話を買い換えたい理由は何ですか。

1 壊れてからでは遅いから
2 古いから
3 音楽が聴けないから
4 今の携帯が重いから

선생님은 동물을 기를 때에 무엇이 가장 중요하다고 말하고 있습니까?

1 동물을 가족으로 대하는 것
2 애완동물이 인간이 아님을 잊지 않는 것
3 애완동물을 병에 걸리지 않게 하는 것
4 동물의학을 향상시키는 것

해설

동물을 가족으로 취급하는 것은 아주 좋은 일이지만 애완동물들은 인간이 아니라는 점을 확실히 인식하는 것은 동물을 키우는 데에서 아주 중요한 일이라 생각한다고 했으므로 정답은 2번, 애완동물이 인간이 아님을 잊지 않는 것이다.

2번

휴대전화 판매소에서 남자와 여자가 이야기하고 있습니다. 남자가 휴대전화를 새로 바꾸고 싶은 이유는 무엇입니까?

남 : 이건 음악을 듣는 데에 적합한 거구나.
여 : 뭐? 휴대전화 새로 바꿀 거야?
남 : 응. 지금 것은 낡아서.
여 : 왜? 내 것보다도 새 것이잖아. 지금 갖고 있는 휴대전화는 음악 못 들어?
남 : 들을 수 있어. 하지만 지금 나오고 있는 휴대전화는 더 성능이 좋아. 게다가 '내 것보다'라고 해도 네 휴대전화는 10년 전 것이잖아. 왜 안 바꾸는지 네가 이상해.
여 : 난 문자도 하지 않고 전화니까 딱히 통화가 가능하면 되는 거야. 고장 나지도 않았는데 새로 바꿀 필요 없잖아.
남 : 고장 나고 나서면 늦어. 고장 나면 데이터가 날아가기도 하고 여러 가지로 큰일이야. 그래, 너도 같이 새로 바꾸면 어때?
여 : 귀찮아. 새로 바꿀 필요 없잖아.
남 : 뭐, 여러 가지 편리한 기능이 있어도 넌 흥미가 없는 것 같지만, 휴대전화가 무겁다고 하지 않았어? 지금 나오고 있는 휴대전화 중에서 가장 가벼운 것이라면 네 휴대전화의 3분의 1정도의 무게야.
여 : 정말? 그럼 새로 사서 바꿔볼까?

남자가 휴대전화를 사서 바꾸고 싶은 이유는 무엇입니까?

1 망가지고 나서면 늦으니까
2 낡았으니까
3 음악을 들을 수 없으니까
4 지금의 휴대전화가 무거우니까

단어

携帯電話 휴대전화 | 販売所 판매소 | 買い換える 새로 사서 바꾸다 | 理由 이유 | 音楽 음악 | 聴く 듣다 | 向く 적합하다 | 古い 오래되다, 낡다 | 性能 성능 | 不思議だ 불가사의하다, 이상하다 | メール 문자 메시지 | 通話 통화 | 壊れる 부서지다, 고장 나다 | データ 데이터 | 飛ぶ 없어지다, 날아가다 | 面倒くさい 몹시 귀찮다 | 便利だ 편리하다 | 機能 기능 | 興味 흥미 | 重たい 무겁다, 묵직하다 | 重さ 무게

3番

カフェで女の子二人が映画のことについて話しています。二人とも良かったと共感できる映画のシーンはどれですか。

F1 : 映画面白かったね。タケシが旅立つところとか、もう感動で涙が止まらなかったよ。

F2 : ええ？ あのシーンって泣くところ？ 私全然だったんだけど。

F1 : えー、泣くところだよ。あと、タケシのアクションシーンとか、タケシの登場シーンとか、良くなかった？

F2 : それって、たんにあなたがタケシ役の俳優が好きなだけじゃない。

F1 : それはあるけど。どれも共感できない？

F2 : 私はテツコの旅立ちのシーンが一番凄かったわ。まさかあんな旅立ちの仕方があるなんて予想できなかったもの。

F1 : そう？ あれ無理やりじゃなかった？

F2 : まぁ、タケシのアクションシーンも良くなかったわけじゃないよ。

F1 : でしょ？

二人とも良かったと共感できる映画のシーンはどれですか。

1 タケシの旅立ちのシーン
2 テツコの旅立ちのシーン
3 タケシの登場シーン
4 タケシのアクションシーン

단어

カフェ 카페 | 共感 공감 | シーン 신, 장면 | 旅立つ 여행을 떠나다 | 感動 감동 | 涙 눈물 | 止まる 멈추다 | 泣く 울다 | アクション 액션 | 登場 등장 | たんに 단지, 그저 | ～役 ～역 | 俳優 배우 | 凄い 굉장하다 | まさか 설마, 아무리 그렇더라도 | 仕方 방법 | 予想 예상 | 無理やり 억지로, 강제로 | ～わけじゃない ～가 아니다

해설

휴대 전화 바꿀 거냐는 여자의 말에, 남자는 지금 것은 낡았다고 말하고 있다. 따라서 남자가 바꾸려는 이유는 2번, 낡아서이다.

3 번

카페에서 여자 두 명이 영화에 대해 이야기하고 있습니다. 두 사람 다 좋았다고 공감할 수 있는 영화 장면은 어느 것입니까?

여1 : 영화 재미있었어. 다케시가 여행을 떠나는 데라든가 정말 감동으로 눈물이 멈추지 않았어.

여2 : 어? 그 장면이 울 부분이야? 난 전혀 그렇지 않았는데.

여1 : 울 부분이야. 그리고 다케시의 액션 신이라든가 다케시의 등장 신이라든가, 좋지 않았어?

여2 : 그건 단순히 네가 다케시 역의 배우를 좋아하는 것뿐이잖아.

여1 : 그건 있지만. 어느 것도 공감 못해?

여2 : 난 데쓰코가 여행 떠나는 신이 가장 굉장했어. 설마 그런 여행 떠나는 방법이 있다니 예상 못했거든.

여1 : 그래? 그거 억지스럽지 않았어?

여2 : 뭐, 다케시의 액션 신도 좋지 않았던 것은 아니야.

여1 : 그렇지?

두 사람 다 좋았다고 공감할 수 있는 영화 장면은 어느 것입니까?

1 다케시가 여행 떠나는 신
2 데쓰코가 여행 떠나는 신
3 다케시의 등장 신
4 다케시의 액션 신

해설

마지막에 다케시의 액션 신도 좋지 않았던 건 아니라고 하자, 이에 다른 사람도 그렇지? 라며 동의하고 있다. 즉 두 사람이 다 좋았다고 공감할 수 있는 장면은 4번, 다케시의 액션 신이다.

男の人と女の人が話しています。女の人が休日出勤をした理由は何だと言っていますか。

F：あれ？川上君。休日出勤？

M：ああ、田辺さん。そうなんですよ、珍しく。田辺さんは今日はどうして？

F：来週ね、平日に休みを貰ったの。だから休みの前に今の仕事を切りの良い所までやってしまおうと思って。

M：そうですか。いいですね。休みどこか行くんですか。

F：うん。友達と泊まりで温泉に行くんだ。川上君は？今日は何で？川上君も平日に休みもらったの？

M：いいえ。

F：そういえば先週、週末に奥さんと海に行くとか言ってなかった？

M：はい。でもこの雨ですから。僕も週末までに仕上げなければいけない資料があったので。

F：でもそれってほとんどできてたんじゃない？せっかくの休みなんだから家でゆっくりすればいいのに。

M：まぁ、そうなんですけどね。実は昨日、妻とちょっと喧嘩しちゃって家に居場所がなくってですね。

F：ああ、なるほど。

女の人が休日出勤をした理由は何だと言っていますか。

1 友達と泊まりで海に行くから
2 奥さんと喧嘩したから
3 作らなくてはいけない資料があったから
4 平日に休むことになったから

【単語】

休日 휴일 | 出勤 출근 | 珍しい 진귀하다, 흔치 않다 | 平日 평일 | 貰う 받다, 얻다 | 切りの良い所 (도중에) 매듭짓기 좋은 부분, 단락 짓기 좋은 부분 | やる 하다 | 泊まり 숙박 | 温泉 온천 | 週末 주말 | 奥さん 부인 | 仕上げる 일을 끝내다, 완성하다 | 資料 자료 | できる 완성되다, 다 되다 | せっかく 모처럼 | 妻 아내 | 喧嘩 싸움 | 居場所 있는 곳, 거처 | なるほど 정말, 과연

5番

婦人服の店員とお祖母さんが話しています。お祖母さんがスカートを買いたい理由は何だと言っていますか。

F1：孫の服を探しにきたんですけどね。どれを買えば喜ぶのかさっぱり分からなくて。教えて頂けますか。

남자와 여자가 이야기하고 있습니다. 여자가 휴일에 출근을 한 이유는 뭐라고 말하고 있습니까?

여 : 어머? 가와카미 군. 휴일 출근?

남 : 아, 다나베 씨. 네, 드문 일이죠. 다나베 씨는 오늘은 어쩐 일로?

여 : 다음 주에 평일에 휴가를 받았어. 그래서 휴가 전에 지금 일을 끝내기 좋은 부분까지 해 버리려고.

남 : 그래요? 좋네요. 휴가에 어디 가세요?

여 : 응. 친구와 숙박으로 온천에 갈 거야. 가와카미 군은? 오늘은 왜? 가와카미 군도 평일에 휴가 받은 거야?

남 : 아니요.

여 : 그러고 보니 지난주 주말에 부인과 바다에 간다고 하지 않았어?

남 : 네. 하지만 이 비 때문에요. 저도 주말까지 완성해야 하는 자료가 있었거든요.

여 : 하지만 그건 거의 완성된 것 아니야? 모처럼만의 휴일이니까 집에서 푹 쉬면 좋을텐데.

남 : 뭐, 그렇지만요. 실은 어제 아내와 좀 싸워서 집에 있을 곳이 없어서.

여 : 아, 그렇구나.

여자가 휴일에 출근을 한 이유는 뭐라고 말하고 있습니까?

1 친구와 숙박으로 바다에 가니까
2 아내와 싸웠으니까
3 만들어야 하는 자료가 있었으니까
4 평일에 쉬게 되었으니까

【해설】

여자는 오늘 어쩐 일로 왔는지 묻는 남자의 말에, 다음 주 평일에 휴가를 받았다고 대답하고 있다. 따라서 정답은 4번, 평일에 쉬게 되어서이다.

5번

여성복 점원과 할머니가 이야기하고 있습니다. 할머니가 치마를 사고 싶은 이유는 뭐라고 말하고 있습니까?

여1 : 손녀 옷을 보러 왔는데요. 어느 것을 사면 기뻐할까 전혀 몰라서요. 가르쳐 주실 수 있나요?

F2：かしこまりました。お孫さんのお年はおいくつで
　　すか。
F1：来週誕生日でね、19歳になります。
F2：それでしたらこちらのコーナーの商品が20歳前
　　後の年代の方に人気があります。お孫さんはパン
　　ツがお好きですか、スカートがお好きですか。
F1：パンツ？
F2：申し訳ございません。パンツはズボンのことです。
F1：ああ、ズボンのことですか。今はそんな呼び方を
　　するんですね。
F2：このコーナーですと今はこの黒のパンツにフリル
　　の付いた可愛めのブラウスを合わせる組み合わせ
　　が人気です。
F1：そうですか。でも、今日はスカートを買おうと
　　思ってましてね。というのもうちの孫、あまりス
　　カートをはかなくてジーンズっていうんですか。
　　あればかりはいているものでね。もう少し女の子
　　らしい格好をしてほしくて。
F2：それでしたらこちらのピンクのふんわりめのス
　　カートはどうですか。とても女の子らしいですよ。
F1：いいですね。じゃあ、それとさっきの可愛いブラ
　　ウスを頂こうかしら。
F2：かしこまりました。このブラウスはパンツとも合
　　いますのでお孫さんがお持ちのジーンズとも合う
　　と思いますよ。

**お祖母さんがスカートを買いたい理由は何だと言って
いますか。**

1　孫に女性らしい格好をしてほしいから
2　パンツがズボンであることが分からなかったから
3　孫がスカートが嫌いだから
4　孫がジーンズをはかないから

婦人服 여성복 | 店員 점원 | スカート 스커트, 치마 | 孫 손
자, 손녀 | 服 옷 | 探す 찾다 | 喜ぶ 기뻐하다 | さっぱり 도
무지, 전혀(뒤에 부정어가 따름) | お年 나이 | 誕生日 생일 |
コーナー 코너 | 前後 전후 | 年代 연대, 연령대 | 人気 인
기 | パンツ 팬츠, 바지 | ズボン 바지 | 呼び方 부르는 법 |
黒 검은색 | フリル 프릴 | ブラウス 블라우스 | 合わせる
합치다, 맞추다 | 組み合わせ 조합, 짜맞추기 | はく (하의를)
입다, (구두 등을) 신다 | ジーンズ 청바지 | 格好 모양, 모
습 | ピンク 핑크색, 분홍색 | ふんわりめ 푹신함, 풍성함 |
合う 맞다, 어울리다

여2 : 알겠습니다. 손녀분 나이는 몇 살이에요?
여1 : 다음 주 생일로 19살이 됩니다.
여2 : 그렇다면 이쪽 코너 상품이 20세 전후 연령대의 분
　　에게 인기가 있습니다. 손녀 분은 팬츠를 좋아하세요,
　　치마를 좋아하세요?
여1 : 팬츠요?
여2 : 죄송합니다. 팬츠는 바지를 말합니다.
여1 : 아, 바지 말인가요? 지금은 그렇게 부르는군요.
여2 : 이 코너에서 보면 지금은 이 검은 팬츠에 프릴이 달
　　린 귀여운 블라우스를 맞추는 조합이 인기입니다.
여1 : 그렇습니까? 하지만 오늘은 치마를 사려고 해서요.
　　근데 우리 손녀는 그다지 치마를 입지 않고 청바지
　　라고 하나요? 그것만 입어서요. 조금 더 여자다운 모
　　습을 했으면 해서.
여2 : 그렇다면 이쪽의 풍성한 치마는 어떠세요? 아주 여
　　성스러워요.
여1 : 좋네요. 그럼 그것과 아까 귀여운 블라우스를 사 갈
　　까?
여2 : 알겠습니다. 이 블라우스는 팬츠와도 어울리니까 손
　　녀 분께서 가지고 계신 청바지와도 어울릴 거라고
　　생각해요.

할머니가 치마를 사고 싶은 이유는 뭐라고 말하고 있습니까?

1　손녀가 여성스러운 모습을 하기 바라니까
2　팬츠가 바지인 것을 몰랐으니까
3　손녀가 치마를 싫어하니까
4　손녀가 청바지를 입지 않으니까

할머니는 손녀가 그다지 치마를 입지 않고 청바지만 입고
있어서 조금 더 여자다운 모습을 했으면 한다고 했으므로
정답은 1번, 손녀가 여성스러운 모습을 하기 바라기 때문
이다.

6番

テレビで専門家が、筋肉の疲労の関係について話しています。この専門家は筋肉の疲労を改善する為にはどのようなことが必要であると言っていますか。

F：健康の為に運動を行っている人は多いと思います。やりすぎて次の日、足がだるくなったり腕が重くなったりと、筋肉に疲労を残した経験のある人も多いでしょう。そんな時コーヒーを飲むことでその疲労を改善できるということをみなさんは知っているでしょうか。
筋肉の疲労の改善に最も欠かせないものに体内代謝があります。体内代謝とは血液中に酸素を十分に供給し、体の中にある必要のないものを体の外に出すことをいいます。このサイクルが速ければ速いほど、筋肉の疲労も早く改善します。コーヒーはこのサイクルを活発にする効果があるのです。

この専門家は筋肉の疲労を改善する為にはどのようなことが必要であると言っていますか。

1　運動の前にコーヒーを飲む
2　体の中の必要のないものを体の外に出す
3　コーヒーを飲むサイクルを早くする
4　無理な運動をしない

専門家 전문가 | 筋肉 근육 | 疲労 피로 | 関係 관계 | 改善 개선 | 健康 건강 | 運動 운동 | やりすぎ (정도가) 지나침 | だるい 노곤하다, 나른하다 | 腕 팔 | 経験 경험 | 欠かせない 빠뜨릴 수 없다 | 体内代謝 체내 대사 | 血液 혈액 | 酸素 산소 | 供給 공급 | サイクル 사이클, 주기 | 活発 활발 | 効果 효과

7番

息子と父親が話しています。息子は父親がキャッチボールをしたくない理由を何だと言っていますか。

M1：ねぇ、お父さん！起きて！起きてってば、お父さん！
M2：健介〜お父さん仕事で疲れてるんだよ〜。
M1：駄目だよ、早く起きて！公園いっぱいになっちゃうよ。キャッチボールする場所なくなっちゃうよ。
M2：今日は雨が降ってるからキャッチボールはできないよ。
M1：降ってないよ。晴れてるよ。嘘つかないで。寝てたいだけでしょ。早く起きて！

---

6 번

텔레비전에서 전문가가 근육의 피로 관계에 대해 이야기하고 있습니다. 이 전문가는 근육 피로를 개선하기 위해서는 어떠한 것이 필요하다고 말하고 있습니까?

여 : 건강을 위해 운동을 하고 있는 사람은 많다고 생각합니다. 너무 많이 해서 다음 날 다리가 노곤해지기도 하고 팔이 무거워지기도 하고, 근육에 피로를 남긴 경험이 있는 사람도 많겠지요. 그럴 때 커피를 마심으로써 그 피로를 개선할 수 있다는 것을 여러분은 알고 계십니까?
근육 피로의 개선에 가장 빠뜨릴 수 없는 것에 체내 대사가 있습니다. 체내 대사란 혈액 속에 산소를 충분히 공급하여 몸 속에 있는 필요 없는 것을 몸 밖으로 내보내는 것을 말합니다. 이 주기가 빠르면 빠를수록 근육의 피로도 빨리 개선됩니다. 커피는 이 주기를 활발하게 하는 효과가 있는 것입니다.

이 전문가는 근육 피로를 개선하기 위해서는 어떠한 것이 필요하다고 말하고 있습니까?

1　운동 전에 커피를 마신다.
2　몸 속의 필요 없는 것을 몸 밖으로 내보낸다.
3　커피를 마시는 주기를 빨리 한다.
4　무리한 운동을 하지 않는다.

체내 대사란 혈액 속에 산소를 충분히 공급하고 몸 속에 있는 필요 없는 것을 몸 밖으로 내보내는 것을 말하는데, 이 주기가 빠르면 빠를수록 근육의 피로도 빨리 개선된다고 말하고 있다. 즉 근육 피로를 개선하기 위해서는 체내 대사가 빨리 일어나야 한다는 뜻이므로 정답은 2번이 된다.

7 번

아들과 아버지가 이야기하고 있습니다. 아들은 아버지가 캐치볼을 하고 싶지 않은 이유를 뭐라고 말하고 있습니까?

남1 : 아빠! 일어나! 일어나 봐! 아빠!
남2 : 겐스케~ 아빠 일 때문에 지쳤어.
남1 : 안돼, 빨리 일어나! 공원 가득 차 버려. 캐치볼 할 장소 없어져 버려.
남2 : 오늘은 비가 내리고 있으니까 캐치볼은 할 수 없어.
남1 : 안 내리고 있어. 맑아. 거짓말하지 마. 자고 싶은 것 뿐이잖아. 빨리 일어나!

M2：う～、健介。駄目だ、お父さん頭が痛いよ。お父
　　さん病気みたいだよ。これじゃ、キャッチボール
　　できないな。
M1：病気じゃないでしょ！　お酒でしょ。昨日酔っ
　　払って遅くに帰ってきたってママが怒ってたよ。
　　早く起きて～！！
M2：そうか。どうしよう健介～。お父さんママに怒ら
　　れるよ。
M1：知らないよ。早く起きてよ。公園が人でいっぱい
　　になっちゃうって言ってるでしょ！！

息子は父親がキャッチボールをしたくない理由を何だ
と言っていますか。
1　母親が怖いから
2　起きたくないから
3　公園が人でいっぱいになるから
4　頭が痛いから

キャッチボール 캐치볼 | 起きる 일어나다 | 疲れる 지치
다, 피로해지다 | 駄目だ 안 되다, 소용없다 | いっぱいにな
る 가득 차다 | 晴れる 날씨가 개다, 맑아지다 | 嘘をつく 거
짓말하다 | 酔っ払う 만취하다 | 遅くに 늦게 | ママ 엄마,
어머니 | 怒る 화내다 | 怖い 무섭다

問題 3
問題 3 では、問題用紙に何も印刷されていませ
ん。この問題は、全体としてどんな内容かを聞
く問題です。話の前に、質問はありません。ま
ず話を聞いてください。それから、質問とせん
たくしを聞いて、１から４の中から、最もよい
ものを一つ選んでください。
では練習しましょう。

例
塾の教育方針について話しています。
M：子どもは、本来何かに集中するという力を持って
　　います。できる、できるから楽しい。楽しいから
　　夢中になれる。だからこそ私たちは、子どもが自
　　分の力でできる教材から始めていきます。時間は
　　短くてもいいのです。「やった、できた」の喜びを
　　実感する学習の中で、子ども自身が集中できる時
　　間をじょじょにのばしていけばいいのです。

남2：겐스케. 안돼, 아빠 머리가 아파. 아빠 병 난 것 같아.
　　이러면 캐치볼 할 수 없어.
남1：병 아니잖아! 술이지? 어제 만취해서 늦게 들어왔다
　　고 엄마가 화냈어. 빨리 일어나～!!
남2：그런가. 어쩌지 겐스케～. 아빠 엄마한테 혼나.
남1：몰라. 빨리 일어나. 공원이 사람으로 가득 차 버린다
　　고 말하고 있잖아!!

아들은 아버지가 캐치볼을 하고 싶지 않은 이유를 뭐라고 말하고
있습니까?
1　어머니가 무서우니까
2　일어나고 싶지 않으니까
3　공원이 사람으로 가득 차게 되니까
4　머리가 아프니까

아들이 아빠에게 얼른 일어나 공원에 가서 캐치볼을 하자
고 하자 아빠는 비가 온다고, 또 머리가 아프다며 일어나
지 않고 있다. 이에 아들은 거짓말 하지 말라고 하며 자고
싶은 것뿐이라고 말하고 있다. 즉 아들은 아빠가 일어나고
싶지 않아서 그런다고 생각하는 것이다.

문제 3
문제 3에서는 문제 용지에 아무것도 인쇄되어 있지
않습니다. 이 문제는 전체로서 어떤 내용인지를 묻는
문제입니다. 이야기 전에 질문은 없습니다. 먼저 이야
기를 들어 주세요. 그러고 나서 질문과 선택지를 듣고,
1에서 4 중에서 가장 알맞은 것을 하나 고르세요.
그럼 연습하겠습니다.

예
학원의 교육 방침에 대해 이야기하고 있습니다.
남 : 아이들은 본래 무언가에 집중한다고 하는 힘을 갖고
　　있습니다. 할 수 있다, 할 수 있기 때문에 즐겁다. 즐
　　거우니까 빠질 수 있다. 그래서 우리는 아이가 자신의
　　힘으로 할 수 있는 교재부터 시작해 가겠습니다. 시간
　　은 짧아도 되는 것입니다. '했어, 가능했어'라는 기쁨
　　을 실감하는 학습 속에서 아이 자신이 집중할 수 있는
　　시간을 서서히 늘려가면 됩니다.

一番重要なことは何だと言っていますか。

1　初めから長い時間集中させること
2　できる問題からやらせること
3　授業時間を短くすること
4　遊びの中で学んで行くこと

最もよいものは２番です。解答用紙の問題３の例のところを見てください。最もよいものは２番ですから、答えはこのように書きます。では始めます。

1 番

植物園の園長が話しています。

M：この植物園は山々に囲まれた自然の中に建てられています。この植物園に植えられている植物は、この近くに生息する草木、そして花々です。山に囲まれた植物園、自然がすぐそこにあるのに何で？ そう思う方もいるかもしれません。しかし、その自然は、年を重ねるごとに変化が生じているのです。気候の変化や多くの原因から昔からここに生息してきた植物達はここで生きられなくなり、一つ、一つと姿を消していきます。様々な問題を抱える現代においてこれは仕方がないことかもしれません。しかし、山に自然の形で残せなくても少しでも消えていく植物達をこの地に残したい。そんな地元の人々の思いからこの植物園は山々に囲まれるこの自然の中に誕生したのです。

園長は、この植物園が建てられた理由は何だと言っていますか。

1　近くの山に生息したことのない植物を育てるため
2　環境破壊を少しでも止めるため
3　地域の植物を地元に残すため
4　山々に自然があまり残っていなかったため

単어

植物園 식물원 | 園長 원장 | 山々 여러 산, 이산 저산 | 囲む 둘러싸다, 에워싸다 | 自然 자연 | 建てる (건물 등을) 세우다 | 植える 심다 | 生息 생식, 생존함, 서식함 | 草木 초목 | 花々 꽃들 | 年を重ねる 해를 거듭하다 | ～ごと ～마다 | 変化 변화 | 生じる (식물 등이) 나다, 생기다 | 気候 기후 | 原因 원인 | 生きる 살다, 생존하다 | 姿を消す 모습을 감추다 | 様々な 여러 가지, 가지각색 | 抱える 안다, 껴안다 | 残す 남기다 | 消える 사라지다, 꺼지다 | 地元 그 지방 | 誕生 탄생 | 育てる 키우다, 기르다 | 環境 환경 | 破壊 파괴

가장 중요한 것은 무엇이라고 말하고 있습니까?

1　처음부터 긴 시간 집중하게 하는 것
2　할 수 있는 문제부터 하게 하는 것
3　수업 시간을 짧게 하는 것
4　놀이 속에서 배워가는 것

가장 알맞은 것은 2번입니다. 해답 용지의 문제 3의 예 부분을 봐 주세요. 가장 알맞은 것은 2번이니까 답은 이렇게 씁니다.
그럼 시작하겠습니다.

1번

식물원 원장이 이야기하고 있습니다.

남 : 이 식물원은 많은 산으로 둘러싸인 자연 속에 지어져 있습니다. 이 식물원에 심어져 있는 식물은 이 근처에 생식하는 초목, 그리고 꽃들입니다. 산에 둘러싸인 식물원, 자연이 바로 거기에 있는데도 왜? 그렇게 생각하는 분도 있을지도 모릅니다. 그러나 그 자연은 해를 거듭할 때마다 변화가 생기고 있는 것입니다. 기후 변화와 많은 원인으로 예전부터 여기에 생식해 온 식물들은 여기에서 살 수 없게 되고, 하나 하나 모습을 감추어 갑니다.
여러 가지 문제를 떠안은 현대에서 이것은 어쩔 수 없는 것일지도 모릅니다. 하지만 산에 자연의 형태로 남길 수 없어도 조금이라도 사라져 가는 식물들을 이 땅에 남기고 싶다. 그런 그 지방 사람들의 생각에서 이 식물원은 많은 산에 둘러싸인 이 자연 속에 탄생한 것입니다.

원장은 이 식물원이 지어진 이유는 뭐라고 말하고 있습니까?

1　근처의 산에 생식한 적이 없는 식물을 기르기 위해
2　환경 파괴를 조금이라도 멈추기 위해
3　지역 식물을 그 지방에 남기기 위해
4　산에 자연이 그다지 남아 있지 않았기 때문에

해설

사라져 가는 식물들을 이 땅에 남기고 싶다는 그 지방 사람들의 생각에서 이 식물원은 많은 산에 둘러싸여 있는 이 자연 속에 탄생한 것이라 하였으므로 정답은 3번, 지역 식물을 그 지방에 남기기 위해서이다.

2番

アナウンサーがニュースの記事を読んでいます。

F：毎年、幼稚園から小学生までの児童を対象として行われる「将来なりたい職業」のアンケート結果が今年も発表されました。去年のワールドカップでの日本チームの活躍もあってか、今年は男の子は「サッカー選手」が全体の15.9％を占め、8年ぶりに1位となりました。また、女の子は今年も「食べ物屋さん」が、13.8％で8年連続の1位となりました。
次に、男の子の2位は野球選手で、前の年の3位から順位を1位上げました。このように男の子ではスポーツ選手の人気が向上する中、反対に昨年1位であった「学者」が8位に落ち、「警察官」が20年前の調査開始から初めて上位10位から姿を消すという結果を見せました。

男の子のアンケート結果の中で、野球選手の位置は昨年とどう変わりましたか。

1　8年ぶりに順位を1位上げた
2　上位10位から姿を消した
3　サッカー選手よりもなりたい職業になった
4　男の子のなりたい職業の2位になった

단어

アナウンサー 아나운서 | ニュース 뉴스 | 記事 기사 | 毎年 매년, 매해 | 幼稚園 유치원 | 児童 아동 | 対象 대상 | 将来 장래 | 職業 직업 | アンケート 앙케트 | 結果 결과 | 発表 발표 | ワールドカップ 월드컵 | チーム 팀 | 活躍 활약 | 選手 선수 | 全体 전체 | 占める 차지하다 | ～ぶりに ～만에 | 連続 연속 | 順位 순위 | 上げる 올리다 | 向上 향상 | 学者 학자 | 落ちる 떨어지다 | 警察官 경찰관 | 調査 조사 | 開始 개시 | 上位 상위 | 位置 위치

3番

女子学生が授業中に発表しています。

F：カルシウムは体の中にある骨を作っている主な成分です。カルシウムは不足すると、骨が弱くなるだけではなく、イライラするなどのストレスの原因にも繋がります。
カルシウムを含む食品としては牛乳が有名ですが、他にも小魚や野菜、海草などもカルシウムを含む食品です。小松菜という野菜には牛乳の1.5倍のカルシウムが含まれているそうです。

2번

아나운서가 뉴스 기사를 읽고 있습니다.

여 : 매년 유치원에서 초등학생까지의 아동을 대상으로 행해지는 '장래 되고 싶은 직업'의 앙케트 결과가 올해도 발표되었습니다. 작년의 월드컵에서 일본 팀의 활약도 있어서인지, 올해는 남자아이는 '축구 선수'가 전체의 15.9%를 차지해 8년 만에 1위가 되었습니다. 또 여자아이는 올해도 '음식점 주인'이 13.8%로 8년 연속 1위가 되었습니다.
다음으로 남자아이의 2위는 야구 선수로 전년의 3위에서 순위를 1위 올렸습니다. 이와 같이 남자아이에서는 스포츠 선수의 인기가 향상되는 가운데, 반대로 작년에 1위였던 '학자'가 8위로 떨어지고 '경찰관'이 20년 전의 조사 개시 이래 처음으로 상위 10위에서 모습을 감추는 결과를 보였습니다.

남자아이의 앙케트 결과 중에서, 야구 선수의 위치는 작년과 어떻게 바뀌었습니까?

1　8년 만에 순위를 1위 올렸다.
2　상위 10위에서 모습을 감췄다.
3　축구 선수보다도 되고 싶은 직업이 되었다.
4　남자아이가 되고 싶은 직업의 2위가 되었다.

해설

남자아이의 2위는 야구 선수로 전년의 3위에서 순위를 1위 올렸다고 했으므로, 야구 선수의 위치는 남자아이가 되고 싶은 직업의 작년 3위에서 2위가 된 것이다. 따라서 정답은 4번이다.

3번

여학생이 수업 중에 발표하고 있습니다.

여 : 칼슘은 몸속에 있는 뼈를 만드는 주된 성분입니다. 칼슘은 부족하면 뼈가 약해질 뿐만 아니라 초조해 하는 등 스트레스의 원인으로도 이어집니다.
칼슘을 함유하는 식품으로는 우유가 유명하지만, 그 밖에도 잔 물고기와 채소, 해초 등도 칼슘을 함유한 식품입니다. 소송채라는 채소에는 우유의 1.5배의 칼슘이 함유되어 있다고 합니다.

カルシウムを調べていて私が驚いたことは、ストレスが体の免疫力を弱めるということでした。つまり、病気にかかりやすくなるということです。病気にならないためにも毎日積極的にカルシウムを含んだ食品を食べ、ストレスを溜めるような生活をしないようにしたいと思いました。

女子学生がカルシウムを含んだ食品を食べようと思う理由はどれですか。

1　自分がストレスを溜める生活をしていると分かって驚いたから
2　ストレスが体の免疫力を高めることが分かったから
3　小松菜に牛乳の1.5倍のカルシウムが含まれているから
4　**カルシウムを体に取り入れると病気にかかりにくくなるから**

カルシウム 칼슘 | 骨 뼈 | 主な 주된, 주요한 | 成分 성분 | 不足 부족 | イライラ 안절부절 못하는 모양, 초조해 하는 모양 | 繋がる 이어지다 | 含む 포함하다, 함유하다 | 有名だ 유명하다 | 小魚 잔 물고기 | 海草 해초 | 小松菜 소송채 | ～倍 ～배 | 驚く 놀라다 | 免疫力 면역력 | 弱める 약하게 하다 | 積極的 적극적 | 溜める 쌓다, 모아두다 | 取り入れる 받아들이다, 거두어 들이다

4番

養蜂場の男の人が話しています。

M：養蜂とは、蜂を飼育して、蜂蜜を採取することを言います。日本では643年ごろから行われていたと記録に残されていますが、当時は主に神に捧げるための供え物や、薬用として使用されていたようです。明治時代の初めに西洋から西洋蜂が入ってきてからは、一般にも養蜂が盛んになりました。しかし、日本でパンに付けるなど現代のような食べ方がされ始めたのは、ごく最近のことです。

この男の人が話している内容はどれですか。
1　西洋蜜蜂の飼育の仕方
2　**日本の養蜂の歴史**
3　蜂蜜のおいしい食べ方
4　西洋蜂の記録

養蜂場 양봉장 | 蜂 벌 | 飼育 사육 | 蜂蜜 벌꿀 | 採取 채취 | 記録 기록 | 当時 당시, 그때 | 主に 주로 | 神 신 | 捧げる

칼슘을 조사하다가 제가 놀란 것은 스트레스가 몸의 면역력을 약화시킨다고 하는 것이었습니다. 즉 병에 걸리기 쉬워진다는 것입니다. 병에 걸리지 않기 위해서라도 매일 적극적으로 칼슘을 함유한 식품을 먹고, 스트레스를 쌓아 두는 생활을 하지 않도록 해야겠습니다.

여학생이 칼슘을 함유한 식품을 먹으려고 생각하는 이유는 어느 것입니까?

1　자신이 스트레스를 쌓아 두는 생활을 하고 있다고 알고 놀랐기 때문에
2　스트레스가 몸의 면역력을 높이는 것을 알았기 때문에
3　소송채에 우유의 1.5배의 칼슘이 함유되어 있기 때문에
4　**칼슘을 섭취하면 병에 잘 걸리지 않게 되기 때문에**

스트레스는 몸의 면역력을 약화시켜 병에 걸리기 쉬워진다고 하는 것이다. 따라서 병에 걸리지 않기 위해서도 매일 적극적으로 칼슘을 함유한 식품을 먹고 스트레스가 쌓이는 생활을 하지 않도록 해야 겠다고 하므로 정답은 4번, 칼슘을 섭취하면 병에 잘 걸리지 않게 되기 때문이다.

4번

양봉장의 남자가 이야기하고 있습니다.

남 : 양봉이란 벌을 사육하여 벌꿀을 채취하는 것을 말합니다. 일본에서는 643년경부터 행해졌다고 기록에 남아 있지만, 당시에는 주로 신에게 올리기 위한 공물과 약용으로 사용되고 있었던 것 같습니다. 메이지 시대 초에 서양에서 서양벌이 들어오고 나서는 일반에도 양봉이 번성했습니다. 하지만 일본에서 빵에 바르는 등 현대와 같은 방법으로 먹기 시작한 것은 극히 최근의 일입니다.

이 남자가 이야기하고 있는 내용은 어느 것입니까?
1　서양 꿀벌의 사육 방법
2　**일본의 양봉 역사**
3　벌꿀을 맛있게 먹는 법
3　서양벌의 기록

일본에서 양봉이 언제부터 시작되었는지, 일반에도 양봉이 번성하게 된 것, 현대와 같은 방식으로 꿀을 먹게 된 것

높이 받들다, 올리다 | 供え物 신불에게 올리는 것, 공물, 제물 | 薬用 약용 | 使用 사용 | 明治時代 메이지 시대 | 西洋 서양 | 西洋蜂 서양벌 | 一般 일반 | 盛んだ 번성하다 | ごく 극히 | 蜜蜂 꿀벌 | 仕方 방법 | 歴史 역사

등 일본에서의 양봉 역사에 대해 설명하고 있다. 따라서 정답은 2번이다.

5番

ある自動車メーカーの男の人が話しています。

M：今日は我が社が開発しました電気自動車について
お話させて頂きます。私どもは長年、電気バッ
テリーを設置した電気自動車の開発に取り組み、
一般の皆様にお使いいただける車となるまで、そ
の開発を進めてきました。それが形になったの
が来月発売される電気自動車「エアーズ」です。エ
アーズの原動力はもちろん電気です。電気の入れ
方としては、家庭用コンセントプラグからと、
携帯の携帯バッテリーからの2通りの方法があり
ます。日本の一般家庭の100Ｖのコンセントプラ
グからですと、約8時間ほどで、日常必要量の電
気を蓄えることができます。

この会社が来月発売する商品はどれですか。

1　100Ｖのコンセントプラグの電気で8時間走るこ
とができる車
2　電気自動車に電気を入れる為の家庭用コンセント
プラグ
3　一般でも買うことができる電気自動車
4　電気自動車の携帯バッテリー

単어

メーカー 메이커, 제조 회사 | 我が社 우리 회사 | 開発 개발 | 長年 오랜 세월, 여러 해 | バッテリー 배터리 | 設置 설치 | 取り組む 몰두하다 | 一般 일반 | 発売 발매 | 原動力 원동력 | 家庭用 가정용 | コンセントプラグ 콘센트 플러그 | ～通り ～가지(수를 나타내는 말에 접속) | 日常必要量 일상에서 필요한 양 | 蓄える 비축하다, 축적하다

6番

資格アドバイザーの女性が話しています。

F：「先読み」とは、これからの社会がどの様に変わり、
何が求められるかを予想し、それに準備することを
言います。流行に敏感であるということも大切です
が、これはそのさらに先も考えられなければなりま
せん。また、今は個人の能力が問われる時代です。
しかし、たとえたくさんの資格を持っていても、

---

5 번

어느 자동차 제조 회사의 남자가 이야기하고 있습니다.

남 : 오늘은 우리 회사가 개발한 전기 자동차에 대해 이야기하겠습니다. 저희들은 오랫동안 전기 배터리를 설치한 전기 자동차의 개발에 몰두하여 일반 여러분께서 사용하실 수 있는 차가 될 때까지 그 개발을 진행시켜 왔습니다. 그것이 형태를 이룬 것이 다음 달 발매되는 전기 자동차 '에어즈'입니다. 에어즈의 원동력은 물론 전기입니다. 전기 넣는 방법으로는 가정용 콘센트 플러그를 사용하는 것과 휴대전화 배터리를 사용하는 것, 2가지 방법이 있습니다. 일본 일반 가정의 100V의 콘센트 플러그를 사용하면 약 8시간 정도로 일상에 필요한 양의 전기를 축적할 수 있습니다.

이 회사가 다음 달에 발매할 상품은 어느 것입니까?

1　100V 콘센트 플러그의 전기로 8시간 달릴 수 있는 차
2　전기 자동차에 전기를 넣기 위한 가정용 콘센트 플러그
3　일반에서도 살 수 있는 전기자동차
4　전기 자동차의 휴대 배터리

해설

전기 자동차의 개발에 몰두하여 일반 사람들이 사용할 수 있는 차가 될 때까지 그 개발을 진행시켜 왔고 그것이 형태를 이룬 것이 다음 달 발매되는 전기 자동차 '에어즈'라고 말하고 있다. 따라서 다음 달 발매할 상품은 일반 사람도 살 수 있는 전기 자동차이다.

6 번

자격 조언자 여성이 이야기하고 있습니다.

여 : '앞을 내다봄'이란 앞으로 사회가 어떻게 변하고, 무엇이 요구되는가를 예상해서 그것에 준비하는 것을 말합니다. 유행에 민감한 것도 중요하지만, 이것은 그보다 더 앞도 생각해야 합니다. 또 지금은 개인의 능력이 요구되는 시대입니다. 하지만 실령 많은 자격을 가지고

同じ資格を多くの人が持っていればその資格を用いた
仕事への競争率は高くなります。ですから会社に求め
られる、社会に求められる能力を身に付けたいのであ
れば、人気の資格は避け、先読みした将来に必要とさ
れる、他の人は持ってないと思われる資格を取ること
が賢明でしょう。

「先読み」しているものはどれですか。
1　過去と現在の人気の資格を全て取る
2　将来自分の国と貿易が盛んになると考えられる国
　　の言語を学ぶ
3　流行に敏感になり流行雑誌を買い、商品を買う
4　資格を取ることをやめて競争率を下げる

資格 자격 | アドバイザー 조언자 | 先読み 앞을 내다봄 |
求める 요구하다 | 予想 예상 | 流行 유행 | 敏感 민감 | 個
人 개인 | 能力 능력 | 問う 묻다 | たとえ 설령, 가령 | 用い
る 이용하다 | 競争率 경쟁률 | 身に付ける 습득하다, 익히
다 | 避ける 피하다 | 将来 장래 | 賢明だ 현명하다 | 過去
과거 | 貿易 무역 | 盛んになる 번성해지다 | 言語 언어 | 下
げる 낮추다

問題 4

問題 4 では、問題用紙に何も印刷されていませ
ん。まず文を聞いてください。それから、それ
に対する返事を聞いて、1 から 3 の中から、最
もよいものを一つ選んでください。
では練習しましょう。

例

M：会社でミスして部長に怒られちゃったよ。
F：1　やったじゃん。
　　2　そんな日もあるよ。
　　3　明日もそうだといいね。

最もよいものは 2 番です。解答用紙の問題 4 の
例のところを見てください。最もよいものは 2
番ですから、答えはこのように書きます。
では始めます。

있어도 같은 자격을 많은 사람이 가지고 있으면 그 자격을
이용한 일에 대한 경쟁률은 높아집니다. 따라서 회사가 요
구하는, 사회가 요구하는 능력을 습득하고 싶다면 인기 있
는 자격은 피하고 앞을 내다본 장래에 필요한, 다른 사람
은 갖고 있지 않을 것 같은 자격을 따는 것이 현명하겠지요.

'앞을 내다봄'을 하고 있는 것은 어느 것입니까?
1　과거와 현재에 인기 있는 자격을 모두 딴다.
2　장래 자신의 나라와 무역이 번성해질 것으로 생각되는 나라
　　의 언어를 배운다.
3　유행에 민감해지고 유행 잡지를 사고 상품을 산다.
4　자격을 따는 것을 그만두고 경쟁률을 낮춘다.

'앞을 내다봄'이란 앞으로 사회가 어떻게 변하고, 무엇이
요구되는가를 예상하고 그것에 준비하는 것을 뜻한다고
했다. 따라서 정답은 2번, 장래 자신의 나라와 무역이 번
성해질 것으로 생각되는 나라의 언어를 배우는 것은 앞으
로의 변화를 예상하고 준비하는 것이라 할 수 있다.

문제 4

문제 4에서는 문제 용지에 아무것도 인쇄되어 있지
않습니다. 먼저 문장을 들어 주세요. 그러고 나서 그
것에 대한 대한 응답을 듣고 1에서 3 중에서 가장 알
맞은 것을 하나 고르세요.
그럼 연습하겠습니다.

예

남：회사에서 실수해서 부장님께 혼나고 말았어.
여：1　해냈네.
　　2　그런 날도 있어.
　　3　내일도 그러면 좋겠네.

가장 알맞은 것은 2번입니다. 해답 용지의 문제 4의
예 부분을 봐 주세요. 가장 알맞은 것은 2번이니까
답은 이렇게 씁니다.
그럼 시작하겠습니다.

ばん

M：明日の会議は午前10時からだから資料の準備よろしく。

F：1　はい、よろしく。
　　2　はい、分かりました。用意しておきます。
　　3　会議おもしろくないんだよね。

単語

会議 회의 | 午前 오전 | 準備 준비 | 用意 준비

2番

F：来週の診察を変更したいんですが。

M：1　来週はいつがよろしいでしょうか。
　　2　再来週ならいつでもいいですよね？
　　3　一度注文したら変更はできません。

単語

診察 진찰 | 変更 변경 | 再来週 다음다음 주 | 注文 주문

3番

M：今の日本の平均寿命っていくつだっけ？

F：1　たしか、男性が78歳で女性が85歳ぐらいだったと思うよ。
　　2　長生きしてテレビに出たいな。
　　3　２０２０年までだよ。

単語

平均寿命 평균 수명 | いくつ 몇 살 | たしか 아마 | 長生き 장수

4番

F：来年の春ぐらいに東京に新施設ができるんだって。

M：1　そうなるのにね。
　　2　そーなんだ、楽しみだね。
　　3　意外だな〜。

単語

新施設 새 시설 | できる 생기다 | 楽しみ 즐거움, 기대됨 | 意外 의외

5番

M：昨日、アルバム見てたら昔の君の写真を見つけたんだ。

F：1　この人、有名な人でしょ？
　　2　今まで隠してたんでしょ？
　　3　うわー、この写真、懐かしいね。

1번

남 : 내일 회의는 오전 10시부터니까 자료 준비 부탁해.

여 : 1　응, 부탁해.
　　2　네, 알겠습니다. 준비해 두겠습니다.
　　3　회의 재미없지?

해설

내일 회의의 자료를 부탁한다는 말이다. 따라서 적절한 답은 2번, 알겠다고 하며 준비해 두겠다는 것이다.

2번

여 : 다음 주 진찰을 변경하고 싶은데요.

남 : 1　다음 주는 언제가 좋으십니까?
　　2　다음다음 주라면 언제든지 좋죠?
　　3　한 번 주문하면 변경은 할 수 없습니다.

해설

다음 주 진찰을 변경하고 싶다는 말이다. 따라서 다음 주는 언제가 좋은지 묻는 것이 가장 알맞은 대답이다.

3번

남 : 지금 일본의 평균 수명은 몇 살이더라?

여 : 1　아마 남성이 78세이고 여성은 85세 정도였다고 생각해.
　　2　오래 살아서 텔레비전에 나가고 싶다.
　　3　2020년까지야.

해설

지금 일본의 평균 수명이 몇 살인지 확인하고 있다. 따라서 1번, 아마 남성이 78세, 여성이 85세 정도라고 대답한 것이 정답이다.

4번

여 : 내년 봄쯤에 도쿄에 새 시설이 생긴다네.

남 : 1　그렇게 되는데도.
　　2　그렇구나. 기대되네.
　　3　의외다.

해설

내년 봄쯤 도쿄에 새로운 시설이 생긴다고 전해 들은 이야기를 하고 있다. 따라서 기대된다고 대답한 2번이 가장 적절한 대답이다.

5번

남 : 어제 앨범을 보고 있다가 예전 네 사진을 발견했어.

여 : 1　이 사람, 유명한 사람이지?
　　2　지금까지 숨기고 있었지?
　　3　우와, 이 사진 그립네.

単語
アルバム 앨범 ｜ 昔 옛날, 예전 ｜ 写真 사진 ｜ 見つける 발견하다 ｜ 隠す 숨기다 ｜ 懐かしい 그립다, 정답다

해설

앨범을 보다가 예전 사진을 발견했다는 말이다. 따라서 예전 사진을 보고 그립다고 대답하는 것이 가장 적절하므로 정답은 3번이다.

6番

F : さっきから生臭い匂いがするんだけど……。
M : 1　隣の家のおじさんが魚釣りに行くらしいよ。
　　2　今、台所で魚をさばいてるからだよ。
　　3　冷蔵庫の一番上の段にあるでしょ。

6번

여 : 아까부터 비린내가 나는데…….
남 : 1　옆집 아저씨가 낚시하러 가는 것 같아.
　　2　지금 부엌에서 생선을 손질하고 있어서야.
　　3　냉장고 가장 위 단에 있을 거야.

단어

生臭い 비린내가 나다 ｜ 匂いがする 냄새가 나다 ｜ 魚釣り 낚시 ｜ 台所 부엌 ｜ さばく 능란하게 다루다, (얽히거나 달라붙은 것을) 풀어 가르다 ｜ 冷蔵庫 냉장고 ｜ 段 단, 층

해설

비린내가 난다는 것이다. 따라서 지금 부엌에서 생선을 손질하고 있다고 대답한 2번이 가장 적절한 대답이다.

7番

M : この色、ちょっと紛らわしくない？
F : 1　そうかな、分かりやすいと思うけど。
　　2　派手じゃないよ。
　　3　君にとっても似合ってるよ。

7번

남 : 이 색, 좀 헷갈리지 않아?
여 : 1　그런가, 알기 쉽다고 생각하는데.
　　2　화려하지 않아.
　　3　너한테도 매우 잘 어울려.

단어

色 색 ｜ 紛らわしい 헷갈리기 쉽다, 혼동하기 쉽다 ｜ 派手だ 화려하다 ｜ とっても 매우, 대단히 ｜ 似合う 잘 어울리다

해설

紛らわしい는 헷갈리기 쉽고 구별하기 어렵다는 의미이므로 이 색이 좀 구별이 어렵지 않느냐는 말이다. 그러므로 정답으로는 1번, 자신은 알기 쉽다고 생각했다는 것이 가장 적절하다.

8番

F : いらっしゃいませ、こちらでお召し上がりですか。
M : 1　はい、こちらで召し上がります。
　　2　ごちそうになります。
　　3　はい、ここで食べます。

8번

여 : 어서 오세요, 여기에서 드시겠습니까?
남 : 1　네, 이쪽에서 드시겠습니다.
　　2　대접 받겠습니다.
　　3　네, 여기에서 먹겠습니다.

단어

召し上がる 드시다 ｜ ごちそう 맛있는 음식, 음식을 대접함

해설

여기에서 드실 건지 존경어, 召し上がる(드시다)를 이용해 묻고 있다. 따라서 대답하는 쪽에서는 여기서 먹을 것인지 여부를 말해야 하므로 정답은 3번이다. 1번처럼 자신에 대해 존경어를 쓸 수는 없다.

9番

M : 星野さんって週末は何してるの？
F : 1　休みたいから聞かないで。
　　2　毎日ごはん食べてるよ。
　　3　週末は掃除したり、買い物したりしてるよ。

9번

남 : 호시노 씨는 주말에는 뭐해?
여 : 1　쉬고 싶으니까 묻지 마.
　　2　매일 밥 먹고 있어.
　　3　주말에는 청소하기도 하고 쇼핑하기도 해.

단어

週末 주말 ｜ 休む 쉬다 ｜ 聞く 묻다 ｜ 掃除 청소

해설

주말에 뭐 하는지 묻고 있다. 따라서 주말에 자신이 무엇을 하는지에 대해 대답한 것이 정답이 된다. 즉 정답은 3번, 청소를 하기도 하고 쇼핑을 하기도 한다는 것이다.

10番

F : 今日の映画、とっても面白かったね。

M : 1 僕、あの俳優が嫌いだから見たくないんだけど。

   2 うん、最後のシーンがとてもよかったよ。

   3 僕、今度映画に出るんだ。

단어

嫌いだ 싫다, 싫어하다 | 最後 최후, 마지막 | シーン 신, 장면 | 映画に出る 영화에 출연하다

11番

M : 今日のお昼は新しい男性社員の話題で持ちきりだったよ～。

F : 1 餅切った？

   2 持ち込みはお断りです。

   3 何？ やきもち焼いてるの？

단어

話題 화제 | 持ちきり 시종 같은 상태가 유지됨, 계속 같은 화제가 이어짐 | 餅 떡 | 切る 자르다 | 持ち込み 반입, 지참 | 断る 거절하다, 양해를 구하다 | やきもちを焼く 질투하다

12番

F : こんな季節に台風が近づいてるってニュースでしてたけど見た？

M : 1 見た見た、やっぱり異常気象なんだね。

   2 扇風機はもう要らないって。

   3 あそこの店のタイ風カレーは辛いけどおいしいよ。

단어

季節 계절 | 台風 태풍 | 近づく 다가가다, 접근하다 | 異常気象 이상 기후 | 扇風機 선풍기 | 要る 필요하다 | タイ 태국 | ～風 ～풍, ～식 | カレー 카레 | 辛い 맵다

13番

M : 今日は何時まで仕事するつもり？

F : 1 130ページまでするつもりだよ。

   2 3日間、ごはんも食べずに働かないといけないのよ。

   3 9時までするつもりだよ。

단어

つもり 생각, 작정 | ページ 페이지 | ～ずに ～(하)지 않고 | 働く 일하다

10 번

여 : 오늘 영화 아주 재미있었어.

남 : 1 난 그 배우 싫어해서 보고 싶지 않은데.

   2 응, 마지막 신이 아주 좋았어.

   3 나 이번에 영화에 출연해.

해설

여자는 오늘 본 영화 아주 재미있었다고 말하고 있다. 따라서 이것에 동의하며 마지막 장면이 아주 좋았다고 말한 2번이 정답이 된다.

11 번

남 : 오늘 점심은 새로운 남자 사원의 화제로 계속 이어졌어.

여 : 1 떡 잘랐어?

   2 반입은 거절입니다.

   3 뭐? 질투하는 거야?

해설

남자는 오늘 점심 때는 새로운 남자 사원 이야기가 계속되었다고 말하고 있다. 따라서 정답은 3번, 그 남자에게 질투하는 것이냐고 하는 것이다. 'やきもちを焼く'라는 표현이 '질투하다'라는 의미이다.

12 번

여 : 이런 계절에 태풍이 다가오고 있다고 뉴스에 나오던데 봤어?

남 : 1 봤어 봤어, 역시 이상 기후인 거야.

   2 선풍기는 이제 필요 없다고 해.

   3 저기 가게의 태국식 카레는 맵지만 맛있어.

해설

이런 계절에 태풍이 다가오고 있다는 뉴스를 봤는지 묻고 있다. 즉 원래 태풍이 올 계절이 아닌데 오고 있다는 말이다. 따라서 정답은 1번, 봤다고 하며 역시 이상 기후라고 대답한 것이다.

13 번

남 : 오늘은 몇 시까지 일할 생각이야?

여 : 1 130페이지까지 할 생각이야.

   2 3일간 밥도 먹지 않고 일해야만 해.

   3 9시까지 할 생각이야.

해설

오늘 몇 시까지 일할 생각인지 묻고 있다. 그러므로 3번, 9시까지 일할 생각이라고 대답하는 것이 가장 적절하다.

F：最近、運動しててもすぐに疲れるのよね。
M：1　体力と忍耐力は別だよ。
　　2　体力が衰えてきたせいじゃない?
　　3　電池がなければ充電したらまた使えるよ。

単어

体力 체력 | 忍耐力 인내력 | 別だ 다르다 | 衰える 쇠퇴하다,
쇠약해지다 | ～せい ～탓 | 電池 전지 | 充電 충전

問題 5

問題5では長めの話を聞きます。この問題には
練習はありません。メモをとってもかまいません。

1番、2番
問題用紙に何も印刷されていません。まず話を
聞いてください。それから、質問とせんたくし
を聞いて、1から4の中から、最もよいものを
一つ選んでください。
では始めます。

1番

日曜日の予定について家族3人で話しています。
M1：明日はみんなで遊園地に行こう!
F　：あら、あなたからそんな事言うなんて珍しいで
　　すね。
M1：最近日曜日まで会社で、家族サービスなんてで
　　きなかったからさ。それに、ほら、これ。知り
　　合いから遊園地のチケット貰ったんだよ。2枚
　　だけだけど。
M2：僕行かな〜い。
M1：何でだ、タカシ。遊園地だぞ。ほら、お前の好
　　きなガイガーマンも来るって。
M2：僕行かない。明日は1日ケンジ君と公園で遊ぶ
　　んだもん。
M1：ケンジ君とはいつでも遊べるだろう?
M2：ケンジ君と約束したんだ。男の約束は絶対だっ
　　てガイガーマンも言ってたよ。
M1：そうか、男の約束か……。そりゃあ、守らない
　　とな。
F　：残念でしたね、珍しくはりきったのに。明日は
　　ゆっくりして下さい。タカシ、お昼ご飯は家で
　　食べるでしょ?
M2：ケンジ君のママが作ってくれるって。

---

14 번

여 : 요즘 운동을 하고 있어도 바로 피곤해.
남 : 1　체력과 인내력은 별개야.
　　2　체력이 떨어진 탓 아니야?
　　3　전지가 없으면 충전하면 또 사용할 수 있어.

해설

요즘 운동을 하고 있어도 바로 지친다는 말이다. 따라서
체력이 떨어져서 그런 것 아니냐고 묻는 2번이 정답이다.

문제 5

문제 5에서는 조금 긴 이야기를 듣습니다. 이 문제에
는 연습은 없습니다. 메모를 해도 상관없습니다.

1번, 2번
문제 용지에 아무것도 인쇄되어 있지 않습니다. 먼저
이야기를 들으세요. 그러고 나서 질문과 선택지를 듣
고 1에서 4 중에서 가장 알맞은 것을 하나 고르세요.
그럼 시작하겠습니다.

1번

일요일의 일정에 대해 가족 세 명이 이야기하고 있습니다.

남1 : 내일은 모두 유원지에 가자!
여 　: 어머, 당신이 그런 말을 하다니 드문 일이네요.
남1 : 요즘 일요일까지 회사일로 가족 서비스도 못했으니까.
　　　게다가 봐, 이거. 지인한테 유원지 티켓 받은 거야. 2
　　　장뿐이지만.
남2 : 나 안 가.
남1 : 왜 다카시. 유원지야. 봐, 네가 좋아하는 가이거맨도
　　　온다는데.
남2 : 나 안 가. 내일은 하루 종일 겐지 군과 공원에서 놀
　　　거거든.
남1 : 겐지 군과는 언제라도 놀 수 있잖아?
남2 : 겐지 군과 약속했어. 남자의 약속은 절대적이라고 가
　　　이거맨도 말했어.
남1 : 그런가, 남자의 약속이라……. 그럼 지켜야지.
여 　: 유감이네요, 드물게 의욕에 넘쳤는데. 내일은 푹 쉬
　　　어요. 다카시, 점심밥은 집에서 먹지?
남2 : 겐지 군네 엄마가 만들어 주신다고 했어.

F ：そうなの？　ちゃんとお礼言うのよ。じゃあ、明日は私もゆっくりできそうね。あ、そうだ。あなた、映画のチケットが２枚あるんですけど。

M1：おっ、いいね。じゃあ、久しぶりに行こうか。

日曜日の３人の行き場所はどこですか。

1　３人とも遊園地
2　タカシはケンジの家、両親は遊園地
3　タカシと父親は公園、母親は家
4　**母親と父親は映画館、タカシは公園**

遊園地 유원지 | 珍しい 진귀하다, 드물다 | サービス 서비스 | 知り合い 지인, 아는 사이 | 約束 약속 | 絶対 절대 | 守る 지키다 | はりきる 힘이 넘치다, 의욕이 충만하다 | お礼 사례, 사례 인사 | 久しぶり 오랜만 | 両親 양친

２番

学校について男の人と女の人が話しています。

F1：わぁ〜懐かしいな。この教室、全然変わってないや。

M ：本当だね。でも、机ってさ、こんなに小さかったっけ？

F2：うん、何だか小さく感じる気がする。私、高校生の時と身長変わってないのに何でだろう。

M ：久しぶりに見たからかな？　あの頃は当たり前にこの椅子にも座ってたのに。時の流れってやつを感じるよ。

F1：やめてよ。そんな言い方すると何だか悲しくなるじゃない。

F2：ちょっと、何も泣かなくても。でもまぁ、気持ち分からなくもないけど。あっ何か私も悲しくなってきた。

M ：おいおい、二人して泣かないでよ。僕が泣かしたみたいだろ。

F1：あっ、そのセリフ前にも言ってたよね。確か……そうだ、卒業式の日。

M ：そうだよ。あの時も二人して泣き出すからさ、僕が何か変な事したみたいに見えて通る人、僕に冷たい視線を送ってきて、困ったよ。

F2：ははは、そんなこともあったね。本当、懐かしいや。あっ、あの木、私達で植えた木じゃない？　大きくなったね。

M ：え？あれ、あの木なの？　そっか、気付かなかった。確かあの木を植えるのと一緒にタイムカプセルも埋めたよね。何書いたかなんて覚えてないけど。あれ開けるのって、いつだっけ？

여 ：그래? 제대로 감사 인사 하렴. 그럼 내일은 나도 푹 쉴 수 있을 것 같네. 아, 그렇지. 여보, 영화 티켓이 2장 있는데요.

남1：오, 잘됐네. 그럼 오랜만에 갈까?

일요일에 세 명이 가는 장소는 어디입니까?

1　세 명 모두 유원지
2　다카시는 겐지의 집, 부모는 유원지
3　다카시와 아버지는 공원, 어머니는 집
4　**어머니와 아버지는 영화관, 다카시는 공원**

아빠가 모두 유원지에 가자고 했지만 다카시는 겐지와 공원에서 놀겠다고 하며 안 가겠다고 한다. 즉 다카시는 공원에 갈 것이다. 또 엄마는 영화 티켓이 2장 있다고 했고 이에 아빠는 오랜만에 갈까 하고 말했으므로 아빠와 엄마는 영화관에 갈 것이다. 따라서 정답은 4번이다.

2번

학교에 대해 남자와 여자가 이야기하고 있습니다.

여1：와~그립다. 이 교실 전혀 바뀌지 않았네.

남 ：정말이네, 하지만 책상이 이렇게 작았나?

여2：응, 뭔가 작게 느껴지는 것 같아. 나, 고등학교 때랑 키가 달라지지 않았는데 왜지?

남 ：오랜만에 봤으니까? 그 때는 당연히 이 의자에도 앉았었는데. 시간의 흐름이라는 걸 느껴.

여1：그만둬, 그렇게 말하면 뭔가 슬퍼지잖아.

여2：잠깐, 울 것까진 없잖아. 하지만 뭐 기분은 모르는 것도 아니지만. 앗, 뭔가 나도 슬퍼졌어.

남 ：이봐, 둘 다 울지마. 내가 울린 것 같잖아.

여1：아, 그 대사 전에도 말했지? 아마…… 맞다, 졸업식 날.

남 ：그래, 그 때도 둘이 울기 시작해서 내가 뭔가 이상한 짓을 한 것 같이 보여서 지나가는 사람이 나한테 차가운 시선을 보내와서 곤란했어.

여2：하하하, 그런 일도 있었네. 정말로 그립다. 아, 저 나무, 우리들이 심은 나무 아니야? 커졌네.

남 ：어? 저거 그 나무인 거야? 그렇구나, 몰랐어. 아마 저 나무를 심으면서 같이 타임캡슐도 묻었지? 뭐라고 썼는지 기억나지 않지만. 저것 여는게 언제더라?

F2：１５年後に開けるって言ってたから、あと５年後。私は何書いたか覚えてるよ。自分のも、二人のもね。

男性が高校の時にしていないことはどれですか。

1　木を植えた
2　教室の椅子に座った
3　卒業式に出た
4　**冷たい視線を送った**

懐かしい 그립다, 정답다 | 全然 전혀 | 身長 신장, 키 | 当たり前だ 당연하다 | 座る 앉다 | 流れ 흐름 | 言い方 말투, 말씨 | 悲しい 슬프다 | 泣かす 울리다, 울게 하다 | セリフ 대사 | 卒業式 졸업식 | 泣き出す 울기 시작하다 | 変だ 이상하다 | 通る 통과하다, 지나가다 | 冷たい 차갑다 | 視線 시선 | 困る 곤란하다 | 植える 심다 | 木 나무 | 気付く 알아채다 | タイムカプセル 타임캡슐 | 埋める 묻다, 메우다

３番

まず話を聞いてください。それから、二つの質問を聞いて、それぞれ問題用紙の１から４の中から、最もよいものを一つ選んでください。では始めます。

テレビを見ながら女の人と男の人が話しています。

M１：皆さん、良い週末をお過ごしでしょうか。いつもこの番組を応援してくださり、誠にありがとうございます。なお、今回は１０周年を記念致しまして、視聴者プレゼントを実施することが決定致しました。今までの放送の中で、もう一度観たいもの、印象に残っている回を明記の上、どしどしご応募ください。お選びいただけるプレゼントは、従来の様に手で持って掃除機をかけなくても掃除機が自分で汚れた所やゴミを見つけてあなたの代わりに掃除をしてくれちゃう最新の小型掃除機・両側から開け閉めが可能になったため、どのスペースにも置くことができ、デザインも洗練された薄型冷蔵庫・自分の好きなときに好きな映画を自宅でも楽しむことができる、音質も抜群な３Dホームシアター・空いた時間に無理なくダイエットができる、芸能人の間でも話題のダイエットDVDでございます。欲しい商品と感想をご記入の上、葉書・FAX・ホームページからご応募いただけます。

여2 : 15년 후에 연다고 했으니까 이제 5년 후. 난 뭐라고 썼는지 기억하고 있어. 내 것도, 두 사람 것도.

남자가 고등학교 때에 하지 않은 일은 어느 것입니까?

1　나무를 심었다.
2　교실 의자에 앉았다.
3　졸업식에 나갔다.
4　**차가운 시선을 보냈다.**

남자는 고등학교 때 나무를 심었고, 지금은 작게 느껴지는 교실 의자에 앉았다. 또 졸업식에도 간 것임을 알 수 있다. 하지만 4번, 차가운 시선은 지나가던 사람이 남자에게 보낸 것이지 남자가 고등학교 때 한 일은 아니다.

3번

먼저, 이야기를 들어 주세요. 그리고 나서 두 질문을 듣고 각각 문제 용지의 1에서 4 중에서 가장 알맞은 것을 하나 고르세요.
그럼 시작하겠습니다.

텔레비전을 보면서 여자와 남자가 이야기하고 있습니다.

남1 : 여러분, 좋은 주말을 보내고 계십니까? 늘 이 프로그램을 응원해 주셔서 진심으로 감사 드립니다. 또한 이번에는 10주년을 기념하여 시청자 여러분께 선물을 드립니다. 지금까지의 방송 중에서 한 번 더 보고 싶은 것, 인상에 남아 있는 회를 적은 후, 거리낌없이 응모해 주세요. 고르실 수 있는 선물은 종래와 같이 손으로 들고 청소기를 작동시키지 않아도 청소기가 스스로 더러워진 곳과 쓰레기를 찾아서 당신 대신에 청소를 해 주는 최신 소형 청소기・양쪽으로 여닫기가 가능해 어느 공간에도 둘 수 있고 디자인도 세련된 슬림형 냉장고・자신이 좋을 때에 좋아하는 영화를 자택에서도 즐길 수 있는, 음질도 발군인 3D 홈시어터・빈 시간에 무리 없이 다이어트 할 수 있어 연예인 사이에서도 화제인 다이어트 DVD입니다. 갖고 싶은 상품과 감상을 기입한 후, 엽서・FAX・홈페이지로 응모하실 수 있습니다.

F ：この番組、もう10年も放送しているんだね。プレゼントも豪華だし、応募してみようかな。

M2：俺も応募するよ。どれがいいかな。最近忙しくて家にいる時間が少ないから、部屋に友達も呼べないんだよね。

F ：家にいたって片付けないでしょ。自分の部屋ぐらいは綺麗にしなさいよ。

M2：本当に忙しいんだって。観たかった映画も上映終わっちゃったしさ。映画鑑賞が唯一の趣味なのに。

F ：このタイプの掃除機なら家に二個あるから今度あげるから、今回は趣味に応募してみなよ。

M2：本当？ よし！ そうするよ。君は何にするの？

F ：私は、好きな芸能人がこれをおすすめしてたからこれにするわ。

質問 1

男の人はどの商品に応募しますか。

1　掃除機
2　冷蔵庫
3　ダイエットDVD
4　3Dホームシアター

質問 2

女の人はどの商品に応募しますか。

1　掃除機
2　冷蔵庫
3　ダイエットDVD
4　3Dホームシアター

단어

過ごす (시간을) 보내다, 지내다 | 番組 방송 프로그램 | 応援 응원 | 誠に 참으로, 진심으로 | なお 또한 | 記念 기념 | 視聴者 시청자 | 実施 실시 | 放送 방송 | 印象 인상 | 明記 명기 | どしどし 계속해서, 연달아, 거리낌없이 | 応募 응모 | 従来 종래 | 掃除機 청소기 | かける (기계 등을) 작동시키다 | 汚れる 더러워지다 | 代わり 대신 | 小型 소형 | 両側 양쪽 | 開け閉め 여닫기 | スペース 스페이스, 공간 | デザイン 디자인 | 洗練 세련 | 薄型 (두께가 얇은 모양) 슬림형 | 音質 음질 | 抜群 발군, 뛰어남, 훌륭함 | ホームシアター 홈 시어터 | 空く (시간, 공간이) 비다 | ダイエット 다이어트 | 芸能人 연예인 | 感想 감상, 소감 | 記入 기입 | 葉書 엽서 | ホームページ 홈페이지 | 豪華だ 호화롭다 | 片付ける 정돈하다, 정리하다 | 上映 상영 | 鑑賞 감상 | 唯一 유일 | 趣味 취미

여 ：이 프로그램, 벌써 10년이나 방송하고 있구나. 선물도 호화롭고 응모해 볼까?

남2 ：나도 응모할래. 어느 것이 좋을까? 최근 바빠서 집에 있는 시간이 적어서 방에 친구도 못 불러.

여 ：집에 있어도 정리 안 하잖아. 자기 방 정도는 깨끗이 해.

남2 ：정말로 바쁘다고. 보고 싶었던 영화도 상영이 끝나 버렸고. 영화 감상이 유일한 취미인데.

여 ：이 타입의 청소기라면 집에 두 개 있으니까 다음에 줄 테니까, 이번에는 취미에 응모해 봐.

남2 ：정말? 좋아! 그렇게 할게. 너는 무엇으로 할 거야?

여 ：난 좋아하는 연예인이 이것을 권했으니까 이것으로 할게.

질문1

남자는 어느 상품에 응모합니까?

1　청소기
2　냉장고
3　다이어트 DVD
4　**3D 홈 시어터**

해설

남자는 영화 감상이 유일한 취미라고 했고, 이에 여자가 이번에는 취미에 응모해 보라고 했으므로 남자는 4번, 3D 홈 시어터에 응모할 것이다.

질문2

여자는 어느 상품에 응모합니까?

1　청소기
2　냉장고
3　**다이어트 DVD**
4　3D 홈 시어터

해설

마지막에 여자는 좋아하는 연예인이 권하고 있는 것으로 하겠다고 했으므로, 연예인 사이에서도 화제인 다이어트 DVD로 한다는 것이다. 즉 정답은 3번이 된다.

日本語能力試験　解答用紙

N1 실전모의고사 1회

言語知識(文字・語彙・文法)・読解

受 験 番 号
Examinee Registration
Number

名　前
Name

〈ちゅうい Notes〉
1. くろいえんぴつ (HB、No2) でかいてください。
　（ペンやボールペンではかかないでください。)
　Use a black medium soft (HB or No.2) pencil.
　(Do not use any kind of pen.)
2. かきなおすときは、けしゴムできれいにけして
　ください。
　Erase any unintended marks completely.
3. きたなくしたり、おったりしないでください。
　Do not soil or bend this sheet.
4. マークれい Marking examples

よいれい Correct Example	わるいれい Incorrect Examples

問　題　1				
1	①	②	③	④
2	①	②	③	④
3	①	②	③	④
4	①	②	③	④
5	①	②	③	④
6	①	②	③	④

問　題　2				
7	①	②	③	④
8	①	②	③	④
9	①	②	③	④
10	①	②	③	④
11	①	②	③	④
12	①	②	③	④
13	①	②	③	④

問　題　3				
14	①	②	③	④
15	①	②	③	④
16	①	②	③	④
17	①	②	③	④
18	①	②	③	④
19	①	②	③	④

問　題　4				
20	①	②	③	④
21	①	②	③	④
22	①	②	③	④
23	①	②	③	④
24	①	②	③	④
25	①	②	③	④

問　題　5				
26	①	②	③	④
27	①	②	③	④
28	①	②	③	④
29	①	②	③	④
30	①	②	③	④
31	①	②	③	④
32	①	②	③	④
33	①	②	③	④
34	①	②	③	④
35	①	②	③	④

問　題　6				
36	①	②	③	④
37	①	②	③	④
38	①	②	③	④
39	①	②	③	④
40	①	②	③	④

問　題　7				
41	①	②	③	④
42	①	②	③	④
43	①	②	③	④
44	①	②	③	④
45	①	②	③	④

問　題　8				
46	①	②	③	④
47	①	②	③	④
48	①	②	③	④
49	①	②	③	④

問　題　9				
50	①	②	③	④
51	①	②	③	④
52	①	②	③	④
53	①	②	③	④
54	①	②	③	④
55	①	②	③	④
56	①	②	③	④
57	①	②	③	④
58	①	②	③	④

問　題　10				
59	①	②	③	④
60	①	②	③	④
61	①	②	③	④
62	①	②	③	④

問　題　11				
63	①	②	③	④
64	①	②	③	④
65	①	②	③	④

問　題　11				
66	①	②	③	④
67	①	②	③	④
68	①	②	③	④
69	①	②	③	④

問　題　12				
70	①	②	③	④
71	①	②	③	④

日本語能力試験　解答用紙

N1 실전모의고사 1회
聴 解

受　験　番　号
Examinee Registration
Number

名　前
Name

〈ちゅうい Notes〉
1. くろいえんぴつ (HB、No2) でかいてください。
（ペンやボールペンではかかないでください。）
Use a black medium soft (HB or No.2) pencil.
(Do not use any kind of pen.)
2. かきなおすときは、けしゴムできれいにけして
ください。
Erase any unintended marks completely.
3. きたなくしたり、おったりしないでください。
Do not soil or bend this sheet.
4. マークれい Marking examples

よいれい Correct Example	わるいれい Incorrect Examples
●	⊘◌⦸◑⊜◍◐

問　題　1

例	①	●	③	④
1	①	②	③	④
2	①	②	③	④
3	①	②	③	④
4	①	②	③	④
5	①	②	③	④
6	①	②	③	④

問　題　2

例	①	●	③	④
1	①	②	③	④
2	①	②	③	④
3	①	②	③	④
4	①	②	③	④
5	①	②	③	④
6	①	②	③	④
7	①	②	③	④

問　題　3

例	①	●	③	④
1	①	②	③	④
2	①	②	③	④
3	①	②	③	④
4	①	②	③	④
5	①	②	③	④
6	①	②	③	④

問　題　4

例	①	●	③
1	①	②	③
2	①	②	③
3	①	②	③
4	①	②	③
5	①	②	③
6	①	②	③
7	①	②	③
8	①	②	③
9	①	②	③
10	①	②	③
11	①	②	③
12	①	②	③
13	①	②	③
14	①	②	③

問　題　5

1		①	②	③	④
2		①	②	③	④
3	(1)	①	②	③	④
	(2)	①	②	③	④

日本語能力試験　解答用紙

N1 실전모의고사 2회

言語知識(文字・語彙・文法)・読解

受　験　番　号
Examinee Registration Number

名　前
Name

問　題　1

1	①	②	③	④
2	①	②	③	④
3	①	②	③	④
4	①	②	③	④
5	①	②	③	④
6	①	②	③	④

問　題　2

7	①	②	③	④
8	①	②	③	④
9	①	②	③	④
10	①	②	③	④
11	①	②	③	④
12	①	②	③	④
13	①	②	③	④

問　題　3

14	①	②	③	④
15	①	②	③	④
16	①	②	③	④
17	①	②	③	④
18	①	②	③	④
19	①	②	③	④

問　題　4

20	①	②	③	④
21	①	②	③	④
22	①	②	③	④
23	①	②	③	④
24	①	②	③	④
25	①	②	③	④

問　題　5

26	①	②	③	④
27	①	②	③	④
28	①	②	③	④
29	①	②	③	④
30	①	②	③	④
31	①	②	③	④
32	①	②	③	④
33	①	②	③	④
34	①	②	③	④
35	①	②	③	④

問　題　6

36	①	②	③	④
37	①	②	③	④
38	①	②	③	④
39	①	②	③	④
40	①	②	③	④

問　題　7

41	①	②	③	④
42	①	②	③	④
43	①	②	③	④
44	①	②	③	④
45	①	②	③	④

問　題　8

46	①	②	③	④
47	①	②	③	④
48	①	②	③	④
49	①	②	③	④

問　題　9

50	①	②	③	④
51	①	②	③	④
52	①	②	③	④
53	①	②	③	④
54	①	②	③	④
55	①	②	③	④
56	①	②	③	④
57	①	②	③	④
58	①	②	③	④

問　題　10

59	①	②	③	④
60	①	②	③	④
61	①	②	③	④
62	①	②	③	④

問　題　11

63	①	②	③	④
64	①	②	③	④
65	①	②	③	④

問　題　11

66	①	②	③	④
67	①	②	③	④
68	①	②	③	④
69	①	②	③	④

問　題　12

70	①	②	③	④
71	①	②	③	④

日本語能力試験　解答用紙

N1 실전모의고사 2회
聴　解

<table>
<tr><td>受　験　番　号
Examinee Registration
Number</td></tr>
</table>

<table>
<tr><td>名　前
Name</td></tr>
</table>

〈ちゅうい Notes〉
1. くろいえんぴつ (HB、No.2) でかいてください。
   (ペンやボールペンではかかないでください。)
   Use a black medium soft (HB or No.2) pencil.
   (Do not use any kind of pen.)
2. かきなおすときは、けしゴムできれいにけして
   ください。
   Erase any unintended marks completely.
3. きたなくしたり、おったりしないでください。
   Do not soil or bend this sheet.
4. マークれい Marking examples

よいれい Correct Example	わるいれい Incorrect Examples
●	⊘ ○ ○ ◐ ⊖ ◑ ○

問　題　1

例	①	●	③	④
1	①	②	③	④
2	①	②	③	④
3	①	②	③	④
4	①	②	③	④
5	①	②	③	④
6	①	②	③	④

問　題　2

例	①	●	③	④
1	①	②	③	④
2	①	②	③	④
3	①	②	③	④
4	①	②	③	④
5	①	②	③	④
6	①	②	③	④
7	①	②	③	④

問　題　3

例	①	●	③	④
1	①	②	③	④
2	①	②	③	④
3	①	②	③	④
4	①	②	③	④
5	①	②	③	④
6	①	②	③	④

問　題　4

例	①	●	③
1	①	②	③
2	①	②	③
3	①	②	③
4	①	②	③
5	①	②	③
6	①	②	③
7	①	②	③
8	①	②	③
9	①	②	③
10	①	②	③
11	①	②	③
12	①	②	③
13	①	②	③
14	①	②	③

問　題　5

1		①	②	③	④
2		①	②	③	④
3	(1)	①	②	③	④
	(2)	①	②	③	④

日本語能力試験　解答用紙

N1 실전모의고사 3회

言語知識(文字・語彙・文法)・読解

受　験　番　号 Examinee Registration Number	名　前 Name

〈ちゅうい Notes〉
1. くろいえんぴつ (HB、No.2) でかいてください。
（ペンやボールペンではかかないでください。）
Use a black medium soft (HB or No.2) pencil.
(Do not use any kind of pen.)
2. かきなおすときは、けしゴムできれいにけしてください。
Erase any unintended marks completely.
3. きたなくしたり、おったりしないでください。
Do not soil or bend this sheet.
4. マークれい Marking examples

よいれい Correct Example	わるいれい Incorrect Examples
●	⊗ ◌ ⊙ ◑ ⊘ ◍ ◓

問　題　1

1	①	②	③	④
2	①	②	③	④
3	①	②	③	④
4	①	②	③	④
5	①	②	③	④
6	①	②	③	④

問　題　2

7	①	②	③	④
8	①	②	③	④
9	①	②	③	④
10	①	②	③	④
11	①	②	③	④
12	①	②	③	④
13	①	②	③	④

問　題　3

14	①	②	③	④
15	①	②	③	④
16	①	②	③	④
17	①	②	③	④
18	①	②	③	④
19	①	②	③	④

問　題　4

20	①	②	③	④
21	①	②	③	④
22	①	②	③	④
23	①	②	③	④
24	①	②	③	④
25	①	②	③	④

問　題　5

26	①	②	③	④
27	①	②	③	④
28	①	②	③	④
29	①	②	③	④
30	①	②	③	④
31	①	②	③	④
32	①	②	③	④
33	①	②	③	④
34	①	②	③	④
35	①	②	③	④

問　題　6

36	①	②	③	④
37	①	②	③	④
38	①	②	③	④
39	①	②	③	④
40	①	②	③	④

問　題　7

41	①	②	③	④
42	①	②	③	④
43	①	②	③	④
44	①	②	③	④
45	①	②	③	④

問　題　8

46	①	②	③	④
47	①	②	③	④
48	①	②	③	④
49	①	②	③	④

問　題　9

50	①	②	③	④
51	①	②	③	④
52	①	②	③	④
53	①	②	③	④
54	①	②	③	④
55	①	②	③	④
56	①	②	③	④
57	①	②	③	④
58	①	②	③	④

問　題　10

59	①	②	③	④
60	①	②	③	④
61	①	②	③	④
62	①	②	③	④

問　題　11

63	①	②	③	④
64	①	②	③	④
65	①	②	③	④

問　題　11

66	①	②	③	④
67	①	②	③	④
68	①	②	③	④
69	①	②	③	④

問　題　12

70	①	②	③	④
71	①	②	③	④

日本語能力試験　解答用紙

N1 실전모의고사 3회

聴　解

<table>
<tr><td>受 験 番 号
Examinee Registration
Number</td><td></td></tr>
</table>

<table>
<tr><td>名 前
Name</td><td></td></tr>
</table>

〈ちゅうい Notes〉
1. くろいえんぴつ (HB、No.2) でかいてください。
　（ペンやボールペンではかかないでください。）
　Use a black medium soft (HB or No.2) pencil.
　(Do not use any kind of pen.)
2. かきなおすときは、けしゴムできれいにけして
　ください。
　Erase any unintended marks completely.
3. きたなくしたり、おったりしないでください。
　Do not soil or bend this sheet.
4. マークれい Marking examples

よいれい Correct Example	わるいれい Incorrect Examples
●	⊘ ⊖ ◐ ⊗ ⊘ ⊕ ⊙

問 題 1

	①	②	③	④
例	①	●	③	④
1	①	②	③	④
2	①	②	③	④
3	①	②	③	④
4	①	②	③	④
5	①	②	③	④
6	①	②	③	④

問 題 2

	①	②	③	④
例	①	●	③	④
1	①	②	③	④
2	①	②	③	④
3	①	②	③	④
4	①	②	③	④
5	①	②	③	④
6	①	②	③	④
7	①	②	③	④

問 題 3

	①	②	③	④
例	①	●	③	④
1	①	②	③	④
2	①	②	③	④
3	①	②	③	④
4	①	②	③	④
5	①	②	③	④
6	①	②	③	④

問 題 4

	①	②	③
例	①	●	③
1	①	②	③
2	①	②	③
3	①	②	③
4	①	②	③
5	①	②	③
6	①	②	③
7	①	②	③
8	①	②	③
9	①	②	③
10	①	②	③
11	①	②	③
12	①	②	③
13	①	②	③
14	①	②	③

問 題 5

		①	②	③	④
1		①	②	③	④
2		①	②	③	④
3	(1)	①	②	③	④
	(2)	①	②	③	④

memo

memo